13 最新青林法律相談

コーポレート・ガバナンスの法律相談

SEIRIN LEGAL COUNSELING

竹内　朗
中村信男
江口真理恵　［編著］
水川　聡

青林書院

はしがき

　2015年5月施行の改正会社法による監査等委員会設置会社の創設，社外役員の独立性強化，多重代表訴訟制度の導入に加え，同年6月からのコーポレートガバナンス・コード（CGコード）の運用開始は，わが国の上場会社のコーポレート・ガバナンスに変革をもたらしつつあります。

　このうち，改正会社法により選択可能となった監査等委員会設置会社は，上場会社のコーポレート・ガバナンス体制の第3の選択肢ですが，上場会社の大半が採用する監査役会設置会社ではCGコードにより社外監査役のほかに社外取締役を2名以上選任することを求められるのに対し，監査等委員会設置会社は法律上必要とされる社外取締役（最低2名）の選任をもって同時にCGコードの要請を満たすことができるため，急速に監査等委員会設置会社の採用会社数が増加していることは周知のとおりです。指名委員会等設置会社も，近時は金融持株会社の移行例が散見され，その意義を見直す向きもあるようです。こうしたことから，会社法との関係で，コーポレート・ガバナンス体制の選択が一つの経営課題となっていることは明らかです。また，多重代表訴訟制度の導入により，内部統制システムを含め，改めて子会社管理のあり方が法律上の重要な論点・課題となっているため，この面での法律専門家としての的確な助言に対するニーズは従来よりも高まっていると思われます。

　一方，CGコードは，上場会社に対し多くの取組みを求めていますが，ハードローとしての会社法等とは異なり，ソフトローとして comply or explain アプローチを採用し，CGコードの要請を遵守するか，遵守しないのであれば説明をするよう求めています。こうしたアプローチは，わが国ではこれまで馴染みのないものであるうえに，CGコードの求める取組みの中にも取締役会評価のように上場会社にとって初めて経験するものが含まれています。したがって，CGコードを comply するにせよ explain するにせよ，会社としての対応のあり方を探るに当たり，各社の実情をふまえた創意工夫と，この面での専門的知見をふまえた入念な検討とが求められます。

はしがき

　こうした観点から，本書は，上場会社に主に焦点を当て，上場会社のコーポレート・ガバナンスの運用や改善に携わる実務家及びこれに支援・助言を与える専門家の参考に供するため，2015年5月施行の改正会社法の規律とCGコードの要請内容を前提とした具体的な設問項目を設定し，これに対する解を提示することにより，望ましいコーポレート・ガバナンスのあり方や取組みを示すものとして編まれたものです。そのため，本書は，「総論」，「株主及びステークホルダーに対する対応」，「情報開示の充実と透明性確保」，「取締役会・代表取締役・業務執行取締役・社外取締役」，「監査役・監査役会」，「指名委員会等設置会社・監査等委員会設置会社」，「実効性評価」，「コーポレート・ガバナンスと内部統制」，「グループ会社」の各章において，上記のとおり，改正会社法とCGコードの内容をふまえ，そこで求められる具体的な対応方法や留意点を体系化して設問項目を設定しました。その上で，いずれの項目についても，コーポレート・ガバナンスに精通した法律専門家及び実務家が執筆を担当し，最新の議論状況をふまえ実務に直結する解説を行っています。また，設問によっては，先進的な具体的事例を紹介することで，本書は，関係者に有益なガイダンスを提供する内容ともなっています。

　もっとも，本書は，上場会社が改正会社法及びCGコードに対しどう対応するかを検討・判断する際の一つのモデルケースないし具体的対応を示すものにすぎません。したがって，各社がどのような体制・取組みを採用するかは，最終的には各社が諸般の事情を考慮して決定すべき問題ですが，本書がわが国の上場会社のコーポレート・ガバナンスの改革・水準向上に少しでも役立つことがあれば，望外の喜びです。

　最後に，ご多忙にも関わらず原稿をお寄せくださった執筆者の方々と，本書の企画から刊行までのすべての工程に寄り添って献身的に支えていただいた青林書院編集部の長島晴美氏に，心より感謝の意を表したいと思います。

2016年8月

編著者　竹　内　　朗
　　　　中　村　信　男
　　　　江　口　真理恵
　　　　水　川　　聡

凡　例

(1) 各設問の冒頭に**Q**として問題文を掲げ，それに対する回答の要旨を**A**でまとめました。具体的な説明は　■解　説■　以下に詳細に行っています。
(2) 判例，裁判例を引用する場合には，本文中に「☆1，☆2……」と注番号を振り，各設問の末尾に　■判　例■　として，注番号と対応させて「☆1　最判平21・3・10民集63巻3号361頁」というように列記しました。なお，判例等の表記については，後掲の「判例・文献関係略語」を用いました。
(3) 文献を引用する場合，及び解説に補足をする場合には，本文中に「＊1，＊2……」と注番号を振り，設問の末尾に　■注　記■　として，注番号と対応させて，文献あるいは補足を列記しました。頻出する文献等は，略語を用いて引用し，その際用いた略語は，後掲の「主要文献等略語」を用いました。それ以外の文献は，原則としてフルネームで次のように表記をし，主要な雑誌等は，後掲の「判例・文献関係略語」を用いました。必要に応じて，●参考文献●を示しました。
　　〔例〕［主要文献等略語］頁数
　　　　　著者名『書名』（出版社，刊行年）頁数
　　　　　編者名編『書名』（出版社，刊行年）頁数〔執筆者名〕
　　　　　執筆者名「論文タイトル」編者名編『書名』（出版社，刊行年）頁数
　　　　　執筆者名「論文タイトル」掲載誌○○号／○○巻○○号○○頁
(4) 法令名等は，原則として，地の文の引用では正式名称を用いましたが，法令名等が長いもので通称があるものについては通称を用いました。カッコ内の引用では後掲の「法令等略語」を用いて表しました。
(5) 本文中に引用した判例，裁判例は，巻末の「判例索引」に掲載しました。
(6) 各設問の　☑キーワード　に掲載した重要用語は，巻末の「キーワード索引」に掲載しました。

■主要文献等略語

CG報告書→　コーポレート・ガバナンスに関する報告書
伊藤レポート→　伊藤レポート「持続的成長への競争力とインセンティブ～企業と投資家の望ましい関係構築～」プロジェクト「最終報告書」（平成26年8月）
解釈指針→　コーポレート・ガバナンス・システムの在り方に関する研究会「コー

凡　例

ポレート・ガバナンスの実践～企業価値向上に向けたインセンティブと改革～」別紙3「法的論点に関する解釈指針」(平成27年7月24日)
実践報告書→　コーポレート・ガバナンス・システムの在り方に関する研究会「コーポレート・ガバナンスの実践～企業価値向上に向けたインセンティブと改革～」(平成27年7月24日)
社外役員等ガイドライン→　コーポレート・ガバナンス・システムの在り方に関する研究会「社外役員等に関するガイドライン」(平成26年6月30日)
対話促進研究会報告書→　持続的成長に向けた企業と投資家の対話促進研究会「報告書～対話先進国に向けた企業情報開示と株主総会プロセスについて～」(平成27年4月23日)
中間とりまとめ→　コーポレート・ガバナンス・システムの在り方に関する研究会「社外役員を含む非業務執行役員の役割・サポート体制等に関する中間取りまとめ」(平成26年6月30日)
取締役会のあり方に関する意見書→　「会社の持続的成長と中長期的な企業価値の向上に向けた取締役会のあり方」(『スチュワードシップコード及びコーポレートガバナンス・コードのフォローアップ会議』意見書(2))(平成28年2月18日)
日弁連社外取締役ガイドライン→　日本弁護士連合会「社外取締役ガイドライン」(2015年3月19日改訂)
日本版SC→　日本版スチュワードシップ・コードに関する有識者検討会『「責任ある機関投資家」の諸原則《日本版スチュワードシップ・コード》～投資と対話を通じて企業の持続的成長促すために～」(平成26年2月26日)
パブコメ回答→　コーポレートガバナンス・コードの策定に関する有識者会議「主なパブリックコメント(和文)の概要及びそれに対する回答」(平成27年3月5日)
フォローアップ会議議事録(第○回)→　スチュワードシップ・コード及びコーポレートガバナンス・コードのフォローアップ会議(第○回)議事録
プラクティス集→　コーポレート・ガバナンス・システムの在り方に関する研究会「コーポレート・ガバナンスの実践～企業価値向上に向けたインセンティブと改革～」別紙1「我が国企業のプラクティス集」(平成27年7月24日)
有識者会議第○回議事録→　コーポレートガバナンス・コードの策定に関する有識者会議(第○回)議事録
江頭→　江頭憲治郎『株式会社法〔第6版〕』(有斐閣, 2015)
神田ほか・解釈指針座談会→　神田秀樹ほか「【座談会】「コーポレート・ガバナンスの実践」に関する会社法の解釈指針について」商事2079号(2015)
神田ほか・成長戦略〔上〕〔中〕〔下〕→　神田秀樹ほか「【新春座談会】コーポレートガバナンス・コードを活かす企業の成長戦略〔上〕〔中〕〔下〕─『攻めのガバ

ナンス』の実践に向けて─」〔上〕＝商事2055号，〔中〕＝商事2056号，〔下〕＝商事2057号（2015）

坂本一問一答→　坂本三郎編『一問一答　平成26年改正会社法〔第2版〕』（商事法務，2015）

油布ほか・CGコード解説ⅠⅡⅢⅣ→　油布志行ほか「『コーポレートガバナンス・コード原案』の解説〔Ⅰ〕〔Ⅱ〕〔Ⅲ〕〔Ⅳ〕」〔Ⅰ〕＝商事2062号，〔Ⅱ〕＝商事2063号，〔Ⅲ〕＝商事2064号，〔Ⅳ〕商事2065号（2015）

中原＝梶元〔上〕〔下〕→　中原裕彦＝梶元孝太郎「コーポレート・ガバナンスの実践〔上〕〔下〕─企業価値向上に向けたインセンティブと改革─」〔上〕＝商事2077号，〔下〕＝商事2078号（2015）

■主要文献等略語

最大	最高裁判所大法廷	労判	労働判例
最	最高裁判所	金法	金融法務事情
高	高等裁判所	金判	金融・商事判例
地	地方裁判所	監査	月刊監査役
判	判決	ジュリ	ジュリスト
決	決定	商事	旬刊商事法務
民集	最高裁判所民事判例集	資料版商事	資料版商事法務
裁判集民事	最高裁判所裁判集民事	判時	判例時報
高民	高等裁判所民事判例集	判タ	判例タイムズ
下民	下級裁判所民事裁判例集	WLJ	West Law Japan

■法令略語

会更	会社更生法	所税	所得税法
会社	会社法	法税	法人税法
会社則	会社法施行規則	保険	保険法
会社計算	会社法計算規則	民	民法
会社令	会社法施行令	民訴	民事訴訟法
金商	金融商品取引法	民訴費	民事訴訟費用等に関する法律
金商令	金融商品取引法施行令		
社債株式振替	社債，株式等の振替に関する法律	内部統制府令	財務計算に関する書類その他の情報の適正性を確

凡　例

東証上場規程　東京証券取引所「有価証券上場規程」
東証上場規程規則　東京証券取引所「有価証券上場規程施行規則」
CGコード　東京証券取引所「コーポレートガバナンス・コード〜会社の持続的な成長と中長期的な企業価値の向上のために〜」（2015年6月1日）
　　　保するための体制に関する内閣府令
CGコード原案　コーポレートガバナンス・コードの策定に関する有識者会議「コーポレートガバナンス・コード原案〜会社の持続的な成長と中長期的な企業価値の向上のために〜」（平成27年3月5日）
CG報告書記載要領　東京証券取引所「コーポレート・ガバナンスに関する報告書　記載要領」（2015年10月改訂版）

編著者・執筆者紹介

編著者

竹内　朗
弁護士／公認不正検査士／プロアクト法律事務所／東京弁護士会
〔取扱分野〕企業のリスクマネジメント，コーポレート・ガバナンス，有事の危機対応，平時の体制整備，会社法，金商法、上場会社の社外役員を複数務める

中村　信男
早稲田大学商学学術院教授／税務大学校講師／日本損害保険協会損害保険相談・紛争解決サポートセンター紛争解決委員／日本貿易振興機構契約監視委員会委員・委員長
〔専門分野〕会社法，保険法，イギリス会社法

江口真理恵
弁護士／祝田法律事務所／第二東京弁護士会
〔取扱分野〕コーポレート・ガバナンス，内部統制・コンプライアンス，株主総会指導，取締役会運営支援，M&A，その他会社法・金融商品取引法等を中心とする一般企業法務

水川　聡
弁護士／祝田法律事務所／第一東京弁護士会
〔取扱分野〕コーポレート・ガバナンス，コンプライアンス態勢・内部統制，危機管理，M&A，経営支配権争い，商事事件を含む紛争対応，その他会社法・金融商品取引法に関する業務

執筆者

(執筆順)

笹本雄司郎　　Q1，Q31，Q57，Q58
株式会社マコル取締役・代表コンサルタント／日本CSR普及協会理事・運営委員／青山学院大学大学院法学研究科非常勤講師／実践女子大学人間社会学部非常勤講師／大東建託株式会社社外取締役
〔専門分野〕コーポレート・ガバナンス，コンプライアンス，不祥事対応，サステナビリティ

編著者・執筆者紹介

中村　信男　　Q2〜Q5，Q18，Q45
　　上掲

森　駿介　　Q6〜Q8
　　弁護士／祝田法律事務所／第二東京弁護士会
　　〔取扱分野〕M&A，MBO，プロキシーファイト，商事事件を含む訴訟・非訟・保全事件，不正調査，会社法・金融商品取引法・労働法等を中心とする一般企業法務

清野　訟一　　Q9〜Q11，Q49
　　弁護士／祝田法律事務所／第二東京弁護士会
　　〔取扱分野〕コーポレート・ガバナンス，会社関係訴訟・非訟，M&A，不祥事調査・対応，その他一般企業法務

榎木　智浩　　Q12〜Q14
　　弁護士／祝田法律事務所／第一東京弁護士会
　　〔取扱分野〕会社法・金融商品取引法・証券取引所規則を中心とする企業法務，訴訟・調停等の紛争処理，組織再編・M&A，不動産，税務

沼井　英明　　Q15，Q16
　　弁護士／弁護士法人小松綜合法律事務所（パートナー）／第一東京弁護士会
　　租税訴訟学会理事
　　〔取扱分野〕不動産法務全般，企業法務，固定資産税

高田　翔行　　Q17，Q25
　　弁護士／祝田法律事務所／留学中のため弁護士登録一時抹消中
　　〔取扱分野〕訴訟をはじめとした紛争解決，会社法・金融商品取引法を中心とする企業法務全般

田村　義則　　Q19
　　宝印刷株式会社取締役常務執行役員／株式会社ディスクロージャー&IR総合研究所取締役
　　〔専門分野〕金融商品取引法・会社法上のディスクロージャー制度，コーポレート・ガバナンス，内部統制，株式上場

大津　克彦　　Q20
　　株式会社ディスクロージャー&IR総合研究所ESG統合報告研究室上席研究員
　　〔専門分野〕IR，ESG，統合報告に関わる調査・企業支援

編著者・執筆者紹介

高橋　将光　　Q21
　　株式会社ディスクロージャー&IR総合研究所主任研究員／公認会計士
　　〔専門分野〕金融商品取引法に係る開示制度，IR，ESG

鎌田　浩嗣　　Q22
　　宝印刷株式会社執行役員ディスクロージャー研究一部長／公認会計士
　　日本公認会計士協会組織内会計士協議会専門委員／日本IR協議会中小型株部会幹事／日本IPO実務検定協会理事
　　〔専門分野〕財務報告制度，IR，コーポレート・ガバナンス

新妻　大　　Q23
　　宝印刷株式会社ディスクロージャー研究二部主任
　　〔専門分野〕招集通知，事業報告書等の作成など会社法に関するアドバイザリー業務

柿﨑　環　　Q24
　　明治大学法学部教授／三菱食品株式会社社外取締役／エーザイ株式会社社外取締役／内部監査協会内部監査実務委員会委員／神奈川県情報公開審査会委員
　　〔専門分野〕会社法，金融商品取引法，内部統制，内部監査

江口真理恵　　Q26，Q27，Q32，Q33
　　上掲

大西　敦子　　Q28
　　弁護士／野村綜合法律事務所（アソシエイト）／第二東京弁護士会
　　〔取扱分野〕一般企業法務，コーポレートガバナンス，内部統制・コンプライアンス，訴訟，M&A

小林　隆彦　　Q29，Q30
　　弁護士／祝田法律事務所／第二東京弁護士会
　　〔取扱分野〕M&A・企業再編，コーポレート・ガバナンス，会社法・金融商品取引法関連訴訟・非訟等の企業間の紛争解決等を含む会社法務全般

赤木　貴哉　　Q34，Q35
　　弁護士／祝田法律事務所／第二東京弁護士会
　　〔取扱分野〕会社法・労働法を中心とする企業法務，コーポレート・ガバナンス，内部統制・コンプライアンス，第三者委員会運営支援，危機管理・不祥事対応，M&A，訴訟

編著者・執筆者紹介

髙田　剛　　Q36 ～ Q38
　　弁護士／和田倉門法律事務所（パートナー）／第二東京弁護士会
　　〔取扱分野〕会社法・金融商品取引法を中心とする企業法務，商事訴訟・非訟事件等を中心とする紛争処理，組織再編・事業承継等のタックスプランニング

峯岸　弘和　　Q39
　　宝印刷株式会社ディスクロージャー研究二部課長代理
　　〔専門分野〕招集通知，事業報告書等の作成など会社法に関するアドバイザリー業務

大下　良仁　　Q40, Q41
　　弁護士（「判事補及び検事の弁護士職務経験に関する法律」に基づき弁護士登録）／祝田法律事務所／第二東京弁護士会
　　〔取扱分野〕一般企業法務，コーポレート・ガバナンス，内部統制・コンプライアンス，危機管理・不祥事対応，Ｍ＆Ａ，訴訟，非訟，労働法務

伊藤菜々子　　Q42, Q43
　　弁護士／祝田法律事務所／第二東京弁護士会
　　〔取扱分野〕会社訴訟・非訟，紛争解決，Ｍ＆Ａ，組織再編などを含む企業法務全般

高谷　裕介　　Q44, Q63, Q64
　　弁護士／祝田法律事務所／第二東京弁護士会
　　〔取扱分野〕会社法・金融商品取引法関連の多数の訴訟や経営支配権争いなど紛争案件を中心に，上場企業から中小企業まで幅広い顧客の企業法務に携わっている。

村松　頼信　　Q46 ～ Q48
　　弁護士／祝田法律事務所／第二東京弁護士会
　　〔取扱分野〕会社法・金融商品取引法・労働法その他の企業法務全般，商事訴訟・製造物責任訴訟を含む各種企業訴訟・非訟事件等を中心とする紛争処理，Ｍ＆Ａ，コンプライアンス

木川　和広　　Q50
　　弁護士／アンダーソン・毛利・友常法律事務所（スペシャル・カウンセル）／第一東京弁護士会
　　〔取扱分野〕危機管理・不祥事対応，ホワイトカラー刑事弁護，民商事紛争全般

編著者・執筆者紹介

村松　亮　　Q51〜Q53
　　弁護士／アンダーソン・毛利・友常法律事務所（アソシエイト）／第二東京弁護士会
　　〔取扱分野〕一般企業法務，コーポレート・ガバナンス，民商事紛争全般，M&A

水川　聡　　Q54〜Q56
　　上掲

竹内　朗　　Q59〜Q62
　　上掲

目　次

第1章　総　論 ——————————————— 1

Q1 ■ コーポレート・ガバナンスの意義 ………………………〔笹本　雄司郎〕／3
　コーポレート・ガバナンスとは，どのような意味ですか。なぜ，そのような考え方やルールを導入する必要があるのですか。

Q2 ■ 大規模上場会社におけるコーポレート・ガバナンス体制 …〔中村　信男〕／14
　大規模上場会社では，コーポレート・ガバナンス体制としてどのような機関設計を採用することができますか。

Q3 ■ 上場会社のコーポレート・ガバナンスを規律するルール …〔中村　信男〕／23
　上場会社のコーポレート・ガバナンスを規律するルールにはどのようなものがありますか。

Q4 ■ CGコードにおけるcomply or explainの手法 ………………〔中村　信男〕／31
　CGコードは，comply or explainの手法を採用するため，各会社は，コードの内容に従うか，従わない場合はそのことを説明することが求められますが，コードのすべての原則がcomply or explainの対象となりますか。また，コードの原則を実施しない場合には，会社としてどのような説明をすることが求められますか。

Q5 ■ 中規模上場会社におけるコーポレート・ガバナンス体制 …〔中村　信男〕／36
　中規模上場会社では，コーポレート・ガバナンス体制としてどのような機関設計を採用することができますか。

第2章　株主及びステークホルダーに対する対応 ——— 41

第1節　株主の権利の確保

Q6 ■ コーポレート・ガバナンスに関する株主の権利 ……………〔森　駿介〕／43
　コーポレート・ガバナンスに関する株主の権利にはどのようなものがありますか。

目次

また，株主の権利が重要とされているのはなぜでしょうか。

Q7 ■ 株主の権利の確保と会社としてとるべき対応 〔森　駿介〕／48

株主の権利の確保について，CGコードはどのように定めていますか。会社は，株主の権利を確保するためにどのような対応をとることが考えられるでしょうか。

Q8 ■ 株主優待のあり方 〔森　駿介〕／54

多くの会社では，一定の株数以上を保有する株主に対して，自社の商品や自社のサービスの割引券を配布するなどの株主優待制度を導入していると聞いたことがあります。このような株主優待制度を導入することは法的に問題ないのでしょうか。また，株主優待制度はどのようなことを念頭において内容を決定すべきでしょうか。

Q9 ■ 株主総会における株主の議決権行使に係る環境整備 〔清野　訟一〕／61

会社は，株主が株主総会において適切な判断を行うために，どのような情報提供を行うべきでしょうか。また，株主総会の開催日や基準日をどのように設定するべきでしょうか。

Q10 ■ 海外機関投資家に対する情報提供と直接的な議決権行使の実現のための方策
〔清野　訟一〕／72

当社では，今年の定時株主総会で議決権を行使できる株主のうち海外機関投資家が総株主の議決権の20％以上を占めていることが判明しました。国内の株主だけで構成されている場合と比較して考慮すべき事項はあるでしょうか。

また，機関投資家のうちの一部は，信託銀行名義で株式を保有していることが判明しています。その機関投資家からは，自ら株主総会に出席したいとの申出がありましたがどのように対応すべきでしょうか。

Q11 ■ 株主との対話 〔清野　訟一〕／81

上場会社は，株主総会以外の場において，どのように株主との対話に臨むべきでしょうか。また，株主との建設的な対話を促進するための方針として，どのような内容を定めるべきでしょうか。また，経営戦略や経営計画について策定・公表する際には，株主に向けたメッセージとしてどのような内容にすべきでしょうか。

Q12 ■ 中長期的な株主のコミットメント確保に向けた法的取組み
〔榎木　智浩〕／89

株主に中長期的に株式を保有してもらうための施策としてどのようなものが考えられるでしょうか。

第2節　資本政策

Q13 ■ 資本政策の意義と適切な説明 〔榎木　智浩〕／97

CGコード原則1－3における「資本政策」とは何でしょうか。会社は，株主に対して，資本政策の基本的な方針として，どのような説明を行うべきでしょうか。

Q14 ■ 政策保有株式の保有と議決権行使 ……………………〔榎木　智浩〕／104

政策保有株式とは何でしょうか。会社は，政策保有株式の保有及びそれに係る議決権の行使について，どのような開示・説明を行うべきでしょうか。

Q15 ■ 買収防衛策 …………………………………………………〔沼井　英明〕／111

会社はいわゆる買収防衛策を導入・運用する場合には，どのような点に留意すべきでしょうか。また，買収防衛策について株主に対してどのような説明を行うべきでしょうか。

Q16 ■ 株主の利益を害する可能性のある資本政策 ………………〔沼井　英明〕／121

株主の利益を害する可能性のある資本政策としては，どのようなものがありますか。また，そのような資本政策を行う必要がある場合には，どのような点に留意すべきでしょうか。

Q17 ■ 関連当事者間の取引 ………………………………………〔高田　翔行〕／130

CGコードにおいて，関連当事者間の取引について規定がありますが，どのような取引が想定されているのでしょうか。

また，関連当事者間の取引に関して会社として検討しておくべき事項は何でしょうか。

第3節　ステークホルダーとの関係

Q18 ■ 配慮すべき株主以外のステークホルダーと株主共同の利益との関連

…………………………………………………………………〔中村　信男〕／138

会社が配慮すべき株主以外のステークホルダーの具体例は何でしょうか。会社は，このようなステークホルダーにどのような配慮を行うべきでしょうか。会社は，株主のものという考え方もありますが，株主以外のステークホルダーへの配慮をすることは，株主にとってはどのような意味があるのでしょうか。

Q19 ■ 企業価値向上に向けた経営理念の策定と経営目標・行動基準

…………………………………………………………………〔田村　義則〕／143

会社が策定すべき経営理念や行動基準（経営戦略，経営計画）には，どのような内容を定める必要がありますか。また，会社が経営理念や行動基準を策定する際，どのような点に留意すべきでしょうか。

Q20 ■ 持続可能性──トリプルボトムライン ……………………〔大津　克彦〕／153

社会・環境問題をはじめとするサステナビリティー（持続可能性）をめぐる課題とは何でしょうか。また，会社は，サステナビリティーをめぐる課題にどのように対応すべきでしょうか。

Q21 ■ ダイバーシティの確保と法的意味合い …………………〔高橋　将光〕／160

目　次

CGコードでは，会社は，ダイバーシティ（多様性）の確保について，どのような取組みを求められていますか。また，実務上は，どのように対応すべきでしょうか。

第3章　情報開示の充実と透明性確保 ——— 169

Q22 ■ 情報開示の充実とアカウンタビリティー・IR ……………〔鎌田　浩嗣〕／171

金融商品取引法，会社法，金融商品取引所規則，CGコードでは，それぞれどのような情報の開示が求められていますか。また，情報の開示にあたっては，どのような点に留意すべきでしょうか。

Q23 ■ コーポレート・ガバナンスに関する基本的な考え方と基本方針の開示
　　　　　　　　　　　　　　　　　　　　　　　　　　　　〔新妻　大〕／182

コーポレート・ガバナンスに関する基本的な考え方と基本方針としてどのような内容を決定すべきでしょうか。

Q24 ■ 開示情報の正確性の確保に向けた体制整備 ……………〔柿﨑　環〕／186

非財務情報の開示を含め，情報開示についてはどのような点に留意すべきでしょうか。また，開示情報の正確性の確保に向けて，会社はどのような体制を整備すべきでしょうか。

Q25 ■ 会計監査人監査の実効性確保に向けた会社としての取組み
　　　　　　　　　　　　　　　　　　　　　　　　　　　　〔高田　翔行〕／193

会計監査人監査の実効性確保に向けて，会社はどのような対応を行うべきでしょうか。

第4章　取締役会・代表取締役・業務執行取締役・社外取締役 — 201

第1節　取締役会の役割と責務

Q26 ■ コーポレート・ガバナンスにおける取締役会の位置づけと役割
　　　　　　　　　　　　　　　　　　　　　　　　　　　　〔江口　真理恵〕／203

取締役会はどのような役割を果たすべきでしょうか。特に，CGコードでは，どのような役割が期待されていますか。

Q27 ■ 望ましい取締役会の構成 ………………………………〔江口　真理恵〕／209

コーポレート・ガバナンスの観点から，どのような取締役会の構成が望ましいでしょうか。

取締役候補者の人選はどのように行うべきでしょうか。

Q28 ■ 取締役会と代表取締役・業務執行取締役等との権限配分 …〔大西　敦子〕／213

取締役会が重要な業務執行の決定を行う場合にはどのような点に留意すべきでしょうか。また，代表取締役等に業務執行の決定を委任できるのはどのような範囲で，委任する場合はどのような点に留意すべきでしょうか。

Q29 ■ 取締役会の議長とCEOの関係 ……………………………〔小林　隆彦〕／221

(1) 取締役会の議長は，CEOや代表取締役社長のほか，代表権のない取締役会長や社外取締役が行うことは可能でしょうか。

(2) 取締役会の議長は，CEOや代表取締役社長等といった業務執行を行う者が務めるべきではないのでしょうか。

第2節　代表取締役・業務執行取締役

Q30 ■ 取締役会設置会社における業務執行取締役の権限関係 …〔小林　隆彦〕／227

(1) 取締役会設置会社における業務執行取締役のうち，代表取締役と代表取締役以外の業務執行取締役の役割はどのようなものになりますか。また，それぞれの役割分担はどのように整理することができるでしょうか。

(2) CEO，COO及びCFOとはそれぞれどのような立場でしょうか。また，CEO，COO，CFOと取締役会設置会社における(1)の代表取締役及び代表取締役以外の業務執行取締役との関係はどのようなものでしょうか。

Q31 ■ 次期トップ及び取締役の候補者決定プロセスと後継者育成計画
　　　　………………………………………………………〔笹本　雄司郎〕／233

次期トップ及び取締役の候補者決定プロセスはどのように制度化・運用すべきでしょうか。また，その基礎となる後継者計画（サクセッション・プラン）は何をどのように進めたらよいでしょうか。

第3節　社外取締役

Q32 ■ コーポレート・ガバナンスにおける社外取締役の役割と責務
　　　　………………………………………………………〔江口　真理恵〕／243

コーポレート・ガバナンスの観点から，社外取締役はどのような役割・責務を果たすことが期待されていますか。また，社外取締役が行うことのできない「業務を執行」する行為とは，どのような行為を指すのでしょうか。

Q33 ■ 独立社外取締役の意義及び選任 ……………………〔江口　真理恵〕／250

CGコード中の「独立社外取締役」とは何でしょうか。
独立社外取締役は何名選任すべきであり，その人選は，どのように行うことが望ま

目　次

しいでしょうか。また，その人選においては，どのような資質を重視すべきでしょうか。

Q34 ■ 社外取締役の役割の実効性確保に向けた留意点 ……………〔赤木　貴哉〕／259

　社外取締役がその役割・責務を実効的に果たすため，社外取締役の情報収集の観点から，社外取締役及び会社には，それぞれどのような取組みが求められますか。
　また，社外取締役が，複数の会社の社外役員を兼任することは可能でしょうか。

Q35 ■ 監査役・監査役会設置会社における社外取締役の選任 ……〔赤木　貴哉〕／267

　会社法上，社外取締役の選任を義務づけられている指名委員会等設置会社や監査等委員会設置会社と異なり，監査役（会）設置会社は，社外取締役を選任しなくともかまわないのでしょうか。
　監査役（会）設置会社において社外取締役を選任しない場合，どのような対応が必要でしょうか。

第4節　経営者報酬の設計と透明性

Q36 ■ 経営者報酬の決定方法 ………………………………………〔高田　剛〕／276

　取締役会が経営者の報酬決定についての方針と手続を定めるにあたり，どのような内容を定めることが求められますか。また，経営者報酬に関する意思決定の透明性・公正性を確保するための仕組みとして，例えばどのようなものがありますか。

Q37 ■ 経営者報酬の設計 ……………………………………………〔高田　剛〕／283

　会社は，経営者の報酬設計にあたり，どのような点に留意すべきでしょうか。
　インセンティブ型の報酬を導入する場合，中長期的な業績と連動する報酬や自社株報酬の具体例としては，どのようなものが挙げられますか。

Q38 ■ 役員退職慰労金 ………………………………………………〔高田　剛〕／293

　役員退職慰労金を廃止する会社が増えていますが，コーポレート・ガバナンスの観点から，役員退職慰労金を存続させることのメリット・デメリットを教えてください。

Q39 ■ 報酬開示 ………………………………………………………〔峯岸　弘和〕／299

　役員報酬に関して，会社はどのような開示義務がありますか。また，それぞれの開示を行うにあたっては，どのような点に留意すべきでしょうか。

第5節　取締役責任の合理化に向けた取組み

Q40 ■ 取締役の義務 …………………………………………………〔大下　良仁〕／307

　取締役は，一般に，会社に対してどのような義務を負っていますか。

Q41 ■ 取締役の会社法上の責任 ……………………………………〔大下　良仁〕／314

(1) A社は，事業再編計画の一環として非上場子会社を完全子会社化するため，その株式を任意の合意に基づき買い取りましたが，この当該株式の適正価額は約1万円であるにもかかわらず，買取価額は出資価額と同額の5万円でした。この場合，取締役の善管注意義務違反の有無はどのように判断されますか。
(2) D社において，長時間労働が原因で従業員Eが急性心不全により死亡し，労災と認定されました。この場合，D社だけではなく，当該従業員とは面識のないD社取締役も，Eの家族に対して逸失利益等の損害賠償責任を負うのでしょうか。損害賠償責任を負う場合，それはどのような根拠に基づくものでしょうか。

Q42 ■ 取締役の金融商品取引法上の責任と裁判例・留意点 ……〔伊藤　菜々子〕／322

有価証券報告書の連結財務諸表に，本来は売上計上が認められない自社株式の売却益や子会社に対する架空売上が計上されていた等の不実記載があった場合，取締役はどのような責任を負いますか。また，取締役のうち技術部門担当であり，その不実記載を知らなかった者も責任を負うのでしょうか。

Q43 ■ 取締役の会社に対する責任の免除 ……………………〔伊藤　菜々子〕／329

会社が十分な事業性調査や与信調査を行わずに新規事業への投融資を行い，多額の損失を計上してしまったことについて，当時の取締役に対して株主代表訴訟が提起されました。投融資に関与した役員の責任を免除するためには，どのような手続が必要ですか。

Q44 ■ 株主代表訴訟制度 ……………………………………〔高谷　裕介〕／337

株主代表訴訟とは，どのような制度でしょうか。
株主は，株主代表訴訟において，取締役と会社との間の契約に基づく取締役の会社に対する債務の履行を請求することはできますか。

Q45 ■ D&O保険の概要と付保範囲 …………………………〔中村　信男〕／350

役員賠償責任保険（以下「D&O保険」といいます）とは，どのような保険でしょうか。保険料は，会社が全額負担することができるでしょうか。
会社役員が株主代表訴訟の被告となった場合，会社がD&O保険に加入していれば，当該役員が負う会社への損害賠償や弁護士報酬等の争訟費用を含むすべての損害について，保険金の最高限度額の範囲内で保険金が支払われるのでしょうか。

第5章　監査役・監査役会 ―――――――――――― 361

Q46 ■ 監査役・監査役会の職務と役割 ………………………〔村松　頼信〕／363

監査役や監査役会は，どのような職務・役割を担っていますか。

Q47 ■ 社外監査役の役割と人選のあり方 ……………………〔村松　頼信〕／374

社外監査役の選任は，どのように行うことが望ましいでしょうか。また，その人選

においては，どのような資質を重視すべきでしょうか。

Q48 ■ 取締役会における監査役の役割と社外取締役との連携 ……〔村松　頼信〕／379

取締役会において監査役は，どのような役割を担っていますか。また，監査役の社外取締役との連携を確保するためには，例えばどのような方法が考えられますか。

Q49 ■ 会社情報の把握・会計監査人との連携 ………………………〔清野　訟一〕／384

監査役は，どのような方法で会社情報を把握すればよいでしょうか。また，監査役と会計監査人との十分な連携を確保するためには，例えばどのような方法が考えられますか。

Q50 ■ 監査役の法的義務と責任 ……………………………………〔木川　和広〕／392

監査役は，会社に対してどのような義務を負いますか。監査役の義務を検討するにあたって，監査役監査基準はどのような意味がありますか。

第6章　指名委員会等設置会社・監査等委員会設置会社 − 399

第1節　指名委員会等設置会社

Q51 ■ 指名委員会等設置会社の概要 ………………………………〔村松　亮〕／401

指名委員会等設置会社とはどのような機関設計ですか。監査役会設置会社との違いやメリット・デメリットは何ですか。

Q52 ■ 指名委員会・報酬委員会・監査委員会 ……………………〔村松　亮〕／410

三委員会は，それぞれどのような役割・職務を担っていますか。また，監査委員は，どのような権限や義務を有していますか。

Q53 ■ 指名委員会等設置会社の取締役会，執行役 ………………〔村松　亮〕／418

指名委員会等設置会社の取締役会はどのような役割・職務を担っていますか。また執行役はどのような役割・職務を担っていますか。

第2節　監査等委員会設置会社

Q54 ■ 監査等委員会設置会社の概要 ………………………………〔水川　聡〕／425

監査等委員会設置会社とはどのような機関設計ですか。監査等委員会設置会社のメリット・デメリットは何ですか。

Q55 ■ 監査等委員会・監査等委員の役割 …………………………〔水川　聡〕／437

監査等委員会・監査等委員は，どのような役割・職務を担っていますか。また，監

査役会・監査役，監査委員会・監査委員とはどのような点で異なるのでしょうか。
Q56 ■ 監査等委員会設置会社の取締役会 ……………………〔水川　聡〕／448
　監査等委員会設置会社の取締役会はどのような役割・職務を担っていますか。

第7章　実効性評価 ────────── 455

Q57 ■ 取締役会の実効性評価と開示 ……………………〔笹本　雄司郎〕／457
　取締役会の実効性評価と開示は，何をどのように行うのでしょうか。
Q58 ■ 取締役と監査役のトレーニング ……………………〔笹本　雄司郎〕／474
　会社は，取締役と監査役がその職責を適切に果たせるようにするため，どのようにトレーニングを進めるべきですか。

第8章　コーポレート・ガバナンスと内部統制 ────── 483

Q59 ■ 内部統制の概念とコーポレート・ガバナンスとの関係 ………〔竹内　朗〕／485
　内部統制とは，どのような概念ですか。内部統制とコーポレート・ガバナンスとは，どのような関係に立ちますか。
Q60 ■ 会社法が求める内部統制と内部統制システム構築に求められる水準
　　　……………………………………………………………〔竹内　朗〕／493
　会社法は内部統制について何を求めていますか。内部統制システム構築に求められる水準はどのようなものですか。現在の判例法理では，どのように扱われていますか。
Q61 ■ 実効性ある内部統制システムの構築と内部通報制度 …………〔竹内　朗〕／503
　実効性のある内部統制システムを構築するためには，どのような点に留意する必要がありますか。また，内部通報制度はどのように組み込んだらよいでしょうか。

第9章　グループ会社 ────────── 509

Q62 ■ 子会社を含めた企業集団におけるグループ内部統制システム
　　　……………………………………………………………〔竹内　朗〕／511
　子会社を含めた企業集団におけるグループ内部統制システムを構築する必要がありますか。グループ内部統制システムを構築するには，どのような留意点がありますか。
Q63 ■ 親会社の役員のグループ会社に対する管理責任 ……………〔高谷　裕介〕／519

xxi

目　次

親会社の役員は，子会社が不祥事を起こした場合，子会社の管理や子会社における内部統制システムの構築について，どのような責任を負いますか。

Q64 ■ **多重代表訴訟制度** ……………………………………………〔高谷　裕介〕／*529*

A社の子会社又は孫会社の取締役に善管注意義務違反があった場合，A社の株主は，A社の子会社や孫会社の取締役を被告として代表訴訟を提起することができますか。

キーワード索引 ………………………………………………………… *539*
判例索引 ………………………………………………………………… *547*
コーポレートガバナンス・コード ……………………………………… *549*

第 1 章

総　論

コーポレート・ガバナンスの意義

　コーポレート・ガバナンスとは，どのような意味ですか。なぜ，そのような考え方やルールを導入する必要があるのですか。

　コーポレート・ガバナンスとは，会社が長期的な成功を実現するために，株主をはじめ顧客・従業員・地域社会などステークホルダーの利害のバランスを図り，透明・公正かつ迅速・果断な意思決定を行って決定どおりに実行するところの，経営の仕組み全体を意味します。投資活動の国際化や機関投資家（運用機関）の受託責任の強化を背景に，株主・投資家と相乗の利益になる経営が求められることから，上場企業を中心に国際標準に合わせた考え方やルールへの転換が対応課題となっています。

☑キーワード

　所有と経営の分離，価値創造の最大化，マイナスの影響の軽減，投資価値の向上，経営者の独断・怠慢・私物化，機関投資家の受託責任，意思決定や監督のプロセスと結果の透明性，取締役会に対する説明責任，合理的な内部統制システムの構築・運用，構造・プロセス・手続，組織文化・価値観・リーダーシップ，効率性，ESG

第1章◇総　論

> **解　説**

1　コーポレート・ガバナンスの意味

(1)　組織のガバナンス

　人・物・金・情報などの資源が揃っても，それだけでは「組織」にはなりません。それらが有機的に結合して働くには，物事を決めて実行するための構造・プロセス・手続（仕組み，ハードウェア）をつくり，かつ目的・目標に向かってそれらを動かす組織文化・価値観・リーダーシップ（人的要素，ソフトウェア）が加わって，全体が一つのシステムとして機能する必要があります。このように，あらゆる種類の組織において，その目的・目標を追求するうえで物事を決定・実行するシステムが必要不可欠であって，そのシステムのことを「組織のガバナンス（統治）」といいます。

　現代の組織は，その活動を通じてステークホルダーと社会との共通価値を最大化して，持続可能な社会の実現に貢献することを目的とします。その一方で，副作用とも呼ぶべき組織の潜在的な悪影響を特定・防止・軽減することが社会に対する責任として求められます。例えば，「ISO26000：組織の社会的責任に関するガイダンス文書」では，組織は主要な特性が社会的責任とどのように関係するか，組織の決定や行動がどの範囲にマスナスの影響を及ぼすかを把握し，課題の重要性，優先順位，影響力の行使対象，コミュニケーション，説明責任などを，意思決定のプロセス・構造に組み込むべきであると説いています[*1]。

(2)　株式会社制度の歴史

　株式会社制度は，1回の航海ごとの事業ではなく，資金を集めて永続的な組織を設立し，その貿易事業の利益を配当したオランダ東インド会社（1602年設立）に起源をもつとされます。当時は，貿易の独占権を認める国王の特許が設立の条件で，南海泡沫事件（1720年）など投資熱が過熱する一方，事故や詐欺的な事業が多く，株式会社は「怪しい仕組み」と見られてきました。その後，

Q1 ◆コーポレート・ガバナンスの意義

産業革命で多額な事業資金が必要になったことから，多くの国で設立が特許主義から準則主義に改められ，近代的な会社制度や株式取引制度に変化しました。その後，1930年代の米国バーリー＆ミーンズの古典的研究が指摘したように，株式会社における「所有と経営の分離」が顕著となり，第二次世界大戦後，巨大企業グループのCEOによる専横が問題視され，さらに70年代には大企業トップによる賄賂や私物化など経営不正が次々と発覚したため，企業の経営者に対する社会の信頼が失墜しました。こうした歴史的背景の下に，経営者の不適切な行動から会社を守り，永続的に成長させていくにはどのような措置を講じたらよいか，という投資家や社会の問題意識が高まり，先進国を中心に概念化，規範，統制手法，運用ガイドライン等の研究や整備が始まりました。

(3) 二通りの解釈

コーポレート・ガバナンスを広義に捉えれば，会社という特性を備えた「組織」の統治の意味になります。そこでは，上記(1)の説明のとおり，ステークホルダーとの対話と学習を通じて，価値創造を最大化して持続可能な社会の実現に貢献することや，消費者や社会にマイナスの影響を与えないコントロールが論点になります。これは，CSR（企業の社会的責任）のアプローチといえます。

一方，コーポレート・ガバナンスを狭義に捉えれば，金融支配，投資家重視の経済における株主と経営者との信頼関係もしくは緊張関係の構築の意味になります。そこでは，上記(2)の説明のとおり，株主・投資家の投資価値を向上することや，経営陣の独善・怠慢・私物化から会社の資産・信用や株主の利益を防御することが論点になります。これは，株主・投資家のアプローチといえます。

このように，コーポレート・ガバナンスという用語は，使用される場面に応じて多義的に解釈されるため，それが議論の混乱に拍車をかけています。

(4) CGコードでの定義

金融庁と東京証券取引所を共同事務局として編纂され，東京証券取引所の有価証券上場規程の別添とされたCGコードにおいては，「コーポレート・ガバナンスとは，会社が，株主をはじめ顧客・従業員・地域社会等の立場を踏まえた上で，透明・公正かつ迅速・果断な意思決定を行うための仕組みを意味する。」と説明されています[*2]。

このCGコードで株主以外のステークホルダーに直接言及している箇所は，第2章「株主以外のステークホルダーとの適切な協働」のみで，しかも基本原則のほか5つの原則が抽象的に表現されているにすぎません。本来であれば，この第2章には，「ISO26000：組織の社会的責任に関するガイダンス文書」と同等の具体的な内容が盛り込まれても不思議ではありませんが，政府が導入を急いだ，もしくは対象や内容が広すぎて簡明に整理できなかった等の事情があったのではないかと筆者は推測しています。CGコードは，CSR（企業の社会的責任）のアプローチについて具体的な要求事項を記述していませんが，その重要性をむしろ肯定する考え方に立脚していますので，読者の皆様は誤解なきよう注意してください。

2　コーポレート・ガバナンスの基本的な考え方

(1)　これまでの経緯

　株式会社制度は，多様なステークホルダーに影響を与える「公器」が，株主・投資家の継続的な支持の下に，その役割を永続的に果たすことに意義があり，株主・投資家の納得や満足がその基盤となります。一方，1990年代前半，日本の株式市場で10％に満たなかった外国人持株比率はいまや30％を超え，外国人売買比率に至っては60％を超えるなど，外国人投資家の存在感が一段と高まり，今後，上場会社に対して資本効率の改善や株主還元の拡充を求める声が強まると予想されます。

　これまでの出来事を振り返りますと，バブル崩壊後の景気低迷の中で株主に向き合った経営が必要との議論が始まる一方，日本企業の多くは，機関投資家やアクティビストの経営介入を脅威と感じ，買収防衛策（鎖国政策）の導入を優先しました。社外取締役の導入論も，エンロン事件を契機に無効論や弊害論が増えて下火となり，コンプライアンスや内部統制に論点が集まった経緯があります。そして，海外資本が日本企業の閉鎖性や資本効率の低さから投資を敬遠し始めたころ，リーマンショック，東日本大震災などが発生し，アジアの経済成長からも取り残されるリスクが迫ってきました。そのリスクから脱却するため，自由民主党の第2次安倍政権において経済再生施策（アベノミクス）とし

て日本企業のコーポレート・ガバナンス改革が打ち出されました[*3]。

(2) CGコードとスチュワード・シップ・コード

日本企業のコーポレート・ガバナンスに対する諸外国の投資家の評価は、決してトップクラスではなく、アジアでは香港、シンガポールに次ぐ評価水準です[*4]。これまで外国資本に日本企業への投資を敬遠させてきた日本企業の問題点は、①社外取締役の不在や株式の持ち合いに代表される経営の外部監視の欠如とそれによるパフォーマンスの停滞、②あまりにも資本効率を考えない経営、過剰な内部留保、株主還元の低さ、③中身のあるIRや企業家精神をもって戦略を語れる経営人材の不足といった点に集約できると筆者は考えます。

安倍政権主導のガバナンス改革では、欧米の制度設計を取り入れた通称「伊藤レポート」[*5]を先導役に、まずスチュワードシップ・コード（以下、「SSコード」といいます）で投資家の短期運用の傾向が改善されるように方向づけたうえで、CGコードで上記の問題点を是正するよう、上場会社に働きかけています。

SSコードは、機関投資家（運用機関）に対して、受益者に代って投資先の経営をモニタリングすること、かつ対話・提案・是正要求を通じて企業の持続的成長を促すことを求めます。最高のパフォーマンスを達成させるために株主が積極的に経営に介入してくるということです。こうした考え方は、米国では年金資産運用等に適用される投資顧問法、SEC規則、ERISA法（従業員退職所得保障法）で形成されてきました。その経緯からもわかるとおり、現在進行中の「国策」としてのガバナンス改革は、上場会社と機関投資家（運用機関）との関係のあり方を中心に、両者の行動ルールを修正する作業と位置づけられます。

(3) 3つの重点事項

株式会社の機関は、最上位の株主総会が経営を取締役会に委ね、その取締役会が決定事項の執行を業務執行の最高責任者（代表取締役社長、CEO）に担当させる基本設計になっています。組織である以上、社長やCEOへの権力の集中は不可避であって、本来は決定事項の執行を担当するにすぎないはずの社長やCEOが暴走してしまうところに、牽制力や退場命令をシステム化する必要が生じます。優れたコーポレート・ガバナンスには、説明責任、透明性、誠実さ、長期的視点に立った企業の持続的成功への専心、といった根本原則と倫理性が共通して観察されます。こうしたコーポレート・ガバナンスの要求は、次

第1章◇総　　論

の3つの重点事項に集約することができます。

　一つ目は，意思決定や監督のプロセスと結果の「透明性」を維持し，株主や取締役会による牽制や是正の機会と手段を確保することです。基本設計からわかるとおり，欧米の上場会社では，事業・組織の運営に造詣の深い社外の人物を中心に構成する取締役会が，CEOを厳しく監督・助言して透明性を維持し，CEOが是正要求に応じなければ，取締役会の過半数を占める社外取締役の意見で社長を交替させることが可能な設計になっています。社長を交替させられる取締役会でなければ，そのコーポレート・ガバナンスは絵に描いた餅と評価される可能性があります。

　二つ目は，取締役会に対する「説明責任」を社長やCEOに厳格に求めることです。株主の代行者である取締役会の厳しいテストに対して，いかに合理的に決定・行動したかを説明できなければ，社長やCEOは任務違反の責任を問われる可能性があります。取締役会と社長やCEOは，こうした緊張関係を保たなければなりません。これは，モニタリング型の取締役会の実現，利害関係をもたない独立非業務執行取締役（多くは独立社外取締役）による牽制といった論点につながります。

　三つ目は，合理的な「内部統制システム」を構築・運用し，業務プロセスにおいて問題を予防・把握・是正できるようにすること，並びに年度単位で管理サイクルを回して是正・改善を継続し，経営の統制レベルを向上することです。社長やCEOは，組織や業務の隅々まで監視することは不可能ですが，問題を排除・是正する内部統制システムを整備・監督する義務に違反があれば，その問題に直接関与したか否かにかかわらず，組織内で発生した問題の責任を自ら負うことになります。

　以上の説明から，独立社外取締役，指名委員会，内部統制といったテーマは別々に生じたわけではなく，社長やCEOの独善・怠慢・私物化を防ぎ，会社の永続的な成長を図る点で，連動していることがわかると思います。

(4)　コンプライアンスとの異同

　わが国では，「このコンプライアンス違反はガバナンスの欠如が原因」といったマスコミ報道が散見されます。しかし，コーポレート・ガバナンスとコンプライアンスは，まったく次元が異なる問題であって，こうした解釈は諸外

国ではなかなか理解されません。

　コンプライアンスは義務や罰則をもって強制される社会規範に違反する行為，もしくは強い社会批判を受ける行為を回避するという問題です。一方，コーポレート・ガバナンスは，透明性と効率性を伸ばすためにどのようなプラクティスを選択するかの経営判断の問題で，その選択自体が直接責任を問われる性質の話ではありません。

　ただし，コーポレート・ガバナンス関連のルールが法律化されるなど，ガバナンスがコンプライアンスの問題を包含する場面は考えられます。また，取締役や監査役が職務上の相当なる注意を欠いて会社や株主・第三者に損害を与えた場合は，個人で賠償責任を負う可能性があります。さらに，CGコードが適用される事項についてコードの内容とは違うプラクティスを選択するのであれば，なぜそのような選択をしたのかを，合理的に説明することが求められます。

(5)　効率性の観点

　わが国では，株主による経営介入への拒否感やコンプライアンスとの混同から，コーポレート・ガバナンスの焦点は「経営体制の維持」や「経営の健全性」に集まりがちですが，ガバナンスの先進諸外国では，経営の透明性の確保と対話を通じて「経営の効率性の向上」を図ることに議論の重点があります。

　株主から委託された職務に専心し，誠実に説明と対話を重ね，株主その他ステークホルダーに鍛えられる経営を実践することが，価値の創造とリスクの軽減，ひいては会社の永続的な発展につながると考えるのが，国際標準のコーポレート・ガバナンスです。

　これは美辞麗句ではなく，企業家精神とリーダーシップ，長期的観点での洞察，環境変化への広範な注意力を経営者に求めるところの，株主その他ステークホルダーからの厳しい要求であって，経営者は多くの時間を費やし，全身全霊でこの高いハードルと闘わなければなりません[*6]。特に，短期業績重視の傾向が進む米国では，四半期利益目標の未達による株価急落，集団訴訟による莫大な損害賠償請求，議決権行使助言機関の外形基準による評価，アクティビストの経営介入など，経営者を取り囲む圧力は想像を超えるものがあります。ですから経営者には，株主その他ステークホルダーとの信頼関係を築き，会社

の長期的な成功に向けて陣頭指揮を執る熱意，精神力，プロフェッショナリティが求められます。

　日本企業は，これまで外国資本からあまり重視されていないため，こうした厳しい状況に至っていませんが，コーポレート・ガバナンスを推進するうえでは，自社の立ち位置を決め，望ましい株主・投資家像（投資家と投機家は別物と考えるべき）を明確にして，良い関係を積極的に構築し，短期業績重視の圧力とのバランスを図ることがポイントと理解すれば間違いないでしょう。

(6) ESGの観点

　ESGとは，環境（Economy），社会（Social），企業統治・資本市場（Governance）のバランスを意味します。会社の経営が短期業績に走りすぎますと，環境配慮を欠いたり，労働基準に満たない働かせ方をしたりします。そこで，会社がESGの課題を意思決定のプロセス・構造に組み込んで適切に配慮すると同時に，投資家が，そうした会社の取組みの良し悪しを評価して投資を行うことが社会の持続可能な成長に資する，という考え方が世界規模で支持を受けるようになりました。

　例えば，従来の株式投資では，財務の観点を中心に投資するところを，ESG投資では，それに加えて，環境問題への取組みや，株主，顧客，従業員，地域社会など，利害関係者（ステークホルダー）に対し，いかにCSR（企業の社会的責任）を果たしているかをチェックして投資の可否を判断します[*7]。

　過去には，環境（E）や社会（S）に関心の強い人々と資本市場（G）に関心の強い人々は，交わることなく別々に行動していましたが，環境（E）や社会（S）への配慮不足が事業継続のリスクにつながると投資家が考え始めたこと，年金資金等の公的資金の運用先をESG投資に政策的に方向づける先進国が現われたことから，両者の行動が関係性をもつようになりました。

　CGコード基本原則2の「考え方」で，ステークホルダーとの適切な協働の中にESG問題への積極的な対応を含めるべきことが指摘された背景には，投資家や社会のこうした変化があります。

　これからのコーポレート・ガバナンスは，環境（E），社会（S），企業統治・資本市場（G）のバランスを経営者の意思決定のプロセス・構造に組み込んで統制する重要性が増加すると考えられます。

(7) 適切な推進のために

　コーポレート・ガバナンスは，法律の問題ではなく「経営」の問題です。CGコードを遵守すれば良い経営ができる保証はありません。株主や社会から見てなにが「正しい儲け方」なのかを経営者自身が考えて実行に移す責任があります。

　ところで，猫も杓子もガバナンスの現在の風潮に筆者は疑問を禁じ得ません。CSR（企業の社会的責任）のアプローチは，すべての企業に共通する問題ですが，株主・投資家のアプローチ，特にCGコードで例示されている欧米型の機関設計と運用は，機関投資家（運用機関）の要求が予想される経営環境の中でこそ，その必要性が認識できます。反対に個人株主や長期保有のファンドがほとんどを占める株主構成の会社では，「過剰装備」になる可能性もあると思います。

　つまり，コーポレート・ガバナンスは，自社の資本政策や望ましい株主像をどのように描くかを前提に，各社の条件に沿って考える必要があると筆者は考えます。法律の制度設計や経営責任の範囲・程度をよく理解したうえで，紹介されるベストプラクティスを参考に，どういう会社にしたいかを徹底的に考えるのが経営者の仕事です。以下，筆者の経験に基づいて，経営者が陥りやすい誤解について指摘します。

　第1に，コーポレート・ガバナンスは，株式上場という社会システムを利用する際の基本ルールであると認識することが大切です。この基本ルールが経営の障害になるのであれば，上場を主体的に廃止する選択肢はありますし，そうした選択をする会社も稀ではありません。しかし，上場会社であり続けるなら，コーポレート・ガバナンスを成長のバネとして，株主や社会に開かれた経営を目指すのが賢明です。株式上場の制度を利用しながら，コーポレート・ガバナンスを否定・拒否する言動は，株主・投資家には経営能力の欠如に映ります。「適任者がいないので社外取締役を設置しない」と経営者が説明したところ，「人脈も意欲もない」と投資家から一刀両断されたケースを筆者は経験しています。

　第2に，CGコードの各項目に示された方向性は，いわゆるソフトローであって義務や罰則はないとはいえ，上場会社が今後目指すべき方針・目標と解釈

し，段階を踏んで達成していくべきです。コードを自主的に守る会社が少なければ徐々に法律化されるのがソフトローの性質です。コーポレート・ガバナンスを強化して失うものはない反面，導入に着手しなければ評価は低下する可能性があります。取締役会の過半数は独立社外取締役で構成すべきとCGコードが変更されるタイミングも，それほど遠い将来ではないと筆者は考えます。他社より早く着手することが将来の競争力につながります。

第3に，情報開示と対話の深みを理解する必要があります。情報開示は，一定の枠組みに則って他社と比較可能な形で行わなければ意味がありませんし，受け手が知りたいことを率直に説明するものでなければ，逆に不都合な事実を隠している印象を与えかねません。目標のどこまでが完了し，残る課題は何で，いつまでにどのように解消しようとしているのかを明確に説明するのが情報開示の要諦です。

コーポレート・ガバナンスは「永遠の未完成」です。以上の方向性に沿って取締役会や内部統制システムの形がある程度まで整備できたら，透明性・情報開示と対話のレベルアップ，社員の意識面のメンテナンス，業務効率・資本効率に焦点を当てた改革などに経営資源を投入するのが，実のある進め方だと筆者は考えます。

〔笹本　雄司郎〕

■注　記■

*1　ISO26000：組織の社会的責任に関するガイダンス文書（2010）の「7　組織全体に社会的責任を統合するための手引」を参照。

*2　英国FRC（財務報告評議会）のコーポレート・ガバナンス・コード（2012年版）では，「コーポレート・ガバナンスとは，それによって会社を方向づけ，制御するためのシステムである。取締役会は，それぞれの会社のガバナンスに責任を負っている。ガバナンスにおける株主の役割は，取締役と外部会計監査人を任命し，自ら満足できる適切なガバナンス構造が構築されるようにすることである。取締役会の責任には，会社の戦略的目標を設定し，それを実行するために指導力を発揮し，経営を監督し，自らの受託者責任に関連して株主に報告を行うことが含まれている。取締役会の活動は，法令，規則ならびに株主総会における株主に従う。」と説明しています。

*3　岩田宜子『中長期投資家を納得させるコーポレートガバナンス・コードのIR対

応』(中央経済社, 2015) 2 頁以下参照。
* 4　CLSAとアジア・コーポレート・ガバナンス協会（ACGA）の2014年9月の共同調査。香港のスコアが65, シンガポールは64で同率1位。日本は3位, タイが4位, 中国は9位。
* 5　一橋大学大学院商学研究科の伊藤邦雄教授を座長とする経済産業省のプロジェクトによる最終報告書「持続的成長への競争力とインセンティブ—企業と投資家の望ましい関係構築」。
* 6　英国FRC（財務報告評議会）のコーポレート・ガバナンス・コード（2012年版）では,「コーポレート・ガバナンスの目的は, 会社の長期的な成功をもたらすことができるような, 効果的で〔effective〕, 企業家精神に富み〔entrepreneurial〕, 注意深い〔prudent〕経営を促進することにある」と説明しています。
* 7　東京証券取引所のWebサイト（http://plusyou.tse.or.jp/theme/001/）には次の説明が掲載されています。「ESGに配慮している企業は, 経営の持続的な成長が見込めるとして, 投資パフォーマンス向上にもつながると捉えられています。特に, 欧州では, ESG投資は長期的なリスクを低減するという認識が, 金融機関や機関投資家に浸透していることに加え, 持続的な発展への貢献に価値を見出す投資家が増え, ESGに配慮した投資が主流になりつつあります。」

第1章◇総　論

 大規模上場会社におけるコーポレート・ガバナンス体制

大規模上場会社では，コーポレート・ガバナンス体制としてどのような機関設計を採用することができますか。

　　会社法にいう大会社に該当する上場株式会社は，会社法上，株主総会の下に取締役会と監査役会及び会計監査人を設置する機関設計が基本型とされています。しかし，定款に定めを置けば，当該上場株式会社は，これに代えて監査等委員会設置会社又は指名委員会等設置会社の制度を利用することも可能です。

☑キーワード

取締役会，代表取締役・業務担当取締役，監査役・監査役会，社外監査役，監査等委員会設置会社，監査等委員会，指名委員会等設置会社，指名委員会，報酬委員会，監査委員会，執行役，社外取締役，独立社外取締役

解　説

1　基本型としての取締役会・監査役会・会計監査人設置会社

(1)　大規模上場株式会社

　株式会社の規模を表す指標には様々なものがありますが，ここでは会社法が定める大会社基準（会社2条6号）に基づいて大規模会社の範囲を画定します。

Q2◆大規模上場会社におけるコーポレート・ガバナンス体制

それによれば，大規模上場会社は，金融商品取引所に株式を上場している株式会社のうち，以下のいずれかに該当するものとなります。
① 最終事業年度に係る貸借対照表に資本金として計上した額が5億円以上であるもの
② 最終事業年度に係る貸借対照表の負債の部に計上した額の合計額が200億円以上であるもの

また，発行する全部の株式の内容として定款に譲渡制限の定めを設ける株式会社はそもそも株式の上場を行えないので（東証上場規程601条1項14号参照），上場株式会社は，会社法上は公開会社（会社2条5号）に当たります。したがって，大規模上場株式会社は，会社法上の用語を使うと，大会社である公開会社と定義することができます。

(2) 大規模上場株式会社のコーポレート・ガバナンス体制の基本型

株式会社一般の機関設計のルールを定める会社法によれば，以上の意味での大規模上場株式会社は，株主総会の下に取締役会と監査役会及び会計監査人を設置することが原則として必要とされます（会社327条1項1号・328条1項）。これが基本型です。

この体制では，第1に，会社の業務執行上の意思決定は取締役によって行われますが，重要業務執行の決定権限が取締役会に専属する一方，それ以外の業務執行事項の決定権限と業務執行事項全般の執行権限は代表取締役その他の業務担当取締役に帰属します。重要な業務執行事項については，これを代表取締役等に独断専行させず，取締役・監査役の相互監視の下で取締役会において意思決定を行わせようとする趣旨であり，重要財産の処分・譲受け，多額の借財，支店の設置等，支配人その他の重要使用人の任免，株式・社債の発行等は取締役会の専権事項とされ，代表取締役等に決定権限を委任することができません（会社362条4項）。これらを代表執行役その他の執行役に委任することのできる指名委員会等設置会社や代表取締役等に委任することのできる監査等委員会設置会社に比し，取締役会に多くの決議事項が留保されています。

しかし，取締役会の決議事項を多くすることは，経営判断のスピードを鈍らせかねませんので，会社法の要請に反しない範囲で取締役会の決議事項を見直して合理化し，代表取締役等への業務執行上の決定権の委譲を検討する必要が

あります（解釈指針第1．2⑶〔3〜4頁〕参照）。

　第2に，会社の業務執行の監視・監督は，取締役会自体がその職務として行うほか（会社362条2項2号），監査役・監査役会による取締役の職務執行の監査を通じても行われます（会社381条1項）。このうち監査役会は，3人以上の監査役で構成され，その半数以上が社外監査役であることを要するので（会社335条3項），社外役員として最低2名以上の社外監査役の選任が必要となります。また，監査役会の決議により監査役の中から常勤監査役を選定することも必要であり（会社390条3項），そのため監査役会設置会社では，監査役が常勤監査役とそれ以外の監査役（いわゆる非常勤監査役）に分かれます。しかし，常勤と非常勤とを問わず，各監査役がそれぞれ独立した機関として位置づけられる独任機関とされるため，監査役会において監査の方針・監査役の職務執行に関する事項（同条2項3号）を定めても，各監査役の権限の行使を定めることができません（同項ただし書）。

　これに対し，取締役会による監督は，代表取締役その他の業務担当取締役の任免権（会社362条2項3号・363条1項2号）の裏づけがあり，その発動も可能です。しかし，監査役・監査役会による監査はその対象者に対する解任権の裏づけがありません。また，監査役は，株主総会における取締役解任を目的とする提案権も有していないので，機能に限界があるといわざるを得ません。

　そのためもあり，監査役会設置会社のうち上場株式会社については，代表取締役その他の業務担当取締役による会社業務の執行に対する監督機能の実効性確保の観点から，取締役会のモニタリング機能の強化が必要となります。その具体的方策の一つとして独立性のある社外取締役の一定数の選任が求められるわけです。しかし，会社法は監査役会設置会社の取締役の中に社外取締役の選任を要求していません。そこでCGコードでは，監査役会設置会社の形態をとる上場会社を念頭に，最低2名の独立社外取締役の選任を要請しています（CGコード原則4−8）。

　会社法は，これと連動する形で，事業年度の末日において公開会社・大会社に該当する監査役会設置会社であって金融商品取引法24条1項により株式について有価証券報告書の提出義務を負う会社が社外取締役を置いていない場合は，社外取締役を置くことが相当でない理由を，取締役が当該事業年度に係る

定時株主総会において説明しなければならないこと（会社327条の2），当該理由を事業報告の内容に含めなければならないこと（会社則124条2項）を定めています。ちなみに，当該会社に社外監査役が2人以上あることのみでは，当該会社において社外取締役を置くことが相当でない理由とすることができないとされているので（会社則124条3項），より具体的な理由の説明ができない対象会社にあっては社外取締役の選任に踏み切らざるを得ません。その結果，大規模上場株式会社のうち監査役会設置会社であるものは，CGコードの原則4－8にそった対応をとることになる例が多いようです。

なお，CGコードが選任を求める独立社外取締役は，金融商品取引所が定める独立性基準をふまえ各会社において策定・開示する独立性判断基準を満たすものとされ（CGコード原則4－9），「一般株主と利益相反が生ずるおそれがない者」であることが求められています（東京証券取引所「上場管理等に関するガイドライン」Ⅲ5(3)の2）。例えば，会社の主要な取引先又はその業務執行者は，会社法上は社外取締役となることが可能ですが（会社2条15号参照），東証上場規程では，独立性を有しない者の一つに掲げられています（同ガイドラインⅢ5(3)の2a）。独立社外取締役は，会社法に定める社外取締役よりも要件が厳格化されていることに注意が必要です。

2　選択肢としての指名委員会等設置会社

(1) 指名委員会等設置会社の意義

大規模上場会社は，監査役会設置会社をデフォルトの機関設計としますが，定款の定めがあれば，指名委員会等設置会社の形態を選択することも可能です（会社326条2項）。指名委員会等設置会社は，指名委員会・監査委員会及び報酬委員会（以下これを「指名委員会等」といいます）を置く株式会社をいい（会社2条12号），株主総会で選任する3人以上の取締役で組織する取締役会を設置する点では監査役会設置会社と同じです。

しかし，取締役会の基本的職務を業務執行の監督に置き（会社416条1項参照），その下に3名上の取締役で組織し，その過半数が社外取締役であることを要する指名委員会等を設置したうえで（会社326条2項・400条1項～3項），業務

執行機関として1名又は2名以上の執行役を監督機関である取締役会が選任し，これに会社の業務を行わせる点（会社402条1項・2項・418条）に特色があります。なお，指名委員会等設置会社は，規模の大小を問わず会計監査人の設置が義務づけられており（会社327条5項），大会社である場合だけ監査役会の設置と会計監査人の設置とが併せ強制される監査役会設置会社と異なります。

(2) 監督機関としての取締役会と執行役への大幅な権限委譲の可能性

指名委員会等設置会社では，監査役を置くことができませんが（会社327条4項），社外取締役が過半数を占める監査委員会において取締役・執行役の職務の執行を監査するとともに，社外取締役を含む取締役会が業務執行機関の執行役の任免権に基づき執行役による業務執行を監督する体制がとられます。

このように，取締役会の機能が業務執行の監督を主眼とするため，取締役は会社法又は会社法に基づく命令に別段の定めがある場合を除き当該会社の業務執行を行えません（会社415条）。また，取締役会の専決事項も，業務執行の監督の性格を有するもの等に限定されているため，重要財産の処分・譲受け，多額の借財，重要使用人の人事，株式・社債の発行等，業務執行事項の多くの決定権限を取締役会の決議により執行役に委譲することができます（会社416条4項）。したがって，監査役会設置会社に比べて取締役会の決議事項の大幅なスリム化が可能で，経営の迅速化・効率化も実現できる体制となっています。

(3) CGコードとの関係

大規模上場株式会社がガバナンス体制として指名委員会等設置会社を選択した場合は，会社法上の要件として最低2名の社外取締役を選任する必要があるため，当該社外取締役が同時に上場規程に定める「独立性」要件を充足すれば，同時にCGコードの原則4－8の要請にも従ったことになります。したがって，この制度を利用する大規模上場株式会社は，監査役会設置会社のように2名以上の社外監査役とは別に社外取締役を2名以上選任することで合計4名以上の社外役員を選任する必要はなくなります。

しかも，指名委員会等設置会社は，米国の上場会社のガバナンス体制をモデルにしているので，株主の内訳として海外機関投資家（特に米国の機関投資家）の比率が高まっている大規模上場株式会社では，投資家の馴染みという観点も考え，指名委員会等設置会社の選択も検討に値します。一方，会社法では指名

委員会等設置会社に対し取締役の過半数が社外取締役であることまで求めていませんが，取締役会の経営監督機能に鑑みると，また，米国の上場規則では取締役会のメンバーの過半数が独立取締役（independent director）であることを要するとされていることを勘案すると，指名委員会等設置会社を選択する場合は，任意の措置として，（独立）社外取締役の取締役会における比率を過半数とすることを併せ検討する必要があると思われます。

3 監査等委員会設置会社の選択

(1) 監査等委員会設置会社の意義と特色

　大規模上場株式会社の第3の選択肢が，監査等委員会設置会社です。監査等委員会設置会社は，監査等委員会を設置する株式会社のことで（会社2条11号の2），平成27年5月1日施行の平成26年改正会社法により導入されたガバナンス体制です。指名委員会等設置会社の採用会社数が比較的少数にとどまっていることから，指名委員会等の3委員会のフルセットの設置を要件とせず，監査等委員会だけを設置することとし，社外取締役を通じた経営監視を実現するため新たな仕組みとして導入されたという経緯があります[*1]。

　監査等委員会設置会社を選択した株式会社は，監査役会設置会社・指名委員会等設置会社と同様，当然に取締役会設置会社となるため取締役会の設置を必要とします（会社327条1項3号）。その一方で，監査等委員会設置会社は，3名以上の監査等委員から成る監査等委員会を設置しますが，監査等委員は取締役であることが必要である（会社399条の2第2項）うえに，その員数が3名以上であり，かつ，過半数が社外取締役であることを要します（会社331条6項）。しかし，監査等委員である取締役は業務執行取締役を兼任することができないため（同条3項），監査等委員会設置会社では，少なくとも1人の業務執行取締役と3名以上の監査等委員である取締役を選任する必要があります。その結果，監査等委員会設置会社を選択した大規模上場株式会社は合計で4名以上の取締役を選任する必要があることにも注意を要します。

　なお，監査等委員会設置会社も，指名委員会等設置会社と同様，規模の大小を問わず，その機関設計の選択により会計監査人の設置が強制されています

（会社327条5項）。そのため，すべての株式会社において選択が可能な監査等委員会設置会社の制度は，事実上は，大会社での利用に限定されることになるでしょう。

(2) 監査等委員会設置会社の特色

監査等委員会設置会社は，業務執行は，取締役会と代表取締役その他の業務担当取締役によって行われる一方，これを監査等委員会が監査等するという体制です。その枠組みは監査役会設置会社の構造に類似していますが，第1に，監査役会設置会社と異なり，監査等委員会を構成する監査等委員が取締役であるため，取締役会の構成員となり，代表取締役その他の業務担当取締役の任免を通じた取締役会の監督に直接関与する点に特色の一つがあります。したがって，監査等委員である取締役は，取締役会の招集請求権・自力招集権のみならず提案権及び議決権も有しており，取締役会での提案権・議決権を有していない監査役よりも地位の強化が図られています。

第2に，監査等委員会は，業務執行取締役の人事及び報酬についても株主総会において意見を述べることができるので（会社399条の2第3項3号・342条の2第4項・361条6項），指名委員会等設置会社における指名委員会・報酬委員会の機能も併有するとされています[2]。これが監査「等」委員会といわれる理由であり，監査等委員会は，当然に業務執行取締役の業績評価を含む妥当性・効率性の監査を行うものと考えられています[3]。

第3に，監査等委員会設置会社の業務執行の基本的体制は，監査役会設置会社の取締役会と同様，一定の重要業務執行を取締役会において決定し，代表取締役その他の業務担当取締役にそれ以外の業務執行に関する決定権限が当然委任されるものとされたうえで，代表取締役その他の業務担当取締役が取締役会の決定を執行するというものです。また，取締役会から代表取締役等に決定を委任することができない重要業務執行事項は，監査役会設置会社の場合と基本的に同様です（会社399条の13第4項参照）。しかし，取締役全体の過半数が社外取締役である場合，又は，社外取締役が取締役の過半数を占めていなくても定款に定めがある場合は，指名委員会等設置会社と同様の広範な業務執行事項の決定権限を取締役会の決議により代表取締役その他の業務担当取締役に委任することが認められています（同条5項・6項）。

取締役会の決議事項の合理化・スリム化は監査役会設置会社において一つの検討課題とされていますが，監査等委員会設置会社を選択すれば，代表取締役等への大幅な権限委譲とそれによる機動的な業務執行が実現できるため，その点のメリットは大きいものとなっています。

(3) CGコードとの関係

大規模上場株式会社がガバナンス体制として監査等委員会設置会社を選択した場合は，会社法上の要件として最低2名の社外取締役を選任する必要があるため，当該社外取締役が同時に東証上場規程に定める「独立性」要件を充足すれば，指名委員会等設置会社と同様，同時にCGコードの原則4－8の要請にも従ったことになります。

また，上記のように，この制度では，取締役会の決議事項を合理化・限定することで，経営の機動化・効率化も実現できるため，企業価値の向上に向けた攻めの経営の観点からは，大規模上場株式会社のコーポレート・ガバナンス体制の選択肢として注目に値します。2016年7月時点で既に700社前後の上場株式会社がこの制度への移行を実施又は計画していることも，監査等委員会設置会社の特色・機能に着目した結果ともいえるでしょう。それだけに，現在は監査役会設置会社又は指名委員会等設置会社である大規模上場株式会社としては，今後の経営課題の一つとして，監査等委員会設置会社への移行を検討しておく必要があると思われます。

ちなみに，監査等委員会設置会社は，監査等委員会があるとはいえ，取締役会が経営の監督の拠り所であることから，CGコードには明示されていませんが，実務上の取扱いとして，取締役会の議長と代表取締役社長等の業務執行者とを分離し，取締役会の議長には社外取締役を就けることも検討の必要があるでしょう。また，監査等委員会設置会社においても，任意の措置として，指名委員会や報酬委員会を設置することも一考に値しますが，任意の指名委員会等の委員構成等については監査等委員会のもつ指名委員会・報酬委員会的機能との関係・整合性に注意する必要があります。

〔中村　信男〕

第1章◇総　論

■注　記■

＊1　江頭・381頁。
＊2　江頭・574頁。
＊3　江頭・574頁・583頁。

上場会社のコーポレート・ガバナンスを規律するルール

上場会社のコーポレート・ガバナンスを規律するルールにはどのようなものがありますか。

　上場会社を対象としてコーポレート・ガバナンスを規律するルールには，いわゆるハードロー（hard law）として会社法及びその関連法務省令と金融商品取引法及び関連政省令があるほか，金融商品取引所の定める有価証券上場規程等の上場規則，ソフトロー（soft law）としてのCGコードやスチュワードシップ・コード，監査役監査基準等の各種基準，上場会社の新株発行に係る日本証券業協会の指針，金融商品取引法関連規則に係る各種ガイドライン等があります。なお，監査役監査基準は法令ではありませんが，その内容を反映した監査役監査規程を上場会社が制定した場合は，この基準が監査役の善管注意義務の内容を具体化するものと判示する判例があり，注意が必要です。

☑キーワード

会社法，金融商品取引法，ハードロー，CGコード，スチュワードシップ・コード，ソフトロー，基準，ガイドライン・指針

第1章◇総　論

解説

1　上場会社のコーポレート・ガバナンスを規律する会社法・金融商品取引法

(1)　会社法及び法務省令

　上場会社のコーポレート・ガバナンスを規律するルールの中核を成すものが会社法（平成17年法律第86号）であることはいうまでもありません。会社法は，会社（株式会社及び持分会社）の設立，管理運営，組織再編，解散その他を規律する単行法であり，株式会社のコーポレート・ガバナンスに関しては大要，以下の事項について規律しています。

・株主総会の権限・招集・運営等や株主の議決権とその行使方法
・機関設計ルール
・役員等（取締役，会計参与，監査役，会計監査人）の選任・解任
・取締役の一般的義務と競業避止義務・利益相反取引規制，報酬等
・取締役会の職務・招集・運営や取締役の議決権
・会計参与の職務・権限
・監査役の職務と権限，監査役会の権限・運営
・会計監査人の職務・権限
・監査等委員会の職務・権限と監査等委員会設置会社の取締役会の権限
・指名委員会等の職務・権限と指名委員会等設置会社の取締役会の権限，執行役の選任・解任及び職務等

　ちなみに，会社法は，規制内容の多くを政省令（会社法施行規則，会社計算規則，電子公告規則等）に委任していますが，コーポレート・ガバナンスに係る規律は会社法施行規則の定めに委ねられている部分が少なくありません。

(2)　金融商品取引法及び関連政省令

　また，上場会社に適用される法的ルールとしては金融商品取引法（昭和23年法律第25号）があります。同法はコーポレート・ガバナンスについて直接規律するものではありませんが，第1に，株主総会における議決権の帰趨に影響す

る委任状勧誘について定める同法194条と同条をうけた「上場株式の議決権の代理行使の勧誘に関する内閣府令」（平成15年内閣府令第21号）は，上場会社のコーポレート・ガバナンスに直接関連するルールの一つといえるでしょう。

　第2に，同法24条1項により有価証券報告書を提出しなければならない会社のうち上場有価証券（同項1号）の発行者であるものその他政令所定のものは，内閣府令で定めるところにより，事業年度ごとに，当該会社の属する企業集団及び当該会社に係る財務計算に関する書類その他の情報の適正性を確保するために必要なものとして内閣府令で定める体制について，内閣府令で定めるところにより評価した内部統制報告書を有価証券報告書と併せて内閣総理大臣に提出しなければならないとされています（金商24条の4の4第1項）。この規律は，会社法上の内部統制システムと相まって，上場会社とその企業集団の業務及び財務の適正を確保するためのガバナンスの実効性を支えるものといえ，その意味では上場会社のコーポレート・ガバナンスを規律する法的ルールの一部といってよいでしょう。ちなみに，金融商品取引法に定める内部統制報告書に係る政省令としては，「財務計算に関する書類その他の情報の適正性を確保するための体制に関する内閣府令」（平成19年内閣府令第62号）があります。

　第3に，平成26年改正会社法は，上場会社のうち監査役制度を採用するものに社外取締役の選任義務を課すには至っていませんが，同改正により，事業年度の末日において公開会社・大会社に該当する監査役会設置会社であって金融商品取引法24条1項により株式について有価証券報告書の提出義務を負う会社が社外取締役を置いていない場合は，社外取締役を置くことが相当でない理由を，取締役が当該事業年度に係る定時株主総会において説明するとともに（会社327条の2），事業報告の内容に含めなければならないとされています（会社則124条2項）。このように，会社法が，上場会社をはじめ金融商品取引法の適用を受ける株式会社の特則を設けるに至っていることには留意する必要があります。同時に，これらの規律は，上場会社に独立社外取締役を最低2名置くことを求めるCGコードの規律（原則4-8）を前提として，同原則に従わない対象会社に社外取締役を置くことが当該会社にとって相当でないことの説明責任を法定したものであり，ハードローとソフトローの連関が図られている点は注目に値します。

ちなみに、金融商品取引法も多くの事項を政省令の定めに委ねています。主要なものを列挙すると、以下のとおりです。
- ・金融商品取引法施行令
- ・企業内容等の開示に関する内閣府令
- ・財務諸表等の監査証明に関する内閣府令
- ・発行者以外の者による株券等の公開買付けの開示に関する内閣府令
- ・株券等の大量保有の状況の開示に関する内閣府令

2 CGコード及びスチュワードシップ・コード

(1) CGコード

　上場会社のコーポレート・ガバナンスを規律するルールのうち法令以外で重要なものが、CGコード（2015〔平成27〕年6月1日）です。これは、わが国においてコーポレート・ガバナンスをめぐる近時の取組みが大きく加速していることをふまえ、2013〔平成25〕年6月に閣議決定された「日本再興戦略」に、「国内の証券取引所に対し、上場基準における社外取締役の位置付けや、収益性や経営面での評価が高い銘柄のインデックスの設定など、コーポレートガバナンスの強化につながる取組を働きかける」（第Ⅱ.一. 1. ④〔28頁〕）との施策が盛り込まれ、さらに2014〔平成26〕年6月に閣議決定された「『日本再興戦略』改訂2014」に東京証券取引所による「CGコード」の策定支援が施策として掲げられたことをうけ策定されたものです（CGコード原案序文1項～4項）。

　その趣旨・目的は、CGコードにおいてコーポレート・ガバナンスを「会社が、株主をはじめ顧客・従業員・地域社会等の立場を踏まえた上で、透明・公正かつ迅速・果断な意思決定を行うための仕組み」（CGコード原案序文6項）と捉えたうえで、会社の意思決定の透明性と公正性を担保しながら、これを前提とした会社としての迅速・果断な意思決定を促すことを通じて、「攻めのガバナンス」の実現を目指すものとされています（CGコード原案序文7項）。そのため、CGコードの主眼は、会社におけるリスクの回避・抑制や不祥事防止よりも、むしろ健全な企業家精神の発揮を促進し、会社の持続的成長及び中長期的な企業価値の向上を図ることにあるとされています（CGコード原案序文7項）。

また，CGコードは，会社の株主に対する受託者責任や各種ステークホルダーに対する責務をふまえ，一定の対応を求める規律を複数含んでいます。これらも同コードの上記目的・主眼に鑑み，会社の事業活動に対する制約ではなく，経営陣が結果責任を問われることを懸念してリスク回避的行動に偏ることがないよう，健全な企業家精神を発揮して経営手腕をふるえる環境整備を図るものとされています（CGコード原案序文7項）。

　それだけに，CGコードの適用を受ける各上場会社は，その趣旨・目的に鑑み，各会社の置かれた状況に応じて実効性のあるコーポレート・ガバナンスを実現すべく，独自の工夫を施すことが求められます（CGコード原案序文9項）。CGコードが，プリンシプルベース・アプローチ（原則主義）を採用するのはそのためです。また，CGコードが規定する各原則等については，CGコードの上記趣旨・精神に照らして各会社が適切に解釈することが求められます（CGコード原案序文10項）。

(2)　スチュワードシップ・コード

　CGコードは，市場における短期主義的な投資行動の強まりに対する懸念をふまえ，中長期の投資促進の実現を期待するものです（CGコード原案序文8項）。CGコードは，各会社がコーポレート・ガバナンスの改善を通じて会社の持続的な成長と中長期的な企業価値向上の実現を後押しすることを主眼とするところ，中長期的な会社としての取組みを支えるのが，中長期に株式を保有する株主となるため，CGコードとしても，望ましい株主の投資行動として中長期の株式保有を促すことをねらいの一つとするものです。

　それだけに，機関投資家が投資先企業の状況の的確な把握に基づき当該企業との建設的な目的をもった対話により認識を共有して中長期的な投資を行うことを促すべく平成26年2月に策定・公表され実施に移された「『責任ある機関投資家』の諸原則《日本版スチュワードシップ・コード》」と，CGコードとは，車の両輪に例えられ，両コードが適切に相乗効果を発揮することで，実効的なコーポレート・ガバナンスの実現に貢献するものとされています（CGコード原案序文8項）。

　ちなみに，CGコードには，「株主との建設的な対話」が基本原則として掲げられていますが（CGコード基本原則5），上記の観点から，同基本原則について

各上場会社がそれぞれどのような取組みを行うかが，注目されるところです。

3　各種の基準及び指針（ガイドライン）

(1)　基準と具体例・留意点

　上場会社のコーポレート・ガバナンスを規律するルールの中には，様々な基準・指針（ガイドライン）が存在します。

　このうち，基準の一例をあげると，日本監査役協会は，監査役（会）設置会社，監査等委員会設置会社，指名委員会等設置会社について，「監査役監査基準」・「監査等委員会監査等基準」・「監査委員会監査基準」，「内部統制システムに係る監査の実施基準」・「内部統制システムに係る監査等委員会監査の実施基準」・「内部統制システムに係る監査委員会監査の実施基準」を策定・公表しています。これらは，監査役，監査等委員会，監査委員会の監査・監査等の全般と内部統制システム監査に関する実施準則として機能するものであり，実務上，各会社において策定される監査役監査規程等の中に盛り込まれることが一般的です。ちなみに，監査役監査基準は，「監査役に今日的に期待されている役割と責務を明確にする」との理念のもと，監査役監査の実効性を高めるため，監査役の実務上のガイドラインとなるモデル的な手続（ベストプラクティス）を含むものであることから，その内容として，会社法の規定等を受けた法的義務を伴う規範と，企業統治の観点から望ましい監査役の対応等を示した規範とが併存するものとなっています。そのため，同基準では，「法定事項（Lv. 1）」，「不遵守があった場合に善管注意義務違反となる蓋然性が相当程度ある事項（Lv. 2）」，「不遵守が直ちに善管注意義務違反を構成しないが，その態様によっては同義務の違反を問われることがあり得る事項（Lv. 3）」，「努力義務事項，望ましい事項，行動規範であるがLv. 1～Lv. 3に該当しない事項（Lv. 4）」及び「権利の確認等（Lv. 5）」の表示により，規範レベルの違いを明示しています。ただ，破産会社の監査役の任務懈怠の有無が争点の一つとなった〔セイクレスト事件〕大阪高裁判決☆[1]は，日本監査役協会が定めた「監査役監査基準」・「内部統制システムに係る監査の実施基準」にほぼ準拠して定められた監査役監査規程を有する会社にあっては，監査役がその職務として，当該監

査役監査規程に基づいて取締役会に対し所要の助言・勧告をすべき義務を負い，これに違反して会社に損害を与えたときは，任務懈怠責任を負う旨を判示しています。そのため，同基準又は同基準を織り込んだ各会社の監査役監査規程等には，監査役の善管注意義務を具体化する規範性を有するものがあると解されていることに留意する必要があります[*1]。

このほか，会計監査に関するものとして，企業会計審議会監査部会の策定に係る「監査基準」・「監査における不正リスク対応基準」があります。

(2) ガイドライン・指針

上場会社のコーポレート・ガバナンスに関するガイドライン・指針も少なくありません。会社法関連のものとしては，例えば，株主の国際化に対する対応が求められる株主総会運営については，全国株懇連合会「グローバルな機関投資家等の株主総会への出席に関するガイドライン」(平成27年11月13日) があります。また，取締役その他に関するものとしては，日本弁護士連合会の策定に係る「社外取締役ガイドライン」や「企業等不祥事における第三者委員会ガイドライン」があり，監査役等による会計監査人の評価・選定等に関するものとして，日本監査役協会会計委員会の策定に係る「会計監査人の評価及び選定基準策定に関する監査役等の実務指針」があります。

さらに，金融商品取引法に関連するものとしては，金融庁総務企画局の策定に係る「企業内容等の開示に関する留意事項について（企業内容等開示ガイドライン）」(平成27年9月)・「『財務諸表等の用語，様式及び作成方法に関する規則』の取扱いに関する留意事項について（財務諸表等規則ガイドライン）」(平成27年9月)・「『財務諸表等の監査証明に関する内閣府令』の取扱いに関する留意事項について（監査証明府令ガイドライン）」(平成27年9月) のほか，同企画局の策定に係る「『財務計算に関する書類その他の情報の適正性を確保するための体制に関する内閣府令』の取扱いに関する留意事項について（内部統制府令ガイドライン）」(平成23年3月) があります。

〔中村　信男〕

第 1 章◇総　　論

■判　例■

☆1　大阪高判平27・5・21判時2279号96頁・金判1469号16頁・資料版商事378号114頁。

■注　記■

＊1　遠藤元一「セイクレスト控訴審判決の検討」商事2078号11頁。このほか，得津晶「監査役の任務懈怠責任における重大な過失」ジュリ1490号119頁以下，柿崎環「社外監査役の業務監査につき任務懈怠責任が認められた事例」新・判例解説Watch◆商法№81も参照。

Q4 CGコードにおけるcomply or explainの手法

　CGコードは，comply or explainの手法を採用するため，各会社は，コードの内容に従うか，従わない場合はそのことを説明することが求められますが，コードのすべての原則がcomply or explainの対象となりますか。また，コードの原則を実施しない場合には，会社としてどのような説明をすることが求められますか。

A　CGコードの採用するcomply or explainすなわち「原則を実施するか，実施しない場合には，その理由を説明するか」の手法は，基本原則を含むすべての原則に妥当するものとされています。また，上場会社がCGコードの原則の定めるところを実施しない場合は，その理由を十分に説明することが求められます。その際，会社は，株主その他のステークホルダーの理解を十分に得られるよう説明を行うことを求められるため，ひな型的な表現により表層的な説明に終始することを避けなければなりません。また，原則を実施しない会社は，その理由を具体的に説明するだけでなく，できれば採用している，又は採用することを予定している代替手段を明示することが望ましいと思われます。

キーワード

　プリンシプルベース・アプローチ，原則主義，コンプライ・オア・エクスプレイン，基本原則，原則，補充原則

第1章◇総　論

解　説

1　CGコードのプリンシプルベース・アプローチ

(1)　プリンシプルベース・アプローチとコンプライ・オア・エクスプレインの手法

　CGコードの趣旨・目的は，会社の意思決定の透明性と公正性を担保しながら，これを前提とした会社としての迅速・果断な意思決定を促すことを通じて，「攻めのガバナンス」の実現を目指すものとされています（CGコード原案序文7項）。そのため，CGコードは，会社におけるリスクの回避・抑制や不祥事防止を図りつつも，その主眼はむしろ健全な企業家精神の発揮を促進し，会社の持続的成長及び中長期的な企業価値の向上を図ることにあるとされています（CGコード原案序文7項）。

　CGコードは，こうした目的を実現するものとして，会社の株主に対する受託者責任や各種ステークホルダーに対する責務をふまえ一定の対応を求める規律を複数含んでいますが，経営陣が結果責任を問われることを懸念してリスク回避的行動に偏ることがないよう，健全な企業家精神を発揮して経営手腕をふるえる環境整備を図るものとされています（CGコード原案序文7項）。

　それだけに，CGコードの適用を受ける各上場会社は，その趣旨・目的に鑑み，各会社の置かれた状況に応じて実効性のあるコーポレート・ガバナンスを実現すべく，独自の工夫を施すことが求められます（CGコード原案序文9項）。また，上場会社はその置かれた状況等のいかんによりCGコードの原則の定めるところとは異なった対応をとる余地が残されています。CGコードが，プリンシプルベース・アプローチ（原則主義）を採用するのはそのためです（CGコード原案序文10項）。

　そこで，CGコードは，法規範とは異なり法的拘束力をもたない諸原則（基本原則，原則及び補充原則）をもって構成されています。そのため，上場会社は，CGコードの定める各原則の趣旨をふまえて，これを実施し，実効性のあるコー

ポレート・ガバナンスを実現することが求められます。その一方で，当該原則を適用し実施することが各会社の個別事情に照らして実施することが適切でない場合には，その理由を十分に説明することにより当該原則を実施しないこともできるとされています（CGコード原案序文11項）。

(2) コンプライ・オア・エクスプレインの手法の対象となる原則

　コンプライ・オア・エクスプレインの手法は，上場会社が十分な説明をすることで，CGコードの各原則の一部を実施しないこととする選択肢を認めるものですが，CGコードのすべての原則がその取扱いの対象となるのでしょうか。わが国のCGコードがモデルの一つにしたといえるイギリスのコーポレートガバナンス・コード（The UK Corporate Governance Code 2014）は，main principleとsupporting principle及びcode provisionの3つの形態の規定から構成され，それがわが国のCGコードの基本原則・原則・補充原則に対応していますが，イギリスのコーポレートガバナンス・コードは，principle（main principleとsupporting principle）については上場会社がこれを遵守することを求められ，explainをすることで異なった対応をとる余地が残されているのはcode provisionに限られます（The UK Corporate Governance Code 2014, p. 4, para. 1）。しかし，わが国のCGコードの場合は，すべての原則を対象として，正当化できる理由を説明することで，特定の原則を実施しないことができるとされています（CGコード原案序文11項・12項）。

　ちなみに，CGコードの適用開始から6か月の時点で東京証券取引所が行った上場会社の対応状況の調査（株式会社東京証券取引所「コーポレートガバナンス・コードへの対応状況（2015年12月末時点）」〔2016年1月20日〕）によると，CGコードへの対応状況を開示した上場会社2485社のうち市場第一部・第二部の上場会社1858社について分析を行っています。これによれば，当該上場会社に適用される73の原則について，全部の原則を実施している会社は216社（11.6％）であるのに対し，一部の原則についてこれを実施せずエクスプレインしている会社が88.4％あり，このうち実施率が90％以上のものが1233社，実施率90％未満の会社が409社あります。

　また，73の原則のそれぞれの実施状況についても調査結果が示されていて，すべての会社が実施している原則は6つの原則にとどまります。基本原則は5

つ明示されていますが、基本原則1及び同2は実施率100％で、基本原則3から5については実施率が99.9％（基本原則3)、99.8％（基本原則4・同5）です。

これに対し、その他の67の原則については一部の会社が説明をすることでこれを実施していない例があるとされています。このうちエクスプレインをしている会社の割合が高い原則として、以下のものが明示されています。

- 補充原則4－11③「取締役会による取締役会の実効性に関する分析・評価、結果の概要の開示」（実施会社数676社、説明会社数1182社で説明率63.6％）
- 補充原則1－2④「議決権の電子行使のための環境整備（例：議決権電子行使プラットフォームの利用等)、招集通知の英訳」（実施会社数820社、説明会社数1038社で説明率55.9％）
- 原則4－8「独立取締役の2名以上の選任」（実施会社数1069社、説明会社数789社で説明率42.5％）
- 補充原則4－2①「中長期的な業績と連動する報酬の割合、現金報酬と自社株報酬との割合の適切な設定」（実施会社数1288社、説明会社数570社で説明率30.7％）
- 補充原則4－10①「指名・報酬等の検討における独立社外取締役の関与・助言（例：独立社外取締役を主な構成員とする任意の諮問委員会の設置)」（実施会社数1311社、説明会社数547社で説明率29.4％）
- 原則3－1「会社の経営理念等や経営戦略・経営計画、コーポレートガバナンス・コードに関する基本的考え方・基本方針・経営陣幹部・取締役の報酬決定の方針・手続、個々の経営陣幹部・取締役・監査役の選任・指名についての説明に関する開示の充実」（実施会社数1336社、説明会社数522社で説明率28.1％）
- 補充原則3－1②「海外投資家等の比率等を踏まえた英語での情報の開示・提供の推進」（実施会社数1379社、説明会社数479社で説明率25.8％）

2 エクスプレインの方法・態様

コンプライ・オア・エクスプレインの手法が採用されていることで、上場会社は、場合によっては、CGコードの各原則の一部を実施しないことが可能で

す。問題は，その場合にどのような説明を行えばよいか，ということです。CGコードの各原則が法規範と異なり法的拘束力を有しないとはいえ，株主等のステークホルダーの利益を考慮した合理的取組みとして策定されていることから，上場会社はCGコードの各原則の趣旨を十分汲んでこれを実施することが原則として求められています。そのため，その原則的取扱いと異なる対応を選択する会社にあっては，原則を実施しないことを正当化・合理化し得る事情のあることを株主等に示し，株主等の理解を十分に得られるように説明を工夫する必要があります（CGコード原案序文12項）。

　ちなみに，東京証券取引所の前記調査によれば，67の原則に対し1642社が延べで8996件の説明を行っているとのことですが，このうち時期の明示の有無はともかく今後実施の予定である旨を付記する説明は約30％（2624件），実施するかどうかを検討中である旨を明示する説明が44.3％（3981件）あることから，将来的には実施に移行するケースが多いといえるでしょう。一方，実施予定なしの説明は26.5％（2391件）あり，原則の中には一部の会社において実施されないものが今後も若干は残るようです。

　ともあれ，特定の原則を実施しないこと及びその理由を説明するにあたっては，できれば当該会社として採用する代替手段を示すことが望ましいと考えられます。

〔中村　信男〕

第1章◇総　論

 中規模上場会社におけるコーポレート・ガバナンス体制

中規模上場会社では，コーポレート・ガバナンス体制としてどのような機関設計を採用することができますか。

　　会社法にいう大会社の基準を満たさないものの株式を上場する中規模上場株式会社は，会社法上，株主総会の下に取締役会と監査役を設置する機関設計が基本型とされています。しかし，定款に定めを置けば，当該上場株式会社は，監査役会や会計監査人を置くこともできますし，監査等委員会設置会社又は指名委員会等設置会社の制度を利用することも可能です。

キーワード
　　監査役，会計監査人，監査役会，社外監査役，監査等委員会設置会社，指名委員会等設置会社，社外取締役

解　説

1　中規模上場株式会社の意義

(1)　中規模上場株式会社の意義・範囲

　会社法には中規模株式会社を表す基準は存在しませんが，ここでは便宜上，上場株式会社のうち会社法上の大会社基準（会社2条6号）を満たさないものと

しておきます。この意味での中規模上場株式会社は，公開会社（同条5号）である一方，大会社ではないため，会社法上，機関設計（コーポレート・ガバナンス体制）の基本型として，株主総会の下に3名以上の取締役から成る取締役会と監査役を設置する必要があります（会社327条1項1号・2項本文・331条5項）。

(2) コーポレート・ガバナンス体制の基本型としての**監査役設置会社**

この体制では，第1に，大規模上場株式会社と同様，会社の業務執行上の意思決定は取締役によって行われ，重要業務執行の決定権限が取締役会に専属する一方，それ以外の業務執行事項の決定権限と業務執行事項全般の執行権限は代表取締役その他の業務担当取締役に帰属します。重要な業務執行事項については，取締役・監査役の相互監視の下，取締役会において意思決定を行わせるため，重要財産の処分・譲受け，多額の借財，支店の設置等，支配人その他の重要使用人の任免，株式・社債の発行等は取締役会の専権事項とされ，代表取締役等に決定権限を委任することができません（会社362条4項）。

取締役会に多くの決議事項が留保されることになるのは，大規模上場株式会社が監査役会設置会社の体制を採用する場合と同様であり，取締役会と代表取締役その他の業務担当取締役との権限配分のあり方を合理的に見直すことが，攻めの経営の観点から経営課題の一つとなるでしょう（解釈指針第1．2．(3)〔3〜4頁〕参照）。

第2に，会社の業務執行の監視・監督は，取締役会自体がその職務として行うほか（会社362条2項2号），取締役会の設置に伴い監査役の選任が義務づけられるため（会社327条2項本文），監査役による取締役の職務執行の監査を通じても行われます（会社381条1項）。ただ，中規模上場株式会社は，監査役会の設置が強制されていないため，監査役の員数は最低1人で足りるうえに，常勤監査役の選定や社外監査役の選任は会社法上の義務とされていません。また，会社法上は，監査役制度を採用する限り，中規模上場株式会社は，会計監査人の選任も強制されません。

第1章◇総　　論

2　会計監査人・監査役会の設置の選択

(1)　会計監査人設置会社の選択

　中規模上場株式会社は，上場会社であるため，金融商品取引法により財務計算に関する書類につき公認会計士又は監査法人による監査証明を受ける必要があります（金商193条の2第1項）。会社法は，法律上必要な機関設計の基本型をベースに定款の定めにより追加的な機関設置を行うことを認めており，会計監査人もその一つに挙げられているので（会社326条2項），中規模上場株式会社が，金融商品取引法上の要請として財務計算に関する書類の監査証明を行う公認会計士又は監査法人を定款の定めにより会計監査人として位置づけ，会計監査人設置会社となることができます。

　問題は，その法的メリットが何かということです。会社法439条は，会計監査人設置会社の特例として一定の条件を満たせば取締役会の承認のみで計算書類等の確定を行うことができる旨を定めているため，会計監査人設置会社となった中規模上場株式会社がこの特例を利用することで，定時株主総会では，計算書類等の内容報告だけで済み，定時株主総会の承認決議を経る必要がなくなります。これにより，決算確定が効率的に行えるとともに，株主総会決議の瑕疵を理由とする株主総会決議取消訴訟（会社831条）の提起による決算確定の不安定化リスクを回避することもできます。

(2)　監査役会設置会社の選択の余地

　また，中規模上場株式会社は，監査役会の設置を要求されませんが，その後の規模の拡大により大会社となる可能性が想定される場合は，大会社基準を満たすに至った場合の体制整備をあらかじめ行っておくことを考えておく必要があります。その種の中規模上場株式会社は，定款に監査役会を設置する旨を定めて監査役会設置会社となることを選択することが，一考に値します。その場合は，3名以上の監査役の選任に加え，その半数以上を社外監査役としなければなりません。また，常勤監査役の選定も必要となります。

　なお，監査役会の設置の有無にかかわらず，中規模上場株式会社もCGコードの原則4－8により2名以上の社外取締役の選任を求められるため，監査役

会設置会社を選択した場合は，社外役員として会社法の求める最低2名の社外監査役を選任しなければならないことに加え，CGコードの原則4－8に従い2名以上の社外取締役を置くことを求められるので，合計で4名以上の社外役員を確保しなければならないことに留意が必要です。

3 監査等委員会設置会社又は指名委員会等設置会社の選択

　これに対し，中規模上場株式会社が上記のように上場会社として金融商品取引法の定めに基づいて選任する監査人を会社法上の会計監査人としても位置づける取扱いを行った場合，会社規模の大小を問わず会計監査人の設置が必要とされる監査等委員会設置会社又は指名委員会等設置会社を選択することも考えられます（監査等委員会設置会社又は指名委員会等設置会社については**Q2**を参照）。

　監査等委員会設置会社又は指名委員会等設置会社はいずれも最低2名の社外取締役を選任することが会社法上の要件との関係で必要となるため，大会社基準に該当することが当分考えられず会社法上は社外監査役の選任を要しない中規模上場株式会社にあっては，監査等委員会設置会社又は指名委員会等設置会社を選択すると社外役員としての社外取締役の選任が法律上必要となり，負担が増えます。

　そこで，当該会社が上場会社として，CGコードの要請により社外取締役を最低2名確保することを求められる以上は，その要請に対応するための方法として，社外取締役を最低2名必要とする監査等委員会設置会社又は指名委員会等設置会社を選択することが考えられます。

　また，中規模上場株式会社が監査等委員会設置会社又は指名委員会等委員会設置会社を選択しておけば，その後に大会社に該当するに至った場合でも，監査役制度を採用する中規模上場株式会社が監査役会設置会社に移行する場合のように，改めて社外役員の確保を行う必要もないため，追加対応の手間・コストを避けることができるメリットもあります。

〔中村　信男〕

第 2 章

株主及びステークホルダーに対する対応

第1節　株主の権利の確保

コーポレート・ガバナンスに関する株主の権利

コーポレート・ガバナンスに関する株主の権利にはどのようなものがありますか。また，株主の権利が重要とされているのはなぜでしょうか。

　株主の権利は，自益権と共益権に分類されますが，そのうち，株主が会社経営に参与しあるいは取締役等の行為を監督是正する権利である共益権は，会社における効率的な経営の確保や経営上の違法行為の抑止に役立ち，コーポレート・ガバナンスの維持・向上に寄与する権利といえます。会社法は，最も基本的な権利である株主総会における議決権をはじめとして，共益権に分類される多数の権利を定めています。

　株主自らが直接会社経営を監視し，違法・不適正な業務執行を是正するための権利が用意されていなければ，会社制度を信用して会社に出資する者がいなくなり，資本の結集を目的とした会社制度の根幹を揺るがしかねません。そのため，コーポレート・ガバナンスの観点から，株主の権利は重要とされているのだと考えられます。なお，CGコードも，基本原則１の「考え方」において，株主がコーポレート・ガバナンスの規律において主要な起点であり要であることを表明しています。

第 2 章◇株主及びステークホルダーに対する対応
第 1 節◇株主の権利の確保

☑キーワード

自益権，共益権，単独株主権，少数株主権

解　説

1　コーポレート・ガバナンスに関する株主の権利

　株主は，株式に基づく種々の権利を有していますが，そうした権利は，一般に，内容面から自益権と共益権に分類されています。自益権は，株主が会社から直接に経済的利益を受ける権利であり，共益権は，株主が会社経営に参与しあるいは取締役等の行為を監督是正する権利です[*1]。また，株主が有する権利は，各株主（単元未満株主は除きます）が独自に行使できる権利（単独株主権）と，一定の議決権数，総株主の議決権の一定割合又は発行済み株式の一定割合を有する株主のみが行使できる権利（少数株主権）に区別されます。

　自益権としては，剰余金の配当請求権（会社453条），株主に投下資本の回収機会を保証する目的の残余財産分配請求権（会社504条）及び株式買取請求権（会社116条・160条3項・166条1項・182条の4・192条1項・469条・785条・797条・806条），株主が保有株式を他者に譲渡することにより投下資本の回収を図る目的に資する株主名簿の名義書換請求権（会社130条1項・133条）及び株券発行請求権（会社215条1項〜3項・230条2項），株主権の希薄化を防止するための募集株式の割当てを受ける権利（会社202条1項1号）等があります。これらの自益権は，すべて単独株主権です。

　共益権には，まず，株主総会に関するものとして，議決権（会社308条1項・325条），説明請求権（会社314条・325条・491条），提案権（会社303条〜305条・325条・491条），累積投票請求権（会社342条），総会招集権（会社297条・325条・491条）があります。取締役等の行為を監督是正する共益権としては，株主総会決議の取消訴権（会社831条），株式発行・自己株式処分・新株予約権発行の無効訴権（会社828条1項2号〜4号・2項），設立・資本金減少・組織変更・合併・吸収分割又

は新設分割・株式交換又は株式移転の無効訴権（会社828条1項5号〜12号・2項），代表訴訟提起権（会社847条・847条の3），違法行為の差止請求権（会社360条・422条），株式発行等差止請求権（会社210条・247条），組織再編等差止請求権（会社171条の3・182条の3・784条の2・796条の2・805条の2），役員の解任請求権（会社854条1項・2項），特別清算等申立権（会社511条1項，会更17条2項2号），取締役会議事録等の各種書類の閲覧等請求権（会社31条2項・125条2項・171条の2第2項・179条の5第2項・182条の2第2項・318条4項・371条2項・442条3項・782条3項・794条3項・803条3項・815条4項），会計帳簿の閲覧権（会社433条），取締役会の招集請求権（会社367条），検査役の選任請求権（会社306条1項・358条1項），解散請求権（会社833条1項）等があります。共益権は，自益権と異なり，権利行使の効果が他の株主に及ぶことから，権利の濫用を防止するため，一部の権利が少数株主権とされています。

コーポレート・ガバナンスとの関係では，株主自らが会社から直接に経済的利益を受けるための権利である自益権は，直接的にはこれに寄与するものではありません。他方，共益権は株主が会社経営に参与しあるいは取締役等の行為を監督是正する権利ですから，共益権として挙げた上記各権利は，会社における効率的な経営の確保や経営上の違法行為の抑止に役立ち，コーポレート・ガバナンスの維持・向上に寄与するものといえます。

2 株主の権利が重要とされている理由

家族経営的な中小企業や限られた当事者が出資する合弁企業のように株主自身が会社を経営することを予定している会社においては，株主ら会社の経営を担うわけですから，コーポレート・ガバナンスの規律を維持・向上するうえで株主の権利が重要であるのは当然といえます。これと異なり，株主が多数存在する上場会社のように株主が会社経営の専門知識やノウハウを有していないことが前提の会社においては，少数の専門家に経営を委ね，株主は真に重要な事項の決定にのみ関与することとした方が効率的に会社を経営することができます。そこで，こうした会社においては，所有と経営を分離し，株主は取締役に経営を委ね，株主自身は真に重要な事項を除き実際の経営は行わない仕組み

第2章◇株主及びステークホルダーに対する対応
第1節◇株主の権利の確保

が取られています。

　取締役等に経営を委ねることで会社経営の効率化を図る一方で，適法・適正な会社経営を確保することもまた重要です。ひとたび会社が不正行為や一般の倫理に反する行為を行ってしまうと，法に抵触する行為について民事上・刑事上の責任が発生することはもちろんのこと，会社の社会的信用が大きく傷つき，経営に甚大な悪影響を及ぼしかねないからです。所有と経営が分離されている会社においては，取締役等の業務執行者には会社経営に関する大きな権限が与えられますから，業務執行者が会社の利益よりも私利を優先して，自らに与えられた権限を濫用したり，違法・不適正な行為を行ったりすることを防ぐ仕組みを用意する必要があります。

　会社法は，違法・不適正な業務執行を行うなどした業務執行者に民事上・刑事上の責任を課すなどしてこれをけん制する仕組みを用意していますし，監査役や会計監査人など，会社の業務執行や財務状態をチェックする機関を設置して業務執行者の行為を監視する仕組みも用意しています。しかし，こうした仕組みが必ず十分に機能するとは限りませんので，そのような場合に備えて，会社の財政的基盤である資本を提供している株主が直接会社の経営を監視し，必要があれば違法・不適正な業務執行を自ら是正する手段を用意しておく必要があります。業務執行者の専横を阻止する手段を株主に与えておかなければ，会社制度を信用して会社に出資する者がいなくなり，資本の結集を目的とした会社制度の根幹を揺るがしかねません。そのため，コーポレート・ガバナンスの規律の維持・向上を図る観点からは，株主が会社経営に参与しあるいは取締役等の行為を監督是正する権利を含む株主の権利が重要とされるのだと考えられます。

　この点，CGコードも，基本原則1の「考え方」において，「上場会社には，株主を含む多様なステークホルダーが存在しており，こうしたステークホルダーとの適切な協働を欠いては，その持続的な成長を実現することは困難である。その際，資本提供者は重要な要であり，株主はコーポレートガバナンスの規律における主要な起点でもある。」として，株主がコーポレート・ガバナンスの規律において主要な起点であり要であることを表明しています。

〔森　駿介〕

Q6◆コーポレート・ガバナンスに関する株主の権利

■注　記■

＊1　江頭・128頁。

第2章◆株主及びステークホルダーに対する対応
第1節◆株主の権利の確保

 株主の権利の確保と会社としてとるべき対応

　株主の権利の確保について，CGコードはどのように定めていますか。会社は，株主の権利を確保するためにどのような対応をとることが考えられるでしょうか。

　株主の権利の確保については，CGコード原則1－1が，株主の権利が実質的に確保されるよう，上場会社が適切な対応を行うべきことを明らかにし，株主の権利を確保するための具体的な対応については，補充原則1－1①から1－1③までが定めています。補充原則1－1①については，株主総会において会社提案議案に相当数の反対票が投じられた場合に，反対票が多くなった原因等を取締役会で審議するため，機関投資家等との積極的なコミュニケーションを図ることなどにより，原因分析を進めることになります。補充原則1－1②については，株主総会決議事項を取締役会へ委任することを提案する場合には，少数株主の立場から取締役会の決議の客観性・合理性を担保する独立社外役員の体制を整備することなどが考えられます。補充原則1－1③については，株主権の行使を事実上妨げることのないよう，行使方法をあらかじめ周知しておくなどの配慮をすることが考えられます。

☑キーワード
　相当数の反対票，株主との対話，議決権行使基準，委任状勧誘，少数株主権

Q7 ◆株主の権利の確保と会社としてとるべき対応

解　説

1　株主の権利の確保に関するCGコードの定め

　CGコード原則1－1は，「株主の権利の確保」と題して，「上場会社は，株主総会における議決権をはじめとする株主の権利が実質的に確保されるよう，適切な対応を行うべきである。」としています。そして，補充原則1－1①から1－1③までが，そのために必要な事項を具体的に定めています。
　以下では，これらの補充原則ごとに，株主の権利を確保するために会社がとるべき対応について解説します。

2　株主の権利を確保するために会社がとるべき対応

(1)　反対票の分析とその対応（補充原則1－1①）

　CGコード補充原則1－1①は，株主総会において会社提案議案に相当数の反対票が投じられた場合に，会社が，(i)反対の理由や反対票が多くなった原因の分析と(ii)株主との対話その他の対応の要否についての検討を行うことを求めています。これは，実際には株主が会社提案議案を否決に追い込むことは難しいものの，相当数の反対票が投じられた場合には，その背後に存在する理由を会社が把握したうえで株主に説明するというプロセスを通じて，ガバナンスの強化を図るものといえます。
　どの程度の数・割合の反対票がここでいう「相当数の反対票」に該当するのかは，一義的に定めることはできず，各会社の取締役会の合理的な判断に委ねられています[*1]。実務上の便宜のため，20～30％などの水準を一つの目安とすることが考えられるとの指摘もありますが[*2]，すべての場合に一律の基準を設けるのではなく，その時々における各社の個別事情（株主構成，株主総会出席率，過去の議案における反対率，議案の内容・性質等）に応じて基準を設けることも考えられます。また，平成25年7月から26年6月の間に開催された定時株主総

第2章◇株主及びステークホルダーに対する対応
第1節◇株主の権利の確保

会における株主提案を除く全議案平均の賛成率は95.57％であり＊3，一般に5％程度の反対票が投じられるのが常態であることからすれば，5％程度の反対票は「相当数の反対票」には当たらないとする考え方もあります＊4。

「相当数の反対票」が投じられた場合には，会社は上記(i)及び(ii)の対応を求められることになります。まず，(i)「反対の理由や反対票が多くなった原因の分析」として具体的に何を行うべきかは各社の合理的な判断に委ねられていますが，少なくとも株主総会後の取締役会において，会社提案議案に相当数の反対票が投じられたことと，反対の理由や反対票が多くなった原因の分析結果を報告し，審議することが必要となります。その報告・審議の時期については，株主総会後速やかに実施することが望ましいとして，事前の票読みで相当数の反対票が見込まれるときは，株主総会開催前から原因分析を進めておく必要があるとも指摘されています＊5。しかし，何もないところから反対の理由や反対票が多くなった原因の分析をせよといっても，いずれも株主側の事情なのですから自ずと限界があります。そこで，実務上は，IR活動における投資家の発言，信託銀行・IR支援会社等の意見，機関投資家やISSなどの議決権行使助言機関が公表している議決権行使基準やレポート等をふまえて分析するとよいでしょう＊6。さらに，会社側から積極的に株主とのコミュニケーションを図り，反対の理由や反対票が多くなった原因を把握することも考えられます。例えば，機関投資家や議決権行使助言機関の議決権行使基準に抵触し得る議案がある場合や議決権行使基準におけるROE（自己資本利益率）の基準を満たさないなど，経営トップを含む役員選任議案に反対票が投じられることが想定される場合などには，会社側から機関投資家に対して，議案の内容と背景の説明を行い，理解を求めるとともに賛否予想とその反対理由の把握に努めることが考えられます。その他，直接対話が難しい株主の意見を集めるため，反対理由等を会社に連絡する方法を自社のウェブサイトに掲出することなども望ましいでしょう。

そして，上記(ii)は，あくまで対応の要否の検討を求めるものであって，検討の結果，対応を要しないと取締役会が合理的に考える場合にまで対応を求めるものではありません。また，その対応の方法も，「株主との対話」に限定されるものではなく，常に株主との対話が必要となるわけではありません＊7。「株

主との対話」以外の対応方法としては，例えば，反対の理由や反対票が多くなった原因の分析結果や，これを今後の業務執行等にどのように反映させるかについて，会社としての見解を公表するプレスリリースを行うことなどが考えられます[*8]。

(2) 株主総会決議事項の取締役会への委任提案（補充原則1－1②）

CGコード補充原則1－1②は，一方で，株主総会決議事項を取締役会へ委任することを提案する場合には，取締役会にコーポレート・ガバナンス体制が整っているか否かを考慮すべきとし，他方で，そうした体制が整っている場合にはそのような提案を行うことが望ましい場合があることを考慮すべきとしています。これは，一般にわが国の上場会社は，他国の上場会社に比して幅広い事項を株主総会にかけているとされますが，これらの事項を常に株主の直接投票で決することが望ましいとは限らず，機動性・専門性の観点からその意思決定を取締役会に委任する方が合理的な場合があるとの問題意識に基づくものです（CGコード補充原則1－1②の〔背景説明〕）。

取締役会に委任することができる株主総会決議事項としては，(i)種類株式の内容の決定（会社108条3項），(ii)市場取引又は公開買付けによる自己株式の取得（会社165条2項），(iii)株式及び新株予約権の募集事項の決定（会社200条・239条），(iv)役員報酬の具体的配分（会社361条），(v)役員等の責任免除（会社426条1項），(v)剰余金の配当（会社459条）・中間配当（会社454条5項）などが考えられます。

例えば，多くの上場会社が，株価の推移等により機動的に自己株式の取得を決定できるよう，自己株式の取得を取締役会に授権しています。また，剰余金の処分を取締役会に授権すれば，決算日後すみやかに期末配当の支払を行えます。しかし，株主総会決議事項を取締役会へ委任することは株主権の縮小を意味しますので，十分に投資家の賛同が得られない場合のあることも考えておかなければなりません。実際に，ISSの議決権行使基準は，「剰余金配当の取締役会授権」について，「指名委員会等設置会社もしくは監査等委員会設置会社（それら形態への移行が提案される場合も含む）で，かつ配当の株主提案権が排除されない場合」を除き，「原則として反対を推奨する」としています（ISS「2016年版日本向け議決権行使助言基準」(2016年2月1日施行)）。このように，株主総会決議事項の取締役会への委任には，多数の投資家の反対も予想されるところ

第2章◇株主及びステークホルダーに対する対応
第1節◇株主の権利の確保

ですから，株主総会決議を省略できることのみを考えて安易に取締役会への委任を提案することは避けた方がよいといえます。本補充原則後段も，あくまで株主総会決議事項を取締役会に委任するよう提案することを「考慮に入れるべき」ことを求めているにとどまり，そのような委任の当否について一定の方向性を示すものではありません[*9]。

　これらのことから，株主総会決議事項を取締役会へ委任するためには，少数株主の立場から取締役会の決議の客観性・合理性を担保する独立社外役員の体制（本補充原則の「コーポレートガバナンスに関する役割・責務を十分に果たし得るような体制」といえます）を充実したうえで，取締役会に委任する理由や政策そのものを，上程する総会の招集通知に加え，有価証券報告書やアニュアルレポート，自社ウェブサイトなどでも公表することが望ましいとの指摘もなされています[*10]。

(3) 株主の権利行使への配慮（補充原則1−1③）

　CGコード補充原則1−1③は，一般に少数株主の権利行使が事実上妨げられるようなケースが生じやすいことへの注意を喚起し，そのための配慮を求めるものです。「権利行使を事実上妨げること」に当たる具体的な適用場面としては，委任状勧誘等の場面において，株主が株主名簿の閲覧等を求めた際に，上場会社が不当に対応を遅延し，結果的に株主総会の開催日が到来してしまうケースなどが想定されています[*11]。その他の少数株主権の行使についても，法定の手続に明るくない株主にとっては，会社から適切な手続の説明がなければ権利を行使することが難しく，結果的に権利行使を控えさせることとなるおそれもあります。そこで，会社は，法定書類の閲覧謄写や株主提案を行うために必要な法的手続については，あらかじめ自社のウェブサイトでわかりやすく解説しておくとともに，必要書類の書式をダウンロードできるようにし，その提出先を明示しておくなどの配慮をすることが望ましいといえます。

〔森　駿介〕

■注 記■

* 1　油布ほか・CGコード解説Ⅰ52頁。
* 2　中村直人＝倉橋雄作『コーポレートガバナンス・コードの読み方・考え方』（商事法務，2015）33頁。
* 3　コーポレート・プラクティス・パートナーズ中西敏和＝関孝哉編著『上場会社におけるコーポレート・ガバナンスの現状分析〔平成27年版〕』〔別冊商事398号〕（2015）170頁。
* 4　澤口実＝内田修平＝高田洋輔編著『コーポレートガバナンス・コードの実務〔第2版〕』（商事法務，2016）70頁。
* 5　中村＝倉橋・前掲（＊2）33～34頁。
* 6　森・濱田松本法律事務所編『コーポレートガバナンスの新しいスタンダード』（日本経済新聞出版社，2015）228頁。
* 7　油布ほか・CGコード解説Ⅰ52頁。
* 8　中村＝倉橋・前掲（＊2）34頁。
* 9　油布ほか・CGコード解説Ⅰ53頁。
* 10　河北博光＝山崎直実『株主に響くコーポレートガバナンス・コードの実務』（同文舘出版，2015）43頁。
* 11　油布ほか・CGコード解説Ⅰ53頁。

第2章◇株主及びステークホルダーに対する対応
第1節◇株主の権利の確保

 8　株主優待のあり方

　多くの会社では，一定の株数以上を保有する株主に対して，自社の商品や自社のサービスの割引券を配布するなどの株主優待制度を導入していると聞いたことがあります。このような株主優待制度を導入することは法的に問題ないのでしょうか。また，株主優待制度はどのようなことを念頭において内容を決定すべきでしょうか。

　株主優待制度は，①株主の権利行使に関する利益供与規制（会社120条1項・970条），②株主平等原則（会社109条1項），③配当規制（会社453条以下・461条）との関係でそれぞれ適法性が問題となり得ますが，一般的な株主優待であれば，①及び②には抵触しないと解されています。③については，株主優待が実質的に配当の性格を有する場合に問題となり得ますが，一般的には，個人株主作りや自社商品・サービスの宣伝などを目的として行われる少額の株主優待は，実質的な配当とは認めにくいといえます。

　株主優待制度は，その趣旨・目的，優待の内容・方法・効果等を総合的に考慮して，実質的な配当と同視されないようなものとしてその内容を決定すべきです。こうして適法性を確保したうえで，実際の株主優待の内容は，長期保有の安定株主の確保や自社商品・サービスの宣伝目的など，会社ごとの目的に適うように設計していくことになります。

☑キーワード
　株主優待，利益供与，株主平等原則，配当規制，現物配当

解 説

1 株主優待制度の適法性

　株主優待とは，一般に，一定数以上の株式を有する株主に対して，会社が自社又は他社の商品・サービスなどを提供する制度をいいます。株主優待は，会社法に定めのない任意の制度ですが，多くの会社が，個人株主や安定株主の増加，自社商品・サービスの宣伝などの目的で利用しています。

　株主優待については，①株主の権利行使に関する利益供与規制（会社120条1項・970条），②株主平等原則（会社109条1項），③配当規制（会社453条以下・461条）との関係でそれぞれ適法性が問題となり得ます。

(1) 株主の権利行使に関する利益供与規制との関係

　利益供与規制とは，株式会社が，何人に対しても，「株主の権利の行使に関し」，財産上の利益を供与してはならないとする規制です（会社120条1項・970条）。この点，一般的な株主優待は，会社があらかじめ定める一定の基準に従って商品・サービスなどを提供するものにすぎず，株主の権利の行使に関するものとはいえないため，利益供与規制には抵触しないと解されています[*1]。

(2) 株主平等原則との関係

　株主平等原則とは，株式会社が，株主を，その有する株式の内容及び数に応じて，平等に取り扱わなければならないとする原則です（会社109条1項）。ただし，会社法の立案担当者は，株主平等原則を定めた会社法109条1項は，必ずしも比例的取扱いを義務づけるものではなく，株主の個性に着目することなく，株式の数に着目して合理的な取扱いをすることを要求する規定であると解すべきとし，「株主優待制度のように，一定の目的を達成するために株式数に着目して段階的に区別した取扱いをすることに合理性がある場合もあり，そのような場合も，109条1項にいう『数に応じて』の『平等』な取扱いがされたものということができる」としています[*2]。学説は，優待の程度が軽微であれば株主平等原則に違反しないとする見解[*3]，会社の合理的必要性の前には

第2章◇株主及びステークホルダーに対する対応
第1節◇株主の権利の確保

株主平等原則も譲歩するとの見解*4，議決権（会社308条1項）や配当請求権（会社454条3項）等会社法が明文で平等取扱いを規定するものと株主優待とでは同等の厳格性をもって株主平等原則を提供する必要はないとする見解*5など様々ですが，結論は立案担当者の見解と同様であり，上場会社において一般的に実施されている株主優待の適法性を肯定する点では一致しています*6。

なお，近時は，株式保有期間で株主を区別し，長期保有株主を優遇する株主優待を採用する会社も見られ，保有期間による区別が株主平等原則との関係で許容されるのかも議論されていますが，結果的にもたらされる差異が著しく不平等でない限り，合目的的な差異として許容し得るとする見解などもあり*7，賛否両論が見られます。

(3) 配当規制との関係

会社法は，会社が剰余金の配当をしようとするときは，配当財産の種類等を株主総会で決議すべきこととして，金銭以外の財産による配当，いわゆる現物配当を認めています（会社454条1項1号）。現物配当の場合にも，金銭配当の場合と同様，手続規制（会社454条以下）や配当財源規制（会社461条1項8号），株主平等原則（会社454条3項）等が適用されます。株主優待においては，株主に対して，金銭以外の財産であるところの物品・サービスが提供されることから，現物配当に適用されるこれらの規制が株主優待にも適用されるかが問題となり得ます。会社法の立案担当者も，「会社の資産を株主に対して交付する類型の株主優待制度については，現物配当に該当する可能性があり，その場合には，現物配当の規律に従わなければならない。」として，株主優待が現物配当規制の適用を受ける場合のあり得ることを述べています*8。

株主優待が実質的に配当の性格を有する場合に現物配当規制に従わないとすれば，それは現物配当規制を脱法するものにほかなりませんから，株主優待が実質的に配当の性格を有するか否かが現物配当規制の適用の有無を決定する基準となります。そして，株主優待が実質的に配当の性格を有するか否かは，画一的・形式的基準では判断できないため，事業の具体的状況を前提として，株主優待のなされる趣旨・目的，優待の内容・方法・効果等を総合的に考慮して判断されるべきといえます*9。一般的には，個人株主作りや自社商品・サービスの宣伝などを目的として行われる少額の株主優待は，実質的な配当とは認

めにくいといえるでしょう。

　具体的には，まず株主優待のなされる趣旨・目的という点では，無配による投資上の損失を補塡するためになされる場合には実質的な現物配当とみなされやすく，逆に，株主優待に自社商品・サービスの販売促進目的や広告宣伝目的がある場合は，実質的な現物配当とはみなされにくいと考えられます。前者については，例えば，配当規制に従って配当をしようにも分配可能額が存在しないため，配当に替えて株主優待を行う場合などを考えれば，配当規制を脱法するものであることはわかりやすいでしょう☆1。後者については，配当には期待できない販売促進や広告宣伝という目的が存在するため，現物配当と同視することが難しくなるといえます。株主優待として自社の商品やサービスを提供する場合には，これらの販売促進や広告宣伝を目的としていることが認められやすいでしょうが，他社の商品やサービスを提供する場合には，このような目的は認めがたいでしょう。

　次に，株主優待の内容・方法・効果という点では，自社のサービスを提供する場合は，必ずしも積極的に会社財産が流出するわけではなく，流出が認められるとしても軽微であるのが通常でしょうから，一般的には，会社財産維持や債権者保護を趣旨とする配当規制を脱法するものと評価される可能性は低いでしょう。逆にいえば，株主優待として，会社財産それ自体である自社の商品を提供したり，会社が購入した他社の商品やサービスを提供したりする場合には，会社財産が直接的に流出することになるので，自社のサービスを提供する場合に比較すれば，配当規制との関係はより緊張するでしょう。また，株主優待を実施するために会社が負担する金額が高額であればあるほど，上に述べた趣旨を有する配当規制との緊張関係が高まり，実質的に現物配当であるとされるおそれも高まると考えられます。

2　株主優待の実際

　上に述べたとおり，多くの会社が株主優待を実施していますが，このことは実際の数字を見るとよくわかります。平成27年8月末現在，全上場企業3,663社（REITを含み，外国株式，ETF・新株予約権・TOKYO PRO Marketは含みません）の

第2章◇株主及びステークホルダーに対する対応
第1節◇株主の権利の確保

うち，株主優待実施企業数は1,227社であり，その実施率は実に33.5％に上ります。これらの企業の株主優待の内容を見てみますと，買物券・プリペイドカードが540社，飲食料品が475社と突出して多くなっています（1社で複数の優待を実施している会社も含まれています）[*10]。買物券・プリペイドカードとしては，クオカードやギフト券，図書カードなど多様な店舗で利用できる金券が提供されるケースが多く，なるべく多くの株主が株主優待の利益を享受できるように各社が配慮した結果と考えられます。

また，最も単純な株主優待は一定数以上の株式を保有する株主に対して一律に同内容の優待品やサービスを提供するものですが，実際の株主優待はより多様です。すなわち，保有株式数に応じて優待内容に差をつける企業が772社（1,227社に占める割合は62.9％），保有期間に応じて差をつける企業が175社（同14.3％），優待内容を複数品目の中から選ぶ選択型を採用する企業が345社（同28.1％）と，各社ともその狙いに応じて株主優待の制度設計を工夫していることが見て取れます。具体例を挙げますと，例えば，タマホーム株式会社は，自社グループ各社で利用可能な優待割引券，クオカード，公益社団法人国土緑化推進機構「緑の募金」に対する寄付の3種類のうちから選択する株主優待制度を設けています。この会社が採用する寄付のようにCSRに配慮した株主優待を採用する会社も多く見受けられます。この会社では，保有株式数（100株以上，1,000株以上，10,000株以上の3段階）と保有期間（3年未満と3年以上の2段階）に応じて，優待割引券の割引率に差をつけるとともに，クオカードについても，保有期間に応じて金額に差をつけています。この会社の株主優待は，上に述べた多様な仕組みを複数盛り込んだ事例といえます。

また，飲食料品メーカーでは，自社商品を提供している会社（日本製粉株式会社，明治ホールディングス株式会社，丸大食品株式会社など）が多数見られますが，これは伝統的な優待内容といえます。アサヒグループホールディングス株式会社の株主優待は，株主限定のプレミアムビールを選べるものとなっています。リゾート施設等の運営会社では，ゴルフ場で利用できる優待券を提供する会社（株式会社アコーディア・ゴルフなど）や自社グループが運営するリゾート施設やレストラン，ホテル等で利用可能な優待券・割引券を提供する会社（東急不動産ホールディングス株式会社やリゾートトラスト株式会社など）が多く見られます。交通

機関の運営会社では，自社の運行する鉄道やバスの乗車券や自社の航空便の割引券を選べるような株主優待を用意している会社（東京急行電鉄株式会社やANAホールディングス株式会社など）が多く見受けられます。金融機関においては，自社グループにおける預金金利の優遇や投資信託その他の取引手数料の割引などを実施する例が見られます（株式会社三菱UFJフィナンシャル・グループや株式会社りそなホールディングスなど）。

　特徴的なものとしては，パナホーム株式会社が新築・リフォーム工事及び分譲物件の価格の割引を用意している例などが挙げられます。高額な不動産や工事等のサービスを販売する会社が自社の事業を広告宣伝する効果を期待して工夫した例といえます。また，REITである日本ヘルスケア投資法人は，自社の投資先が運営する介護施設・サービス等の利用券・割引券を提供しています。自社の投資先を株主に知ってもらう試みと受け取れます。日本ハム株式会社は，自社グループの北海道日本ハムファイターズの観戦チケットを選べる優待を用意しています[*11]。

3　まとめ

　以上のとおり，株主優待には適法性の問題が生じ得るものの，各社は創意工夫によりそれぞれの目的に沿って多様な株主優待を実施しています。無配による投資上の損失を補填するというような配当規制を脱法する目的で株主優待を実施することは許されませんが，自社商品・サービスの販売促進目的や広告宣伝目的が認められやすい自社の商品やサービスを提供するものは比較的広く許容されるでしょうし，購入費用として会社財産の流出が生じる他社の商品・サービスを提供するものについても，これに要する費用が不合理に高額でなければ違法となるリスクは低いと考えられます。適法性を確保したうえで，実際の株主優待の内容は，長期保有の安定株主の確保や自社商品・サービスの宣伝目的など，会社ごとの目的に適うように設計していくことになります。既に各社において適法性に配慮した合理的な内容の株主優待が多数実施されていますから，実務上は他社事例を参考にして優待内容の検討を進めるのがよいでしょう。

第2章◆株主及びステークホルダーに対する対応
第1節◆株主の権利の確保

〔森　駿介〕

=====■判　例■=====

☆1　最判昭45・11・24民集24巻12号1963頁・判タ256号127頁・判時616号97頁，高知地判平2・3・28金判849号35頁参照。

=====■注　記■=====

＊1　稲葉威雄『改正会社法』（金融財政事情研究会，1982）184〜185頁。
＊2　相澤哲ほか編著『論点解説 新・会社法』（商事法務，2006）107頁。
＊3　落合誠一「株主平等原則」鈴木竹雄＝大隅健一郎監修『会社法演習Ⅰ』（有斐閣，1983）212頁。
＊4　大隅健一郎＝今井宏『会社法論(上)〔第3版〕』（有斐閣，1991）337頁注1。
＊5　森本滋『会社法〔第2版〕』（有信堂高文社，1995）120頁注2。
＊6　松井秀樹「会社法下における株主優待制度」新堂幸司＝山下友信編『会社法と商事法務』（商事法務，2008）34〜35頁。
＊7　仁科秀隆＝後藤晃輔「近時の株主優待制度の傾向と分析」資料版商事360号（2014）11頁。
＊8　相澤ほか編著・前掲（＊2）108頁。
＊9　落合・前掲（＊3）215頁。
＊10　大和インベスター・リレーションズ株式会社『株主優待ガイド2016年版』（ソシム，2015）12頁。
＊11　大和インベスター・リレーションズ株式会社・前掲（＊10）15〜16・67・73・77・87・89・91・97・131・133・149・233・235・249・257・293頁。

株主総会における株主の議決権行使に係る環境整備

会社は，株主が株主総会において適切な判断を行うために，どのような情報提供を行うべきでしょうか。また，株主総会の開催日や基準日をどのように設定するべきでしょうか。

　上場会社は，会社の財政状態・経営成績等の財務情報や，経営戦略・経営課題，リスクやガバナンスに係る情報等の非財務情報について，法令に基づく開示を適切に行うとともに，法令に基づく開示以外の情報提供にも主体的に取り組むべきです。その際には，開示・提供される情報（とりわけ非財務情報）が，正確で利用者にとってわかりやすく，情報として有用性の高いものとなるようにすべきです。また，上場会社は，株主が総会議案の十分な検討期間を確保することができるよう，招集通知の早期発送に努めるべきであり，招集通知に記載する情報は，株主総会の招集に係る取締役会決議から招集通知を発送するまでの間に，TDnetや自社のウェブサイトにより電子的に公表すべきです。

　株主総会の開催日や基準日については，上場会社は，株主との建設的な対話の充実や，そのための正確な情報提供等の観点を考慮し，株主総会開催日・基準日等の株主総会関連の日程の適切な設定について検討を行うことが期待されています。

☑キーワード

招集通知，ウェブ開示，電磁的方法による招集通知の提供，有価証券報告書の早期提出，非財務情報，招集通知の発送前開示，株主総会の開催日，株主総会の基準日，基準日株主

第2章◇株主及びステークホルダーに対する対応
第1節◇株主の権利の確保

解　説

1　株主総会に向けた株主への情報提供の内容・時期・手段

(1)　会社法に基づく情報提供と有価証券報告書の早期提出

　会社法上，取締役会を設置している公開会社が株主総会を招集する場合，株主総会の日の2週間前までに株主に対して書面で招集通知を発しなければなりません（会社299条1項・2項2号）。この招集通知は，一般に狭義の招集通知と呼ばれており，狭義の招集通知に加え，事業報告，計算書類，事業報告及び計算書類の監査報告，計算書類の会計監査報告，連結計算書類，連結計算書類の監査報告及び会計監査報告，株主総会参考書類，議決権行使書面の添付書類一式（会社301条・437条・444条7項）を含んだ概念が，一般に広義の招集通知と呼ばれています。これらの添付書類については，会社法施行規則又は会社計算規則において，記載事項が詳細に定められています。

　招集通知の提供方法については，招集通知の電子化として，会社法上，ウェブ開示（会社則94条・133条3項，会社計算133条4項）と事前の個別承諾による電子提供制度（会社299条3項・301条2項等）が認められています。ウェブ開示については，平成27年5月1日施行の改正後の会社法施行規則及び会社計算規則により，みなし提供事項の範囲が拡大されるとともに，みなし提供事項でない事項についてもみなし提供事項と単一のファイルにより一体としてインターネット上に掲載することが妨げられない旨の規定が確認的に設けられたこともあり（会社則94条3項・133条7項，会社計算133条8項），利用の拡大が進んでいます（従前から実施している会社が36.4％〔前年調査比7.8％増〕，今回から実施した会社が8.6％〔前年調査比0.9％増〕）[1]。一方，事前の個別承諾による電子提供制度は，個別の株主から事前の同意を取得する必要があるため（会社299条3項，会社令2条1項・2項），利用は進んでいません（2.6％の会社が利用）[2]。

　また，有価証券報告書提出会社は，有価証券報告書を事業年度経過後3か月以内に提出すれば足りるため（金商24条1項），定時株主総会前に有価証券報告

書を提出する法令上の義務は負っていないものの、投資家が重要視する有価証券報告書を定時株主総会前に提出することによって、株主総会に向けた株主への情報提供を充実させることも考えられます。有価証券報告書の提示株主総会前の提出は、企業内容等の開示に関する内閣府令の改正により、平成21年12月31日以降に終了する事業年度から行うことができるようになりましたが、現状においては、極めて少数の会社（2.8%）しか行っていません[*3]。

(2) 情報提供の内容に関する要請

日本の上場会社による情報開示は、計表等については、様式・作成要領などが詳細に定められており比較可能性に優れている一方で、定性的な説明等のいわゆる非財務情報をめぐっては、ひな型的な記述や具体性を欠く記述となっており付加価値に乏しい場合が少なくない、との指摘があることもふまえて、CGコードは、上場会社に対し、株主総会において株主が適切な判断を行うことに資するために、法令に基づく開示以外の情報提供にも主体的に取り組むべきことを要請しています（CGコード補充原則1－2①、CGコード基本原則3 考え方）。

具体的には、CGコードは、基本原則3において、情報提供の内容について、「上場会社は、会社の財政状態・経営成績等の財務情報や、経営戦略・経営課題、リスクやガバナンスに係る情報等の非財務情報について、法令に基づく開示を適切に行うとともに、法令に基づく開示以外の情報提供にも主体的に取り組むべきである。その際、取締役会は、開示・提供される情報が株主との間で建設的な対話を行う上での基盤となることも踏まえ、そうした情報（とりわけ非財務情報）が、正確で利用者にとって分かりやすく、情報として有用性の高いものとなるようにすべきである。」としたうえで、以下の事項について、ひな形的な記述や具体性を欠く記述を避け、利用者にとって付加価値の高い記載となるようにして、主体的な情報発信を行うべきであるとしています（CGコード原則3－1、CGコード補充原則3－1①）。

(i) 会社の目指すところ（経営理念等）や経営戦略、経営計画
(ii) 本コードのそれぞれの原則をふまえた、コーポレート・ガバナンスに関する基本的な考え方と基本方針
(iii) 取締役会が経営陣幹部・取締役の報酬を決定するにあたっての方針と手続

第2章◇株主及びステークホルダーに対する対応
第1節◇株主の権利の確保

(iv) 取締役会が経営陣幹部の選任と取締役・監査役候補の指名を行うにあたっての方針と手続
(v) 取締役会が上記(iv)をふまえて経営陣幹部の選任と取締役・監査役候補の指名を行う際の，個々の選任・指名についての説明

また，株主総会における議決権行使を判断する情報開示あるいは対話のあり方としては，以下のような見解も示されています[*4]。

「① 特に社外取締役も含む取締役の選任に係る情報開示が重要である。すなわち，経営の舵取りや対話を担う取締役がどのような人物なのか，企業の経営を任せられる人物なのかといった点が，株主にとってまさに見極めたい点であり，企業にとっても見極めてもらいたい点ではないか。

② 対話の本質的な役割を担うのは社外取締役やCEOであり，その社外取締役として誰を選ぼうとしているのか，あるいは社外取締役がどういうメカニズムでCEOを選ぼうとするのかという，そのメカニズム自体が非常に重要な情報。こうした点にきちんと規律を与えていくという観点からも，これらの情報開示やそれに基づく対話が重要。さらに言えば，従来の取締役やCEOの選び方について，株主との対話を通じて真摯に検討しなければならない段階に来ている。」

以上のような情報提供の内容に関する要請をふまえると，非財務情報を事業報告や株主総会参考書類に任意に記載することも考えられます[*5]。

(3) 情報提供の時期及び手段に関する要請

CGコード補充原則1-2②は，「上場会社は，株主が総会議案の十分な検討期間を確保することができるよう，招集通知に記載する情報の正確性を担保しつつその早期発送に努めるべきであり，また，招集通知に記載する情報は，株主総会の招集に係る取締役会決議から招集通知を発送するまでの間に，TDnetや自社のウェブサイトにより電子的に公表すべきである。」としています。

招集通知の早期発送については，招集通知の印刷や封入といった事務工程が必要になることから，早期発送には物理的な限界があるところ，電磁的な方法での提供なら招集通知が校了した時点でウェブサイトに掲載することが可能であるため，招集通知の発送前開示は，機関投資家の早期議案開示の要請に応える有効な選択肢として，今後の一層の定着が予想されています[*6]。実際，平

Q9◆株主総会における株主の議決権行使に係る環境整備

成26年7月から平成27年6月までの間に定時株主総会を開催した上場会社では，42.4％（前年調査比33.8％増）の会社が，招集通知の発送前開示を行いました*7。

招集通知の発送前開示は，会社法上で認められている招集通知の提供方法であるウェブ開示（会社則94条・133条3項，会社計算133条4項）や電磁的方法による招集通知の提供（会社299条3項）とは異なる任意の情報開示ですが，株主総会に向けた株主への情報提供という観点から，CGコードによって，上場会社に対して強く要請されている情報提供となります。

(4) 「新たな電子提供制度」の整備に関する提言

企業と株主・投資家の対話促進に向けた具体策については，株主総会プロセスの電子化促進等に関する研究会において，検討が進められてきました。

同研究会においては，上記(1)で述べたウェブ開示と事前の個別承諾による電子提供制度の利用状況や問題点等をふまえ，平成28年4月21日，「新たな電子提供制度」について，以下の方向で整備することを提言しました*8。

・法制度上においても，インターネットの普及をふまえ，電子的な手段を通じて対話の一層の充実を図る方向で柔軟に見直していくこと
・制度変更により生じ得る不利益がある場合は，適切に手当てが講じられるようにすること

また，同研究会は，「新たな電子提供制度」の骨格としては，各国（米国・カナダ・英国）で近年導入された電子提供を軸とした制度の以下の共通点が参考になるとしています。

① 株主総会前に提供すべきと制度上要請されたすべての情報がインターネット上で開示されていること
② ウェブアドレス等の必要最低限の情報は書面で株主に通知されること
③ 企業が当該制度を利用するうえで，株主からの個別承諾は要さないこと
④ 情報を書面で受け取ることを希望する株主は，その旨企業に要請する必要があること

そして，同研究会は，対話促進の観点から招集通知関連書類の電子提供を促進・拡大していくにあたり，今後，以上のような要素を参考にしながら，日本

第2章◇株主及びステークホルダーに対する対応
第1節◇株主の権利の確保

の株主総会を取り巻く制度環境や実態，企業実務の観点もふまえ，「新たな電子提供制度」の具体的な制度設計が行われることを期待したいとしています。

2　株主総会の開催日・基準日の設定

(1)　会社法の要請

　会社法上，定時株主総会は，毎事業年度の終了後一定の時期に招集しなければならないとされています（会社296条1項）。事業年度は，1年以内であれば，会社が任意に定めることができますが，事業年度の末日を変更する場合における変更後の最初の事業年度を除き，1年を超えることはできません（会社計算59条2項）。したがって，1年を一事業年度とする会社は，毎年1回は定時株主総会を招集することになります。

　また，会社法においては，会社は，一定の日（基準日）を定めて，基準日において株主名簿に記載・記録されている株主（基準日株主）をその権利を行使する者と定めることができますが（会社124条1項），その権利の内容は基準日から3か月以内に行使するものに限定されています（同条2項）。これらの規定に基づき，会社は，定時株主総会で議決権を行使できる株主を，株主総会開催前3か月以内の一定の日における株主とすることができます。さらに，実務上，会社は，定時株主総会の議決権基準日を3月末決算会社であれば，毎年3月31日とする旨の定款の定めをおいています。そのうえで，基準日から3か月という期限近くに株主総会日を設定している結果，株主総会が6月下旬に集中しています。

　しかしながら，会社法上，決算日から3か月以内に株主総会を開催しなければならないという規制はなく，また，決算日を基準日として設定することも法の要請ではありません。

(2)　現状の問題点

　株主総会に至るプロセスにおいては，招集通知やその添付書類の作成，印刷，発送を会社が行った後，信託銀行等を経て機関投資家の下に届くまでに相応の期間が必要となります。その中で，現状の実務では，決算日から3か月以内に株主総会が開催されていますが，このようなスケジュールの下，機関投資

家等が招集通知等を受け取ってから議決権行使を検討する期間（機関投資家等が議案を精査・検討し，議決権行使の指図を行うための期間）は非常に短くなっています（実質3日等）。

これに加え，会社の株主総会が6月下旬に集中していることもあり，機関投資家等は，議決権行使の意思決定のための時間が十分にとれていないため，経営陣と深い議論をする余裕はなく，結果，株主総会プロセスが対話の場となっていないといった指摘がなされています[*9]。

(3) 株主総会の開催日・基準日の設定に関する考え方

CGコード補充原則1-2③は，「上場会社は，株主との建設的な対話の充実や，そのための正確な情報提供等の観点を考慮し，株主総会開催日をはじめとする株主総会関連の日程の適切な設定を行うべきである。」としています。また，CGコード原案各原則の〔背景説明〕においては，同補充原則に関して，以下の議論があったとされています。

- 基準日から株主総会開催日までの期間は，ガバナンスの実効性を確保する観点から，できるだけ短いことが望ましい（英国では，2日間以内）。
- 招集通知から株主総会開催日までの期間は，熟慮のため，できるだけ長いことが望ましい（英国では，約4週間以上）。
- 決算期末から，会計監査証明までの期間は，不正リスクに対応した実効性ある会計監査確保の観点から，一定の期間を確保する必要がある。
- 以上に対応するため，必要があれば，株主総会開催日を7月（3月期決算の会社の場合）にすることも検討されることが考えられるが，業績評価に基づく株主総会の意思決定との観点から，決算期末から株主総会開催日までの期間が長くなりすぎることは避ける必要がある。

また，対話促進研究会報告書では，3月決算の会社で，現在と同様のタイミング（6月上旬）での招集通知の発送を前提として，株主総会の開催日・基準日について，以下のとおりにすることが考えられるとしています[*10]。

① 株主の議案検討や対話の期間を確保するため，7月下旬に株主総会を開催すると決めた場合（招集通知期間を1か月以上確保することが可能）
  (i) 5月末に議決権の基準日を設定した場合，基準日と総会日の間隔を2か月程度（米国並み）とすることが可能

第2章◇株主及びステークホルダーに対する対応
第1節◇株主の権利の確保

　　（ⅱ）　4月末に議決権の基準日を設定した場合，基準日と総会日の間隔は現状と同程度
　②　株主総会を7月上旬に開催すると決めた場合（招集通知期間を現状よりも確保することが可能）
　　（ⅰ）　5月上旬に議決権の基準日を設定した場合，基準日と総会日の間隔は2か月程度（米国並み）
　　（ⅱ）　4月上旬に議決権の基準日を設定した場合，基準日と総会日の間隔は現状と同程度

　上のような議論もふまえ，全国株懇連合会では，5月末を議決権の基準日とし，7月中～下旬を総会日とするケースをベースとして，実務上の留意点が検討されており，平成28年10月21日に取りまとめ予定としています[*11]。

　各会社においては，関係団体等における検討状況を参考にして，株主との対話を促進し，その声を反映するための株主総会の開催日・基準日の設定についての検討が行われることが期待されています。

〔清野　訟一〕

■注　記■

* 1　商事法務研究会編『株主総会白書2015年版』〔商事臨増2085号〕（2015）55頁。
* 2　商事法務研究会編・前掲（＊1）54頁。
* 3　商事法務研究会編・前掲（＊1）136頁。
* 4　対話促進研究会報告書第2章3．4．3の38（39頁）。
* 5　牧野達也「事業報告作成上の留意点」商事2063号（2015）63～64頁。
* 6　商事法務研究会編・前掲（＊1）61頁。
* 7　商事法務研究会編・前掲（＊1）60頁。
* 8　株主総会の招集通知関連書類の電子提供の促進・拡大に向けた提言7頁。
* 9　対話促進研究会報告書第2章4．4．1の04（66頁）。
*10　対話促進研究会報告書第3章3．4の01（126頁）。
*11　次頁の全国株懇連合会「『適切な基準日の設定』に関する全株懇の取組みについて」参照。

資料3

2016.2.2

「適切な基準日の設定」に関する全株懇の取組みについて

全国株懇連合会

1　全株懇としての取組み
　全株懇では，毎年2つのテーマを設定し，10月に開催される全株懇定時会員総会の分科会で審議のうえ，その成果を冊子として会員や関係者に提供する活動を行っている。
　「適切な基準日の設定」については，決算日以外の日を基準日として選択する企業が現れる可能性がある状況下，全株懇として実務対応上の問題点の整理等を済ませておく必要があると考えられたことに加え，「『日本再興戦略』改訂2015」において，「企業において株主の議決権行使や対話の機会を十分に確保するとともに，株主総会に近い時点の株主の声を反映するような適切な基準日を設定するよう，関係団体等が本取組の円滑化に向けた方策等について，来年中に検討することを促す」とされたこともあり，本年の全株懇定時会員総会における分科会審議事項に含めて検討することとした。

2　現在までの検討状況
(1)　「基準日＝決算日」のデメリット（「持続的成長に向けた企業と投資家の対話促進研究会報告書」（以下，「対話研報告書」という）で指摘された事項を含む）
・株主総会の集中開催
・招集通知から株主総会までの議案検討期間を十分に確保できない
・株主総会日においてすでに株主でない者が議決権を行使し，株主である者が議決権を行使できない（エンプティボーティング）
・投資家が重要視する有価証券報告書の情報を総会前に利用できない
・後発事象等の問題に対応するための金商法と会社法の監査一元化ができない
・配当の権利落ち（配当基準日＝決算日の問題）

(2)　「基準日≠決算日」のデメリット
・投資家にとってわかりにくい，社会通念的には「決算日＝基準日」が浸透している

第2章◇株主及びステークホルダーに対する対応
第1節◇株主の権利の確保

- 株主確定や郵送のコストが増える可能性がある
- 経営者(マネジメントボード)の速やかな変更には向いていない(非取締役が代表取締役に就任するまでに時間がかかる)
- 総会決議を要する場合,配当金の支払時期が遅くなる

(3) 基準日変更の実務と留意点
① 基準日変更の手続き・スケジュール(5月基準日7月総会の場合)

時　期	手続等
X年3月末	議決権基準日(=決算日)
X年6月	株主総会で定款変更を決議(基準日を5月に変更)
(X+1)年5月	議決権基準日(≠決算日)
(X+1)年6月下旬	招集通知発送
(X+1)年7月中〜下旬	定時株主総会

② 基準日変更の実務上の留意点
- 決算日現在の株主名簿確定の要否に関する問題
  - → 決算日が基準日でなければ総株主通知は来ない。決算日現在の株主名簿を確定する場合には,機構に対する総株主通知請求が必要か? コストの負担はどうなるのか?
  - → 事業報告,有価証券報告書の「大株主の状況」は決算日現在で記載する必要があるか?
- 配当金支払スケジュールの問題(配当基準日=議決権基準日の場合)
  - → 基準日から配当金支払開始日(通常は総会日の翌営業日)までの期間短縮に対応可能か?
  - → 株主名簿管理人の事務のほか持株会の住民税申告,常任代理人の租税条約届出書提出等が配当計算のタイミングに間に合うか?
- 法人税法上の税務申告の問題
  - → 「対話研報告書」において,「今後,国税当局において整理される見込み」とされている。
- 第一四半期の決算情報の取扱い
  - → 第一四半期の決算情報をどの程度説明すればよいか(インサイダー情報との関係)。

Q9◆株主総会における株主の議決権行使に係る環境整備

(4) 今後の予定

平成28年3月中旬	分科会審議事項のファーストドラフトとりまとめ
平成28年4月8日	全株懇理事会(ファーストドラフトの報告・意見募集)
平成28年8月26日	全株懇理事会(セカンドドラフト報告・意見募集)
平成28年10月21日	全株懇定時会員総会(分科会審議・承認)

以上

第2章◇株主及びステークホルダーに対する対応
第1節◇株主の権利の確保

 海外機関投資家に対する情報提供と直接的な議決権行使の実現のための方策

　当社では，今年の定時株主総会で議決権を行使できる株主のうち海外機関投資家が総株主の議決権の20％以上を占めていることが判明しました。国内の株主だけで構成されている場合と比較して考慮すべき事項はあるでしょうか。

　また，機関投資家のうちの一部は，信託銀行名義で株式を保有していることが判明しています。その機関投資家からは，自ら株主総会に出席したいとの申出がありましたがどのように対応すべきでしょうか。

　上場会社では，海外機関投資家の権利・平等性の確保のため，十分な配慮を行う必要があり，具体的には，①議決権の電子行使を可能とするための環境作り（議決権電子行使プラットフォームの利用等）及び②招集通知の英訳が求められています。

　また，上場会社では，信託銀行名義で株式を保有している機関投資家が自ら株主総会に出席したいとの申出を行う場合に備えて，信託銀行等と協議しつつ対応について検討を行っておく必要があります。会社法の要請・規律を前提とすると，機関投資家が上場会社の株主総会に出席する方法としては，①株主総会の基準日時点で機関投資家が1単元以上の株式の所有者となり，信託銀行名義株式に係る代理権を機関投資家に授与して総会に出席する方法，②会社側の合理的裁量に服したうえで，株主総会の当日に株主総会を傍聴する方法，③「特段の事情」を発行会社に証明したうえで，信託銀行の代理人として株主総会に出席する方法，又は，④発行会社が定款規定を変更して，機関投資家が信託銀行の代理人として株主総会に出席することを認める方法，の4つのルートが考えられます。

Q10◆海外機関投資家に対する情報提供と直接的な議決権行使の実現のための方策

☑キーワード

機関投資家，議決権の電子行使，議決権電子行使プラットフォーム，電子投票制度，招集通知の英訳，名義株主，実質株主，カストディ，ノミニー，議決権の代理行使，議決権の不統一行使

解説

1 海外機関投資家の権利・平等性の確保

　会社は，株主総会を開催するにあたって，株主構成の違いによって異なる義務が課されることはありませんが，CGコード基本原則1は，上場会社に対し，海外機関投資家の権利・平等性の確保のため，十分な配慮を行うことを求めています。そして，CGコード補充原則1−2④は，海外機関投資家の権利・平等性を確保するための具体的方策として，①議決権の電子行使を可能とするための環境作り及び②招集通知の英訳の2つの方策を挙げています。

　CGコードでは，議決権の電子行使を可能とするための環境作りについて，議決権電子行使プラットフォームの利用が例示されています。議決権電子行使プラットフォームは，株式会社ICJが運営する議決権行使サイトであり，非居住者投資家や年金基金・投資信託等の機関投資家といった投資家が自らの権利を適確に行使できる環境を整備する必要性の高まりを受けて導入されました。平成28年7月1日現在で756社の上場会社が議決権電子行使プラットフォームに参加しています（東証ウェブサイト参照）。また，議決権電子行使プラットフォームの利用以外の対応としては，会社法上の電子投票制度（会社298条1項4号・312条参照）の採用などが考えられます[*1]。

　招集通知の英訳に関しては，上場会社については，CGコードの策定前から，東京証券取引所の規則において，招集通知等を要約したものの英訳を作成し，投資者が提供を受けることができる状態に置くように努めることとされていました（東証上場規程446条，東証上場規程規則437条4号）。CGコードでは，東京証券

第2章◇株主及びステークホルダーに対する対応
第1節◇株主の権利の確保

取引所の規則をさらに進めて，招集通知の全文の英訳を進めるべきとしています。

招集通知の英語版を作成した場合には，誤訳等の問題が生じ，株主総会決議の瑕疵の問題になり得るため，招集通知の英語版には，正式な招集通知は日本語版で作成されたものであること等を明記する注意書き（ディスクレーマー）を記載しておくことが望ましいと考えられます[*2]。

なお，CGコード補充原則1－2④の実施にあたっては，「機関投資家や海外投資家の比率」に加えて，各々の上場会社において，例えば英訳に割ける合理的なリソース等の実情を考慮することも考えられ，招集通知の一部のみを英訳するという対応であっても，このことにより直ちに同補充原則を実施（コンプライ）していないことにはならないと考えられます[*3]。

2 グローバル機関投資家等による株主総会への出席

(1) グローバル機関投資家等による株主総会への出席が問題となる背景

グローバル機関投資家等は，基本的には，書面等による議決権行使を通じて自分の意思を伝えることが大半となりますが，他方で，株主総会への出席を求める機関投資家等も存在しており，株主総会に出席する場合の手続・方法等が明確でないとの意見もあります[*4]。

企業の側からしても，株主総会は，企業のトップが当該企業の業績，課題や中長期的な経営戦略を直接多くの株主に語ることができる，株主と企業との間の対話の貴重な機会です。上場会社は，株主総会の基準日において株主名簿に記載されている株主（以下「名義株主」といいます）を把握することができますが，信託口を通じて株式を保有するようなケースでは，その受託者の背後で議決権行使の指図をする委託者等（以下「実質株主」といいます）を把握することはできません。実質株主の調査としていわゆる「株主判明調査」が行われていますが，機関投資家等による株主総会への出席要請等に関するやりとりは実質株主を知ることのできる機会にもなります[*5]。

以上のような背景をふまえ，CGコード補充原則1－2⑤は，「信託銀行等の名義で株式を保有する機関投資家等が，株主総会において，信託銀行等に代

わって自ら議決権の行使等を行うことをあらかじめ希望する場合に対応するため，上場会社は，信託銀行等と協議しつつ検討を行うべきである。」としています。同補充原則は，グローバル機関投資家等の株主総会への出席・議決権行使を必ず認めなければならないとはしておらず，あらかじめ希望があった場合に備えて，対応を検討することを求めています*6。

(2) グローバル機関投資家等の株主総会出席に関連する論点

現状は，名義株主ではないグローバル機関投資家等の株主総会への出席について，実務的取扱いが確立しているとはいえませんが，全国株懇連合会が，平成27年11月13日に公表した「グローバルな機関投資家等の株主総会出席に関するガイドライン」では，現行の会社法の枠内でのグローバル機関投資家等の株主総会出席について論点や手続等を整理しており，実務上は，同ガイドラインが重要な指針となります。

(a) **株主総会への出席が問題となるグローバル機関投資家等**

生命保険会社や損害保険会社等を除き，機関投資家自身が株主名簿上の株主となることは一般的に少なく，国内の機関投資家であれば資産管理専業の信託銀行の名義で，海外の機関投資家であればカストディ（証券保管銀行）やノミニー（主に証券会社）等の名義で株式を保有していることが多いのが実情です。これらの株主名簿上の株主（以下「N」といいます）は，議決権行使の決定権者ではなく，その背後に存在する機関投資家が指図を行うことが原則となっています。同ガイドラインにおいては，これまでいわゆる実質株主といわれ，議決権行使の指図権限を正当に有している国内・海外の機関投資家が「グローバル機関投資家等」（以下「A」といいます）として想定されています。

(b) **グローバル機関投資家等の総会出席に関連する会社法上の要請・規律**

(ア) **株主としての株主総会への出席（議決権の行使）**　　Aは名義株主ではないため，当然に，株主として株主総会へ出席し，議決権を行使する等，株主としての権利を行使することを会社に対して主張できるわけではありません（会社130条，社債株式振替152条1項）。

(イ) **議決権の代理行使**　　会社法は，株主の議決権行使の機会を保障するため，株主がその議決権を代理人によって行使することを正面から認めていますが，当該株主又は代理人は，代理権を証明する書面を会社に提出しなければな

第２章◇株主及びステークホルダーに対する対応
第１節◇株主の権利の確保

らず、また代理権の授与は株主総会ごとになされなければなりません（会社310条１項・２項）。会社は、株主総会に出席することができる代理人の数を制限することができます（同条５項）。

(ｳ)　議決権代理行使に関する定款規定　　Aが株主総会に出席して議決権を行使する方法としては、Nの代理人として株主総会において議決権の行使等を行うことが考えられますが、議決権の代理行使に関連して、多くの上場会社において、次のような内容の定款規定（以下「本定款規定」といいます）が置かれています。

「１．株主は、当会社の議決権を有する他の株主１名を代理人として、その議決権を行使することができる。
　２．株主又は代理人は、株主総会ごとに代理権を証明する書面を当会社に提出しなければならない。」

議決権を行使する代理人の資格を制限すべき合理的な理由がある場合に、定款により、相当と認められる程度の制限を加えることは禁止されておらず、代理人は名義株主に限る旨の定款規定は、その法的有効性が最高裁判例で正面から認められています☆1。

(ｴ)　議決権の不統一行使制度　　会社法は、株主がその有する議決権を統一しないで行使することができると規定し、特に「株主が他人のために株式を有する者」である場合には、会社はかかる不統一行使を拒否できないとしています（会社313条１項・３項）。なお、議決権の不統一行使は、株主総会の日の３日前までに不統一行使をする旨及びその理由を会社に通知しなければなりません（同条２項）。

グローバル機関投資家等の場合についても、名義株主（N）は、複数の投資家（A）から株式の寄託を受けているのが通常であることから、「他人のために株式を有する者」に該当すると解されています。したがって、Nの背後に複数の投資家（A）がいるオムニバス口座の場合、グローバル機関投資家等は、議決権の不統一行使制度を利用して、その意思をN名義の下、議決権行使に反映させることができます。

(c)　グローバル機関投資家等が株主総会に出席する４つの方法
同ガイドラインにおいては、上記(b)の会社法上の要請・規律等をふまえ、グ

Q10 ◆ 海外機関投資家に対する情報提供と直接的な議決権行使の実現のための方策

ローバル機関投資家等（A）が，本定款規定が置かれている上場会社の株主総会に出席する方法としては，以下の4つのルートが挙げられています。

(ア) ルートA：株主総会の基準日時点でAが1単元以上の株式の所有者となり，N名義株式に係る代理権をAに授与して総会に出席する方法　総会基準日までに1単元以上の名義株主となることが可能であるAであれば，活用できるルートです。

(イ) ルートB：会社側の合理的裁量に服したうえで，株主総会の当日に株主総会を傍聴する方法　株主総会では，経営者の振る舞いや姿勢等の非言語情報を得られるという点もあることから，機関投資家等が株主総会に出席したい理由が議決権行使ではなく株主総会の状況等を把握する点にある場合に，活用できるルートです。傍聴の場合には総会議場における議決権行使や質問等の株主権行使は行わないことになります。傍聴の可否等は会社側の合理的裁量に服します。

(ウ) ルートC：下記の「特段の事情」を発行会社に証明したうえで，Nの代理人として株主総会に出席する方法　ルートCは，本定款規定の下であっても，現行の判例法の解釈から株主総会出席が認められている類型です。判例においては，①Aによる議決権の代理行使を認めても株主総会がかく乱され会社の利益が害されるおそれがなく，②議決権の代理行使を認めなければ議決権行使が実質的に阻害されることとなる等，Aによる議決権の代理行使を認めるべき「特段の事情」が認められれば，Aは，Nの代理人として株主総会に出席し，議決権を行使することができると判示されています☆2。

いかなる場合に「特段の事情」が認められるのかは会社法の解釈次第となり，今後の事例の集積を待つ必要があります。ルートCにおいて，「特段の事情」の要件を満たしていること等については，Nから議決権代理行使に関する証明書を得ることになると考えられます。発行会社としては，Nの背後のAは把握できないため，Aに関する関連事情は，NとAとの協力の下に会社に示してもらうことが基本とならざるを得ません。株主総会における議決権の行使は共益権の行使であり，適正な議決権行使であることの確保は他の株主の利害にとっても重要なので，「特段の事情」の判定にあたっては適正かつ正確な手続を経る必要があります。

第2章◇株主及びステークホルダーに対する対応
第1節◇株主の権利の確保

　また，Aの総会出席による議決権行使は（当該出席株式について）それまでの書面投票等の議決権行使の結果に優先することになります。後日の紛争予防等の観点から，Aが総会当日に出席して議決権を行使するN名義の株式について，Aに排他的に議決権行使権限が帰属していることの確定が必要となります。

　㈣　ルートD：発行会社が次のように本定款規定を変更して（2項を追加），AがNの代理人として株主総会に出席することを認める方法

「（議決権の代理行使）
　第●条　株主は，当会社の議決権を有する他の株主1名を代理人として，その議決権を行使することができる。
　　2　前項の規定にかかわらず，定款第●条に定める取締役会において定める株式取扱規程に従い，信託銀行等の名義で株式を保有し自己名義で保有していない機関投資家は，株主総会に出席してその議決権を代理行使することができる。」

　ルートCよりも広くAの株主総会出席を認めたい場合や，Aの株主総会出席に関する取扱いの法的安定性を高めたい場合などに，会社側が定款を変更して出席を認めることとする方法です。定款変更手続を経ることで定款自治に基づいた株主意思もより明確となり，ルートCにおける「特段の事情」の外延の（現状の解釈論における）不明確性等と比較すると，株主総会出席に関する取扱いが明確となるメリットがあります。

　株主総会に代理出席できる機関投資家の範囲や株主総会出席に必要な要件・手続等の詳細は，定款の授権を受けた株式取扱規程等において定めることが考えられます。

　(d)　まとめ

　同ガイドラインでは，上記(c)で挙げた各ルートの利点・留意点をまとめると以下のとおりになるとしています。

Q10◆海外機関投資家に対する情報提供と直接的な議決権行使の実現のための方策

	利　点	留意点
ルートA	・代理人資格を名義株主に限定する定款規定の下でも，代理人となれることが明らかであり，法的安定性が高い	・議決権行使の基準日時点で1単元以上の名義株主であることが必要
ルートB	・定款規定の例外に当たるか否かや，議決権の二重行使の処理の問題が生じない	・当日の議決権行使や質問等の株主権行使はできない ・傍聴を認めるか否かは企業の合理的裁量に服する
ルートC	・議決権行使の基準日時点で1単元以上の名義株主となっていなくても，定款変更を経ることなく出席が認められる	・「特段の事情」の外延・解釈が必ずしも明確でないことから，他の選択肢と比較すると法的安定性の面で課題が残る
ルートD	・明示的に定款規定の例外として定めるため，株主総会出席できる範囲を明確にでき，法的安定性が高い ・ルートCより広い範囲で株主総会出席を認めることができる	・定款変更決議が必要 ・対象となる「機関投資家」の範囲や必要書類は株式取扱規程で定めることとなる。具体的な規定ぶりについては各社で検討が必要

　上場会社においては，同ガイドラインの内容を含め，信託銀行等をと議しつつ，グローバル機関投資家等の株主総会出席に関する実務対応を検討することが期待されています。

〔清野　訟一〕

■判　例■

☆1　最判昭43・11・1民集22巻12号2402頁・判タ229号154頁・判時542号76頁。
☆2　最判昭51・12・24民集30巻11号1076頁・判タ345号195頁・判時841号96頁。

■注　記■

＊1　パブコメ回答No.4，油布ほか・CGコード解説Ⅰ54頁。
＊2　福岡真之介＝山田慎吾編著『株主総会の実務相談』（商事法務，2012）32～33頁

第2章◇株主及びステークホルダーに対する対応
第1節◇株主の権利の確保

〔岩崎康幸〕。
* 3 油布ほか・CGコード解説Ⅰ54頁。
* 4 全国株懇連合会「グローバルな機関投資家等の株主総会出席に関するガイドライン」1頁。
* 5 全国株懇連合会・前掲（＊4）1～2頁。
* 6 油布ほか・CGコード解説Ⅰ54頁。

株主との対話

上場会社は，株主総会以外の場において，どのように株主との対話に臨むべきでしょうか。また，株主との建設的な対話を促進するための方針として，どのような内容を定めるべきでしょうか。また，経営戦略や経営計画について策定・公表する際には，株主に向けたメッセージとしてどのような内容にすべきでしょうか。

近時のコーポレート・ガバナンスをめぐる議論において，上場会社には，株主との対話を積極的に行うことが求められています。

そして，上場会社は，少なくとも，①株主との建設的な対話が実現するように目配りを行う経営陣又は取締役の指定，②対話を補助する社内部門の有機的な連携のための方策，③個別面談以外の対話の手段（例えば，投資家説明会やIR活動）の充実に関する取組み，④対話において把握された株主の意見・懸念の経営陣幹部や取締役会に対する適切かつ効果的なフィードバックのための方策，及び，⑤対話に際してのインサイダー情報の管理に関する方策を定めた方針，の５点を定めるべきです。

また，経営戦略や経営計画の策定・公表にあたっては，収益計画や資本政策の基本的な方針を示すとともに，収益力・資本効率等に関する目標を提示し，その実現のために，経営資源の配分等に関し具体的に何を実行するのかについて，株主にわかりやすい言葉・論理で明確に説明を行うべきです。

☑キーワード

目的をもった対話，エンゲージメント，建設的な対話，経営戦略，経営計画，持続的な成長，中長期的な企業価値の向上，非財務情報，インサイダー情報，未公表の重要事実，取引推奨規制

第2章◇株主及びステークホルダーに対する対応
第1節◇株主の権利の確保

解説

1 株主との対話の必要性

(1) 株主との対話に関する法律上の義務

　取締役，会計参与，監査役及び執行役は，株主総会において，株主から特定の事項について説明を求められた場合には，当該事項が株主総会の目的事項に関しないものである場合や説明をすることにより株主の共同の利益を著しく害する場合等の正当な事由がない限り，当該事項について必要な説明をしなければなりません（会社314条）。

　一方，会社は，株主総会以外の場において，株主から何らかの対話を求められたとしても，会社法その他の法律上，この求めに応じる義務はありません。

(2) 株主との対話に関する要請

　法律上の義務はないとはいえ，上場会社については，上場会社とリスクマネーの出し手である投資家（株主を含む）とが，質の高い対話を通じて相互理解を深め，ともに持続的成長，中長期的な企業価値創造に向かうことが不可欠であることが指摘されているところであり*1，近時のコーポレート・ガバナンスをめぐる議論でも，以下のとおり，株主との対話の必要性が論じられています。

(a) 日本版SC

　日本版SC「本コードの目的」5は，「企業の側においては，経営の基本方針や業務執行に関する意思決定を行う取締役会が，経営陣による執行を適切に監督しつつ，適切なガバナンス機能を発揮することにより，企業価値の向上を図る責務を有している。企業側のこうした責務と本コードに定める機関投資家の責務とは，いわば『車の両輪』であり，両者が適切に相まって質の高い企業統治が実現され，企業の持続的な成長と顧客・受益者の中長期的な投資リターンの確保が図られていくことが期待される。本コードは，こうした観点から，機関投資家と投資先企業との間で建設的な『目的を持った対話』（エンゲージメン

ト)が行われることを促すものであり,機関投資家が投資先企業の経営の細部にまで介入することを意図するものではない。」と述べ,企業と機関投資家の間で「目的を持った対話」(エンゲージメント)が行われることを促しています。

そして,日本版SCは,原則4において,「機関投資家は,投資先企業との建設的な『目的を持った対話』を通じて,投資先企業と認識の共有を図るとともに,問題の改善に努めるべきである。」としたうえで,「機関投資家は,中長期的視点から投資先企業の企業価値及び資本効率を高め,その持続的成長を促すことを目的とした対話を,投資先企業との間で建設的に行うことを通じて,当該企業と認識の共有を図るよう努めるべきである。なお,投資先企業の状況や当該企業との対話の内容等を踏まえ,当該企業の企業価値が毀損されるおそれがあると考えられる場合には,より十分な説明を求めるなど,投資先企業と更なる認識の共有を図るとともに,問題の改善に努めるべきである。」(日本版SC指針4-1),「機関投資家は,実際に起こり得る様々な局面に応じ,投資先企業との間でどのように対話を行うのかなどについて,あらかじめ明確な方針を持つべきである。」(日本版SC指針4-2)としています。

(b) 伊藤レポート

伊藤レポートは,「持続的な企業価値創造が企業と投資家による『協創』によって実現されるとすれば,両者の間に存在する他方に対する先入観や決め付け,懸念を払拭し,相互の信頼関係を構築する必要がある。それを実現するのが,経営者と投資家との間の目的を持った,質の高い『対話・エンゲージメント』である。……対話は経営者と投資家との間の溝やすれ違いを解消するのに役立つ。従来型のIRでは,投資家はもっぱら質問し,経営者は説明に専念するという一方通行に陥りがちだった。『投資家の質問はいつも紋切り型だ』『経営者は聞きたいことに答えない(答えられない)』こんな不満に象徴される構図が続いてきたきらいがある。対話はこうしたコミュニケーションとは似て非なるものである。対話の本質は双方向である。……今後は企業と投資家との間の利害対立的な関係を見直し,21世紀の資本主義にふさわしい質の高い対話を模索すべきである。」[*2]として,経営者と投資家に対し,従来型のIRではない,双方向の質の高い「対話・エンゲージメント」を行うように求めています。

第2章◇株主及びステークホルダーに対する対応
第1節◇株主の権利の確保

(c) CGコード

CGコードは、「上場会社は、その持続的な成長と中長期的な企業価値の向上に資するため、株主総会の場以外においても、株主との間で建設的な対話を行うべきである。経営陣幹部・取締役（社外取締役を含む）は、こうした対話を通じて株主の声に耳を傾け、その関心・懸念に正当な関心を払うとともに、自らの経営方針を株主に分かりやすい形で明確に説明しその理解を得る努力を行い、株主を含むステークホルダーの立場に関するバランスのとれた理解と、そうした理解を踏まえた適切な対応に努めるべきである。」（CGコード基本原則5）としたうえで、この基本原則5の考え方について、「上場会社にとっても、株主と平素から対話を行い、具体的な経営戦略や経営計画などに対する理解を得るとともに懸念があれば適切に対応を講じることは、経営の正統性の基盤を強化し、持続的な成長に向けた取組みに邁進する上で極めて有益である。……経営陣幹部・取締役が、株主との対話を通じてその声に耳を傾けることは、資本提供者の目線からの経営分析や意見を吸収し、持続的な成長に向けた健全な企業家精神を喚起する機会を得る、ということも意味する。」と説明しています（CGコード基本原則5の考え方）。

また、CGコードは、「上場会社は、株主からの対話（面談）の申込みに対しては、会社の持続的な成長と中長期的な企業価値の向上に資するよう、合理的な範囲で前向きに対応すべきである。」（CGコード原則5-1）として、上場会社に対し、株主との対話を積極的に行うように求めています。

2　株主との建設的な対話を促進するための体制整備・取組みに関する方針

CGコードは、「取締役会は、株主との建設的な対話を促進するための体制整備・取組みに関する方針を検討・承認し、開示すべきである。」（CGコード原則5-1）としたうえで、株主との建設的な対話を促進するための方針には、少なくとも以下の点を記載すべきであるとしています（CGコード補充原則5-1②）。

(i) 株主との対話全般について、下記(ii)〜(v)に記載する事項を含めその統括を行い、建設的な対話が実現するように目配りを行う経営陣又は取締役の指定

(ⅱ) 対話を補助する社内のIR担当，経営企画，総務，財務，経理，法務部門等の有機的な連携のための方策
(ⅲ) 個別面談以外の対話の手段（例えば，投資家説明会やIR活動）の充実に関する取組み
(ⅳ) 対話において把握された株主の意見・懸念の経営陣幹部や取締役会に対する適切かつ効果的なフィードバックのための方策
(ⅴ) 対話に際してのインサイダー情報の管理に関する方策

　また，CGコードは，株主との対話の対応者について，「株主との実際の対話（面談）の対応者については，株主の希望と面談の主な関心事項も踏まえた上で，合理的な範囲で，経営陣幹部または取締役（社外取締役を含む）が面談に臨むことを基本とすべきである。」（CGコード補充原則5-1①）としています。

3　株主との対話の内容

　CGコードは，上場会社と株主の間の対話の前提となる情報開示に関して，「上場会社は，会社の財政状態・経営成績等の財務情報や，経営戦略・経営課題，リスクやガバナンスに係る情報等の非財務情報について，法令に基づく開示を適切に行うとともに，法令に基づく開示以外の情報提供にも主体的に取り組むべきである。その際，取締役会は，開示・提供される情報が株主との間で建設的な対話を行う上での基盤となることも踏まえ，そうした情報（とりわけ非財務情報）が，正確で利用者にとって分かりやすく，情報として有用性の高いものとなるようにすべきである。」（CGコード基本原則3）としたうえで，上場会社は，法令に基づく開示を適切に行うことに加え，以下の事項について開示し，主体的な情報発信を行うべきであるとしています（CGコード原則3-1）。

(ⅰ) 会社の目指すところ（経営理念等）や経営戦略，経営計画
(ⅱ) 本コードのそれぞれの原則をふまえた，コーポレート・ガバナンスに関する基本的な考え方と基本方針
(ⅲ) 取締役会が経営陣幹部・取締役の報酬を決定するにあたっての方針と手続
(ⅳ) 取締役会が経営陣幹部の選任と取締役・監査役候補の指名を行うにあ

第2章◇株主及びステークホルダーに対する対応
第1節◇株主の権利の確保

たっての方針と手続
(v) 取締役会が上記(iv)をふまえて経営陣幹部の選任と取締役・監査役候補の指名を行う際の，個々の選任・指名についての説明

以上のように，上場会社には，経営戦略や経営計画を策定・公表したうえで，株主と対話することが求められているのであり，この点につき，CGコードは，「経営戦略や経営計画の策定・公表に当たっては，収益計画や資本政策の基本的な方針を示すとともに，収益力・資本効率等に関する目標を提示し，その実現のために，経営資源の配分等に関し具体的に何を実行するのかについて，株主に分かりやすい言葉・論理で明確に説明を行うべきである。」としています（CGコード原則5-2）。

また，対話促進研究会報告書では，経営者と投資家との対話について，「経営者の一挙手一投足，あるいは発言する時の決断力の強さ，空気等は大事な情報である。」*3，「経営者と投資家の継続的な対話の内容としては，足下の業績ではなく中長期的な経営者の考え方や戦略，ガバナンスのかたちではなく，それを選ぶ理由，取締役・経営者の選び方，実際の活動が重要。対話の本質的な役割を担うのは，社外取締役やCEOであり，その社外取締役やCEOがどのように選ばれるのか，その仕組み自体が非常に重要な情報であり，そこに規律を与えているということが，重要な情報」*4との指摘がなされていることにも注目すべきです。

4　株主との対話における留意点

上記**1**〜**3**のとおり，上場会社には，株主と積極的に対話を行うことが求められているところ，対話においてどの程度の話ができるかについて不明瞭なところがある旨の指摘がなされています*5。

この点は，上記**2**の「株主との建設的な対話を促進するための体制整備・取組みに関する方針」で挙げた「(v) 対話に際してのインサイダー情報の管理に関する方策」に関連するところですが，上場会社は，未公表の重要事実の取扱いについては，株主間の平等を図ることを基本とすべきであり，株主との対話において未公表の重要事実を伝達することについては，基本的には慎重に考え

るべきです。そのうえで，なお，未公表の重要事実を提供した場合には，株主の側において，当該上場会社の株式の売買を停止するなど，インサイダー取引規制に抵触することを防止するための措置が講じられているか等を確認する必要があると考えられますし[*6]，また，仮に対話の中で未公表の重要事実が伝達された場合，その後の株主による株式の売買等に制約が生じかねないため，上場会社が未公表の重要事実を提供するに際しては，事前に株主の同意を得るべきであると考えられます。上場会社においては，これらの要請をふまえて，対話におけるインサイダー情報の管理の方法を定めることが求められます[*7]。

なお，対話におけるインサイダー情報の取扱いと情報伝達・取引推奨規制（金商167条の2）については，既に，金融庁が公表している「情報伝達・取引推奨規制に関するQ&A」（平成25年9月12日公表）において，以下の解釈が示されています。

「(問3) 未公表の重要事実を知っている上場会社等の役職員が，IR活動を行うことは取引推奨規制の対象となるのでしょうか。

(答) 上場会社等では，IR活動として，投資家等との間で自社の経営状況や財務内容等に関する広報活動が一般的に行われているものと考えられます。こうした活動の一環として行う自社への投資を促すような一般的な推奨については，通常の場合，他人に対し，特に重要事実の公表前の売買等を行わせ，それに起因した利益を得させるためのものではなく，『重要事実の公表前に売買等をさせることにより他人に利益を得させる』等の目的を欠くと考えられるため，基本的に規制対象とはならないものと考えられます。」

以上からすると，上場会社が機関投資家との間で行う踏み込んだ対話についても，通常の場合には，「重要事実の公表前に（機関投資家に）売買等をさせることにより他人（機関投資家）に利益を得させる」等の目的を欠くと考えられるため，基本的に，情報伝達・取引推奨規制の対象にはならないものと考えられます[*8]。

〔清野 訟一〕

第2章◇株主及びステークホルダーに対する対応
第1節◇株主の権利の確保

■注　記■

* 1　対話促進研究会報告書第1章の04（1頁）。
* 2　伊藤レポート（7頁）。
* 3　対話促進研究会報告書第2章5．2の01（107頁）。
* 4　対話促進研究会報告書第2章5．2の01（107頁）。
* 5　対話促進研究会報告書第2章5．2の03（107〜108頁）。
* 6　日本版SC指針4－3及び注10。
* 7　油布ほか・CGコード解説Ⅳ54頁。
* 8　金融庁「日本版スチュワードシップ・コードの策定を踏まえた法的論点に係る考え方の整理」3（14頁）。

12 中長期的な株主のコミットメント確保に向けた法的取組み

株主に中長期的に株式を保有してもらうための施策としてどのようなものが考えられるでしょうか。

　株主に中長期的に株式を保有してもらうための施策としては，CGコードの遵守，種類株式の発行を利用した優遇措置，株主優待，自己株式の取得を利用した株価対策などがあります。
　近年，株主に中長期的に株式を保有してもらうための施策として種類株式の発行が注目を集めていて，例えば，トヨタ自動車株式会社はAA型種類株式を発行しました。
　いずれの施策を採るにしろ，株主及び株式を保有していない投資家が中長期的に株式を保有するのは，会社の持続的な成長と中長期的な企業価値の向上が見込めるからであり，株主に中長期的に株式を保有してもらうためには，会社の持続的な成長と中長期的な企業価値の向上を図ることが不可欠です。

☑キーワード

株式の中長期保有，種類株式，AA型種類株式，複数議決権，株主優待制度，自己株式の取得，株価対策，中長期保有株主，単元株，株主平等原則

第2章◇株主及びステークホルダーに対する対応
第1節◇株主の権利の確保

解 説

1 会社にとっての重要なパートナーである中長期保有の株主の必要性

　東京証券取引所における平均株式保有期間は，1990年代前半には3ないし5年半程度でしたが，その後，株式の保有期間の短期化が進み，近年では1年に満ちません[*1]。

　株式の保有期間の短期化が進むと，企業経営に短期的な視点での業績改善や事業再編を求める圧力が強まり，中長期的な信頼関係に基づく企業経営が行いにくくなり，イノベーションに辛抱強く取り組む忍耐力が弱まっていく懸念があります[*2]。また，中長期的な成長による収益力の強化を図るよりもコスト削減による財務内容の改善といった対応に頼る企業行動がみられるようになります。しかし，このような消極的な対応は，中長期的な投資の不足による生産性の低下や新規ビジネスの縮小などを招きます[*3]。

　そこで，現在，世界各国において，中長期的な視点での投資を実現するための新たなシステムのあり方が模索されており，個別の企業レベルでも，中長期的な利益や多様なステークホルダーへの貢献を重視するなどの取組みが増えています。わが国においても，中長期保有の株主は，「市場の短期主義化が懸念される昨今においても，会社にとって重要なパートナーとなり得る存在である」と位置づけられている（CGコード原案序文8項）ように，会社，ひいてはわが国の経済の発展にとって重要な役割を果たす存在であり，株主に中長期的に株式を保有してもらうことは重要な課題であるといえます。

　そこで，株主に中長期的に株式を保有してもらうために会社が採り得る施策[*4]の例として，①CGコードの遵守，②種類株式の発行を利用した優遇措置，③株主優待，及び④自己株式の取得を利用した株価対策を取り上げ，これらの施策について説明します。

2 株主に中長期的に株式を保有してもらうための施策

(1) CGコードの遵守

株主に中長期的に株式を保有してもらうためには，会社が持続的な成長と中長期的な企業価値の向上を図ることが不可欠ですが，そのための施策の一つとして，CGコードを遵守することが考えられます。

CGコード原案序文8項は，「本コード（原案）は，市場における短期主義的な投資行動の強まりを懸念する声が聞かれる中，中長期の投資を促す効果をもたらすことをも期待している」と謳い，「市場においてコーポレートガバナンスの改善を最も強く期待しているのは，通常，ガバナンスの改善が実を結ぶまで待つことができる中長期保有の株主であり，こうした株主は，市場の短期主義化が懸念される昨今においても，会社にとって重要なパートナーとなり得る存在」であるとし，これを受けて，CGコードは，会社の持続的な成長と中長期的な企業価値の向上を図る多くの規定を設けています（CGコード基本原則2，基本原則4，基本原則5，原則1-4，原則2-1，原則4-2，補充原則4-2①，原則4-7，原則4-8，原則5-1等）。そのため，CGコードを遵守することは，持続的な成長と中長期的な企業価値の向上の一助になると考えられます。

(2) 種類株式の発行を利用した優遇措置

(a) 種類株式

会社法上，株式会社は，内容の異なる二以上の種類の株式を発行することができることから（会社108条），これを利用して，中長期保有株主を優遇することが考えられます。

まず，配当に関して，剰余金の配当を他の種類株式に比して優先させることができます（会社108条1項1号）。そこで，中長期保有株主を優遇する施策として，中長期保有株主を対象として発行する種類株式の配当を普通株式に比して優先させることが考えられます。

次に，議決権に関しても，議決権がない種類株式と議決権のある種類株式を発行して中長期保有株主を優遇することが考えられますし，また，定款で株式の種類ごとに異なる単元株式数を設定することにより，実質的に複数議決権を

第2章◇株主及びステークホルダーに対する対応
第1節◇株主の権利の確保

認めるのと同様の効果を生じさせることができることから[*5]，例えば，普通株式の単元株式数を10，ある種類株式の単元株式数を1などと定款に定め，中長期保有株主を対象に当該種類株式を発行することで，中長期保有株主を優遇することが考えられます。ただし，上場会社が既上場株式より議決権の多い株式を発行することは上場廃止事由に該当し得るため（東証上場規程601条1項17号，東証上場規程規則601条14項5号），上場会社が，議決権を優遇した種類株式を発行することは実務上困難です[*6]。

(b) 種類株式の発行に関する規制

種類株式の発行をすることに関しては，種々の規制があります。

まず，会社法との関係では，種類株式の発行に関して所定の機関決定を行う必要があるほか，新たに発行する種類株式の内容を定款に記載するために，定款変更をする必要があります。また，有利発行に当たる場合には，株主総会決議を経なければなりません（ただし，定款変更の際の株主総会の場で，この決議も併せて行うことができます）。

次に，金融商品取引法との関係では，非上場の種類株式の第三者割当の場合には臨時報告書の提出が必要となり，公募を行う場合には有価証券届出書又は発行登録書の提出が必要になります（金商4条1項・23条の3第1項）。

さらに，東証上場規程との関係では，原則として適時開示を行う必要があるほか（東証上場規程402条1号a），第三者割当による募集株式等の割当てを行う場合で希釈化率が25％以上の場合には独立した第三者の意見の取得又は株主総会などによる株主の意思確認を行う必要があり（東証上場規程432条），また，MSCB等[*7]に該当する場合には転換又は行使の状況に関する開示をする必要があります（東証上場規程410条）。

(c) 種類株式の活用例

日本においては，非上場会社の事業の成長を見込んだベンチャーキャピタルなどを対象として種類株式を発行する例が多く，上場会社の種類株式の発行例は少ないのが実情です。

もっとも，種類株式は，上場会社においても利用されています。例えば，平成20年7月に，東京証券取引所が東証上場規程を改正して議決権種類株式の上場制度を整備し，新規上場時に限ってではあるものの無議決権株式の上場を認

Q12◆中長期的な株主のコミットメント確保に向けた法的取組み

めたほか，上場後に配当を優遇する無議決権かつ配当優先の種類株式の発行を認め，無議決権配当優先の種類株式が発行した例があります（株式会社伊藤園。ただし，取引高は同社の他の種類株式〔いわゆる普通株式〕の10％にも満ちません）。また，平成26年3月には，実質的に10倍の議決権があるB種種類株式を発行したまま普通株式を上場させた例もあります（CYBERDYNE株式会社）。

さらに，近年では，トヨタ自動車株式会社（以下「トヨタ」といいます）の株主総会が，平成27年6月16日に，第1回AA型種類株式に関して，「種類株式発行に係る定款一部変更および募集株式の募集事項の決定を取締役会に委任する件」を承認可決し，同日，取締役会が，第1回AA型種類株式の発行を承認可決し，トヨタは，第1回AA型種類株式を発行しました。

トヨタのリリース[8]によれば，この第1回AA型種類株式の資金調達の使途は「燃料電池車開発，インフラストラクチャー研究および情報化・高度知能化モビリティ技術開発等の次世代イノベーションのための研究開発資金」であり，自動車事業は投資の成果が業績に寄与するまでには相当の時間を要するところ，トヨタは，トヨタとして次世代技術のための研究開発資金の調達にあたっては研究開発投資がトヨタの業績に寄与するまでの期間と，トヨタの株主にトヨタに投資する期間とをできるだけ合わせることが望ましいと判断し，中長期の保有を前提とした議決権のある譲渡制限付種類株式として，AA型種類株式を発行することとしたとのことです。このAA型種類株式は，普通株式に比べて配当率が高く，初年度が0.5％，その後一事業年度ごとに配当率が0.5％ずつ高くなります。他方，単元数は100株で普通株式と同一であり，議決権に関して普通株式との間に差異はありません。AA型種類株式の発行に対しては，安定株主作りなどとの否定的な意見や，経営者が自己の都合のよいように株式保有構造に介入するのではないかとの懸念を払拭することができないとの指摘がある一方で[9]，世界的に，ヘッジファンドや一部機関投資家による過度な短期的利益の追求が上場企業の持続的成長や中長期的企業価値の向上に悪影響を与えかねないとの懸念がある中で，株主ブロックの一部を，ヘッジファンドや一部機関投資家から中長期的に経営をサポートする個人投資家に入れ替えるという経営判断を行ったことは十分に合理的であるとの肯定的な意見もあります[10]。機関投資家には魅力的なものと評価されておらず[11]，株主総会に

第2章◇株主及びステークホルダーに対する対応
第1節◇株主の権利の確保

おける賛成の割合は，他の議案よりも低い75.21％にとどまりました。

　このように，種類株式には種々の活用例がありますが，いずれにしろ，株主及び株式を保有していない投資家が中長期的に株式を保有するのは，会社が持続的な成長と中長期的な企業価値の向上が見込めるからであり，この見込みなく，単に中長期保有株主を優遇する種類株式を発行するのでは施策として機能しないものと思われます。

(3) 株主優待

　株主に対して，中長期的に株式を保有してもらうための施策として，株式を中長期にわたって保有する株主に対する株主優待を優遇するということも考えられます。

　まず，同じ普通株式を保有する株主の中でも，中長期株式保有者に対する株主優待の内容を優遇することができるかということに関しては，株主を株式保有期間によって区別することが株主平等原則（会社108条）との関係で許容されるのかについては議論があり，賛否両論が見られます（詳細は**Q8**参照）。しかし，実務上，中長期にわたって株式を保有する株主に対する株主優待の内容を優遇することは現に行われており（株式会社ぐるなび「平成18年3月20日付け『株主優待制度の新設に関するお知らせ』」(2006)，株式会社ビックカメラ「平成19年7月9日付け『長期保有株主様向け株主優待制度新設のお知らせ』」(2007)，株式会社コメリ「平成24年1月26日付け『株主優待制度の一部変更に関するお知らせ』」(2012) 等)，一定の範囲内では保有期間による区別も許容し得ると考えられます。

　また，株主平等原則は株式の内容に応じて平等の取扱いをするものですから，種類株式ごとに株主優待の内容を変える場合には，株主平等原則（会社108条）への抵触の問題は生じません。そこで，中長期的な株式の保有を前提とした種類株式を発行し，当該種類株式の株主優待の内容を優遇することも考えられます。

　もっとも，投資家が中長期的に株式を保有するのは，会社の持続的な成長と中長期的な企業価値の向上が見込めるからであり，この見込みなく，単に中長期保有株主を優遇する種類株式を発行するのでは施策として機能しないでしょうから，会社の持続的な成長と中長期的な企業価値の向上を図ることが不可欠です。

(4) 株価対策

投資家の関心はやはり株価にあるため、株価の下落が連続するのでは中長期保有株主を確保することが困難となります。株価対策の一時的な手法として、自己株式の取得を行うことが考えられますが、中長期保有株主の確保という観点からすれば望ましいものではなく、会社自身の業績を改善して、会社の持続的な成長と中長期的な企業価値の向上のもと株価を上昇させることが必要です。

〔榎木　智浩〕

━━━■注　記■━━━

* ＊1　目指すべき市場経済システムに関する専門調査会「目指すべき市場経済システムに関する報告」（平成25年11月1日）参考資料4（26頁）。
* ＊2　目指すべき市場経済システムに関する専門調査会・前掲（＊1）2．(1)（3頁）。
* ＊3　目指すべき市場経済システムに関する専門調査会・前掲（＊1）2．(2)③（5頁）。
* ＊4　政策論としては、株主に対して株式を中長期にわたって保有してもらうため、中長期保有株主に対して税制上の優遇を与えるべきとの議論もあります（目指すべき市場経済システムに関する専門調査会・前掲（＊1）参考資料6の2〔31頁〕）。
* ＊5　相澤哲ほか編著『論点解説　新・会社法』（商事法務、2006）116頁。
* ＊6　現時点での東証上場規程では、上場廃止事由として「上場株券等より議決権の多い株式（取締役の選解任その他の重要な事項について株主総会において一個の議決権を行使することができる数の株式に係る剰余金の配当請求権その他の経済的利益を受ける権利の価額等が上場株券等より低い株式をいう。）の発行に係る決議又は決定（株主及び投資者の利益を侵害するおそれが大きいと当取引所が認めるものに限る。）」が挙げられており（東証上場規程601条1項17号、東証上場規程規則601条14項5号）、この点に関しては、議決権種類株式の上場制度整備が行われた際、「現在では上場廃止要件とされている上場株式より議決権の多い株式の発行についても会社の財務状況が著しく悪化した場合などの一定の状況においては認めてもよいのではないかといった問題意識もありうる。これらの問題については……既存の一般株主の保護の観点から、慎重な考慮が必要であることから本報告書の対象とはしていないが、更に議論・検討を継続することが望ましい」と指摘されています（東京証券取引所「議決権種類株式の上場制度に関する報告書」32頁〔平成20年1月16日〕）。
* ＊7　上場会社が第三者割当により発行する①新株予約権付社債券（同時に募集され、かつ、同時に割り当てられた社債券（金商2条1項5号に掲げる有価証券又は金商2条1項17号に掲げる有価証券で同項5号に掲げる有価証券の性質を有するものを

第2章◇株主及びステークホルダーに対する対応
第1節◇株主の権利の確保

いう）及び新株予約権証券であって，一体で売買するものとして発行されたものを含む），②新株予約権証券，③取得請求権付株券（取得請求権の行使により交付される対価が当該取得請求権付株券の発行者が発行する上場株券等であるものをいう）のいずれかの有価証券で，上場会社が発行するCB等に付与又は表章される新株予約権又は取得請求権の行使に際して払込みをなすべき1株当たりの額が，6か月間に1回を超える頻度で，当該新株予約権等の行使により交付される上場株券等の価格を基準として修正が行われ得る旨の発行条件が付されたものをいいます（東証上場規程410条1項，東証上場規程規則2条2項3号・411条）。

* 8 トヨタ「平成27年4月28日付け『第1回AA型種類株式の発行，AA型種類株式の新設に係る定款一部変更および第1回AA型種類株式発行に応じた自己株式取得に関するお知らせ」(2015)。
* 9 加藤貴仁「上場会社による種類株式の利用」ジュリ1495号（2016）19頁。
* 10 太田洋「上場会社による種類株式の活用と課題〔下〕―株式の中長期保有促進に向けた動きとトヨタのAA型種類株式」商事2086号（2015）31～32頁。
* 11 加藤・前掲（＊9）18頁。

第2節　資本政策

13　資本政策の意義と適切な説明

CGコード原則1−3における「資本政策」とは何でしょうか。会社は、株主に対して、資本政策の基本的な方針として、どのような説明を行うべきでしょうか。

　資本政策という用語は、一般に、株主構成の適正化という意味で用いられる場合もあれば、企業の収益に関する政策という意味で用いられる場合もある多義的な用語です。
　CGコード原則1−3における資本政策という用語は、会社の持続的な成長と中長期的な企業価値の向上を促すための施策のうち、ROEやD／Eレシオの最適化、自己株式の取得、政策保有株式の保有、増資、MBO等のコーポレートファイナンスに関連する事項を広く含む用語と考えられます。
　上場会社は、株主に対し、このような「資本政策」の意義をふまえたうえで個別の資本政策の基礎となるべき、いわば総合的な基本方針の説明を行うべきと考えられます。

☑キーワード
　資本政策、資本政策の基本的な方針、ROE、自己資本比率

第2章◇株主及びステークホルダーに対する対応
第2節◇資本政策

解説

1 「資本政策」（CGコード原則1−3）の意義

　CGコード原則1−3は，上場会社に対し，「資本政策の動向が株主の利益に重要な影響を与え得ることを踏まえ，資本政策の基本的な方針について説明を行う」ことを求めていますが，この「資本政策」という用語は，CGコードにおいて定義されていません。

　「資本政策」という用語は，株主構成の適正化という意味で用いられる場合もあれば，企業の収益に関する政策という意味で用いられる場合もある多義的な用語であるところ，CGコード原則1−3における「資本政策」の用語の解釈は，一義的には各会社の自主的な判断に委ねられており，各原則の趣旨・精神の十分な理解の下，各原則の精神・趣旨をまっとうするためにはどのように解釈するかという観点から検討することが求められています[*1]。そのため，各原則の精神・趣旨をふまえて用語を解釈する必要があり，各原則の精神・趣旨がどのようなものであるのか検討する必要があります。

　この点，そもそも，CGコードは，「生産性向上により企業収益を拡大し，それを賃金上昇や再投資，株主還元等につなげるためにも，グローバル企業を中心に資本コストを意識してコーポレートガバナンスを強化し，持続的な企業価値向上につなげることが重要である」という認識の下に策定されたものであり[*2]，健全な企業家精神の発揮を促し，会社の持続的な成長と中長期的な企業価値の向上を図ることに主眼を置いています（CGコード原案序文7項）。

　また，近年，投資家が企業を評価する際の最も重要な指標の一つとしてROE（Return On Equity，自己資本比率）が注目されており，伊藤レポートにおいて，グローバルな投資家から認められるためには「最低限8％を上回るROEを達成することに各企業はコミットするべき」であり[*3]，中長期的な企業価値の向上を目指す観点から，企業が，経営指標としてROEを活用することが提言・推奨されています[*4]。このようなROEに対する関心の高まりがある中

で，CGコードの策定過程において，株主との対話に関し，ROEやその構成要素である純利益率，売上高資産回転率，財務レバレッジの目標値，それを達成するための方策に関する考え方等についての会社からの情報開示を望む意見[5]や，中長期の経営戦略，収益目標を示すことは必要であるが，株主以外のステークホルダーとの関係を考えるとROEだけでは偏りがあり，ROA（Return On Asset，総資産利益率）やROS（Rate of Sales，売上高利益率），D／Eレシオ（Debt Equity Ratio，負債資本倍率）といった指標と合わせて，総合的にバランスをとった水準を設定していくことが重要であるとする意見[6]が述べられました。さらに，CGコード原則5－2に関して，会社から収益力や資本効率に対する目標を示し，経営資源のアロケーションについてどうするかをわかりやすく説明すれば，それをベースに株主との対話が建設的に進むとの意見が述べられました[7]。

CGコード原則1－4（いわゆる政策保有株式）やCGコード原則1－6（株主の利益を害する可能性のある資本政策）が資本政策に関する各論の原則であるのに対して，CGコード原則1－3は，これらに先立つ総則的な原則として位置づけられています[8]。

以上のようなCGコード策定の趣旨，CGコード策定過程での議論及びCGコード原則1－3の位置づけに鑑みれば，CGコード原則1－3にいう「資本政策」は，会社の持続的な成長と中長期的な企業価値の向上を促すための施策という観点から解釈するべきと考えられ，「資本政策」には，会社の持続的な成長と中長期的な企業価値の向上を促すための施策のうち，ROEやD／Eレシオの最適化，自己株式の取得や，政策保有株式の取得，増資，MBO等のコーポレートファイナンスに関連する事項が広く含まれると解されます。

2 会社が行うべき「資本政策の基本的な方針」の説明

(1) 「資本政策の基本的な方針」の意義

CGコード原則1－3における「資本政策」の意義は前記**1**のとおりですが，これをふまえて，上場会社は，「資本政策の基本的な方針」を説明することを求められています。

第2章◇株主及びステークホルダーに対する対応
第2節◇資本政策

　本原則は,「例えばデット・エクイティ比をどのくらいにするとかいう具体的な方針という意味ではなくてフィロソフィーのようなもの」,「個別の資本政策についての議論に先立つ何か,経営理念とかに近い話ですけれども,資本政策の面での経営理念のようなもの」と示すという趣旨で設けられたものであり*9,説明することを求められている「資本政策の基本的な方針」は,個別の資本政策についての具体的な予定等ではなく,政策保有株式の保有に関する方針（CGコード原則1-4）,株主の利益を害する可能性のある資本政策（CGコード原則1-6）等の個別の資本政策の基礎となるべき,いわば総合的な基本方針のようなものが想定されています*10。

　なお,「資本政策の基本的な方針」は,中長期的なものに限らず,各社の事情によって中長期的なものが示せない場合や,逆に短期のものがむしろ示されるべき場合もあり得ます*11。

(2)　投資家の視点をふまえた「資本政策の基本的な方針」の説明のあり方

　さらに,機関投資家が資本効率に関する情報,又は経済成果や財政状況に対する考え方を特に重視していることをふまえ,資本政策の基本的な方針についての説明のあり方を検討することも重要です。

　対話促進研究会報告書においては,MD&A（有価証券報告書の「財政状態,経営成績及びキャッシュ・フローの状況の分析」）や資本効率に関する情報開示が不十分ではないかとの問題意識から,①わが国におけるMD&Aについての開示例の多くは,外部環境に左右された結果としての業績を記載しており,紋切型（ボイラープレート）になっているものの,米国においては外部環境に左右された結果だけではなく経営者による討議（Discussion）と分析（Analysis）が行われており,その方が示唆に富むのではないか,②資本効率に関し,投資家としてはROE（Return on Equity）に代表される株主資本の収益性,効率性が,企業の考える社会的責任や幅広い企業価値の向上と両立することを期待しているものの,現状の開示例をみると,ROE等資本収益性に代表される価値創造についての達成状況等に関する記載は不十分であり,例えば,ROEの目標値やその達成状況,達成するための会社のビジョンや戦略等について,さらなる充実が必要ではないかとの指摘がされています*12。

　また,上記の①及び②をふまえた望ましい企業情報開示の方向性に関して,

(a)今後の企業情報開示の基本的な設計思想（アーキテクチャー）として，「モジュール型開示システム」，すなわち，あるべき姿として開示すべき情報の全体像（一体的，統合的な企業報告の全体）を認識したうえで，そこから投資家にとって必要な「モジュール（まとまった構成要素）」を切り出し，適切なタイミングで提供するという設計思想の下，提供する情報の内容やタイミングを検討すること，(b)企業の基本的なあり方が，企業の成果や財政状況，持続的な価値創造といかに結びつくのかが総合的に理解できるような情報開示が求められており，企業のビジョンや経営方針，戦略の方向性，ガバナンス等の情報，それらと関連して資本効率や経営成果，財務状況に対する経営者の考え方（MD&A）が効果的に伝えられることが重要であると指摘されています[*13]。

そこで，各会社においては，企業の基本的なあり方が，企業の成果や財政状況，持続的な価値創造といかに結びつくのかを意識しつつ，資本政策を含む各社の基本的なあり方を検討し，モジュールとしての資本政策を説明することが望ましいと考えられます。

(3) 資本政策の基本的な方針」の具体例

以下では，公表されている資本政策の基本的な方針の例を挙げます。

なお，CGコード原則1－3は，資本政策の基本方針について，「開示」ではなく「説明」を求めているにすぎないため，その手法や様式等は各上場会社における合理的判断に委ねられています[*14]。

［野村ホールディングス株式会社］
野村ホールディングスの資本政策
1．株主資本
　●当社は，株主価値の持続的な向上を目指し，拡大する事業機会を迅速・確実に捉えるために必要となる十分な株主資本の水準を保持することを基本としております。
　●必要となる資本の水準につきましては，以下を考慮しつつ適宜見直して参ります。
　　・事業活動に伴うリスクと比較して十分であること
　　・監督規制上求められる水準を充足していること
　　・グローバルに事業を行っていくために必要な格付けを維持すること
2．配当

第2章◇株主及びステークホルダーに対する対応
第2節◇資本政策

配当につきましては，半期毎の連結業績を基準として，連結配当性向30％を重要な指標のひとつとします。各期の配当額については，バーゼル規制強化をはじめとする国内外の規制環境の動向，連結業績をあわせて総合的に勘案し，決定してまいります。

配当回数については，原則として年2回（基準日：9月30日，3月31日）といたします。

3．自己株式の取得
- 経営環境の変化に機動的に対応し，株主価値の向上に資する財務政策等の経営の諸施策を実行することを可能とするため，自己株式の取得を行って参ります。
- 自己株式の取得枠の設定を決定した場合には，速やかに公表し，会社で定めた運営方針に従って実行して参る予定です

[エーザイ株式会社]
【原則1-3　資本政策の基本的な方針】

当社は，企業理念として，「患者様と生活者の皆様，株主の皆様および社員のステークホルダーズの価値増大をはかるとともに良好な関係の発展・維持に努める」と定款で規定しております。資本政策もこの理念に基づき実施しています。

日常の運営における資本政策は，株主価値向上に資する「中長期的なROE経営」，「持続的・安定的な株主還元」，「成長のための投資採択基準」を軸に展開しています。

当社は，ROEを持続的な株主価値の創造に関わる重要な指標と捉えています。「中長期的なROE経営」では，売上収益利益率（マージン），財務レバレッジ，総資産回転率（ターンオーバー）を常に改善し，中長期的に資本コストを上回るROE（正のエクイティ・スプレッド[*1]の創出）をめざしていきます。

「株主還元」については，健全なバランスシートの下，連結業績，DOE及びフリー・キャッシュフローを総合的に勘案し，シグナリング効果も考慮して，株主の皆様へ継続的・安定的に実施します。DOEは，連結純資産に対する配当の比率を示すことから，バランスシートマネジメント，ひいては資本政策を反映する指標の一つとして位置づけています。自己株式の取得については，市場環境，資本効率等に鑑み適宜実施する可能性があります。なお，健全なバランスシートの尺度として，自己資本比率，Net DERを指標に採用しています。

「投資採択基準」は，成長投資による価値創造を担保するために，戦略投資に対する投資採択基準（VCIC：Value-Creative Investment Criteria）を採用し，リスク調整後ハードルレートを用いた正味現在価値（NPV）とIRR（内部収益

率）スプレッドにハードルを設定し，投資を厳選しています。
　当社では，こうした資本政策によって，成長投資と安定した株主還元を両立し，持続的な株主価値向上に努めていきます。
　　＊1　エクイティ・スプレッド＝ROE－株主資本コスト

〔榎木　智浩〕

■注　記■

* ＊1　油布ほか・CGコード解説Ⅰ50頁。
* ＊2　「『日本再興戦略』改訂2014」第二，一．1．⑶（30頁）」（平成26年6月24日閣議決定），有識者会議第1回議事録〔油布企業開示課長発言〕。
* ＊3　伊藤レポート6頁。
* ＊4　伊藤レポート42頁。
* ＊5　有識者会議第4回議事録〔堀江メンバー発言〕参照。
* ＊6　有識者会議第4回議事録〔内田メンバー発言〕。
* ＊7　有識者会議第6回議事録〔小口メンバー発言〕。
* ＊8　有識者会議第7回議事録〔池尾座長発言〕参照。
* ＊9　有識者会議第7回議事録〔池尾座長発言〕。
* ＊10　油布ほか・CGコード解説Ⅱ51頁。
* ＊11　有識者会議第8回議事録〔油布企業開示課長発言〕。
* ＊12　対話促進研究会報告書38～39頁。
* ＊13　対話促進研究会報告書115～116頁。
* ＊14　油布ほか・CGコード解説Ⅱ57頁注16参照。

第2章◇株主及びステークホルダーに対する対応
第2節◇資本政策

 政策保有株式の保有と議決権行使

政策保有株式とは何でしょうか。会社は，政策保有株式の保有及びそれに係る議決権の行使について，どのような開示・説明を行うべきでしょうか。

　政策保有株式については，プリンシプルベース・アプローチの手法の下，各上場会社における合理的な判断に委ねられますが，株式の持合いのみならず，一方の上場会社が他方の上場会社の株式を一方的に保有する場合や，子会社が保有する政策保有株式についても「政策保有株式」の範囲に含まれ得ると考えられます。
　政策保有株式の保有に関する方針の開示は，自社の収益力等との関連性を明確に述べることが望ましいと考えられます。政策保有株式の保有のねらい・合理性に関する説明にあたっては，中長期的な経済合理性や将来の見通しの検証を反映したうえで，表層的な説明に終始するのではなく，市場と意義ある対話が可能となるよう，可能な限り，株主や投資家にとって付加価値の高い内容の説明がなされることが望まれています。
　政策保有株式に係る議決権の行使の基準の策定・開示にあたっては，政策保有株式の発行会社に対するガバナンスという観点から，議決権行使基準を策定し，これを開示することが望ましいと考えられます。

☑キーワード

政策保有株式，株式の持合い，政策保有株式の保有方針

Q14◆政策保有株式の保有と議決権行使

解　説

1　「政策保有株式」の意義

　政策保有株式をめぐっては，従前から，上場会社からは，提携等を通じて事業上の利益につながるとの見方が示される一方で，株主や投資家からは，利益率・資本効率の低下や（株価変動リスクを抱えることに伴う）財務の不安定化を招くおそれといった経済合理性に関する懸念や，株主総会における議決権を通じた監視機能が形骸化して議決権の空洞化を招くおそれがあるなどといった議決権行使に関する懸念等があるとの見方が示されていました。これは，情報の非対称性の下，株主や投資家にとっては他の上場会社に対する投資に事業上どのような意味合いがあるのかが必ずしも明確でないことが背景にあると考えられています。

　この背景をふまえて，CGコード原則1－4は，政策保有に関する開示の規律を強化することにより，上場会社と市場との対話を通じて合理的な解決策を見出すことに主眼を置いたアプローチをとり[*1]，「政策保有をどうすべきか，は最終的には各上場会社の経営判断であり，その経営判断に対して，更に市場との対話が継続されていくべき事柄である」と規定しました（パブコメ回答No.6）。

　CGコード原則1－4における「政策保有株式」は，CGコードで定義されておらず，その具体的な内容は，プリンシプルベース・アプローチの手法の下，各上場会社における合理的な判断に委ねられていますが，少なくとも，株式の持合い（上場会社同士が互いの株式を相互に持ち合う場合），一方の上場会社が他方の上場会社の株式を一方的に保有するにすぎない場合における各株式は，「政策保有株式」に含まれると解されています。また，必ずしも上場会社本体が保有するものに限られず，例えば，上場持株会社の非上場子会社が保有する政策保有株式も「政策保有株式」に含まれ得ると解されています[*2]。

2　政策保有株式の保有に関する方針の開示

(1)　「政策保有株式の保有に関する方針」の内容

CGコード原則1-4第1文は，上場会社が政策保有株式として上場株式を保有する場合における政策保有に関する方針の開示を求めています。

これは，個別の政策保有の基礎となる方針が広く開示されることにより，上場会社と市場との対話の基盤が確立されることを期待したものであるとされ，「方針」は個別銘柄ごとに策定されなければならないものではなく，基本的には，政策保有全般に共通する方針を開示することが想定されています[*3]。

政策保有に関する方針の開示に関し，投資家からは，単に"総合的判断で"と記載するだけでは開示内容として十分ではない，株価リターンを合理性の根拠にすることは不適切である，政策保有の目的の最初に取引先の成長を挙げて最後に自社の企業価値向上としている開示例については投資家目線といいがたいと指摘されています[*4]。有識者会議においては，会社全体の収益力とか資本効率に対する目標を実現するために政策保有株式がこれらの目標にどのように貢献するかを定量的に説明することで株主との対話につながるものと考えられるとの意見が挙がっています[*5]。

そこで，経済合理性の観点から説明をするのであれば，自社の収益力等との関連性を明確に述べることが望ましいと考えられます。

なお，前記**1**のとおり，子会社が保有する政策保有株式も「政策保有株式」に含まれ，親会社がCGコード原則1-4に基づきその保有に関する方針の開示を求められる場合があり得ますが，本来，子会社の保有する政策保有株式の保有・議決権行使の基準は子会社自身が策定するものです。子会社が独自に方針を策定した場合，親会社は，その内容を開示することになると考えられますが，実務的には，親会社が子会社と協議をして方針を統一したうえで，子会社も適用対象となるグループ全体の政策保有株式の保有に関する方針を策定し，開示することも考えられます。

(2)　「政策保有株式の保有に関する方針」の開示例

投資家フォーラムにおいては，アイシン精機が自社の企業価値の向上に必要

な場合に保有すると記載しており、政策保有の目的としては相対的に納得感があると指摘され、また、エーザイがビジネスモデルにおいて政策保有株式の位置づけを明確にしたうえで必要最小限の保有としていると指摘されています[*6]。そこで、以下では、当該2社の開示例を記載します。

[アイシン精機の開示例]
【原則1-4．いわゆる政策保有株式】
1．政策保有に関する方針
　当社が行う自動車部品事業や住生活関連事業において、今後も成長を続けていくために生産・開発・販売等の過程において、様々な企業との協力関係が必要と考えています。そのため、事業戦略、取引先との事業上の関係などを総合的に勘案し、中長期的な企業価値の向上に必要な場合に、政策保有株式として保有しています。
2．議決権行使に関する基本方針
（以下略）

[エーザイ]
【原則1-4．いわゆる政策保有株式】
　医薬品製造企業においては、基礎研究・研究開発から薬剤を患者様に届けるまでに長時間を要することを勘案すると、長期的なパートナーの存在は不可欠と考えています。
　当社は、政策保有については、相互の企業連携が高まることで、企業価値向上につながる企業の株式を対象とすることを基本としています。なお、株式保有は必要最小限とし、企業価値向上の効果等を勘案して、適宜、見直すこととしています。
　企業価値向上の効果等が乏しいと判断される銘柄については、市場への影響やその他事業面で考慮すべき事情にも配慮しつつ売却を行なっていきます。（以下略）

3 政策保有株式の保有のねらい・合理性に関する説明

　さらに、CGコード原則1-4第2文は、上場会社が政策保有株式として上場株式を保有する場合、毎年、取締役会で主要な政策保有についてそのリターンとリスクなどをふまえた中長期的な経済合理性や将来の見通しを検証し、これを反映した保有のねらい・合理性について具体的な説明を行うべきことを求めています。

　ここでいう「検証」の内容には保有の継続等に関する判断も含まれますが、「検証」の内容そのものの公開が求められているわけではなく、説明の対象は、あくまで検証を「反映した保有のねらい・合理性」です*7。

　「説明」の方法に関しては、CG報告書や有価証券報告書といった特定の媒体は指定されておらず、各上場会社における合理的な判断に委ねられており*8、必ずしも個別銘柄一つずつについて異なる説明をするのではなく、ある程度グルーピングすることも可能です。説明にあたっては、表層的な説明に終始するのではなく、市場と意義ある対話が可能となるよう、可能な限り、株主や投資家にとって付加価値の高い内容の説明がなされることが望まれています*9。

　ただし、政策保有の目的や意義は、個別事業につながる企業秘密にかかわるものであり、個々の具体的内容について情報開示を求めることは適当ではないと考えることもできるので*10、個々の具体的内容に踏み込んだ内容の説明を行う場合には、慎重な検討を要します。

4 政策保有株式に係る議決権行使基準の策定・開示

　CGコード原則1-4第2段落は、上場会社に対して、政策保有株式に係る議決権の行使について、適切な対応を確保するための基準を策定・開示することを求めています。

　これは、前記1で説明した議決権行使に関する懸念について、各上場会社の合理的な判断に基づく基準（通常は、個別銘柄ごとではなく、ある程度共通の基準）が

策定・開示され，これをふまえた市場との対話がなされることを通じて，合理的な解決策が見出されることを期待したものとされています[*11]。こうしたCGコード原則1-4第2段落の趣旨に鑑みると，政策保有株式の発行会社に対するガバナンスという観点から，議決権行使基準を策定し，これを開示することが望ましいと考えられます。

　実際の開示例では，投資先の企業価値や投資リターンに触れて議決権行使基準を開示・説明している例や，反対の議決権を行使する際の基準を明記して議決権行使基準を開示・説明している例があります。実際の開示例について，投資家フォーラムにおいて，コンプライとしていても実質的には議決権行使基準や売却基準の開示のない企業が多い中で，大東建託がほぼ同じ内容をエクスプレインとして記載していることを評価するとの指摘や，エーザイについて，議決権行使について企業の価値を毀損すると判断するものに対しては反対すると明記しているとの指摘がなされています[*12]。

　そこで，以下，当該2社の開示例を記載します。

［大東建託］
　（前略）同株式に係る議決権行使は，その議案が当社の保有方針に適合するかどうかに加え，発行会社の効率かつ健全な経営に役立ち，企業価値の向上を期待できるかどうかなどを総合的に勘案して行っています。なお，個々の株式に応じた定性的かつ総合的な判断が必要なため，現時点では統一の基準を設けていません。

［エーザイ］
【原則1-4　いわゆる政策保有株式】
　（前略）
　また，政策保有株式に係る議決権行使にあたっては，当社の保有する株式の価値向上に資すると判断する議案であれば賛成し，価値を毀損すると判断するものに対しては反対票を投じます。

〔榎木　智浩〕

第2章◇株主及びステークホルダーに対する対応
第2節◇資本政策

■注　記■

* ＊1　油布ほか・CGコード解説Ⅱ51～52頁。
* ＊2　油布ほか・CGコード解説Ⅱ57頁（注14），有識者会議第8回議事録〔油布企業開示課長発言〕参照。
* ＊3　油布ほか・CGコード解説Ⅱ52頁。
* ＊4　投資家フォーラム「政策保有株式に関する意見」1～2頁（2015）。
* ＊5　有識者会議第6回議事録〔小口メンバー発言〕。
* ＊6　投資家フォーラム・前掲（＊4）1～2頁。
* ＊7　油布ほか・CGコード解説Ⅱ52頁。
* ＊8　油布ほか・CGコード解説Ⅱ57頁注16。
* ＊9　油布ほか・CGコード解説Ⅱ52頁。
* ＊10　阿部泰久「2015年商事法務展望・経済界からみた企業法制整備の課題」商事2055号（2015）122頁。
* ＊11　油布ほか・CGコード解説Ⅱ52頁。
* ＊12　投資家フォーラム・前掲（＊4）2頁。

買収防衛策

会社はいわゆる買収防衛策を導入・運用する場合には，どのような点に留意すべきでしょうか。また，買収防衛策について株主に対してどのような説明を行うべきでしょうか。

A

買収防衛策を導入する会社は，会社法，金融商品取引法及び東京証券取引所「有価証券上場規程」の定める事項を遵守し，その運用にあたっては，買収防衛策の必要性・合理性の検討，適切な手続の確保及び株主への十分な説明を行うことに留意する必要があります。株主に対しては，当該買収防衛策の導入及び発動の必要性及び合理性を十分に説明するべきです。

 キーワード

買収防衛策，事前警告型買収防衛策，信託型ライツ・プラン，新株予約権，ブルドックソース事件，「企業価値・株主共同の利益の確保又は向上のための買収防衛策に関する指針」，CGコード，企業価値・株主共同の利益の確保・向上の原則，事前開示・株主意思の原則，必要性・相当性確保の原則，株式公開買付け

第2章◇株主及びステークホルダーに対する対応
第2節◇資本政策

解　説

1　買収防衛策の概要

(1)　買収防衛策とは何か

「買収防衛策」とは，株式会社が資金調達などの事業目的を主要な目的とせずに，新株又は新株予約権の発行を行うこと等により自己に対する買収の実現を困難にする方策のうち，経営者にとって好ましくない者による買収が開始される前に導入されるものをいいます。

平成26年の時点で，東京証券取引所の上場会社のうち14.6％に相当する497社が買収防衛策を導入しているとされます[*1]。

もっとも，近年，買収防衛策を導入している会社は減少傾向にあり[*2]，リーマンショック以降，買収防衛策を継続すると判断した会社も，外国人株主比率の増加等，株主構成の変化等により，廃止を余儀なくされている事例も増えてきているものと指摘されています[*3]。

(2)　買収防衛策の種類

上記の意味での買収防衛策には，事前警告型買収防衛策と信託型ライツプランがあります。

事前警告型買収防衛策とは，一般的に，敵対的買収者等が大量の株式の買付けを行う際には，あらかじめ取締役会に買収計画等の詳細を説明することを平時においてルール化（金商27条の10第2項1号・11項，発行者以外の者による株券等の公開買付けの開示に関する内閣府令25条3項）し，この手順に従わない場合などには対抗措置をとる旨を警告しておくものをいいます[*4]。

他方，信託型ライツプランとは，差別的行使条件が付された新株予約権を信託の受託者（信託銀行）に対し発行し（いったんSPCに対し発行し，SPCが信託銀行に対し信託するタイプもあります），買収者が出現するとその後に設定する基準日における株主名簿上の株主（受益者）に対し当該新株予約権が無償で分配されるものをいいます[*5]。

信託型ライツプランは，株主総会で有利発行の特別決議を経る必要があることや導入時点で新株予約権を発行するため新株予約権発行要項をあらかじめ詳細に定めなければならないことから，あまり導入が進んでおらず，2007〔平成19〕年の時点において買収防衛策を導入していた上場会社381社のうち，信託型ライツプランを導入した会社は10社であり，事前警告型買収防衛策を導入した会社が371社でした*6。現在，最も多く導入されている買収防衛策は事前警告型買収防衛策です。

(3) 事前警告型買収防衛策の仕組み

例えば，当該買収防衛策の導入会社の株式を大量に買い付けようとする者(以下「買収者」といいます。なお，大量買付けとは，その会社の株式ないし議決権を20％以上取得するか，または20％以上の株式（議決権）取得を目的として公開買付けを開始することと定義することが多いとされます）に対し，買収後の事業計画を含む一定の情報提供を行うこと，及び，導入会社の取締役会が当該提案を検討し，必要に応じて代替案を株主に提示するための期間（60日ないし90日が一般的）を確保することを求め，買収者がそうした手続を履践せずに買収を試みた場合その他，買収が導入会社の企業価値ひいては株主共同の利益に反すると認められる一定の場合には，差別的な新株予約権無償割当て（会社277条）等の対抗措置を発動する旨をあらかじめ公表（警告）しておく，という内容の防衛策があります。ここでいう差別的な新株予約権無償割当てとは，買収者以外の株主が，ごく安価な行使価格（典型的には，株式1株について1円）で行使できるという条件（差別的行使条件），あるいは，発行会社が買収者以外の株主からのみ，普通株式を対価として取得できる旨の条項（差別的取得条項）が付された新株予約権を，株主に対して無償で割り当てること（会社法277条による）をいいます。

こうした新株予約権が割り当てられ，買収者以外の株主により行使又は会社により取得されると，新株の発行により，買収者の持株比率が低下し，買収が困難になります。

また，買収者は，自己に割り当てられた新株予約権を，取締役会の承諾を得て譲渡することはできますが（会社262条以下参照），取締役会には譲渡を承諾する義務はないことはもちろん，承認しない場合に他に買付人を指定する義務もないため，もしも買収者が新株予約権を譲渡できないでいるうちに，他の株主

に割り当てられた新株予約権が行使又は取得されれば，買収者は，自己の保有株式の希釈化による経済的損失を受けることにもなります[*7]。

2 買収防衛策のあり方

買収防衛策は，株主・投資者の権利に与える影響が小さくなく，また役員の利害により濫用される可能性があります。

そこで，経済産業省・法務省は，平成17年5月27日，「企業価値・株主共同の利益の確保又は向上のための買収防衛策に関する指針」（以下「買収防衛策指針」といいます）を発表しました。

買収防衛策指針は，①企業価値・株主共同の利益の確保・向上の原則，②事前開示・株主意思の原則，③必要性・相当性確保の原則という3つの原則を定めました。すなわち，①の原則とは，買収防衛策の導入，発動及び廃止は，企業価値（指針でいう「企業価値」とは，会社の財産，収益力，安定性，効率性，成長力等株主の利益に資する会社の属性又はその程度をいいます），ひいては，株主共同の利益を確保し，又は向上させる目的をもって行うべきであるとする原則です。②の原則とは，買収防衛策は，その導入に際して，目的，内容等が具体的に開示され，かつ，株主の合理的な意思に依拠すべきであるとする原則です。③の原則とは，買収防衛策は，買収を抑止するために，必要かつ相当なものとすべきであるとする原則です。実務では，買収防衛策指針に基づいて，買収防衛策の導入がなされます。

また，買収防衛策指針の策定後，企業価値研究会（座長・神田秀樹東京大学大学院法学政治学研究科教授）が，平成20年6月30日，「近時の諸環境の変化を踏まえた買収防衛策の在り方」との報告書にて，指針策定後の裁判例をふまえた買収防衛策を運用する際の基本的な考え方を発表しましたが，実務では，買収防衛策指針策定後の裁判例をふまえた買収防衛策の運用のあり方について，本報告書が参考とされています。

3 判例——ブルドックソース事件

　買収防衛策は無制約に発動できるものではなく，新株予約権の発行が，株主平等の原則（会社109条1項）の違反又は「著しく不公正な方法」（会社247条2号）による場合には，当該新株予約権の発行は違法となります。買収防衛策の是非について，初めて最高裁の判断を示した事件がブルドックソース事件の最高裁決定☆1（以下「本決定」といいます）です。

　本決定は，米国の投資ファンドであるスティール・パートナーズの関連会社（以下「スティール」といいます）がブルドックソースの株式について公開買付けを行ったのに対し，ブルドックソースは，以下の対抗策を講じました。

① 　ブルドックソースの取締役会は，新株予約権の無償割当てに関する事項を株主総会の特別決議事項とする旨の定款変更議案，この議案の可決を条件として，以下の内容の新株予約権の無償割当て（以下，「本件新株予約権無償割当て」といいます）を行う旨の議案を，6月24日開催の定時株主総会（以下「本件総会」といいます）に付議することを決定しました。

・本件新株予約権無償割当ては，株主に対し，その有する株式1株につき3個の割合で新株予約権を割り当てる。

・スティール以外の株主は割り当てられた新株予約権を行使するなどして株式の交付を受けることができるが，スティールは，割り当てられた新株予約権を行使することができない。

・ブルドックソースは金銭を交付することによってスティールの新株予約権を取得することができる。

② 　これらの議案は，本件総会において，出席株主の議決権の約88.7％，議決権総数の約83.4％の賛成を得て可決されました。

③ 　スティールは，ブルドックソースに対し，本件新株予約権無償割当ては，株主平等の原則に反し，著しく不公正な方法によるものであるから，会社法247条1号及び2号に該当すると主張して，これを仮に差し止めることを求めて仮処分命令の申立てを行いました。

　本決定は，株主平等の原則について，「〔会社〕法109条1項に定める株主平等

の原則の趣旨は，新株予約権無償割当ての場合についても及ぶというべきである」としつつ，「特定の株主による経営支配権の取得に伴い，会社の存立，発展が阻害されるおそれが生ずるなど，会社の企業価値がき損され，会社の利益ひいては株主の共同の利益が害されることになるような場合には，その防止のために当該株主を差別的に取り扱ったとしても，当該取扱いが衡平の理念に反し，相当性を欠くものでない限り，これを直ちに同原則の趣旨に反するものということはできない。そして，特定の株主による経営支配権の取得に伴い，会社の企業価値がき損され，会社の利益ひいては株主の共同の利益が害されることになるか否かについては，最終的には，会社の利益の帰属主体である株主自身により判断されるべきものである」としました。また，「著しく不公正な方法」の点については，「本件新株予約権無償割当ては，突然本件公開買付けが実行され，抗告人による相手方の経営支配権の取得の可能性が現に生じたため，株主総会において相手方の企業価値のき損を防ぎ，相手方の利益ひいては株主の共同の利益の侵害を防ぐためには多額の支出をしてもこれを採用する必要があると判断されて行われたものであり，緊急の事態に対処するための措置であること，前記のとおり，抗告人関係者に割り当てられた本件新株予約権に対してはその価値に見合う対価が支払われることも考慮すれば，対応策が事前に定められ，それが示されていなかったからといって，本件新株予約権無償割当てを著しく不公正な方法によるものということはできない。」としました。

本決定が，上記のように，「著しく不公正な方法」に該当しないことの理由づけに，株主総会の決議を得ていたことを挙げたことから，敵対的買収が開始される前に会社が防衛策として新株予約権を発行する場合において，それが株主平等原則の違反又は「著しく不公正な方法」によるものとして違法とされないためには，株主総会の決議に基づき発行することが有効であるとする指摘があります*8。

4　CGコードの要請

(1)　CGコード原則1-5──いわゆる買収防衛策

CGコード原則1-5は，買収防衛策がもたらす一般の株主や投資家に対す

る影響の大きさに鑑み，その目的が経営陣・取締役会の保身であってはならないことを明記するとともに，その導入・運用について，株主に対する受託者責任を全うするという観点からの適切な対応を求めるものです[*9]。

　本原則の対象となる買収防衛策は，「買収防衛の効果をもたらすことを企図してとられる」方策であり，事前警告型買収防衛策のような特定の買収防衛策に限定されるわけではありませんが，意図せずに買収防衛の効果を事実上もたらし得るような通常の事業活動等までも含むものではないとされています[*10]。したがって，事前警告型買収防衛策のみならず，平時（敵対的買収提案が行われていない場面）においてとられる技術的な方策として，種類株・黄金株を使った経営権の確保策，ゴールデン・パラシュートやティン・パラシュート（現経営陣が交代する際には，役員や従業員に多額の退職金を支給するなどの取決めがされているもの）といった買収コストの引き上げ策，クラウンジュエル（買収される前に重要資産等を譲渡することで企業価値を下げる手法）やチェンジオブコントロール条項（資本拘束条項。経営陣の交代等の一定の事由により，重要な契約の変更・破棄等がなされることがあらかじめ取り決められているもの）の活用など経営陣の交代を伴う場合に企業価値を損なう効果のある策についても，本原則の対象となります[*11]。

　また，本原則は，いわゆる買収防衛策の「導入・運用について」，必要性・合理性の検討や適正な手続の確保，及び，株主への十分な説明を行うことを求めています。

　もっとも，現在の実務においては，前記**2**で説明したとおり，買収防衛指針に従って導入・運用されることが一般的です。また，東証上場規程においても，買収防衛策の導入にあたっては，①開示の十分性，②透明性，③流通市場への影響，④株主の権利の尊重という4つの事項を遵守することが義務づけられており（東証上場規程440条参照），かかる遵守事項に違反した場合には，公表措置の対象になり得る（東証上場規程508条1項2号）ほか，一定の場合には，上場廃止とされる場合もあります（東証上場規程601条1項17号，東証上場規程規則601条14項）。このように，上場会社が導入する買収防衛策に関して，遵守事項に反すると認める旨の公表措置を講じることや当該上場会社の上場を廃止する場合があることから，東京証券取引所は，上場会社に対し，買収防衛策の導入の決定・開示を行う場合には，開示資料（案）をあらかじめ持参のうえ，公表予定

第2章◇株主及びステークホルダーに対する対応
第2節◇資本政策

日の3週間前までに、事前相談を実施するよう要請しています*12。

さらに、会社法や金融商品取引法において、買収防衛策の基本方針やライツ・プランの内容について、事業報告（会社則118条3号）及び有価証券報告書（企業内容等の開示に関する内閣府令第3号様式記載上の注意（22））における開示が求められています。

この点、CGコード原則1-5は、買収防衛策の導入・運用に関する法令等の規律による一定の制約（開示の規律を含む）の適切な遵守を含めた適切な対応を求めるものですので*13、通常、買収防衛策を導入している企業は、これらの買収防衛策に関する規律の遵守をもって、CGコード原則1-5が求める買収防衛策の必要性・合理性の検討、適正手続の確保及び株主に対する十分な説明を行っているものと整理することが可能と考えられます。

なお、買収防衛策を導入しておらず、その予定もない会社は、本原則に関して特段の対応は不要であり、本原則は、買収防衛策を導入しない理由等の説明を求めるものではありません。

(2) CGコード補充原則——株式公開買付け（TOB）への対応

CGコード補充原則1-5①の前段は、公開買付けが株主に与える影響の大きさに鑑み、取締役会としての考え方（公開買付けに対する賛否等や、取締役会としての対抗提案があればその内容等）を明確に説明することを求めるものです。その説明手段や媒体等については、例えば、金融商品取引法上の意見表明報告書において、「公開買付けに関する意見の内容、根拠及び理由」の記載が求められることをふまえ、意見表明報告書において取締役会としての考え方等を明確に記載して開示するなどといった対応が考えられるとされます*14。

また、本補充原則の後段は、公開買付けが株主にとって適切な株式の売却機会となり得ることから（例外的な場合があるとしても）基本的にはこうした売却を妨害する効果のあるような措置を講じるべきではないことを示すものですが、すべての公開買付けについてあらゆる措置を講じるべきでないとするものではなく、どのような場合にどのような措置を講じることが許容されるかについては、株主に対する受託者責任を全うする観点から合理的に判断することが期待されています*15。

この点について、例えば、公開買付けの成功を阻害するような募集株式の発

行や自己株式の処分，重要な財産の処分，非通例的な契約の締結などを不当に行うなどが該当し，他方で，取締役会が正当な目的により，株主に応募しないことを推奨する意見表明を行うことや，ホワイトナイトを見つけてくることは，株主にとって有意義な情報や代替案を提供するものであり，買付者の提案する条件を引き上げることにも繋がり得るので，株主の利益に資するものであり，「不当に妨げる措置」に該当しないとの指摘もありますが[*16]，その時々の具体的事情をふまえて慎重に判断する必要があります。

本補充原則によって，突然に敵対的な公開買付けが仕掛けられた場合は，極めて短期間で情報収集を行い，買収者側の買収提案の内容を分析し，また自社の対抗提案，例えば自社の中長期経営計画の公表やそれに基づく企業価値の算定など，短い期間での作業と高度な経営判断が求められることになり，独立社外取締役や独立役員の意見も重要なポイントになります[*17]。そのような場合に備え，取締役会は時間を無駄に費やすことなく，企業価値・株主共同の利益に資する適切な情報管理及び意思決定等が可能となるよう，買収防衛策導入の有無にかかわらず，有事対応マニュアル等を備え，実質的に稼働できるようにしておくことも適切な対応の一つであるされています[*18]。

〔沼井　英明〕

■判　例■

☆1　最決平19・8・7民集61巻5号2215頁・判タ1252号125頁・金判1273号2頁。

■注　記■

＊1　東京証券取引所上場部『東証上場会社コーポレート・ガバナンス白書2015』（東京証券取引所，2015）83頁。

＊2　2015年（6月まで）は買収防衛策新規導入企業7社に対し，廃止・非継続が23社でした。また，過去導入した買収防衛策の有効期限が到来した企業112社に対し，継続した企業は96社であり，継続率は85.7％となっています（小西池雄三「機関投資家による議決権行使結果の状況と臨時報告書からみた株主総会」商事2081号（2015）37頁注4）。

＊3　谷野耕司「敵対的買収防衛策の導入状況―2015年6月総会を踏まえて」商事2083号（2015）24頁。

＊4　「敵対的買収防衛策の事例分析〈第3回・完　事前警告型〉」資料版商事271号

第 2 章◇株主及びステークホルダーに対する対応
第 2 節◇資本政策

　　　（2006）91頁。
＊ 5 　江頭・789頁注（14）。
＊ 6 　藤本周ほか「敵対的買収防衛策の導入状況—2007年 6 月総会を踏まえて」商事1809号（2007）34頁。
＊ 7 　田中亘『企業買収と防衛策』（商事法務，2012）13頁。
＊ 8 　江頭・315頁注 4 。
＊ 9 　油布ほか・CGコード解説Ⅱ53頁。
＊10　油布ほか・CGコード解説Ⅱ53頁。
＊11　谷野・前掲（＊ 3 ）24頁
＊12　東京証券取引所上場部編『東京証券取引所会社情報適時開示ガイドブック（2015年 6 月版）』（東京証券取引所，2015）678頁。
＊13　油布ほか・CGコード解説Ⅱ53頁。
＊14　油布ほか・CGコード解説Ⅱ53頁。
＊15　油布ほか・CGコード解説Ⅱ53頁。
＊16　中村直人＝倉橋雄作『コーポレートガバナンス・コードの読み方・考え方』（商事法務，2015）63頁
＊17　谷野・前掲（＊ 3 ）25頁。
＊18　谷野・前掲（＊ 3 ）26頁。

16　株主の利益を害する可能性のある資本政策

　株主の利益を害する可能性のある資本政策としては，どのようなものがありますか。また，そのような資本政策を行う必要がある場合には，どのような点に留意すべきでしょうか。

　　株主の利益を害する可能性のある資本政策としては，払込金額が引受人にとって特に有利な金額である募集株式の発行，著しく不公正な募集株式の発行，支配株主の異動を伴う募集株式の発行，MBO等があります。これらの資本政策を行う場合には，企業価値と株主の利益を害することがないよう，必要性及び合理性を検討するとともに，会社法，金融商品取引法及び東証上場規程による規律を遵守することに留意すべきです。

☑キーワード

募集株式の発行，有利発行，不公正発行，支配株主の異動，MBO，第三者割当増資の取扱いに関する指針，主要目的ルール，企業行動規範，企業価値の向上及び公正な手続確保のための経営者による企業買収（MBO）に関する指針

第2章◇株主及びステークホルダーに対する対応
第2節◇資本政策

解説

1 CGコード原則1-6——株主の利益を害する可能性のある資本政策

CGコード原則1-6は,「株主の利益を害する可能性のある資本政策」と題し,「支配権の変動や大規模な希釈化をもたらす資本政策(増資,MBO等を含む)については,既存株主を不当に害することのないよう,取締役会・監査役は,株主に対する受託者責任を全うする観点から,その必要性・合理性をしっかりと検討し,適正な手続を確保するとともに,株主に十分な説明を行うべきである。」と定めています。

本原則は,大規模な増資やMBOに代表されるような株主の利益を害する可能性のある資本政策について扱ったものであり[*1],具体的には,払込金額が引受人にとって特に有利な金額である募集株式の発行及び自己株式の処分(以下,募集株式の発行と自己株式の処分を,併せて「募集株式の発行等」といいます),著しく不公正な募集株式の発行等,支配株主の異動を伴う募集株式の発行等,MBO等が対象になると考えられます。

こうした資本政策の実施については,後述のとおり,法令等の規律による一定の制約(開示の規律を含む)が課されていますが,本原則がこうした規律の適切な遵守を含め,株主に対する受託者責任を全うする観点からの適切な対応を求めるものであることから[*2],これらの規律に従って適法かつ適正に手続を進めることが,本原則を遵守することにつながります。

2 支配株主の異動を伴う募集株式の発行等

(1) 会社法による規制

会社法では,公開会社は,原則として,定款に定められた発行可能株式総数の枠内で,取締役会決議により募集株式の発行等を決定することができ(会社201条1項),また,募集株式の割当てについても,取締役会が決定することが

できますが（会社204条2項参照），その態様に応じて，以下の規律に服します。

(a) 有利発行規制

上記の原則に対し，払込金額が引受人にとって特に有利な金額である場合（会社199条3項）には，株主総会の特別決議が必要となります。特に有利な金額の意義については，実務では，日本証券業協会が平成22年4月1日に定めた「第三者割当増資の取扱いに関する指針」が参考とされています。

(b) 不公正発行規制

当該募集株式の発行等が著しく不公正な方法により行われる場合には，株主は，株式会社に対して，当該募集株式の発行等を差し止めることを請求できます（会社210条2号）。「著しく不公正な方法」か否かについては，主要目的ルールと呼ばれる考え方が判例法理として定着しています。主要目的ルールとは，取締役会が募集株式の発行等を決定した種々の動機のうち，自派で議決権の過半数を確保する等の不当目的達成動機が他の動機に優越する場合にその発行等の差止めを認め，他の場合には認めないという考え方をいいます[*3]。そのため，発行会社の経営陣が，自派の支配権維持の手段として，募集株式の発行等を利用した場合には，「著しく不公正な方法」に該当し，差止めの対象になります。

(c) 支配株主の異動が生じる場合の規制

以上の有利発行規制や不公正発行規制のほか，支配株主の異動が，公開会社の経営のあり方に重大な影響を及ぼすことがあり得ることに鑑み，平成26年の会社法改正において，会社法206条の2が創設されました。同条は，新たな支配株主が現れることとなるような募集株式の割当てについては，「株主に対する情報開示」を充実させるとともに，「株主の意思を問うための手続」を定めています[*4]。

(ア) 支配株主の異動　支配株主の異動とは，募集株式の割当て又は総数引受契約の締結により募集株式の引受人となった者（会社206条）（特定引受人といいます）が株主となった場合に同人が有する議決権の数が総株主の議決権の数の2分の1を超えるときをいいます（会社206条の2第1項）。この議決権割合を計算する基準時点については，払込期日（又は払込期間の初日）（以下「払込期日等」といいます）の直前の時点における株式保有状況を前提として，引受人議決権

第2章◇株主及びステークホルダーに対する対応
第2節◇資本政策

割合を計算し，かつ親会社等であるか否かを判断するべきとする見解があります[*5]。

（イ）株主に対する情報開示　上記の支配株主の異動が生じるときは，株主に対する情報開示のために，会社は，払込期日（払込期間の初日）の2週間前までに，株主に対し，当該特定引受人の名称・住所，特定引受人が有することとなる議決権の数その他の法務省令（会社則42条の2）で定める事項を通知又は公告しなければなりません（会社206条の2第1項～3項）。もっとも，払込期日等の2週間前までに通知事項に相当する事項を内容とする有価証券届出書の提出等がされている場合であって，払込期日等の2週間前の日から払込期日等まで継続して当該有価証券届出書等が公衆の縦覧に供されているときは，別途この通知を行う必要はありません（会社則42条の3）。

（ウ）株主の意思を問うための手続　総株主の議決権の10分の1以上の議決権を有する株主が，公開会社による通知等（会社206条の2第1項～3項）の日から2週間以内に，特定引受人による募集株式の引受けに反対する旨を公開会社に対して通知したときは，公開会社は，株主の意思を問うために，払込期日等の前日までに，株主総会の決議によって，当該特定引受人に対する募集株式の割当て又は当該特定引受人との間の総数引受契約の承認を受けなければなりません（会社206条の2第4項）。この株主総会の決議は，会社の経営を支配する者を決定するという点で，取締役の選任の決議と類似する面があることから，これと同様の決議要件（会社341条参照）によることとされています[*6]（会社206条の2第5項）。

　もっとも，株主総会の開催には相当の期間を要するため，株主からこのような反対通知があった場合に常に株主総会の決議を要することとすると，公開会社が事業体としての存立を維持するために必要な資金調達が間に合わず，かえって株主の利益を害する結果となるおそれがあることから[*7]，「当該公開会社の財産の状況が著しく悪化している場合において，当該公開会社の事業の継続のため緊急の必要があるとき」は，総株主の議決権の10分の1以上の議決権を有する株主が反対通知を行っていたとしても，株主総会の決議による承認を要しないこととされています（会社206条2項・4項ただし書）。「事業の継続のため」の意義については，緊急に募集株式の発行等を行わなければ資金がショー

トして手形の不渡りを出すなど、企業の存立が危ぶまれている場合を意味するのであって、単に事業計画が達成できないといった程度の必要性では足りないとの見解があります[*8]。

(エ) **手続違反が存在する場合**　会社法206条の2の定める手続違反については、①株主に反対通知をする機会を与えるため、払込期日等の2週間前までに特定引受人に係る通知等をするべきなのに（会社206条の2第1項・2項）、その通知を欠く場合、及び②当該通知から2週間以内に総議決権の10%の反対通知があれば、緊急の必要がない限り、株主総会決議による承認を受けなければならないのに（同条4項）、その株主総会決議を欠く場合があるとされます[*9]。

①については、「上場会社については、有価証券届出書等を提出することによって当該通知等が不要となるところ、上場会社が有価証券届出書等を提出しなかった場合には、募集株式の発行等に係る募集事項の公示も欠くことになるから、原則として当該募集株式の発行等には無効事由が認められる。また、有価証券届出書等は提出されており、募集事項に係る情報は正しく記載されているが、特定引受人に係る情報の重要部分に虚偽記載がある場合には、株主が反対通知をして株主総会決議を求める機会が奪われている点で瑕疵が重大である上に、差止めの機会も実質的に確保されているとは言い難いことから、募集株式の発行等には無効事由が認められる。」とする見解があります[*10]。

②については、特定引受人に対する募集株式の割当て等について株主総会の決議による承認を受けなければならない場合であるにもかかわらず、払込期日の前日までに承認決議を得ずに募集株式の発行等をすることは、会社法206条の2第4項違反となります。このような募集株式の発行等がなされようとしている場合、それによって不利益を受けるおそれのある株主は、会社に対して、募集株式の発行等の差止めを請求することができます[*11]（会社210条1号）。しかし、株主には、通常、当該差止仮処分申請を行う時間的余裕がなく、裁判所にも、差止めの可否を判断する時間的余裕がないことから、会社法206条の2第4項ただし書の定める要件の充足の有無は、効力発生後に、新株発行等の無効の訴えで争うほかないとの指摘があります[*12]。

(オ) **補足事項**　第三者割当てによる募集株式の発行等は、既存株主の会社持分割合を低下させてその利益を大きく毀損し得るという希釈化の問題も指摘

されていましたが*13，会社法206条の2の規定は，新たに支配株主が現れるのでない限り，既存株主の持分の希釈化の程度がどれだけ大きくとも適用はありません*14。しかし，後述のとおり，取引所規則においては，希釈化率の程度に応じた規制が存在します。

(2) 取引所規則による規制

東京証券取引所（以下「東証」といいます）では，内外の投資家が安心して投資できる環境の整備に向けて，既存株主の権利を著しく侵害し市場の信頼性に重大な影響を及ぼす第三者割当を未然に防止するために，以下のとおり東証上場規程を定めています。

(a) **企業行動規範上の「遵守すべき事項」**

上場会社は，第三者割当を行う場合においては，①希薄化率が25％以上となるとき又は②支配株主が異動することになるときは，(ⅰ)経営者から一定程度独立した者（第三者委員会，社外取締役，社外監査役等）による当該割当ての必要性や相当性に関する意見の入手又は(ⅱ)当該割当てに係る株主総会決議などによる株主の意思確認（正式な株主総会決議のほか，いわゆる勧告的決議等）の手続のいずれかを行わなければなりません（東証上場規程432条）。ただし，緊急性が極めて高い場合は，例外的に，上記(ⅰ)又は(ⅱ)の手続は不要です（東証上場規程432条ただし書，東証上場規程規則435条の2第3項）。この「遵守すべき事項」に違反した場合には，公表措置（東証上場規程508条2号），上場契約違約金の徴求（東証上場規程509条2号），改善報告書の徴求（東証上場規程502条2号）又は特設注意市場銘柄への指定（東証上場規程501条1項4号）など所定の措置の対象となります。

(b) **上場廃止基準**

上場会社が第三者割当を行う場合において，希薄化率が300％を超えるときは，株主及び投資者の利益を侵害するおそれが少ないと東証が認める場合を除き，上場廃止となります（東証上場規程601条1項17号，東証上場規程規則601条14項6号）。

また，第三者割当により支配株主が異動した場合において，3年以内に支配株主との取引に関する健全性が著しく毀損されていると東証が認めるときは，上場廃止となります（東証上場規程601条1項9号の2，東証上場規程規則601条9項）。

(c) その他の事項

上場会社が第三者割当を行う場合には，所定の事項について適時開示を行う必要があります（東証上場規程402条柱書，東証上場規程規則402条の2）。

また，上場会社が第三者割当の決定を行う場合には，開示資料（案）をあらかじめ用意のうえ，公表予定日の遅くとも10日前までに，東証まで事前相談を行うことが求められています。

3 MBO

(1) MBOの概要

MBOとは，公開買付者が対象者の役員である公開買付け（公開買付者が対象者の役員の依頼に基づき公開買付けを行う者であって対象者の役員と利益を共通にする者である公開買付けを含む）のことをいいます[*15]。実務上，上場会社におけるMBOの多くは，株式市場からの短期的な圧力を回避して中長期的な視野に立脚した大胆な経営戦略を実行する体制を整備するため，当該上場会社の完全子会社化・非公開化を目指して行われます。

MBOでは，一般的には，取締役等が上場会社の株式を買収して非上場化するので，取締役等と株主の利害が対立し（利益相反性），かつ両者間に「情報の非対称性」（取締役等が情報を多く有する）が存在するため，株主の利益が害される懸念があります[*16]。

そこで，経済産業省は，平成19年9月4日，「企業価値の向上及び公正な手続確保のための経営者による企業買収（MBO）に関する指針」を公表しました。本指針は，MBOについて検討する際の「考え方」の根本論として2つの原則を提示しています[*17]。第1原則は，「望ましいMBOか否かは，企業価値を向上させるか否かを基準に判断されるべきである。」とします。第2原則は，「MBOは取締役と株主との間の取引であるため，株主にとって公正な手続を通じて行われ，株主が受けるべき利益が損なわれることがないように配慮されるべきである。」とします。MBOの実務は，本指針に沿って進展してきました[*18]。

(2) 取引所規則による規制

MBOには前記(1)のとおり、株主の利益が害される懸念があることから、上場企業は、企業行動規範上、MBOに関する意見表明の適時開示を、必要かつ十分に行うことが義務づけられています（東証上場規程441条）。

また、少数株主がMBOへの応募の是非を判断する場合、「公正な価格」に関する裁判例の状況等をふまえれば、①利益相反回避措置及び公正性担保措置が適切に行われているか、②買付け等の価格が株主の利益をふまえ真摯な交渉を経て決定されたものか、③買付け等の価格が算定結果をふまえて合理的な水準にあるかといった点が重要となることから[19]、例えば、MBOに関する意見表明を行う場合には、上場企業は、算定機関（当事会社以外の者であって、企業価値又は株価の評価に係る専門的知識を有する者をいいます）が作成した算定書（買付等の価格に関する見解を記載した書面をいいます。）を東証に提出することが義務づけられ（東証上場規程421条1項、東証上場規程規則417条14号）、この算定書は、算定の具体的な過程及び算定の前提条件を記載したものでなければなりません[20]。

(3) 金融商品取引法による規制

取引所規則と同様に、金融商品取引法においても、MBOについては、特有の規制がなされています。

例えば、公開買付けの買付け価格の公正性を担保するための措置を講じているときは、公開買付届出書にその具体的内容を記載しなければなりません（金商27条の3第2項、発行者以外の者による株券等の公開買付けの開示に関する内閣府令12条、第2号様式・記載上の注意(6)f）。また、当該公開買付けを実施するに至った意思決定の過程とともに、利益相反を回避する措置を講じているときには、その内容を具体的に記載することが求められます（同第2号様式・記載上の注意(25)）。さらに、公開買付者が買付価格の算定にあたり参考とした第三者による評価書、意見書その他これらに類するものがあれば、その写しを公開買付届出書の添付書類として開示することが義務づけられています（発行者以外の者による株券等の公開買付けの開示に関する内閣府令13条1項8号）。

〔沼井　英明〕

Q16◆株主の利益を害する可能性のある資本政策

■注 記■

* 1 　油布ほか・CGコード解説Ⅱ53頁。
* 2 　油布ほか・CGコード解説Ⅱ53頁。
* 3 　江頭・765頁。
* 4 　坂本一問一答141頁。
* 5 　戸嶋浩二＝熊谷真和「資金調達に関する規律の見直し」商事2060号（2015）24頁。
* 6 　坂本一問一答147頁。
* 7 　坂本一問一答147頁。
* 8 　野村修也「資金調達に関する改正」ジュリ1472号（2014）29頁。
* 9 　久保田安彦「第三者割当て」商事2041号（2014）29頁。
* 10　久保田・前掲（＊9）29頁。
* 11　坂本一問一答148頁注3。
* 12　江頭・756頁。
* 13　岩原紳作「『会社法制の見直しに関する要綱案』の解説〔Ⅱ〕」商事1976号（2012）6頁。
* 14　松尾健一「資金調達におけるガバナンス」商事2062号（2015）27頁。
* 15　東京証券取引所上場部編『東京証券取引所 会社情報適時開示ガイドブック（2015年6月版）』（東京証券取引所，2015）203頁。
* 16　江頭・827頁。
* 17　梅津英明「『企業価値の向上及び公正な手続確保のための経営者による企業買収（MBO）に関する指針』の概要」商事1811号（2007）6頁。
* 18　佐川雄規「MBO等に関する適時開示内容の見直し等の概要」商事2006号（2013）76頁。
* 19　佐川・前掲（＊18）77頁。
* 20　東京証券取引所上場部編・前掲（＊15）204頁。

第2章◆株主及びステークホルダーに対する対応
第2節◆資本政策

 関連当事者間の取引

　CGコードにおいて，関連当事者間の取引について規定がありますが，どのような取引が想定されているのでしょうか。
　また，関連当事者間の取引に関して会社として検討しておくべき事項は何でしょうか。

　　原則1−7における「関連当事者間の取引」とは，上場会社に対して大きな影響力を及ぼし得る当事者との取引であって，上場会社の利益を害し得る類型的な危険性が認められる取引を意味し，具体的には，上場会社がその役員，主要株主，親会社及び子会社との間で行う取引がこれに該当します。
　　上場会社は，「関連当事者間の取引」について，①適切な手続を定め，②その枠組みを開示し，③その手続をふまえた監視を行うべきことが求められています。

☑キーワード

関連当事者間の取引，企業会計基準第11号「関連当事者の開示に関する会計基準」，親会社，子会社，関連会社，主要株主，支配株主，役員，執行役員，利益相反，諮問委員会，内部監査部門

解 説

1 関連当事者間の取引とは

　CGコード原則1-7は,「関連当事者間の取引」という見出しの下で,役員や主要株主等との取引（関連当事者間の取引）について,①適切な手続を定め,②その枠組みを開示し,③その手続をふまえた監視を行うべきことを定めています。しかし,CGコードは,「関連当事者間の取引」についての定義規定を設けていません。

　CGコード原則1-7は,会社法をはじめとする法令等によりその手続や開示に関する規律の対象となる取引の範囲にとらわれず,会社や株主共同の利益を害するおそれのある関連当事者間の取引全般をその対象とするものであると解されていますが[*1],さらに具体的に,「関連当事者間の取引」が何を指すのかについては,一義的には各会社の自主的な判断に委ねられており,各会社は,CGコード原則1-7の趣旨・目的に照らして合理的に判断することが求められます。

　この点,CGコード原則1-7は,「役員や主要株主」との取引を「関連当事者間の取引」として例示していることからも明らかなように,「役員や主要株主」のように会社を経営・支配するなど上場会社に対して大きな影響力を及ぼし得る当事者との取引については,高い利益相反性が存在し,上場会社の利益を害し得る類型的な危険性が認められることから,このような取引に対する監視を求めるものです。そのため,CGコード原則1-7における「関連当事者間の取引」とは,上場会社に対して大きな影響力を及ぼし得る当事者との取引であって,上場会社の利益を害し得る類型的な危険性が認められる取引であると解することができます。

　このような観点から検討すると,少なくとも,CGコード原則1-7に例示されている役員と主要株主に加えて,親会社との取引が「関連当事者間の取引」に該当すると考えられます。なお,CGコードにおいては「主要株主」も

定義されていませんが、一般に、上場会社に対し、株主総会決議の成否を通じて一定の影響力を及ぼし得るという観点から、総議決権の10％以上の議決権を保有する株主を指す（金商163条1項参照）と解することは、合理的な解釈の一つの目安になります。もっとも、各会社における株主構成等の個別具体的な事情をふまえた合理的な判断であれば、これとは異なる基準を設定することも妨げられるものではありません。

また、会計基準においては子会社との取引も「関連当事者との取引」[*2]に含まれますが、子会社との取引がCGコード原則1－7における「関連当事者間の取引」にも含まれるのかについては、慎重な検討が必要になります。すなわち、上場会社とその子会社との間の取引は、通常、上場会社の利益を害し得る類型的な危険性が認められるとはいえないため、子会社との取引は、CGコード原則1－7における「関連当事者間の取引」には含まれないと解することにも一定の合理性が認められます。もっとも、子会社との取引であっても、独立当事者間の基準から外れた通例的でない取引については、CGコード原則1－7における「関連当事者間の取引」に含まれると解することが適当であると考えられます。

2 関連当事者間の取引に関して会社として検討しておくべき事項

上記1のとおり、CGコード原則1－7は、関連当事者間の取引について、①適切な手続を定め、②その枠組みを開示し、③その手続をふまえた監視を行うべきことを定めています。そこで、以下においては、役員、主要株主、親会社及び子会社との取引について、それぞれ、関連する制度にも言及しながら、会社として検討しておくべき事項について説明します。

なお、CGコード原則1－7は、関連当事者間の取引について、「あらかじめ」手続を定めることを求めるものであるため、現在、そのような取引を行っていないからといって、当該手続を定めることが不要になるわけではありません。もっとも、CGコード原則1－7が「取引の重要性やその性質に応じた」適切な手続を定めることを求めていることからも明らかなように、適切な手続の内容には濃淡があり得ることから[*3]、関連当事者間の取引の中でも、その

会社において現在は行っておらず、今後も行う予定がない類型の取引についてまで、詳細な手続を定めることは必須ではないと考えられます。

(1) 適切な手続について
(a) 役員との取引

会社法は、取締役との間の利益相反取引について、取締役会による事前の承認（会社365条1項・356条1項2号・3号）及び取締役会への事後の報告（会社365条2項）を要する旨を定めています。そこで、CGコード原則1-7との関係でも、取締役との間の利益相反取引については、このような会社法の定める手続を遵守することを確認するという対応が考えられます。さらに、前記❶のとおり、CGコード原則1-7が一定の危険性が認められる取引の監視を求めるものであることに鑑みると、単に会社法上の手続を遵守するにとどまらず、例えば、監査役や取締役ではない執行役員との間の利益相反取引についても取締役会の承認又は取締役会への報告を要する旨を定めたり、広く取締役、監査役及び執行役員との間の重要な取引又は非定型的な取引についても取締役会の承認又は取締役会への報告を要する旨を定めたりすることが考えられます。また、役員との間の取引について、会社との間で通常の取引条件と（著しく）異なる条件で取引を行うことを禁止することや[*4]、役員の親族との間の取引について、一定期間ごとに事後的なモニタリングを行うことを定めることも考えられます。

(b) 主要株主との取引

主要株主との間の取引については、その規模、重要性に加えて、取引内容が通例であるか否かに応じて、取締役会の、又は独立性のある取締役の事前の承認を要する旨や、取締役会への事後的な報告を要する旨を定めることが考えられます。また、取締役会の承認に際しては、主要株主と特別の利害関係を有する取締役は決議に参加しないという工夫をすることも考えられます。

なお、支配株主との間の取引[*5]のように、少数株主との間の利益相反の可能性が特に高い取引については、社外役員や独立性のある第三者から構成される任意の諮問委員会において、当該取引の合理性や手続の適法性を検証する旨を定めることも考えられます。

(c) 親会社との取引

　親会社との間の取引は，単なる主要株主との間の取引に比して，一般に，親会社と少数株主の利益相反性が一層高まります。そのため，これまでも，親会社との間の取引を行う場合には前掲（＊5）のとおり，CG報告書に少数株主を保護するための方策についての指針を記載することが義務づけられていました。また，平成26年会社法改正により，親会社等との取引（第三者との取引で，自社と親会社等との間の利益が相反するものを含む）であって，個別注記表において関連当事者との取引に関する注記（会社計算112条1項）を要するものがあるときは，事業報告又はその附属明細書に，①当該取引に際して会社の利益を害さないように留意した事項，②当該取引が会社の利益を害さないかどうかについての取締役会の判断とその理由，③その取締役会の判断が社外取締役の意見と異なるときは，社外取締役の意見を記載することが求められることになりました（会社則118条5号・128条3項）。

　こうした規律をふまえると，親会社との間の取引については，他の一般的な取引と同様に市場価格等を十分に検討したうえで希望価格を提示して交渉することや，特に重要な取引については，取締役会において取引条件とその決定方法の妥当性について事前に審議を行うという対応も考えられます。また，前記(b)のとおり，任意の諮問委員会を活用することも有用です。

(d) 子会社との取引

　前記**1**のとおり，子会社との間の取引は，原則としてCGコード原則1－7における「関連当事者間の取引」に含まれないと解する余地もありますが，子会社との間の取引のうち，少なくとも独立当事者間の基準から外れた通例的でない取引については，取締役会の承認事項とするという対応も考えられます。

(2) 手続の枠組みの開示について

　CGコード原則1－7は，「適切な手続を定めてその枠組みを開示する」と定めているとおり，「手続」自体ではなく，「枠組み」の開示を求めています。そのため，CG報告書においては，策定した詳細な手続のすべてではなく，その「枠組み」，すなわち重要なポイントを開示すれば足ります。

　本原則に基づく開示としては，以下の例があります。

> 株式会社エヌ・ティ・ティ・データのコーポレート・ガバナンス報告書
> (2016年6月23日更新)
> 【原則1-7　関連当事者間の取引について】
> 　当社と当社役員個人との直接取引及び当社と当社取締役が代表となっている他団体や他会社との取引など会社法に定める利益相反取引については，当社の「取締役会規則」において事前に承認を得なければならない旨を定めています。その取締役会での承認にあたっては，法務部門が審査のうえ，一般的な取引条件と同等であるかなど取引内容の妥当性や経済合理性などについて確認するとともに，その承認後も当該取引の状況等に関して定期的に取締役会に報告しております。
> 　また，当社と主要株主との取引については，取引内容の合理性及び妥当性について確認するとともに，必要に応じて法務部門が第三者の専門家の意見を踏まえるなどして事前に審査を行っております。
> 　なお，本報告書の「1．4．支配株主との取引等を行う際における少数株主の保護の方策に関する指針」について併せてご参照ください。

> 株式会社学研ホールディングスのコーポレート・ガバナンス報告書
> (2016年3月1日更新)
> 【原則1-7　関連当事者間の取引について】
> 　役員との取引については，事前に取締役会で審議したうえで承認し，事後に報告を求めます。
> 　また，議決権を10％以上保有する主要株主との取引のうち，重要な取引については取締役会での承認を要するものとします。
> 　なお，取締役会は，必要に応じ，主要株主との取引の合理性などについて，社外役員と外部有識者で構成する「ガバナンス評価委員会」の意見を事前に求めるものとします。

　なお，主要企業のCG報告書に関して，関連当事者取引については法令上必要なこと以外に関する記載が少ない傾向にあると指摘されています[*6]。しかしながら，少なくとも，オーナー株主がいるなど，特に非正常な取引が懸念される状況にある場合には，そのような懸念を解消する措置について積極的な説明を行うことが望ましいと考えられます[*7]。

(3)　手続をふまえた監視について

　CGコード原則1-7は，取締役会に対して，策定した手続をふまえた「監

第2章◇株主及びステークホルダーに対する対応
第2節◇資本政策

視（取引の承認を含む）」を求めていますが，「取引の承認」とは監視方法の例示であり，必ずしもあらゆる取引について一律に取締役会における承認が求められているわけではなく，一方で，取締役会の承認だけでは適切な監視が実践できないと考える取引がある場合には，任意の諮問委員会を活用するなどといった対応を行うことも，本原則の趣旨に適うとされています[*8]。

したがって，取引の重要性に応じて，取締役会の承認のほか，取締役会への事後的な報告，又は内部監査部門による事後的なチェックによる監視を行うことも可能であり，取引の性質に鑑みて，任意の諮問委員会を活用することも考えられます。

なお，CGコード原則1-7は，手続をふまえた監視の運用状況については，開示の対象としていません。

〔高田　翔行〕

■注　記■

* 1　油布ほか・CGコード解説Ⅱ54頁。
* 2　会計基準における「関連当事者との取引」は，「会社と関連当事者との取引をいい，対価の有無にかかわらず，資源若しくは債務の移転，又は役務の提供をいう。また，関連当事者が第三者のために会社との間で行う取引や，会社と第三者との間の取引で関連当事者が当該取引に関して会社に重要な影響を及ぼしているものを含む。」と定義され，「関連当事者」には，親会社，子会社，関連会社，主要株主，役員，主要株主や役員の近親者等が幅広く該当します（詳細は，企業会計基準第11号「関連当事者の開示に関する会計基準」第5項参照）。この「関連当事者との取引」は，CGコード原則1-7の「関連当事者間の取引」と類似の概念であるため，「関連当事者間の取引」の意義を検討する際の参考になります。
* 3　油布ほか・CGコード解説Ⅱ54頁。
* 4　いわゆるアームス・レングス・ルールを定めた金融商品取引法44条の3第1項1号，金融商品取引業等に関する内閣府令153条1項1号参照。
* 5　支配株主を有する会社が，①親会社，②支配株主（親会社を除く），③②の近親者，又は④②及び③が議決権の過半数を自己の計算において所有している会社等及び当該会社等の子会社と取引を行う場合，CG報告書Ⅰ.4に少数株主の保護の方策に関する指針を記載する必要があります。その記載内容に関しては，「支配株主がその影響力を利用して，支配株主又は上記③④を利する取引を行うことにより，会社ひいては少数株主を害することを防止することを目的とした，社内体制構築の方針，社内意思決定手続や外部機関の利用等について具体的に記載」することとされ

ています(「コーポレートガバナンスに関する報告書記載要領」(2015年10月改訂版)〔4頁〕)。
* 6 大杉謙一ほか「【座談会】コーポレート・ガバナンスの潮流と上場企業の課題〔上〕」商事2100号(2016)18頁〔澤口実発言〕。
* 7 大杉ほか・前掲(* 6)18頁〔江良明嗣発言〕。
* 8 油布ほか・CGコード解説Ⅱ54頁。

第2章◇株主及びステークホルダーに対する対応
第3節◇ステークホルダーとの関係

第3節　ステークホルダーとの関係

 配慮すべき株主以外のステークホルダーと株主共同の利益との関連

　会社が配慮すべき株主以外のステークホルダーの具体例は何でしょうか。会社は，このようなステークホルダーにどのような配慮を行うべきでしょうか。会社は，株主のものという考え方もありますが，株主以外のステークホルダーへの配慮することは，株主にとってはどのような意味があるのでしょうか。

　　CGコードは，株主を上場会社の主要なステークホルダーと捉えつつも（CGコード基本原則1・考え方），従業員，顧客，取引先，債権者，地域社会等の様々なステークホルダー（利害関係者）の利益に配慮するとともに，ESG問題にも積極的かつ能動的に対応することを求めています（CGコード基本原則2・考え方）。
　　そこで，上場会社は，当該会社としての社会的責任をふまえて，株主利益のみならず様々な株主以外のステークホルダーの利益にも配慮した経営を行いつつ中長期的な企業価値の向上を目指すための経営理念を策定したうえで，これを敷衍した価値観・行動準則を設定し，その実現に努めることが求められます（CGコード原則2－1～2－4）。
　　また，上場会社が株主以外のステークホルダーの利益に配慮し適切な対応を積極的・能動的に行うことが会社自身にとってもプ

Q18◆配慮すべき株主以外のステークホルダーと株主共同の利益との関連

ラスの効果をもたらす好循環を実現し，ひいては株主利益の増大にもつながり得ると考えられます（CGコード基本原則2・考え方）。

☑キーワード

ステークホルダー，従業員，顧客，取引先，債権者，地域社会，ESG，社会的責任（CSR），サステナビリティ，ダイバーシティ，ステークホルダーとの協働，企業価値の向上

解　説

1　株主以外のステークホルダー

　上場会社を含む株式会社は，事業活動により獲得した利益・利潤を株主に分配することを目的とする営利法人です[*1]。したがって，株式会社では，対外的企業活動により得られる利潤の最大化を始めとする株主利益の最大化が基本的目的であり，それが会社をめぐる諸種の利害関係者の利害を調整する際の基本原則となります[*2]。理論的にも，株主が残余請求権者であるため，株主の利益最大化は利害関係者全員の総価値の最大化を意味し，社会の富の最大化をもたらし得ると考えられるからです[*3]。CGコードも，これを大前提とするものです（CGコード基本原則1・考え方）。
　その一方で，株式会社，とりわけ上場会社を始めとする公開性の（大規模な）株式会社には，株主以外に様々なステークホルダーが存在します。信用供与者である会社債権者はもちろん，労働の提供者である従業員，原材料等の提供者である取引先，製品・サービスの提供先である顧客，事業活動を支える下請業者，当該会社の活動によって経済・環境・雇用等の面で影響を受ける地域社会が，その具体例です。これら株主以外のステークホルダーの利益は，基本的には，上記のとおり，株主利益の最大化により全体として最大化するはずです。

しかし，個別具体的な事情を前提とすると，例えば，当該会社との将来の取引を期待して多額の設備投資を行った下請業者や取引先，安定的な雇用を求める従業員，地域社会の維持・発展や環境維持等に関心をもつ地域社会住民等の利害は，当該会社が安価な他の業者との取引を選択することなく当該下請業者等との取引を継続することや，コスト削減につながらない雇用維持等にあるため，株主利益の最大化とは必ずしも一致しません[*4]。とはいえ，これら様々な利害関係人との関係の中で事業活動を行っている株式会社とすれば，株主以外のステークホルダーの利害を事業活動においてまったく考慮せずに円滑に事業を行うことは困難です。

そこで，株式会社の取締役会・経営陣は，株主の利益最大化を経営上の基本原理としつつ，その実現のためにも，株主以外のステークホルダーの利益にも十分配慮した対応を積極的・能動的に行うことが求められるものです（CGコード基本原則2）。同時に，これは究極的に当該会社の企業価値の向上につながるものであることから，ステークホルダーの利益にも配慮した会社としての対応は積極的かつ能動的になされる必要があるでしょう[*5]。

ちなみに，近時の企業情報の開示のあり方として統合報告制度が注目を集めています。統合報告は，まさしく株式会社の企業価値の源泉となる各種資源（リソース）の提供者が，財務資本の提供者である株主に限られず製造資本・知的資本・人的資本・社会関係資本・自然資本を提供する株主以外の各種ステークホルダーであるとの認識から，株式会社がこれら各種資本を事業活動においていかに投下し価値創造を実現するかを全体として明らかにし，これを報告するものです[*6]。こうした統合報告制度との関係においても，上場会社の取締役会・経営陣は，経営課題・経営目標の一環として，株主の利益の最大化を図りつつ，その他のステークホルダーの利益にも配慮した経営を行うことが求められているといえるでしょう。

2 株主以外のステークホルダーの利益に対する配慮

問題は，上場会社それ自体及び当該会社の取締役会・経営陣が，株主以外のステークホルダーの利益を考慮する場合に，どのように対応すればよいか，と

いうことです。統合報告制度の背景となる考え方すなわち統合思考を参考にすると，当該会社の企業価値は株主からの財務資本の提供によってのみ形成されるものではなく，製造資本・知的資本等の非財務資本の提供によって形作られていると考えられるので，営利企業である上場会社の取締役会・経営陣としては，株主の利益の最大化を基本としつつ，当該会社の事業内容・事業特性等を総合的に考慮して，株主以外のステークホルダーの利益を事業活動において適切に考慮することを求められるものです。これは，結局は各上場会社をめぐる諸般の事情をふまえる必要があるため，具体的な対応は各会社の取締役会・経営陣の判断に委ねられることになるでしょうが，それが恣意的に行われたり，一貫性を欠いたりすることは，時として経営陣に非効率な経営に対する口実を与える等のおそれがあり，適当ではありません。

したがって，上場会社としては，まず，当該会社が事業活動において担う社会的責任について会社としての考え方・価値観を示し，株主のみならずそれ以外の各種ステークホルダーに対する価値創造に配慮して中長期的に企業価値の全体的な向上を図るための基盤となる経営理念を策定することが求められます（CGコード原則2-1）。そのうえで，上場会社としては，この価値観や経営理念を実践に移すため取締役会・経営陣その他の関係者が従うべき行動準則を定めてこれを実践する必要があり，その実施の確保・浸透については取締役会が責任を負うものとされています（CGコード原則2-2）。

併せて，上場会社が社会・環境に与える影響の大きさに鑑み，上場会社は，CSRの一環として，持続可能な社会の実現のために社会・環境問題への適切な配慮・対応を行うことや，従業員の労働の場の提供者として従業員の多様な視点・価値観に十分配慮した対応を積極的・能動的に講じることが求められるところです（CGコード原則2-3・2-4）。

3　ステークホルダーの利益への配慮と株主利益との関係

株主の利益ないしその最大化の要請と株主以外のステークホルダーの利益とその向上との上記連関を考えると，上場会社が株主以外のステークホルダーの利益に配慮し適切な対応を積極的・能動的に行うことで，当該会社の事業活動

第２章◇株主及びステークホルダーに対する対応
第３節◇ステークホルダーとの関係

の成果が社会・経済全体に利益・価値をもたらし，それがひいては当該会社自身にとってもプラスの効果をもたらす好循環（win‐win）の実現に貢献すると考えられるため，株主利益の増大につながり得ると考えられます（CGコード・基本原則２・考え方）。

それだけに，取締役会・経営陣としては，上場会社の経営戦略の問題として，責任をもって，株主の利益最大化にもつながり得るステークホルダーの利益への配慮のあり方やその具体的方策を検討する必要があるでしょう。

〔中村　信男〕

■注　記■

＊１　江頭・21～22頁。
＊２　江頭・22頁。
＊３　江頭・24頁（注３）。
＊４　江頭・24頁（注３）。
＊５　三鍋伊三雄＝竹内朗『Corporate Core Competencyで考える「企業成長戦略」と「企業の期待価値向上」』（PHP研究所，2015）38～39頁。
＊６　宝印刷株式会社総合ディスクロージャー研究所編『統合報告書による情報開示の新潮流』（同文舘出版，2014）13～16頁〔森洋一〕。

企業価値向上に向けた経営理念の策定と経営目標・行動基準

会社が策定すべき経営理念や行動基準（経営戦略，経営計画）には，どのような内容を定める必要がありますか。また，会社が経営理念や行動基準を策定する際，どのような点に留意すべきでしょうか。

　企業は利益を追求するための計画に基づいて活動する組織であり，投資家は，その内容や計画の実現可能性を判断して投資行動を起こすこととなります。

　一般的に，経営理念や経営目標，行動基準（経営戦略，経営計画）等は，IR（インベスターリレションズ）の世界では，経営者の描くビックピクチャーやコーポレートストーリーなどといわれ，会社は，投資家等に会社をアピールする要点であり，投資家にとっては，投資判断上の重要な要素です。

　その策定にあたっては，投資家をはじめとしたステークホルダーにわかりやすく説明するため，①沿革（創業時から現在までのコアコンピタンス形成過程の理解のため）②経営理念（自社のあるべき姿の把握）③SWOT分析（外部・内部の環境分析に基づく自社の強み，弱み，機会，脅威の分析）④経営戦略（全社戦略＝コアコンピタンス分析，成長ベクトル論，競争地位別戦略等，事業戦略＝ポジショニング分析，ファイブフォース分析，バリューチェーン分析，ギャップ分析等，機能戦略＝製品戦略，価格戦略，プロモーション戦略，チャネル戦略等）⑤経営戦術（アクションプログラム等）等の要素が期待されています。

☑キーワード

経営理念，経営計画，環境分析（内部環境，外部環境），SWOT分析，経営戦略，経営戦術，ROE，有価証券報告書，株主総会招集通知

第2章◇株主及びステークホルダーに対する対応
第3節◇ステークホルダーとの関係

解　説

1　CGコードの要請内容

　今般の「会社の持続的な成長と中長期的な企業価値の向上」を目的とするCGコードでは，原則2－1，2－2，3－1(i)において，中長期的な経営理念，行動準則，経営戦略や経営計画を策定し，実践し，さらに説明すること（アカウンタビリティ）が求められ，原則5－2では，経営戦略や経営計画の策定・公表上の留意点を挙げています。

　経営理念（ビジョン，コンセプト等），経営戦略等の開示は，東証のCG報告書への記載は必須ですが，広く入手可能で，法的責任を伴う金融商品取引法上の有価証券報告書や会社法上の株主総会招集通知に記載することが最適といえます。当然ながら，統合報告書などのIR資料も活用すべきです。

　CGコードの要請として，「第2章　株主以外のステークホルダーとの適切な協働」においては，経営理念の策定及び行動準則の策定・実践を次のとおり求めています。

> 【原則2－1．中長期的な企業価値向上の基礎となる経営理念の策定】
> 　上場会社は，自らが担う社会的な責任についての考え方を踏まえ，様々なステークホルダーへの価値創造に配慮した経営を行いつつ中長期的な企業価値向上を図るべきであり，こうした活動の基礎となる経営理念を策定すべきである。

> 【原則2－2．会社の行動準則の策定・実践】
> 　上場会社は，ステークホルダーとの適切な協働やその利益の尊重，健全な事業活動倫理などについて，会社としての価値観を示しその構成員が従うべき行動準則を定め，実践すべきである。取締役会は，行動準則の策定・改訂の責務を担い，これが国内外の事業活動の第一線にまで広く浸透し，遵守されるようにすべきである。

　また「第3章　適切な情報開示と透明性の確保」において，情報開示の充実

Q19◆企業価値向上に向けた経営理念の策定と経営目標・行動基準

を次のとおり求めています。

【原則3-1．情報開示の充実】
　上場会社は，法令に基づく開示を適切に行うことに加え，会社の意思決定の透明性・公正性を確保し，実効的なコーポレートガバナンスを実現するとの観点から，（本コードの各原則において開示を求めている事項のほか，）以下の事項について開示し，主体的な情報発信を行うべきである。
（ⅰ）会社の目指すところ（経営理念等）や経営戦略，経営計画
　　　（以下略）

さらに，「第5章　株主との対話」の原則5-2では，経営戦略や経営計画の策定・公表にあたっての留意点を挙げています。

【原則5-2．経営戦略や経営計画の策定・公表】
　経営戦略や経営計画の策定・公表に当たっては，収益計画や資本政策の基本的な方針を示すとともに，収益力・資本効率等に関する目標を示し，その実現のために，経営資源の配分等に関し具体的に何を実行するかについて，株主に分かりやすい言葉・論理で明確に説明を行うべきである。

2　有価証券報告書の開示事例にみる経営理念等

(1) 経営理念の策定及び行動準則

　経営理念や企業理念は，創業時のものであったり，事業領域の特性に基づくものであったりします。その状況は，各企業において異なり，それが浸透している会社もあれば，「お飾り」的となっている場合も見受けられます。
　企業の発展段階や取り巻く環境，重視すべきステークホルダーの捉え方等により各社の経営理念等の内容が異なることは当然であり，そこには，ESG情報が含まれることがCGコードにおいても想定されています。
　エーザイ株式会社においては，会社の憲法ともいえる定款において以下のとおり自社の企業理念を定めてその徹底を図っています。

（企業理念）
　第2条　本会社は，患者様とそのご家族の喜怒哀楽を第一義に考え，そのベ

第2章◇株主及びステークホルダーに対する対応
第3節◇ステークホルダーとの関係

　　　　ネフィット向上に貢献することを企業理念と定め，この企業理念のもとヒューマン・ヘルスケア（hhc）企業をめざす。
　　② 本会社の使命は，患者様満足の増大であり，その結果として売上，利益がもたらされ，この使命と結果の順序を重要と考える。
　　③ 本会社は，コンプライアンス（法令と倫理の遵守）を日々の活動の根幹に据え，社会的責任の遂行に努める。
　　④ 本会社の主要なステークホルダーズは，患者様と生活者の皆様，株主の皆様および社員である。本会社は，以下を旨としてステークホルダーズの価値増大をはかるとともに良好な関係の発展・維持に努める。
　　　　1．未だ満たされていない医療ニーズの充足，高品質製品の安定供給，薬剤の安全性と有効性を含む有用性情報の伝達
　　　　2．経営情報の適時開示，企業価値の向上，積極的な株主還元
　　　　3．安定的な雇用の確保，やりがいのある仕事の提供，能力開発機会の充実

「原則2-2．会社の行動準則の策定・実践」の内容は，上場会社等が金融庁に提出している有価証券報告書の記載内容中「第一部　企業情報」中「第1　企業の概況」及び「第2　事業の状況」に詳しい記載を見つけることができます。

オムロン株式会社が平成27年6月24日に金融庁に提出した有価証券報告書の第一部第4　6（コーポレート・ガバナンスの状況等）の記述は次のとおりです。

(1) コーポレート・ガバナンスの状況等
　　※　コーポレート・ガバナンスに関する基本的な考え方
　　オムロングループは，「企業理念」および「経営のスタンス」に基づき，持続的な企業価値の向上を実現するために，オムロン　コーポレート　ガバナンスポリシーを制定し，コーポレート・ガバナンスの継続的な充実に取り組む。
〈企業理念〉
Our Mission　（社憲）
　　われわれの働きで　われわれの生活を向上し　よりよい社会をつくりましょう
Our Values
　私たちが大切にする価値観
　　・ソーシャルニーズの創造
　　　　私たちは，世に先駆けて新たな価値を創造し続けます。

Q19◆企業価値向上に向けた経営理念の策定と経営目標・行動基準

・絶えざるチャレンジ
　　私たちは，失敗を恐れず情熱をもって挑戦し続けます。
・人間性の尊重
　　私たちは，誠実であることを誇りとし，人間の可能性を信じ続けます。
〈経営のスタンス〉
　　私たちは，「企業は社会の公器である」との基本的考えのもと，企業理念の実践を通じて，持続的な企業価値の向上を目指します。
・長期ビジョンを掲げ，事業を通じて社会的課題を解決します。
・真のグローバル企業を目指し，公正かつ透明性の高い経営を実現します。
・すべてのステークホルダーと責任ある対話を行い，強固な信頼関係を構築します。

　今般のCGコードでは，その経営理念，行動準則，経営戦略，経営計画やESG関連対応策等を投資家との対話により，説明し，実現していくことが求められています。

　経営理念や経営戦略等の策定・実践・開示の実施において重要なことは，「何のために自社が存在し，自社が中長期的に企業価値を向上させるための領域はどこか」など自社の存在意義に関する根本的な議論が必要であり，そのためにも会社と資本提供者としての投資家との建設的な「目的を持った対話」（エンゲージメント）が必要とされています。

　「原則3－1．情報開示の充実」の内容に関する事例として，また，「原則5－2．経営戦略や経営計画の策定・公表」の留意点に従って，具体的な経営戦略や経営計画の策定・公表している事例としては，エーザイ株式会社が平成27年6月19日に提出した有価証券報告書の第一部第2　3（対処すべき課題）の記述中に見ることができます。

(5)　株主価値創造に向けた資本政策
　　当社グループの資本政策は，「中長期的なROE経営」，「持続的・安定的な株主還元」，「成長のための投資採択基準」を軸に，成長投資と安定した株主還元を両立し，持続的な株主価値向上に努めています。
①　中長期的なROE経営
　　当社グループは，ROEを持続的な株主価値の創造に関わる重要な指標と捉えています。「中長期的なROE経営」では，売上収益利益率（マージン），財務レバレッジ，総資産回転率（ターンオーバー）を常に改善し，中長期

第2章◇株主及びステークホルダーに対する対応
第3節◇ステークホルダーとの関係

> 的に資本コストを上回るROEをめざしてまいります。
> ②　持続的・安定的な株主還元
> 　　株主還元は，取締役会で決議した「当社の株主還元に関する考え方」に基づき，健全なバランスシートをベースとし，連結業績，DOE及びフリー・キャッシュ・フロー等を総合的に勘案し，株主の皆様へ継続的・安定的に実施します。なお，健全なバランスシートの尺度として，親会社所有者帰属持分比率，負債比率（Net DER）の指標を採用しています。
> ③　成長のための投資採択基準
> 　　成長投資による価値創造を担保するために，戦略投資に対する採択基準を設け，正味現在価値と内部収益率に基づき，投資を厳選しています。

　また，経営計画の具体的なもう一つの事例として，株式会社資生堂が平成27年6月23日に提出した有価証券報告書の第一部第2　3（対処すべき課題）に記載されている3か年計画に具体的な目標数値に見ることができます。

> （2015年度から2017年度までの3カ年計画）
> 　2015年度から2017年度までの事業基盤再構築の期間の中でも，2015年度，2016年度にマーケティングと研究開発への投資を強化し，成長を実現するための基盤をつくり上げます。これらの投資強化と同時に，その実現のための原資を確保するべく，引き続き構造改革にも取り組みます。
> 　特に，全社でマーケティングに取り組む"グローバルマーケティングカンパニー"への進化，お客さまへの新たな価値を生み出すためのイノベーション強化，そしてこれらを支える人材・組織の強化に重点的に取り組みます。
> 　この3カ年では，日本を収益基盤に，海外を成長ドライバーに位置づけ，最終年度である2017年度の連結売上高9,000億円超，営業利益500～600億円を目標とし，ROEは9～10％をめざします。

　さらに，株式会社資生堂のESG情報（同社の場合は，CSR情報）に関連するものとして，同じく有価証券報告書の同じ記載箇所に次の記述を見ることができます。

> （社会の課題と期待に応える取組み）
> 　当社では，企業の社会的責任（CSR）について，リスクを最小化して企業価値を守り，企業の存続を確保することに主眼を置いた基本的なCSR活動と，企業価値を高めて成長に結びつけることができる資生堂らしいCSR活動に取り組んでいます。資生堂らしいCSR活動には，新しい美しさや豊かな暮らしの提案，

Q19◆企業価値向上に向けた経営理念の策定と経営目標・行動基準

> 社会貢献活動も含まれており，資生堂グループの強みを活かすことができる"女性・化粧（美容）""文化""環境"の３つを主な活動領域と定めています。
> 　特に，当社は国際的ガイドラインであるWEPs（女性のエンパワーメント原則）への署名企業として，女性の社会的地位の向上や活躍支援について主導的な役割を果たしていくことが重要な使命の一つと捉えています。2016年度中に資生堂グループにおける国内の女性リーダー比率30％を達成することをめざすなど，自社における男女共同参画の促進に加え，次世代の指導的女性研究者の育成に貢献するため，自然科学分野を専攻する女性研究者への研究支援活動を行っています。さらに，2013年より国際協力機構（JICA）の助成金支援を受けて実施してきた，バングラデシュの農村部における女性の社会進出を支援する活動を，今後も継続していくこととしています。この活動は，現地の女性のエンパワーメントを通じて当社のイノベーションも実現していくものです。これまでに，"水・汗に触れても紫外線防御効果が落ちずに高まる"という日やけ止めの新技術の開発の端緒を得るなど成果を上げています。
> 　環境面では，環境活動の柱である「商品のライフサイクル全体での環境対応」に向け，レフィル対応商品の積極的な開発・採用に引き続き取り組むほか，全世界でのCO２排出量の削減をめざした取組みや生物多様性の保全のための取組みを継続していきます。
> 　また，文化面での活動として行っている芸術文化支援（協賛）活動なども継続していきます。

　これらのコードが要請する内容をさらに理解するためには，各社の有価証券報告書に記載の「沿革」や「事業等のリスク」等を参照すると，それぞれの経営理念，経営目標，企業行動基準がなぜそのような内容になったかを読み解くことができます。

(2)　経営戦略の具体的な開示

　経営戦略の具体的な記述のもう一つの事例として，「安心と信頼を基礎に　世界をつなぐ心の翼で　夢にあふれる未来に貢献します」を経営理念として掲げるANAホールディングス株式会社が平成27年６月30日に提出した有価証券報告書の第一部第２ ３（対処すべき課題）に次のとおりの記載があります。

> ①　戦略の全体像
> 　「2014～2016年度ANAグループ中期経営戦略ローリングプラン」を完遂することに主眼を置き，３本柱である「コア事業の強化」「収益ドメインの拡大・多様化」「コスト構造改革の進化」に，継続して取り組む。

② 戦略の骨子
　1）コア事業の強化
　　(i) FSC（フルサービスキャリア）事業
　　　・ANA国際線旅客事業は，グループの成長ドライバーとして，アジアを中心とした旺盛な航空需要と，首都圏空港発着枠拡大を背景に，首都圏デュアルハブの更なる進化によりネットワークを拡大し，需要の取り込みを図る。長期的には，国内線旅客事業に替わる稼ぎ頭となり，"世界をつなぐ"ための積極的な路線展開を行う。
　　　・ANA国内線旅客事業は，高需要期の機材大型化と低需要期の機材小型化を同時に実現する「ピタッとフリート」モデルを導入し，更なる需給適合を推進しながらマーケットシェアを確保し，最大の収益源を堅持する。長期的には，市場の成長が見込めない中で，マーケットシェアを堅持するとともに，リソース等の徹底した効率化を図る。
　　(ii) 貨物事業
　　　　貨物専用機の増機によるネットワークの拡充，航空貨物共同事業（ジョイントベンチャー）の拡大及びイールドマネジメントの強化により，貨物事業の収支を改善し，グループ収益の拡大に貢献する。長期的には，沖縄貨物ハブネットワークを拡充させ，アジア域内の貨物需要の取り込みを強化すること等により，総合航空物流会社として，コンビネーションキャリア（旅客便+貨物便）の頂点を目指す。
　2）収益ドメインの拡大・多様化
　　(i) LCC事業
　　　　ネットワークの再編とレベニューマネジメント体制の構築により，2015年度に事業の黒字化を目指す。2016年度からは国際線を中心に事業規模を拡大する等，日本における航空需要創出と訪日需要の取り込みに努める。
　　(ii) 多角化（ノンエアライン）事業
　　　　商社事業・旅行事業を中心に，訪日外国人の増加やアジアの経済成長等の商機を取り込むために，既存ビジネスモデルの変革や新たなビジネスの創造を推進し，グループ全体としての価値向上に貢献する。
　　(iii) 航空関連事業（戦略的投資）
　　　　沖縄でのMRO（航空機の受託整備）事業の他，海外を含めた訓練事業での収益モデルを確立すると同時に，既存事業についてもコスト構造改革や外部収益の拡大を推進し，グループの収益ドメインを拡大・多様化する。
　3）コスト構造改革の進化
　　　　現在取り組んでいるコスト構造改革については，2011年度から2014年

度までの累計で870億円のコスト削減を達成している。今後2015－2016年度の中で,組織横断的な取り組みを実施し,新たに500億円のコスト削減を目指す。

3 まとめ（CGコードが求める経営理念,経営戦略等で留意すべきこと）

　経済産業省が平成26年8月に発表した「伊藤レポート」によれば,2012年の日本企業の平均ROE（自己資本利益率）は5.3％にすぎず,アメリカ企業の22.6％やヨーロッパ企業の15.0％を大幅に下回っていることを示し,日本企業のROEについて「最低ラインとして8％を超えるという水準を意識し,さらに自社に適した形で水準を高め,持続的な成長につなげていくことが重要である。」と提言しています。この場合,内外の法人税率の差も考慮すべきではありますが,総じて,わが国企業のROEは低いようです。

　さらに同リポートでは,日本企業の資本生産性が,欧米企業に比べ低い要因は,過大な内部留保,株式持ち合い,消極的な事業再編などを挙げています。

　企業は,CGコードの求めにより経営理念（あるべき姿）とそれとのギャップを埋めるための経営戦略,具体的な活動内容である経営計画を策定し,公表することになりますが,資本市場との対話は,この経営戦略,中長期計画を基に進められ,達成されなかった場合,その原因も含めて,企業は公表し,さらなる対話を行うことが求められます。

　ところが,90年代半ば以降,日本企業は,この基準が資本市場向けと社内向けの「ダブルスタンダード」であったとされ,投資者に示した目標達成度合いが非常に低い状況にあり,投資家との対話が欠如した長期投資家不在の「資本運用後進国」と「伊藤レポート」は指摘しています。今まで,わが国では,あまり投資家の長期的なリターンを考慮していない傾向がありましたが,外国人投資家の保有割合が3割超,かつ,売買代金では7割弱に達しているわが国の株式市場にあって,外国人投資家をはじめ長期投資家への配慮なしには,持続的な企業価値の向上は難しく,多くの企業が留意すべき点は,ここにあるように思います。

第2章◇株主及びステークホルダーに対する対応
第3節◇ステークホルダーとの関係

〔田村　義則〕

●参考文献●

(1) 伊藤レポート。
(2) 三菱信託銀行証券代行部コンサルティンググループ編『株式公開を目指す企業のための経営戦略・事業計画』(東洋経済新報社，2002)。
(3) ISS "2016 Asia Pasific Proxy Voting Guidelines Update"(2016年2月1日施行)。

20 持続可能性——トリプルボトムライン

社会・環境問題をはじめとするサステナビリティー（持続可能性）をめぐる課題とは何でしょうか。また，会社は，サステナビリティーをめぐる課題にどのように対応すべきでしょうか。

　サステナビリティー（sustainability）とは，「環境（Environment），社会（Social），経済（Economy）」の3つの側面から総合的に企業価値を評価する考え方です。これを総称して「トリプルボトムライン」と呼び，会計で指す財務諸表の最終行に記載された純利益や資産合計の「ボトムライン」ではありません。企業を財務パフォーマンスのみで評価するのではなく，企業の現在だけではなく将来も引き続き社会に貢献できる持続可能性をもっていることが重要になります。世界では企業に対して様々な規制を課し，その動きは強化の一途をたどっています。環境面では，温室効果ガスの削減を事業活動自体と製品使用時の両面で進めることが求められており，法規制に対応できないことで企業が大きなコストを払うケースも出てきています。一方，社会面では，ステークホルダーに配慮しない短期的な利益優先の経営により，膨大なコストの発生や企業の信頼失墜が起こり得ます。こうしたサステナビリティーの問題を自社における中・長期視点のリスクマネジメントの一環として捉えていくことが求められます。

　なお，該当するCGコードは，原則2－3，補充原則2－3①です。

第2章◇株主及びステークホルダーに対する対応
第3節◇ステークホルダーとの関係

☑ キーワード

CSR, ESG, GRI, 統合報告, 企業価値, 非財務情報, GPIF, エンゲージメント, コーポレート・ガバナンス, フェアトレード, 気候変動, サプライチェーン, レピュテーションリスク, 生物多様性, PRI, グローバルコンパクト, BCP（事業継続計画）, CDP, IIRC

解 説

1 サステナビリティーの課題

　企業には多くのステークホルダーが存在し，企業自らの持続的な成長を達成するためにはそのステークホルダーの共感と信頼を得る活動が重要になります。財務的な面のほかに，環境の側面（環境保護活動），社会的な側面（従業員に対する取組み，社会貢献活動）が挙げられます。そのためには既述の環境（Environment）・社会（Social）・経済のほかに重要になるのが，統治（Governance）であり，いわゆる「ESG」の認識の高まりです。ESGは安倍政権の掲げる「日本再興戦略」の必須政策でもあります。サステナビリティーにおいてもガバナンスは重要なポイントとなりますが，ガバナンスについて本設問では，サステナビリティーに内包されるとの認識に立っており，ここでは持続可能性における社会・環境について解説します。

(1) 社会課題

　昨今は，短期的な利益優先の経営が行われることが社会問題になっています。ステークホルダーには従業員などの人的資源が含まれます。この場合，相対的に弱い立場にある派遣・下請けも含めた人的資源に無理な要請が行きがちです。近年，世間を騒がせた偽装請負問題，ブラック企業問題やメンタルヘルス問題の深刻化はその典型的な表れです。これらは，結果として会社の持続的成長を阻害するばかりでなく，日本社会の将来をも危うくしかねません。

　この問題は日本国内に限りません。日本の企業も海外への事業展開を進めた現在，グローバル企業としての認識（責任）を再度見直す必要に迫られていま

す。事業活動には、サプライチェーン・マネジメント（SCM）が重要であり、国内外においても人権や労働環境への配慮が必要になります。業務を依頼した先の会社が無断に新興国に下請けをさせ現地の労働者が事業主を訴える事件が起きた例があります。

この事件では依頼先の会社が、低い労働コストで効率を高めようと新興国に生産工場や農場や契約農園を設け、過酷な労働や劣悪な環境で働かせた結果、従業者が事故や健康を害する被害を受け非政府団体（NGO）から事業主が訴えられたのです。このように事件は事業主と依頼先が必ずしも直接の取引関係にないところで起きていることがあります。問題の解決には膨大な費用がかかり、何よりも企業の信頼を失うなど、大きなダメージを負うことになりかねません。レピュテーションリスクは企業の存続を脅かすことにもなります。

(2) 環境課題

企業活動による環境への負荷が増し現在のペースで温室効果ガスを排出し続ければ、気候変動がさらに深刻化し、生態系の変化、海面の上昇、自然災害の多発、食糧生産量の減少、利用可能な水の減少、害虫や疫病の拡散など様々な問題が起こり、人類が地球上で生きていくことが難しい時代が来ると予測されています。これまでのように資源を掘り起こして製品を製造・販売し利益を得る。このような仕組みが成り立たなくなります。資源の循環やリサイクルにも取り組む必要があります。化石燃料も埋蔵量の問題ではなく環境対策の面で価値が低下し、代替エネルギーへの転換も喫緊の課題です。

原材料の調達・製造・販売・使用・廃棄という事業のすべての段階において、生態系からの恵みなしには、企業活動も存在し得ないのです。まさにこの生態系を構成しているのが、多様な生物、すなわち生物多様性です。生物多様性の損失は、事業活動に致命的なリスクをもたらします。逆に生物多様性を事業活動のための資本（自然資本）と捉えて、うまく管理し保全すれば、事業を安定的に発展させることができます。

いま企業が生物多様性の保全をする必要があるのは、単なる自然保護や絶滅危惧種の保護活動といった「社会貢献」のためではありません。企業が今後もビジネスを継続していくために、生物多様性と事業の関係性を明らかにし、その保全を事業活動の中に統合していくことが必要です。サステナビリティーを

実現するために大変に重要な経営課題となっています。

　また貧困の問題は，社会的課題であり環境への直接の問題ではないように捉えられていますが，サステナブルにおいては大変に大きな問題です。企業のグローバル化により貧富の格差が拡大した結果，企業はもっと社会に責任をとらなければならない状況になりました。貧困により十分な教育が受けられないと，出生率の上昇，感染症の拡大，不正な森林伐採や土地利用，密猟などが起こり，その結果，人口増加とそれに伴う水・食糧不足，環境汚染や生態系の破壊など地球規模の問題に発展します。このような社会的課題である貧困の問題も社会的にサステナブルでなければ，環境的にもサステナブルにはなり得ません。

2　認識と対処

(1) リスク管理

　企業の成長発展は責務であり現在の経済活動を止めるわけにはいきません。しかし，急速な経済活動拡大の影響により，自然が循環し得なくなっている状況です。経済活動によって生み出された汚染物質は，自然に地球から消えることなく大気や土壌，水質を汚染し植物に影響を与えます。分解しにくい有害な化学物質も生み出しています。このような現実を認識し，企業は，社会や環境での問題や課題が取り返しのつかなくなる前に積極的に取り組まなければなりません。事が起きてから対処するのではなくて，常にマネジメントする必要がありサステナビリティーの取組みは，リスク管理の側面だけではなく新たな機会の創出にもなり得ます。能動的にそして積極的に取り組むことが望まれます。

(2) 事業継続計画（BCP）

　企業は既述したような様々な問題に加え，自然災害や事故にも備えなければならない状況が頻発しています。記憶に新しいところでは，大地震や洪水，土砂崩れそして工場の火災といった大災害が発生し，事業の継続が危ぶまれる状況が起きています。被害を受けた事業所の操業度（製品供給量など）はその時点で急落し，被害が大きい場合には操業不能な状況に陥ります。その後，回復時

間が長くなればなるほど損失は大きくなり，元の状態への回復は困難になることが考えられます。さらに，回復が不可能な場合には廃業に追い込まれることが考えられます。その対策として考えなければならないのが平常時からの「BCP（事業継続計画）」です。

BCPとは，災害や事故等が発生し，操業度が一時的に低下した場合でも，その事業所にとって中核となる事業については，継続が可能な状況までの低下に抑える（中核事業は継続させる），また，回復時間をできる限り短縮させ，できるだけ早期に操業度を回復させることにより事業所の損失を最小限に抑え，災害や事故等の発生後でも事業を継続させていくための対策計画です。

BCPを策定し，災害や事故等の発生時の備えることは，企業の持続的可能性において重要な責務です。また企業評価として危機管理に取り組んでいる企業として，市場や社会の中で信頼を得ることができ，取引先からの安定供給の要請に応えることができる，など優位な立場を確保し企業価値をも高めることが期待できます。さらには自社ばかりではなく地域社会や国全体としても経済社会の安定につながります。

(3) 非財務の重要性

これまで解説したように，世界では「サステナビリティー」が企業の持続可能性の重要なキーワードになっています。投資家をはじめステークホルダーが，財務情報以外にも企業を評価するうえで非財務情報を重視していることがわかります。では，なぜこのように企業業績を見る財務情報のほかにサステナビリティーなどの非財務情報に注目するのでしょうか。

それは，リーマンの破たんから始まり世界金融危機，エンロンの会計不祥事など企業経営の継続において重大な危機となるリスク事象が頻発するようになったことに起因します。

これは機関投資家の倫理観の欠如による，財務業績の良し悪しだけを見た短期的志向での投資行動によるものでした。この経験により，本来，長期的に運用益を上げることが求められる年金基金等が責任ある投資行動をとるべきとし，2006年に国連主導の責任投資原則 PRI（Principles for Responsible Investment）が公表されました。日本の年金積立金管理運用独立行政法人（GPIF）も2015年9月にPRIへの署名を行い他の機関投資家の動きに関心が寄せられています。

第2章◇株主及びステークホルダーに対する対応
第3節◇ステークホルダーとの関係

3　まとめ

　スチュワードシップ・コード（2013）とCGコード（2015）が実施されたことで企業と投資家の対話が活発化することが望まれています。企業が財務情報と非財務情報とを関連づけて投資家に企業価値を説明するコミュニケーションツールが統合報告書であり，国際統合報告評議会であるIIRC（International Integrated Reporting Council）が2013年12月に国際統合フレームワークを正式に公表したことで本格的に世界に広がりました。

　冒頭に「企業には多くのステークホルダーが存在する」と記述しました。しかし，多くの企業は機関投資家を中心に捉え，コミュニケーションを図ろうと活動しています。では他のステークホルダー（利害関係者）に対してはどう考えればよいのでしょう。宝印刷総合ディスクロージャー&IR研究所の個人投資家意識調査（2015年12月）により機関投資家と個人投資家とで企業の情報開示の平等性をたずねたところ，「不平等だと思う」（40％），「平等だと思う」（7％），と情報開示とコミュニケーションのあり方に課題があることがわかりました（「どちらともいえない」（53％））。同じ投資家でありながら，機関投資家との情報ギャップの深さは，今後の事業戦略においても決して軽視できません。個人投資家は，消費者，従業員，地域住民ほか企業の利害関係者でもあります。

　少し古い事例になりますが，1997年に起きたナイキ社の児童労働・強制労働をNGOから指摘された問題があります。同社の契約工場で，就労年齢に達しない児童労働の実態が明らかになりました。このことにより米国を中心に不買運動が展開され，1999年の売上高が創業初の前年度比マイナスを記録する大きなダメージを受けました。その後CSR報告書ほかでサプライチェーンの取組みを丁寧に報告し透明性を高めたことで，企業に対する評価を次第に回復することができました。

　企業は，この事例で示唆されたように，企業を取り巻くステークホルダーを再度認識することが重要になります。具体的な例としてオムロンやアサヒグループホールディングスが挙げられます。機関投資家を主な対象として統合報告書を発行するのと併せて，他のステークホルダー向けにはCSR報告書を開示

しています。また，富士フイルムホールディングスは，ホームページ[*1]に示されているように株主向け招集通知のなかで自社のサステナビリティーに対する考えを説明しています。

《開示報告事例》
●富士フイルムホールディングス
　「当社は公正な事業活動を通じて企業理念を実践することにより，社会の持続可能な発展に貢献する」と招集通知の事業報告に記載しています。自社の持続性と発展性は「社会の持続可能な発展に貢献する」と定め，「Sustainable Vale Plan（SVP2016）」を策定し積極的に取り組んでおり，この考えが「富士フイルムグループCSRの考え方」であると説明しています。
　サステナビリティレポートでの社長メッセージでも「『社会にもたらす価値の創出』『社会課題解決に対する貢献』といった新しい視点で取り組むことを宣言する。」と持続可能性に向けた考えを明確に示しています。このように企業が単独に努力することで完結するのではなく，ステークホルダーとともに発展することで企業価値，存在価値が示せると伝えています。

〔大津　克彦〕

■注　記■

＊1　http://www.fujifilmholdings.com/ja/investors/pdf/other/ff_irnews_20150529_001j.pdf

第2章◇株主及びステークホルダーに対する対応
第3節◇ステークホルダーとの関係

 21 ダイバーシティの確保と法的意味合い

　CGコードでは，会社は，ダイバーシティ（多様性）の確保について，どのような取組みを求められていますか。また，実務上は，どのように対応すべきでしょうか。

A

　CGコードでは，【原則2－4．女性の活躍推進を含む社内の多様性の確保】において，ダイバーシティの確保について述べられています。
　ダイバーシティはCGコードが目指す「会社の持続的な成長と中長期的な企業価値の創出のため」に有用と考えられています。
　ダイバーシティへの取組み方針は，各社が経営理念や行動準則等として，ホームページ等で開示しているケースが多くなっています。
　各社は，採用，考課，異動，就労スタイル，就労環境，マネジメント構成等，会社運営の様々な局面において，適材適所の人材マネジメントを行い，企業価値を向上させていくことが求められています。
　その結果として，(1)のようなダイバーシティ経営の成果があがることが期待できます。
　組織の多様性を高めることは，日本企業のグローバル展開が加速する中，世界中の様々な市場への適応力を高め，リスクに対する耐性を高めることにも繋がると考えられています。

☑**キーワード**
　ダイバーシティ（多様性），企業価値，女性活躍推進，人事

解説

1 ダイバーシティの確保

(1) 意　義

ダイバーシティ（diversity）。直訳すると多様性，相違点という意味をもつこの言葉。

ダイバーシティとはダイバーシティ＆インクルージョン（受容すなわち一人ひとりを尊重し，様々な意見やアイデアを聴き入れること）の略であり，近年，多くの企業がダイバーシティへの取組みを表明しています。日本においては，いまだ女性の活躍をメインに捉えられがちですが，企業におけるダイバーシティとは，人種・国籍・宗教・性別・年齢・家庭環境・障がいの有無等，個々の社員がもつ様々な背景や価値観を企業が受け入れ，今まで制約ともなりがちであったこれらの要因を，発想を転換することで特徴と位置づけ，その特徴を活かしたマネジメントを行うことで，既成の概念を取り払い，積極的・効果的に人材を活用することを意味するものです。

ダイバーシティへの取組み方針は，各社が経営理念や行動準則等として，ホームページ等で開示しているケースが多くなっています。

事業環境のグローバル化や少子高齢化に伴う労働人口減少などの課題に対応するため，ダイバーシティの推進は，企業にとって非常に重要な戦略と考えられています[1]。

(2) CGコードの記載

平成27年3月に発表されたCGコードの第2章は，「持続的な成長と中長期的な企業価値の創出のためには，ステークホルダーとの適切な協働が不可欠」であるという前提の下，「株主以外のステークホルダーとの適切な協働」について言及しており，ダイバーシティについては以下で述べています。

【原則2−4．女性の活躍促進を含む社内の多様性の確保】

第2章◇株主及びステークホルダーに対する対応
第3節◇ステークホルダーとの関係

> 上場会社は，社内に異なる経験・技能・属性を反映した多様な視点や価値観が存在することは，会社の持続的な成長を確保する上での強みとなり得る，との認識に立ち，社内における女性の活躍促進を含む多様性の確保を推進すべきである。

　マネジメントレベルのダイバーシティとしては，【原則4－8．独立社外取締役の有効活用】及び補充原則4－8①②，【原則4－11．取締役会・監査役会の実効性確保のための前提条件】及び補充原則4－11①②③等が代表的なものとして考えられます。

　こうした規定の背景は，平成26年6月24日に閣議決定された「『日本再興戦略』改訂2014－未来への挑戦」における「女性の更なる活躍推進」についての提言がベースとなっています。

　一般に，原則2－4は従業員レベルのダイバーシティ，原則4はマネジメントレベルのダイバーシティといわれています。企業文化・慣習を良い意味で知らない人物や社内では得られない知識・経験をもつ人物など社外の多様な価値観を意思決定プロセスに取り入れることは，経営品質の向上にもつながると考えられています。

　本設問では主に従業員レベルのダイバーシティを記載していきます。

(3) 法文上の記載

　ダイバーシティ関連の非財務情報は，法定開示書類である会社法の事業報告では，事業年度の末日における主要な営業所及び工場並びに使用人の状況（会社則120条1項2号），対処すべき課題（同項8号），内部統制の運用状況（会社則118条2号）等として開示されることとなります。

　ただ法文上は，事業報告の詳細な記載事例はないため，一般的には経団連が作成している事業報告のひな形，ないしは，有価証券報告書の様式に沿った記載をしている会社が多くなっており，統合報告等の流れも受け，今後記載が充実していくことが考えられます。

　法定開示書類である有価証券報告書においても，各会社の役員の男女別人数及び女性比率の記載を義務づけるよう，企業内容等の開示に関する内閣府令の改正（平成26年10月23日）が行われています。

2 ダイバーシティの具体例

ダイバーシティは，前掲（＊１）「ダイバーシティ経営企業100選」や，CGコード第２章で述べられているように，多様な働き方を認め，競争力及び長期資本の獲得につなげようという，いわば"攻めの志向"で語られる場合と，"他社もやっているから""CSR報告書に載せないといけないから"という，日本企業にありがちなヨコ並びで，社内外からの批判や圧力を小さくするリスクマネジメントとして仕方なくやるという，いわば"守りの志向"で語られる場合があります。近年の論調は，前者のような攻めの志向です。

以下，"攻め"の見地としてダイバーシティ経営のメリット，"守り"の見地としてダイバーシティとリスクについて検証していきます。

(1) ダイバーシティの経営成果

ダイバーシティ経営とは，「多様な人材を活かし，その能力が最大限発揮できる機会を提供することで，イノベーションを生み出し，価値創造につなげていく経営」のことであり[*2]，経産省が平成24年から平成26年にかけて，ダイバーシティ経営企業100選ということでダイバーシティの優良企業を表彰しています（平成26年度は52社）。こちらの対象は上場企業に限られず，中小企業も含まれています。

「ダイバーシティ経営企業100選」においては，対象を《女性，外国人，障がい者，高齢者，キャリア・スキル・経験，限定なし，その他》に分け[*3]，経営成果を，

① プロダクトイノベーション（商品・サービスの開発，改良など），
② プロセスイノベーション（生産性・創造性の向上，業務効率化など），
③ 外的評価の向上（CS〔顧客満足〕・市場評価の向上，優秀な人材獲得など），
④ 職場内の効果（ES〔従業員満足〕の向上，職場環境改善など）

の４つに分けています[*4]。

以下，特徴的な経営成果を列挙します。

次表のカギ括弧内は各企業が掲載している見出しとなっており，筆者が簡略な説明を加えています。

第2章◇株主及びステークホルダーに対する対応
第3節◇ステークホルダーとの関係

	企業名(㈱は省略)	ダイバーシティ経営による成果
プロダクトイノベーション	ポーラ	「多様なライフスタイルに対応した主力ブランドの開発に成功」 女性の視点に立ち，個肌対応でカスタマイズできる化粧品を開発
	東日本旅客鉄道	「HAPPY CHILD PROJECTの事業化の成功と社員の意識改革」 "駅型保育園"の開発実務を通して，社会問題解決，利用者の利便性の向上を図っている
プロセスイノベーション	栄鋳造所	「海外売上の増加，大手米国企業からの試作提案依頼」 外国人の積極採用により，ホームページの外国語問い合わせ等にも対応でき，受注や引き合いが増加
	西部技研	「外国人社員のそれぞれのスキルを活かして着実なグローバル展開を実現」 海外特許の出願，海外マーケティング等により事業戦略や新製品開発提案等につなげる
外的評価の向上	新潟ワコール縫製	「障がい者雇用の先進企業としての高い評価」 厚生労働大臣賞を受けたことで，講演や職場見学の依頼が増加
	三越伊勢丹	「対外評価の向上により優秀な人材を今まで以上に確保」 ワークスタイルの尊重方針等により，就職人気企業ランキングにおいて小売業1位
職場内の効果	アフラック	「若手女性社員の改善活動から生まれた高齢者向け対応マニュアルで満足度向上を達成」 コールセンターの対応を高齢者に語りかけるときのような丁寧なマニュアルを作成することで，顧客対応品質の向上を達成
	ジェイティービー	「長時間労働の改善による社員満足度・モチベーションの向上と業務の質的向上」 働き方見直しプロジェクトにより，残業時間削減

出典:「ダイバーシティ経営企業100選ベストプラクティス集」より筆者作成。

対象企業は上場企業，非上場企業万遍なく選ばれており，また，成果も一つの視点に限定せずに挙げています。

(2) **女性の活躍推進**

ダイバーシティ銘柄には姉妹銘柄として，同じく経産省と東証が推進する"なでしこ銘柄"があります。

こちらは，東証一部上場企業を対象として，東証33業種ごとに選定し，平成26年度は40社が選定されています。

経産省のなでしこ銘柄のレポートによれば，ダイバーシティ，とりわけ女性活躍推進の狙いとしては，①多様な市場ニーズに対応し，②リスク管理能力や変化に対する適応能力を向上させ，③資本市場における評価の獲得，長期・安定的な資金調達，④労働市場における評価の獲得，優秀な人材の確保・獲得につなげるためとあります[*5]。

平成27年8月に制定された「女性活躍推進法」では，平成28年4月1日から，労働者300人以上の大企業は，女性の活躍推進に向けた行動計画の策定などが新たに義務づけられることとなっています。

平成28年4月1日までに，①自社の女性活躍状況の把握・課題分析，②行動計画の策定・届出，③情報の公表などを行う必要があり，「採用者に占める女性比率」「勤続年数の男女差」「労働時間の状況」「管理職に占める女性比率」に関しては必ず状況を把握し課題分析することとされています。

こうした取組みが優良な企業については申請により厚生労働省の認定マークなどを使用することが可能となります。

(3) **ダイバーシティとリスク**

ここまでで主としてダイバーシティのメリットについて論じてきましたが，では逆に，ダイバーシティをないがしろにした経営をすると，企業にとってどのようなリスクがあるでしょうか。

有価証券報告書の「対処すべき課題」を下記の語句で検索すると，多くの企業が組織の多様化に関して重点課題としていることがわかりました。

・検索対象　2016年1月現在で，直近1年間に提出された有価証券報告書。

・検索対象語句の後ろの括弧は件数。

・下記「事業等のリスク」も同様の検索方法

第2章◇株主及びステークホルダーに対する対応
第3節◇ステークホルダーとの関係

	有価証券報告書で述べられているリスク（抜粋。一部加工）
人事，人権に関するもの	・人事運営上の不公平，不公正（報酬・手当・解雇等の問題），人権問題（ハラスメント含む）が発生し，グループの業務遂行や業績等に悪影響を及ぼす ・人材の流出・喪失等や士気の低下 ・人事労務上の問題に関連する訴訟が発生し，社会的信用の失墜
海外に関するもの	・海外拠点の運営（文化，慣習，ユーザー嗜好等の違い，不安定な労使関係等） ・子会社等のガバナンス（十分な内部管理体制が追いつかない） ・海外企業買収後の事業統合（合弁先のパートナーの経営環境の悪化，意見の相違，日本語と現地語での認識の相違等） ・海外取引に係るリスク（現地との調整，許認可，地域情勢の不知，取引先との関係構築等）

出典：各社有価証券報告書より筆者作成。

「ダイバーシティ（79社），ワークライフバランス（22社），CSR（326社）」

有価証券報告書の「事業等のリスク」をダイバーシティに関連する下記の語句で検索したところ，以下のようなリスクが検出されました。

「人権（17社），ダイバーシティ（237社），ワークライフバランス（4社），労働紛争（3件），労使紛争（1件），CSR（34社），海外展開（203社），海外進出（148社）」

要点を示しますが，大きく人事・人権に関するリスクと，海外展開に伴うリスクに大別されます。

上記のようなリスクによって，結果として以下のようなデメリットが想定されます。

① 未払残業代，ハラスメント，配置転換無効等の労使紛争が起こり，社内外からの悪評が立ち，結果的に取引先を失う
② 海外においては業績の悪化，事業撤退，風評被害，不買運動等が起こる

こうしたリスク情報の収集・分析，リスクの対策を行い，顕在化を防止し，リスクの回避・軽減・提言・移転などに努めることは，内部統制上非常に重要と考えられます。

組織の多様性を高めることは，日本企業のグローバル展開が加速する中，世界中の様々な市場への適応力を高め，リスクに対する耐性を高めることに繋がると考えられています[6]。

経済面の毀損を発生させないためのリスクマネジメントの視点でもダイバーシティを捉える必要性があります。

(4) まとめとして

ダイバーシティマネジメントは，ややもすると「201x年までに女性役員○％」「育休取得者の割合△％」等（自社の実態に適した数値等）を達成することだけに終始しがちですが，多様性を認めることで中長期の企業価値を高め，企業を持続可能な存在にし，ひいてはステークホルダー全体の価値創造を図ることが究極の目的と考えられます。

それはCGコードが目指している企業の姿と整合するものです。

企業がステークホルダーに対し，立場に応じた対応を心掛けることにより，各々の視点を活かした多様な市場ニーズへの対応や，急激な環境変化にも柔軟かつ能動的に対応でき，リスクをもビジネス上の機会と捉え機動的に対処することができるでしょう。

各社が様々なダイバーシティ推進策をとり，中長期的な人材戦略として企業に必要なものとの認識をもち，ダイバーシティ経営企業ベストプラクティスのような実践を積み上げていくことで，企業価値が高まり，イノベーションの創出にも繋がるものと考えられます。

〔高橋　将光〕

■注　記■

[1]　経済産業省『平成26年度ダイバーシティ経営企業100選ベストプラクティス集』（2015）Ⅰ.1（1頁）.
[2]　経済産業省・前掲（[1]）Ⅰ.1（1頁）.
[3]　経済産業省・前掲（[1]）参考資料1（237頁）.
[4]　経済産業省・前掲（[1]）Ⅱ.1.(2)（4頁）.
[5]　経済産業省「平成26年度なでしこ銘柄」（2015）Ⅰ.2（1頁）.
[6]　経済産業省・前掲注（[5]）Ⅰ.2（1頁）.

第 3 章

情報開示の充実と透明性確保

22 情報開示の充実とアカウンタビリティー・IR

金融商品取引法，会社法，金融商品取引所規則，CGコードでは，それぞれどのような情報の開示が求められていますか。また，情報の開示にあたっては，どのような点に留意すべきでしょうか。

　わが国には，それぞれ目的の異なるディスクロージャー制度が3つあります。一般投資家保護を目的とする金融商品取引法に基づくもの，債権者保護ないし債権者・株主の利害調整を目的とする会社法に基づくもの，有価証券の上場等に関する管理を目的とする取引所規則に基づくものの3つです。コーポレート・ガバナンス以外の非財務情報では，事業内容，当期の業績の概要，対処すべき課題，事業等のリスク，設備投資の状況など，相当程度同種の情報を開示することが求められています。

　コーポレート・ガバナンスについては，有価証券報告書において，コーポレート・ガバナンスの体制全体から始まり，社外取締役・社外監査役の役割・関係等のほか，内部監査・監査役監査・会計監査人監査の相互連携についても記載が求められています。また，役員報酬の額の記載のほか，コーポレート・ガバナンスに関する各種開示書類のうちで唯一，政策保有株式の銘柄名の開示が求められる場合があります。広義の招集通知（狭義の招集通知・事業報告・〔連結〕計算書類・〔連結〕注記表・株主総会参考書類）においては，株主の権利行使にあたって最大の関心事である役員選任と役員報酬に関する情報が質・量ともに重視されています。CG報告書では，CGコードに対するコンプライ・オア・エクスプレインの状況が記載されます。特にCGコードのうち開示が必須とされる11項目について記載されていますので，上場会社のコーポレート・ガバナンスに対する考え方がよく理解できます。

　CG報告書をはじめ，CGコードに対する企業の考え方等の記載

第3章◇情報開示の充実と透明性確保

について，表現が似通っていて企業固有の考え方がわかりづらいとの声が上がっています。CGに関する記載にあたっては，他社事例ばかりを気にすることなく，自社の状況や考え方を自分の言葉で投資家に伝えることを重視すべきであるといえます。

☑キーワード
有価証券報告書，株主総会招集通知，事業報告，株主総会参考書類，決算短信，コーポレート・ガバナンスに関する報告書（CG報告書），コンプライ・オア・エクスプレイン，取締役選任，役員報酬，必須11項目

解　説

1　開示制度の概要

(1)　開示制度の特徴

　上場会社は，金融商品取引法・会社法・金融商品取引所規則などの各種法規制に基づいて，必要な情報を開示することが求められています。上場会社を取り巻く各種開示制度の概要は，■表1にまとめたとおりです。

　金融商品取引法及び会社法はいわゆる強行法規といわれ，上場会社はこれを遵守しなければなりません。また，取引所規則及びCGコードは法律ではありませんが，上場会社は自主的にこれを実践することが求められます。前者をハードロー，後者をソフトローと呼ぶこともあります。金融商品取引法は，有価証券の発行に係る発行開示及びその流通に係る継続開示の両面から，企業内容等の開示に関する規制を行っています。ここでは，継続開示を前提として説明することとします。

Q22◆情報開示の充実とアカウンタビリティー・IR

■表1　上場会社を取り巻く各種開示制度の概要

	金融商品取引法	会社法	取引所規則	CGコード
趣旨	一般投資家保護	債権者保護 株主・債権者の利害調整	有価証券の上場等に関する管理	持続的な成長と中長期的な企業価値の向上
位置づけ	強行法規	強行法規	自主規制	自己規律
情報開示	施行令(*1), 開示府令(*2), 開示ガイドライン(*3), 連結財規(*4)等	会社則, 会社計算	東証上場規程, 東証上場規程規則	取引所規則の企業行動規範に組み込まれる
開示体系	発行開示, 継続開示(通期, 四半期)	通期	通期, 四半期 適時開示については任意の時期	通期を前提とし, 更新開示は任意
開示書類	(継続開示) 有価証券報告書 内部統制報告書 四半期報告書 確認書 臨時報告書	株主総会招集通知(狭義) 事業報告 計算書類 個別注記表 連結計算書類 連結注記表 株主総会参考書類(議案)	決算短信 四半期決算短信 各種適時開示書類	CG報告書

（*1）　金融商品取引法施行令（昭和40年政令第321号）。
（*2）　企業内容等の開示に関する内閣府令（昭和48年大蔵省令第5号）。
（*3）　企業内容等の開示ガイドライン（企業内容等の開示に関する留意事項について〔平成11年4月1日大蔵省金融企画局第267号〕最終改正平成27年9月25日）。
（*4）　連結財務諸表の用語，様式及び作成方法に関する規則（昭和51年大蔵省令第28号）。このほか，連結財規ガイドライン（「連結財務諸表の用語，様式及び作成方法に関する規則」の取扱いに関する留意事項について〔平成11年4月1日大蔵省金融企画局第267号〕），財務諸表等規則（財務諸表等の用語，様式及び作成方法に関する規則〔昭和38年大蔵省令第59号〕），財規ガイドライン（「財務諸表等の用語，様式及び作成方法に関する規則」の取扱いに関する留意事項について〔平成11年4月1日大蔵省金融企画局第267号〕）等がある。

第3章◇情報開示の充実と透明性確保

(2) 開示書類の概要

次に,各開示制度で求められる代表的な開示書類を比較してみます(CGコードについては後述)。

■表2 各開示制度で求められる代表的な開示書類

開示対象期間		金融商品取引法	会 社 法	取引所規則
通　期		有価証券報告書	事業報告,計算書類,連結計算書類,個別注記表,連結注記表	決算短信
	開示内容	【企業の概況】 【事業の状況】 【設備の状況】 【提出会社の状況】 【経理の状況】 【提出会社の株式事務の概要】 【提出会社の参考情報】	事業報告: ・会社の現況に関する事項 ・会社の株式に関する事項 ・会社の新株予約権に関する事項 ・会社役員に関する事項 ・会計監査人の状況 ・会社の体制及び方針	・サマリー情報 ・添付資料 (a)目次 (b)経営成績・財政状態に関する分析 (c)継続企業の前提に関する重要事象等 (d)経営方針 (e)会計基準の選択に関する基本的な考え方 (f)連結財務諸表 ・投資判断に有用な情報
四半期		四半期報告書	—	四半期決算短信
	開示内容	【企業の概要】 【事業の状況】 【提出会社の状況】 【経理の状況】	—	・サマリー情報 ・添付資料 (a)目次 (b)サマリー情報(注記事項)に関する事項 (c)継続企業の前提に関する重要事象等 (d)連結財務諸表 ・投資判断に有用な情報

事業年度（通期）を前提とした開示内容は，有価証券報告書・事業報告・決算短信それぞれにおいて，相当程度の共通点があります。有価証券報告書における【企業の概況】には，主要な経営指標等の推移，沿革，事業の内容，関係会社の状況，従業員の状況を記載します。主要な経営指標については連結及び単体の売上高・経常利益・当期純利益・株主資本等利益率等の各種経営指標に関して5期分が開示されますが，これは会社法における事業報告のうち会社の現況に関する事項において，直前3事業年度の財産及び損益の状況と，並びに，決算短信のうちサマリー情報（当該年度分）で開示される内容とに類似しています。また，【事業の状況】には業績等の概要，生産，受注及び販売の状況，対処すべき課題，事業等のリスク，経営上の重要な契約等，研究開発活動，財政状態，経営成績及びキャッシュ・フローの状況の分析を記載します。当該年度の業績の概要は，事業報告の会社の現況に関する事項においても説明されますし，決算短信の中でも経営成績・財政状態に関する分析として開示されます。対処すべき課題や事業等のリスクについても，有価証券報告書，事業報告及び決算短信のそれぞれに記載されることになります。

　なお，これらの諸制度及び開示書類が多分に重複しているという批判を受けて，経済産業省及び金融庁において，開示書類の統合ないし株主総会手続の電子化の検討が進められています。

2　コーポレート・ガバナンスに関する開示

(1)　CGコードと各種開示との比較

　次に，コーポレート・ガバナンスに関する開示を横断的に比較してみましょう。CGコードは，固有の開示書類を作成することを求めていませんが，取引所規則では，上場会社はCGコードの各原則を実施するか，実施しない場合にはその理由を「コーポレート・ガバナンスに関する報告書」（以下，「CG報告書」といいます）において説明すること（コンプライ・オア・エクスプレイン）が義務づけられています（東証上場規程436条の3）。そこで，CGコードの主要な項目が，金融商品取引法による有価証券報告書・会社法による広義の招集通知（狭義の招集通知のほか，事業報告，〔連結〕計算書類，〔連結〕注記表及び参考書類等を含みます）

第3章◇情報開示の充実と透明性確保

や取引所規則による決算短信においてどのように開示されることとなるかを対比します。なお，CG報告書におけるCGコードの記載については後述します。

■表3　各開示書類におけるCGコードの内容

CGコード*	有価証券報告書	広義の招集通知	決算短信
3－1(i)CG基本方針 4－10任意の委員会 4 取締役会等の責務 4－2～4－3取締役会の役割・責務(2)～(3) 4－4監査役及び監査役会の役割・責務 4－11取締役会・監査役会の実効性確保のための前提条件 4－7独立社外取締役の役割・責務 4－8独立社外取締役の有効な活用 4－9独立社外取締役の独立性判断基準及び資質	第4【提出会社の状況】 6【コーポレート・ガバナンスの状況等】 ①企業統治の体制 ②内部監査及び監査役監査 ③社外取締役及び社外監査役	・会社の体制及び方針（会社則118条2号・3号・126条10号） ・財務及び会計に関する相当程度の知見（会社則121条9号） ・社外役員に関する事項（会社則124条1号・2号）	Ⅱ(d)経営方針 (1)会社の経営の基本方針 (2)目標とする経営指標 (3)中長期的な会社の経営戦略
3－1(iii)役員報酬の決定方針と手続	④役員の報酬等	Ⅳ取締役及び監査役の報酬等の額（会社則121条4号・5号）	
1－4政策保有株式の保有方針等	⑤株式の保有状況		
3－2外部会計監査人	⑥会計監査の状況	Ⅴ会計監査人の状況（会社則126条）	

176

補充原則1-1②総会決議事項の取締役会への委任	⑦取締役会で決議できる株主総会決議事項 ⑧取締役の定数	
3-1(iv)取締役・監査役候補の指名方針と手続	⑨取締役の選任の決議要件	Ⅳ辞任した会社役員又は解任された会社役員に関する事項（会社則121条7号）
補充原則1-1③株主の権利行使への配慮	⑩株主総会の特別決議要件	株主総会参考書類（議案）
3-1(v)経営陣幹部，取締役・監査役候補の個々の選任・指名理由		

＊ 「補充原則」とあるものを除き，すべて「原則」。

(2) 有価証券報告書におけるコーポレート・ガバナンス開示

コーポレート・ガバナンスに関して，最も詳細に規定しているのは有価証券報告書といえます。例えば，第二号様式（記載上の注意）(57)コーポレート・ガバナンスの状況においては，以下のように規定しています。「提出会社の企業統治の体制（企業統治に関して提出会社が任意に設置する委員会その他これに類するものを含む。）の概要及び当該企業統治の体制を採用する理由を具体的に記載すること。また，その他の提出会社の企業統治に関する事項（例えば，内部統制システムの整備の状況，リスク管理体制の整備の状況）について，具体的に，かつ，分かりやすく記載すること。」これは，CGコードでいえば，【原則3-1】(ⅱ)のコーポレート・ガバナンスに関する基本的な考え方と基本方針について開示し，主体的な情報発信を行うべきとする部分に該当します。また，任意の委員会の活用については，【補充原則4-10①】で，「上場会社が監査役会設置会社または監査等委員会設置会社であって，独立社外取締役

が取締役会の過半数に達していない場合には，経営陣幹部・取締役の指名・報酬などに係る取締役会の機能の独立性・客観性と説明責任を強化するため，例えば，取締役会の下に独立社外取締役を主要な構成員とする任意の諮問委員会を設置することなどにより，指名・報酬などの特に重要な事項に関する検討に当たり独立社外取締役の適切な関与・助言を得るべきである。」と述べており，任意の委員会を活用するよう指摘しています。

ただし，有価証券報告書の記載事項は，CGコードほど網羅的ではありません。例えば，CGコードの【原則3－1】(i)にいう「会社の目指すところ（経営理念等）や経営戦略，経営計画」といった非財務情報について，明示的に開示する箇所は規定されていません。企業固有の経営理念の下，中長期的な経営戦略を描き，これを短期的な経営計画に落とし込んでいくなかで，当期の経営がどうであったかという位置づけで，ステークホルダーにCGの現状を説明するパートがないのです。CGコードに対応した有価証券報告書の色彩を強めるならば，経営理念は第1【企業の概況】の3【事業の内容】において説明し，経営戦略・経営計画は第2【事業の状況】の1【業績等の概要】や3【対処すべき課題】において説明することも考えられます。

なお，有価証券報告書は，その内容が充実していることは誰もが認めるところです。例えば，連結役員報酬等が1億円を超える場合，当該役員の氏名を開示しなければなりませんし，政策保有株式の具体的な銘柄名も開示することが求められています。2015〔平成27〕年以降，各種ディスクロージャー書類の統合を検討する会議が経済産業省や金融庁で行われていますが，株主総会における議決権行使にあたっては，有価証券報告書のような充実した情報に基づいて議決権行使を行いたいという投資家の声も小さくありません。

(3) 招集通知におけるコーポレート・ガバナンス開示

広義の招集通知におけるコーポレート・ガバナンス開示は，主に取締役選任と役員報酬に集中しています。これは，株主からみて中長期的な企業価値の向上につながる経営を行うことができるかどうかは，会社のガバナンスの是非に基づいているからといえます。究極的には，株主からのガバナンスは取締役選任における賛否と役員報酬の妥当性に尽きます。そのため，社外役員に関する事項など，社外取締役・社外監査役についての役割や実績についての開示が多

く求められています。CGコードにおいて【原則3－1】(ⅲ)～(ⅴ)において，経営陣幹部・取締役の報酬決定方針・手続や経営陣幹部・取締役及び監査役候補の指名方針と手続や個々人の選任・指名理由を開示することを求めているのも，こうした考え方が背景にあるといえます。

また，会社法だけでなく，多くの機関投資家が活用する議決権行使助言会社からの要請に基づき，個々の役員の取締役会出席状況を回数ないし出席率で明示するほか，株主総会参考書類（議案）に候補者おのおのの選任理由を記載する等，有価証券報告書よりも招集通知のほうが，各社ごとの多様な工夫がみられます。

(4) 決算短信におけるコーポレート・ガバナンス開示

決算短信におけるコーポレート・ガバナンス開示は，非常にコンパクトな内容です。もともと決算短信は決算速報の開示という位置づけから始まって，徐々に非財務情報が拡充されてきました。コーポレート・ガバナンスに関する情報を決算短信に記載する時代もありましたが，毎年のように変わるわけではないこと，決算短信のコンパクト性を高めるなどの理由により，決算短信からコーポレート・ガバナンスの状況に関する記述を分離し，CG報告書ができたという経緯があります。こうしたことから，決算短信におけるコーポレート・ガバナンスに関する記載は，取引所が一律に記載を要請する事項のうち「経営方針」において，会社の経営の基本方針，目標とする経営指標，中長期的な会社の経営戦略が求められています。これはCGコード【原則3－1】(ⅰ)にいう経営理念等や経営戦略，経営計画についての開示と軌を一にします。

(5) CG報告書におけるコーポレート・ガバナンス開示

上場会社は，コーポレート・ガバナンスに関する基本的な考え方などを記載したCG報告書を東証に提出するとともに，内容に変更が生じた場合には，遅滞なく変更内容について記載した書面を提出することが義務づけられています（東証上場規程419条，東証上場規程規則415条）。CG報告書は，「適切なディスクロージャーに企業経営者が責任を持って取り組む意識の保持」及び「企業経営者の独走をけん制するための独立性のある社外の人材の適切な活用」をコーポレート・ガバナンスの充実という分野における当面の目標とし，その実現を図るため，各社のコーポレート・ガバナンスの取組み状況を投資者によりわかりやす

第3章◇情報開示の充実と透明性確保

い形で提供するために導入されているものです。

CGコードの各原則を実施するか,実施しない場合にはその理由をCG報告書において説明すること(コンプライ・オア・エクスプレイン)が義務づけられています(東証上場規程436条の3)。これはコードの各原則を実施することを一律に義務づけるものではなく,コードの各原則の中に,各社ごとの個別の事情に照らして実施することが適切でないと考えられる原則がある場合には,当該原則を実施しない理由を十分に説明することを想定しているものです。本則市場(東証一部・二部)の上場会社は,CGコードの基本原則・原則・補充原則を,マザーズ及びJASDAQの上場会社は基本原則を対象として,コンプライ・オア・

■表4 CGコードにおける開示必須11項目

原則	内容
原則1-4	政策保有株式に関する保有方針及び議決権行使の基準
原則1-7	関連当事者間取引に関する適切な手続・枠組み
原則3-1	経営理念・経営戦略・経営計画,コーポレート・ガバナンスの基本的考え方・基本方針,役員報酬の決定方針・手続,経営陣幹部・取締役・監査役の指名方針・手続,個々の選任・指名の説明
補充原則4-1①	経営陣に対する委任の範囲の概要
原則4-8	3分の1以上の独立社外取締役が必要と考える上場会社については,その取組み方針
原則4-9	独立社外取締役の独立性判断基準
補充原則4-11①	取締役会全体としての知識・経験・能力のバランス,多様性・規模に関する考え方
補充原則4-11②	社外取締役・社外監査役の他の上場会社の役員の兼任状況
補充原則4-11③	取締役会全体の実効性についての分析・評価の結果の概要
補充原則4-14②	取締役・監査役に対するトレーニングの方針
原則5-1	株主との建設的な対話を促進するための体制整備・取組みに関する方針

エクスプレインすることになります。具体的には，CG報告書冒頭の「Ⅰ　コーポレート・ガバナンスに関する基本的な考え方及び資本構成，企業属性その他の基本情報」において，基本的な考え方の直後に「(1)　コードの各原則を実施しない理由」（エクスプレイン）及び「(2)　コードの各原則に基づく開示」を記載することが求められます。「(2)　コードの各原則に基づく開示」では，本則市場の上場会社について，CGコードのうち開示が必須の11項目について記載することが求められています。必須11項目は前頁■表4　CGコードにおける開示必須11項目のとおりです。

　こうした必須11項目の開示などにより，コーポレート・ガバナンスに対する企業の考え方の理解が促進されると期待されていますが，CG報告書をはじめ，CGコードに対する企業の考え方等の記載について，表現が似通っていて企業固有の考え方がわかりづらいとの声が上がっています。コーポレート・ガバナンスに関する記載にあたっては，他社事例ばかりを気にすることなく，自社の状況や考え方を自分の言葉で投資家に伝えることを重視すべきであるといえます。

〔鎌田　浩嗣〕

第3章◇情報開示の充実と透明性確保

コーポレート・ガバナンスに関する基本的な考え方と基本方針

コーポレート・ガバナンスに関する基本的な考え方と基本方針としてどのような内容を決定すべきでしょうか。

　CGコード原則3−1(ii)では、「本コード（原案）のそれぞれの原則を踏まえた、コーポレートガバナンスに関する基本的な考え方と基本方針」について「主体的な情報発信を行うべきである。」とされていますが、CGコードでは、会社がおのおの置かれた状況に応じて、実効的なコーポレートガバナンスを実現することができるよう原則主義（プリンシプルベース・アプローチ）が採用されており、CGコード3−1(ii)で定められている「コーポレートガバナンスに関する基本的な考え方と基本方針」についても特段の定義や記載すべき事項も定められていません。

　コードの内容や定められた背景を考えますと、コードで定められている各内容について、会社の対応状況の概要を会社の説明しやすい構成・順番に組み替えて記載することが考えられます。記載する項目には、コード制定の際に参考とされたであろうニューヨーク証券取引所による規則で義務づけられている内容や日本取締役協会が平成27年4月に公表した「コーポレートガバナンスに関する基本方針ベスト・プラクティス・モデル」が参考になるものと思います。

☑キーワード

　原則主義（プリンシプルベース・アプローチ），ガバナンスガイドライン（基本方針），コーポレート・ガバナンスの取組み，CGコード原則3−1(ii)，OECDガバナンス原則，日本取締役協会ベストプラクティス，投資家フォーラム，CG報告書参照方式

Q23◆コーポレート・ガバナンスに関する基本的な考え方と基本方針

解　説

1　CGコードの要請

　CGコード原則3－1(ⅱ)では，「本コードのそれぞれの原則を踏まえた，コーポレートガバナンスに関する基本的な考え方と基本方針」について「主体的な情報発信を行うべきである。」とされていますが，CGコードでは，会社がおのおの置かれた状況に応じて，実効的なコーポレート・ガバナンスを実現することができるよう原則主義（プリンシプルベース・アプローチ）が採用されていますので，当該内容についてどこまでの内容を定めるべきかは各社の状況に基づき記載することとなります。

　CGコード原則3－1(ⅱ)では，「基本的な考え方」と「基本方針」とを開示することが想定されており，「基本的な考え方」として各上場会社のコーポレート・ガバナンスに関する総論的な考え方を，「基本方針として本コードの個々の原則に対する大まかな対応方針を開示すること」が求められています[※1]。

　CGコード原則3－1(ⅱ)には，「それぞれの原則を踏まえた」との記載がありますが，CGコードが定める73原則すべての原則一つひとつに対する基本方針の記載を求める趣旨ではなく，ある程度大まかにグルーピングしたうえで記載を行うことや，各上場会社が重要と考える原則に絞って記載を行うこと等が考えられますし[※2]，コードで定められていない事項についても重要性があれば含めて策定されることも可能です。

　また，この原則を補足する補充原則3－1①では，これらの開示に際しひな型的な記述や具体性を欠く記述を避け，利用者にとって付加価値の高い記載となるよう工夫が必要とされています。

　CGコード策定の際にはOECDガバナンス原則が参考資料として利用されています。この注釈「Ⅴ．開示及び透明性」A8において，「ガバナンスの構造と方針，特にコーポレート・ガバナンス規範や方針の内容及び，その実施過程」などの重要情報は開示されるべきとされています。

また，CGコード策定の際には海外企業によるガバナンスガイドラインを想定することが考えられますが，ガバナンスガイドライン策定の実務は米国を中心に発展・定着しているものです。ニューヨーク証券取引所では主に「取締役の適格基準」「取締役の責任」「取締役の経営陣及び独立したアドバイザーへのアクセス」「取締役の報酬」などについて定めることとされており，その他「取締役のオリエンテーション及び継続的なトレーニング」「経営陣の後継者」「取締役会のパフォーマンス評価」があります。

2　ガバナンスガイドライン策定のメリット

　ガバナンスガイドラインを策定することにより，会社としては，ガバナンスに関する情報開示の一元化が可能となります。また，CG報告書記載事項については，他の書類に記載されている内容を参照することにより報告書上の記載を省略することが認められていますので，報告書記載の簡略化が可能となります。投資家側としては各社のガバナンスの全体像についての理解促進につながり対話の出発点になり得るものと思われます。

3　日本の上場会社における現状

　日本の上場会社において，従来は，ガバナンスガイドライン（基本方針）を策定する実務はありませんでしたが，CGコード施行以前からガバナンスガイドラインを定めている会社は少数ながら存在しました。施行後も各社のプレスリリースをみると，平成27年末時点で100社以上の会社が新たにガバナンスガイドライン（基本方針）を策定した旨公表しています（第一生命保険（株），MS&ADインシュアランスグループホールディングス（株），オリンパス（株），アサヒグループホールディングス（株），オムロン（株）等）。書類のタイトルは「コーポレートガバナンス・ガイドライン」「コーポレートガバナンスに関する基本方針」「コーポレートガバナンスに関する基本的な考え」「コーポレートガバナンス規範」「コーポレートガバナンスポリシー」「コーポレートガバナンス方針書」と様々です。

Q23◆コーポレート・ガバナンスに関する基本的な考え方と基本方針

　このようなガイドラインによる開示については，機関投資家が集う場として昨年始まった投資家フォーラムが「コーポレート・ガバナンスに関する自社の理念や取組みをコーポレートガバナンス・ガイドラインとして取りまとめ，コーポレート・ガバナンス報告書からこのガイドラインを参照する形で，コードに基づく開示要件を満たそうとする企業が複数見受けられる。この開示方式については，自社の考えるストーリーに沿ってコーポレート・ガバナンスに関する理念や取組みを記述していてわかりやすいと評価する声が多数であった。ただし，この方式では，コードの各原則に基づく開示内容がどこに記載されているかを把握することが困難となりやすい。この問題を回避するため，ガイドラインのどの部分がコードのどの原則に対応するかを，該当する原則の番号を付記して明示する例は評価が高かった。」との報告書を公表しています[*3]。

　このような機関投資家からの評価もあることからガイドライン策定会社が徐々に増加していくことが予想されます。

　また，CGコード原則3-1(ⅱ)の文言どおり，CGコード各原則に関する自社の取組みをリリースしている会社も散見されます（大東建託（株），ブックオフコーポレーション（株），松井証券（株）等）。

〔新妻　大〕

═══■注　記■═══

[*1]　油布ほか・CGコード解説Ⅲ36頁。
[*2]　油布ほか・CGコード解説Ⅲ36頁。
[*3]　投資家フォーラム運営委員会「投資家からみたコーポレート・ガバナンス報告書」商事2084号（2015）27頁。

Q24 開示情報の正確性の確保に向けた体制整備

非財務情報の開示を含め，情報開示についてはどのような点に留意すべきでしょうか。また，開示情報の正確性の確保に向けて，会社はどのような体制を整備すべきでしょうか。

　上場企業に求められる非財務情報を含めた情報開示は，金融商品取引法，会社法，金融商品取引所規則等によって異なる内容となりますが（**Q22**参照），いずれの開示においても，資本市場に対する適時・適正な情報の提供が，投資家の投資判断の基礎を形成することになりますから，開示情報の正確性を確保するためには，企業による内部統制システムの整備が求められます。法令上要求される内部統制システムには，金融商品取引法に基づく「財務報告に係る内部統制」と，会社法に基づく「業務の適正を確保するための体制」（**Q60**参照）がありますが，両者は有機的に関連するもので，別個の体制ではありません。さらにグローバルな視点からみれば，内部統制のデファクト・スタンダードを提供するCOSOの内部統制のフレームワークが2013年に改訂され，財務情報のみならず，非財務情報についての正確性の確保も，内部統制の目的として焦点を当てられておりますので，今後，統合報告などの形で非財務情報の開示が，より一層，注目されることとなるでしょう。

☑キーワード

内部統制システム，内部統制報告制度，財務報告に係る内部統制，内部統制監査，業務の適正を確保するための体制，適時開示体制，COSOフレームワーク

解　説

1　上場会社に求められる情報開示の留意点

　現在、上場会社には、多様な企業情報の開示が異なる法令及び規制に基づいて求められていますが、企業情報はその性質から、大きく分けて財務情報と非財務情報（**Q23**参照）に区分されます。近年、非財務情報の重要性が強調されるようになったのは、企業社会全体のニーズの変化、すなわち、持続可能な企業を目指すのであれば、財務情報に注視するだけでは将来の方向性を見誤るおそれがあり、環境問題、人権問題、不正汚職等のコンプライアンス問題など、多様な非財務情報にも配慮し、リスク・マネジメントの充実を図ることが、投資家のニーズと経営者の適切な意思決定に貢献するものと考えられるからです。まず、財務情報については、法定開示として金融商品取引法が要求する有価証券報告書等に含まれる、連結財務諸表等が挙げられますが、併せて財務状況又は経営成績の分析などの非財務情報の開示も義務づけられています。こうした財務報告の適正性を確保するために金融商品取引法上の内部統制報告制度があり、ここでは経営者が評価した「財務報告に係る内部統制」の有効性を記載する内部統制報告書の開示が義務づけられていますが、この情報もそれ自体で、非財務情報となります。もっとも、法定開示以外にも任意開示として、CSR報告書、知的財産報告書、統合報告書などが、非財務情報の開示として挙げられますが、いずれにせよ企業情報の開示の正確性を確保するうえで、適切な内部統制システムの構築・整備が不可欠の前提となります。

　さらに、今日では、資本市場規制の観点から時々刻々変化する資本市場の公正な価格形成を確保することを目的として、重要な企業情報の変化をタイムリーに資本市場に反映させる要請が高まっているといえます。そのため、金融商品取引所規則（東証規則等）では、投資家の投資判断に重要な影響を及ぼす会社の業務、運営又は業績等に関する情報の適時開示を上場会社に義務づけており、さらに、その適時開示の適正性を確保するため、東証規則等により開示が

要求される「コーポレート・ガバナンスに関する報告書」(以下「CG報告書」といいます)の中に「適時開示体制の概要」の記載も含まれています。

2　金融商品取引法に基づく内部統制報告制度と内部統制監査

(1) 内部統制報告制度の意義

　金融商品取引法に基づく内部統制報告制度の適用会社[*1]は、事業年度ごとに当該会社の属する企業集団及び当該会社に係る「財務計算に関する書類その他の情報の適正性を確保するために必要な体制(財務報告に係る内部統制)」の有効性について評価した報告書(内部統制報告書)を有価証券報告書と合わせて内閣総理大臣に提出しなければなりません(金商24条の4の4第1項)。ここで「財務報告に係る内部統制」とは、財務報告の信頼性を確保するための内部統制を指しますが[*2]、「財務報告」自体は、財務諸表のみならず財務諸表の信頼性に重要な影響を及ぼす事項等を外部に報告することを意味しますので、「財務報告に係る内部統制」の対象とする範囲は、財務情報に限られない点は留意が必要です。なお、金融商品取引法では、会社法のように内部統制システム構築を直接、義務づける規定を置いていませんが、「財務報告に係る内部統制」の有効性を、経営者が評価した内部統制報告書の作成提出が義務づけられている以上、その前提として「財務報告に係る内部統制」の構築義務も課されていると解されています[*3]。

　内部統制報告書の具体的な記載事項については、内部統制府令の第1号様式に基づき、①代表者の役職氏名、②会社が、代表者に準ずる責任を有する者として「最高財務責任者」を定めている場合には、その者の役職氏名、③財務報告に係る内部統制の基本的枠組みに関する事項、④評価の範囲、基準日及び評価手続に関する事項、⑤評価結果に関する事項、⑥付記事項(決算日以降で上記評価に重要な影響を及ぼす後発事象等)、⑦特記事項(付記事項には該当しない例外的な状況において、投資家の投資判断に影響を与える場合)を記載するように定められています。内部統制報告書の開示については、有価証券報告書とともに内閣総理大臣に対して提出され(金商24条の4の4第1項)、その写しが金融商品取引所に送付され(同条2項)、公衆縦覧に供されることで資本市場に開示されることに

なります（金商25条1項6号）。

なお，内部統制報告書を提出しなかった場合，又は重要な事項につき虚偽記載のある内部統制報告書を提出した場合には，刑事罰として，代表者は5年以下の懲役もしくは500万円以下の懲役又はその併科に処され，法人は5億円以下の罰金が科されることになります（金商197条の2第5号・6号・207条1項2号）。また，それ以外にも，内部統制に係る報告書の重要な虚偽記載についての民事責任が，会社，役員，公認会計士等の責任主体別に定められています（金商24条の4の6）。

(2) 内部統制監査──内部統制報告書に対する監査証明

以上のように，経営者により作成された内部統制報告書は，その信頼性を確保するため，特別の利害関係のない公認会計士による監査証明を受けなければなりません（金商193条の2第2項）。この監査は内部統制監査と呼ばれていますが，財務諸表監査と一体化されて行われるのが原則です（内部統制府令7条・8条・10条）。

なお，平成26年の金融商品取引法改正により，社会的・経済的に影響力の大きな新規上場企業（資本金100億円以上又は負債総額1000億円以上）を除いた新規上場企業の場合，内部統制報告書の監査につき上場後3年間に限り，免除を受けることが可能です（金商193条の2第2項4号）。

3 金融商品取引所規則による内部統制システム整備と開示

(1) CG報告書における内部統制システムの開示

従来，金融商品取引所規則により決算短信に記載を要求されていた内部統制関連事項は，平成18年3月から，CG報告書において「内部統制システムに関する基本的な考え方及びその整備状況」として記載が求められています（東証上場規程211条4項5号）。東証が公表する「コーポレート・ガバナンスに関する報告書記載要領（2015年10月改訂版）」によれば，以下の内容に留意して記載することが望まれます。

まず，全体の概要としては，第1に，「経営者が内部統制に関する体制や環境をどのように構築しているか，その状況」について記載し，第2に，「構築

したシステムが設計したとおり運用され，成果を上げているかを検証できる仕組みとなっているかについての説明に加え，経営面への貢献等について」記載することが必要です。

そのほか，個別記載項目として，以下の具体例が挙げられています。

① コンプライアンス体制の整備状況　取締役又は使用人の職務の執行が法令及び定款に適合することを確保するための体制を構築している場合には，当該内容（社内におけるコンプライアンス規範や倫理規範の策定・公開，内部通報制度の構築の有無，内部通報制度と適時開示体制との関連性など）

② リスク管理体制の整備状況　損失の危険の管理に関する規程その他の体制を構築している場合には，当該内容（様々なリスクの発生に対する未然防止手続や，発生した際の対処方法等を定めた社内規程の整備等があればその概要など）

③ 情報管理体制　取締役又は使用人の職務の執行に係る情報の保存及び管理に関する体制を整備している場合には当該内容（各種情報の記録の方法や保存年数等）

④ 会計監査人の内部統制に関する事項

⑤ 企業集団内部統制　グループ会社を有している場合には，当該会社並びにその親会社及び子会社から成る企業集団における業務の適正を確保するための体制の整備状況

以上について，留意しつつ記載することが必要です。

(2)　適時開示体制の整備

さらに，資本市場の状況は時々刻々変化するため，上場会社から開示されるタイムリーな情報開示こそが，投資家の投資判断に重大な影響を及ぼす可能性があります。したがって，これを支える適時開示体制とその概要の開示が，金融商品取引所規則に基づき求められ，具体的には，平成22年6月以降には，「CG報告書」の中に「適時開示体制の概要」として記載されなければなりません[*4]。適時開示体制は，いわば狭義の意味での内部統制システムであり，資本市場に対して，タイムリーな情報開示を可能とするため適切な体制の整備が望まれます。

(3)　上場の入口規制と退出規制における内部管理体制の留意点

さらに，上場会社にとって，「企業のコーポレート・ガバナンス及び内部管

理体制の有効性」に関する観点が，市場の入口規制である上場審査項目の一つとして実質審査される点には，留意が必要です（東証上場規程207条1項3号，上場審査等に関するガイドラインⅡ4.等参照）。他方，市場の退出規制として，平成25年の東証規則改正により，有価証券報告書等に虚偽記載があり，又は監査人等による監査報告書に不適正意見等があった場合で，内部管理体制等の改善の必要性が高いと判断されたときは，特設注意市場銘柄に指定されることになります（東証上場規程501条1項2号）。その後，所定の期間内に内部管理体制等を改善しなかった場合には，上場廃止基準に当たることになり，自浄能力なしと判断された企業は資本市場からの退出を余儀なくされることになるでしょう（東証上場規程601条1項11号の2）。

4 内部統制のデファクト・スタンダードであるCOSOの改訂

こうした内部統制については，1992年のCOSO報告書によるフレームワークが，世界的なデファクト・スタンダードとして認知されていますが，このCOSOフレームワークが，企業環境の変化を受けて，約20年ぶりの2013年に改訂されました[*5]。改訂版COSOでは，内部統制の定義も，「事業体の取締役会，経営者，及びその他の構成員によって実行され，業務，報告，及びコンプライアンスに関連する目的の達成に関して合理的な保証を提供するために整備されたひとつのプロセス」とされて，基本的には最初に公表された1992年版の立場を踏襲しています。しかし，重要な変更点としては，旧COSOフレームワークに掲げられた3つの目的（業務執行の効率性の確保，財務報告の信頼性の向上，コンプライアンス）のうち，改訂版では，「財務」という限定のない「報告」に関連する目的に変更され，非財務情報に関する報告の信頼性を確保することも，内部統制の目的として明示されたことが挙げられます。

さらに，改訂版COSOでは，この「報告」のカテゴリーは，財務・非財務のみならず，外部・内部の視点から4つの区別がなされた点にも留意が必要です。①「財務情報に関する外部報告」は，これまでの内部統制がフォーカスしてきたものですが，これだけなく②「財務情報に関する内部報告」では，財務会計と管理会計の連携を図り，企業内部において，より緻密な会計情報の報告

を行うことで，経営者が企業運営における意思決定を見誤らないようにすることが期待されています。また，③「非財務情報に関する内部報告」では，企業内部において，現場が把握する企業環境の変化や不正リスクなどの非財務情報を，迅速かつ遮断されることなく経営トップに伝達できる取組みがより一層，求められるものとなるでしょう。さらに，④「非財務情報に関する外部報告」についても，CSR報告やサステナビリティ報告，企業戦略等の開示が統合報告の形で重視されていくこととなるでしょう。こうした内部統制のフレームワークについてのグローバルな変化は，早晩，わが国の内部統制の捉え方にも影響を及ぼすことになると思われます。

〔柿﨑　環〕

■注　記■

* 1　内部統制報告書の提出義務を負う会社は，一定の有価証券を上場又は店頭登録している発行会社であり，すべての有価証券報告書提出会社ではない（金商令4条の2の7第1項参照）。ただし，有価証券報告書提出会社は，任意に内部統制報告書を提出することはできる（金商24条の4の4第2項）。
* 2　企業会計審議会「財務報告に係る内部統制の評価及び監査の基準並びに財務報告に係る内部統制の実施基準の改訂について（意見書）」（2011）33頁。
* 3　川口恭弘「金融商品取引法における内部統制報告書制度・確認書制度」監査532号（2007）30頁以下。
* 4　「コーポレート・ガバナンスに関する報告書記載要領（2015年10月改訂版）」18頁以下参照。
　　http://www.jpx.co.jp/equities/listing/CG/tvdivq0000008j85-att/tvdivq000000uvc4.pdf
* 5　Committee of Sponsoring Organization of the Tredway Commission（COSO），Internal Control-Integrated Framework（2013）。なお邦語訳として八田進二＝箱田順哉監訳『COSO内部統制の統合的フレームワーク』（日本公認会計士協会出版局，2014）参照。

会計監査人監査の実効性確保に向けた会社としての取組み

会計監査人監査の実効性確保に向けて，会社はどのような対応を行うべきでしょうか。

　会社は，「適正な監査の確保に向けて適切な対応を行うべき」とされ（CGコード原則3－2），監査役会は，少なくとも①外部会計監査人の選定・評価基準の策定，及び②外部会計監査人の独立性・専門性の確認を，取締役会及び監査役会は，少なくとも①十分な監査時間の確保，②外部会計監査人から経営陣幹部へのアクセス確保，③会計監査人と監査役，内部監査部門や社外取締役との十分な連携の確保，及び④会計監査人が不正を発見し適切な対応を求めた場合や，不備・問題点を指摘した場合の会社側の対応体制の確立を行う必要があります（CGコード補充原則3－2①②）。

☑ **キーワード**

会計監査人，外部会計監査人，会計監査人監査の実効性確保，会計監査人の選定基準，会計監査人の評価基準，会計監査人の独立性・専門性，監査時間の確保，三様監査

第3章◇情報開示の充実と透明性確保

解　説

1　会計監査人監査の実効性確保の必要性

　外部会計監査人（公認会計士又は監査法人）は、監査等を通じて上場会社が開示する情報の信頼性を担保する存在として、情報利用者である株主や投資家に対する責務を負っています*1。しかしながら、①会計監査人の人選が不適切である場合（例えば、経営陣からの独立性を欠く者や十分な専門性を有さない者が会計監査人に選任されている場合）、②会計監査人が会計監査を行うのに十分な時間や手段を与えられていない場合、さらには、③会計監査人が会計監査の結果として不備や問題点を指摘したにもかかわらず、会社が適切な対応を行わない場合には、会計監査人による適切な会計監査を期待することはできず（①及び②の場合）、また、仮に適切な会計監査が行われたとしても、その結果を生かすことはできません（③の場合）。

　そのため、CGコード原則3－2は、会計監査人監査の実効性を確保するべく、「外部会計監査人」という見出しの下で「外部会計監査人及び上場会社は、外部会計監査人が株主・投資家に対して責務を負っていることを認識し、適正な監査の確保に向けて適切な対応を行うべきである」と定め、さらにCGコード補充原則3－2①及び②が監査役会や取締役会が少なくとも行うべき対応を具体的に規定しています。

2　会計監査人監査の実効性確保に向けた対応

(1)　外部会計監査人の選定・評価基準の策定

　CGコード補充原則3－2①(i)は、監査役会に対して、「外部会計監査人候補を適切に選定し外部会計監査人を適切に評価するための基準の策定」を求めています。これは、平成26年の会社法改正により、株主総会に提出される会計監査人の選解任等に関する議案の内容は、監査役会設置会社においては監査役会

Q25◆会計監査人監査の実効性確保に向けた会社としての取組み

■会計監査人の選定基準項目例(日本監査役協会「会計監査人の評価及び選定基準策定に関する監査役等の実務指針」(平成27年11月10日)28頁)

> 会計監査人候補者から,監査法人の概要,監査の実施体制等,監査報酬の見積額について書面を入手し,面談,質問等を通じて選定する。
>
> 第1　監査法人の概要
> 　1-1　監査法人の概要はどのようなものか。
> 　1-2　監査法人の品質管理体制はどのようなものか。
> 　1-3　会社法上の欠格事由に該当しないか。
> 　1-4　監査法人の独立性に問題はないか。
> 第2　監査の実施体制
> 　2-1　監査計画は会社の事業内容に対応するリスクを勘案した内容か。
> 　2-2　監査チームの編成は会社の規模や事業内容を勘案した内容か。
> 第3　監査報酬見積額
> 　3-1　監査報酬見積額は適切か。

■会計監査人の評価基準項目例(日本監査役協会・上掲実務指針5頁)

> 第1　監査法人の品質管理
> 　1-1　監査法人の品質管理に問題はないか。
> 　1-2　監査法人から,日本公認会計士協会による品質管理レビュー結果及び公認会計士・監査審査会による検査結果を聴取した結果,問題はないか。
> 第2　監査チーム
> 　2-1　監査チームは独立性を保持しているか。
> 　2-2　監査チームは職業的専門家として正当な注意を払い,懐疑心を保持・発揮しているか。
> 　2-3　監査チームは会社の事業内容を理解した適切なメンバーにより構成され,リスクを勘案した監査結果を策定し,実施しているか。
> 第3　監査報酬等
> 　3-1　監査報酬(報酬単価及び監査時間を含む。)の水準及び非監査報酬がある場合はその内容・水準は適切か。
> 　3-2　監査の有効性と効率性に配慮されているか。
> 第4　監査役等とのコミュニケーション
> 　4-1　監査実施の責任者及び現場責任者は監査役等と有効なコミュニケーションを行っているか。
> 　4-2　監査役等からの質問や相談事項に対する回答は適時かつ適切か。

第5　経営者等との関係
　5－1　監査実施の責任者及び現場責任者は経営者や内部監査部門等と有効なコミュニケーションを行っているか。
第6　グループ監査
　6－1　海外のネットワーク・ファームの監査人若しくはその他の監査人がいる場合，特に海外における不正リスクが増大していることに鑑み，十分なコミュニケーションが取られているか。
第7　不正リスク
　7－1　監査法人の品質管理体制において不正リスクに十分な配慮がなされているか。
　7－2　監査チームは監査計画策定に際し，会社の事業内容や管理体制等を勘案して不正リスクを適切に評価し，当該監査計画が適切に実行されているか。
　7－3　不正の兆候に対する対応が適切に行われているか。

　が決定することとされたこと（会社344条3項・1項）もふまえて，外部会計監査人の選解任プロセスに客観性を求めるものであるとされ[*2]，会社法上の事業報告において開示する「会計監査人の解任又は不再任の決定の方針」（会社則126条4号）は，CGコード補充原則3－2①に基づいて策定される外部会計監査人の選定・評価基準の一部を構成すると考えられます[*3]。

　実務上，外部会計監査人の選定・評価基準を策定するに際しては，日本監査役協会「会計監査人の評価及び選定基準策定に関する監査役等の実務指針」（平成27年11月10日）で上記のとおり基準項目例が示されているほか，日本監査役協会「会計監査人の選解任等に関する議案の内容の決定権行使に関する監査役の対応指針」（平成27年3月5日），日本公認会計士協会監査基準委員会研究報告第4号「監査品質の枠組み」（平成27年5月29日）等が参考になります。また，選定・評価のプロセスにおいては，公認会計士・監査審査会の審査・検査の結果[*4]や，日本公認会計士協会の品質管理レビューの結果を活用することも考えられます。

(2)　外部会計監査人の独立性・専門性の確認
　CGコード補充原則3－2①(ii)は，監査役会に対して，「外部会計監査人に求められる独立性と専門性を有しているか否かについての確認」を求めています。

Q25 ◆ 会計監査人監査の実効性確保に向けた会社としての取組み

　この確認方法等については、各上場会社が、本補充原則の趣旨に鑑みて合理的と考える方法を採用することが期待されており[*5]、実務上の対応としては、会計監査人からその独立性に関する事項その他職務の遂行に関する事項（会社計算131条参照）について説明を受ける、経理部門・内部監査部門等から各部門が把握した会計監査に係る実績について報告を受ける等の方法を通じて確認を行うことが考えられます。

(3) 十分な監査時間の確保

　CGコード補充原則3－2②(i)は、取締役会及び監査役会に対して「高品質な監査を可能とする十分な監査時間の確保」を求めています。

　実務上、決算報告の早期化及び定時株主総会の招集通知の早期発送などの要請に応えることを可能にするため、会計監査人による監査のための必要な時間が確保されていないという事態もしばしば見受けられます。

　しかし、CGコードの策定過程において、会計監査人が監査の質を維持してその役割を適切に果たすためには十分な監査時間の確保が必須であると指摘されているように[*6]、外部会計監査人による監査について、これが効果的・効率的に行われることは当然の前提であるとしても、開示情報の信頼性や監査の品質を確保する観点から、必要十分な監査時間を確保することは、極めて重要であると考えられます[*7]。

(4) 外部会計監査人から経営陣幹部へのアクセスの確保

　CGコード補充原則3－2②(ii)は、取締役会及び監査役会に対して「外部会計監査人からCEO・CFO等の経営陣幹部へのアクセス（面談等）の確保」を求めています。

　これは、外部会計監査人が会社内の問題を正確かつ早期に把握することを可能にし、適正な監査を確保する観点から、CEOやCFO等のシニアレベルの責任者との直接的なコミュニケーションが確保されることが重要であるため、その実現を求めるものです[*8]。

　また、特に、経営者が関与する不正を防止するという観点からは、外部会計監査人が経営陣幹部にアクセスできることは、非常に重要であると考えられます。

(5) 外部会計監査人と監査役等との十分な連携の確保

CGコード補充原則3－2②(iii)は，取締役会及び監査役会に対して「外部会計監査人と監査役（監査役会への出席を含む），内部監査部門や社外取締役との十分な連携の確保」を求めています。

これは，会社内の問題を早期に発見し，適正な監査を確保する観点からは，監査役監査，内部監査及び会計監査人監査のいわゆる「三様監査」の連携を含む，外部会計監査人と社内の関係機関や関係部署との連携が不可欠であるとの観点から，外部会計監査人と監査役，内部監査部門や社外取締役との十分な連携の確保を求めるものです[*9]。

外部会計監査人と監査役との連携については**Q49**で説明しますが，具体的な連携の方法としては，外部会計監査人及び社外取締役間では担当取締役等を通じて互いに情報収集を行うこと，外部会計監査人及び内部監査部門間では定期的に情報交換会を行い，互いの監査結果，発見事項，懸念事項等を共有すること等が考えられます。

(6) 外部会計監査人が不正を発見した場合等の会社側の対応体制の確立

CGコード補充原則3－2②(iv)は，取締役会及び監査役会に対して「外部会計監査人が不正を発見し適切な対応を求めた場合や，不備・問題点を指摘した場合の会社側の対応体制の確立」を求めています。

上場会社の外部会計監査人が監査証明を行うにあたって，法令に違反する事実等を確認した場合には，金融商品取引法上，その内容や是正措置を上場会社に通知することが求められていますが（金商193条の3第1項），CGコード補充原則3－2②(iv)が求める対応体制には，このような通知が行われた場合や，もう少し広く「不備・問題点」が指摘された後の上場会社における対応体制が含まれています[*10]。

CGコード補充原則3－2②(iv)に適合するためには，具体的には，取締役会，監査役会，内部監査部門等において情報共有が行われたうえで適切な対応がなされるように，例えば，外部会計監査人が不正を発見した場合については損害の拡大防止，早期収束，原因究明，再発防止等の有事対応の観点から，また，外部会計監査人が不備・問題点を指摘した場合については指摘事項の計画的な改善及びその進捗状況の確認の観点から，会社として取るべき手続をあらかじ

め検討し，社内規程等を整備しておくことが考えられます。

〔髙田　翔行〕

═ ■注　記■ ═

- ＊1　油布ほか・CGコード解説Ⅲ37頁。
- ＊2　油布ほか・CGコード解説Ⅲ37頁。
- ＊3　油布ほか・CGコード解説Ⅲ43頁注31。
- ＊4　平成26年会社法改正やCGコード策定等により，外部会計監査の充実・強化に向けた取組みの重要性が一層増していることを受けて，平成27年4月17日付けで公認会計士・監査審査会の「公認会計士・監査審査会の実施する検査に関する基本指針」が改正され，公認会計士・監査審査会の検査結果及び検査関係情報を被監査会社の監査役等に開示することを可能とする取扱いが明示されました（公認会計士・監査審査会「監査事務所検査結果事例集」（平成27年7月）3頁，公認会計士・監査審査会「公認会計士・監査審査会の実施する検査に関する基本指針」（平成27年4月17日改正）Ⅲ1．(2)b（10頁）。
- ＊5　油布ほか・CGコード解説Ⅲ37頁。
- ＊6　森公高「『コーポレートガバナンス・コードの策定に関する有識者会議』第4回会議までの議案に関する意見について」（平成26年10月31日）4頁。
- ＊7　油布ほか・CGコード解説Ⅲ38頁。
- ＊8　油布ほか・CGコード解説Ⅲ38頁。
- ＊9　油布ほか・CGコード解説Ⅲ38頁。
- ＊10　油布ほか・CGコード解説Ⅲ38頁。

# 第 4 章

取締役会・代表取締役・
業務執行取締役・社外取締役

第1節　取締役会の役割と責務

コーポレート・ガバナンスにおける取締役会の位置づけと役割

取締役会はどのような役割を果たすべきでしょうか。特に，CGコードでは，どのような役割が期待されていますか。

　会社法は，取締役会について，業務執行の決定機関としての役割と監督機関としての役割を定めていますが，そのいずれに主眼を置くべきかについては明確な定めを置いていません。これに対し，CGコードは，取締役会に主として監督機関としての役割を期待しており，いわゆるモニタリング・モデルの考え方に軸足を置いているといえます。また，CGコードは，経営者の適切なリスクテイクを促すため，取締役会にそのための環境整備を行うという役割も期待しています。CGコードが適用される上場会社は，このようなCGコードの定める原則をふまえ，各社の個別事情に応じて合理的といえる役割を取締役会が果たせるようにしなければなりません。

☑キーワード

所有と経営の分離，アドバイザリー・モデル，オペレーション・モデル，モニタリング・モデル

第4章◆取締役会・代表取締役・業務執行取締役・社外取締役
第1節◆取締役会の役割と責務

解　説

1　なぜ取締役会の役割が議論されるのか

　コーポレート・ガバナンスが議論されるときに取締役会の役割が重要な論点とされるのは，国民生活に対する影響力が大きい大規模な上場会社においては，所有と経営が分離しているからです。
　一口に株式会社といっても，圧倒的多数は中小企業ですし，大規模企業でも合弁会社（ジョイント・ベンチャー）のように所有と経営が未分離の会社もあります。しかし，一国の経済に大きな影響を与えるような強大な力をもっているのは，大規模な上場会社です。このような株式会社が効率的に運営され富を生み出すからこそ，国民生活は豊かなものになります。ここに株式会社の存在意義があるといっても過言ではありません。反面，このような会社で企業不祥事が起きたときの負の影響も大きいので，会社運営の公正性も確保されなければなりません。そこで，コーポレート・ガバナンスの目的は，会社運営をいかにして効率性と公正性を兼ね備えた適正なものにするのかということになります。また，そうであるからこそコーポレート・ガバナンスの強化は一国の経済政策としても大きな課題となります。平成26年の会社法改正で企業統治（コーポレート・ガバナンス）のあり方がテーマとなり，「『日本再興戦略』改訂2014」をふまえ，CGコードがわが国の成長戦略の一環として策定されたのは[*1]，このような背景によるものです。
　大規模な上場会社において，株主がその会社の株式を保有するのは，投資目的が中心であり，株主は経営に無関心であるのが通常といえます。そこで，会社運営を効率的なものとするためには，このような株主を経営に関与させることは適切でなく，専門家である経営者に経営を委ねる方が合目的的といえます。そして，経営を委ねる以上は，経営者の裁量は幅広いものとしなければなりません。なぜなら，経営者は，リスクをとって適正に経営を行い，利益という結果を残すことが求められるからです。その結果，大規模な上場会社におい

ては，所有と経営が分離することになります。ここでは，会社運営の効率性の確保のため，適任者を経営者に選び，経営者が適切にリスクテイクできる環境を整備し，残した結果に応じて経営者を適切に処遇する必要性が生じます。また，会社運営の公正性の確保のため，経営者に幅広い裁量が与えられることに伴う危険，すなわち利益相反などの経営者不正が行われる危険を監視する必要性も生じます。では，株式会社組織において，誰がこれらの必要性に対応する役割を果たすのが機能的といえるでしょうか。経営に無関心である株主がその役割を果たすのには限界があります。そこで期待されるのが，取締役会の役割です。

このような理由から，コーポレート・ガバナンスが議論されるとき，大規模な上場会社を念頭に，取締役会が果たすべき役割が重要な論点とされるのです。

2 取締役会の役割についての考え方と会社法の定め

取締役会の役割については，大別して2つの考え方があるとされます[*2]。一つは，取締役会の役割は重要な業務執行事項の決定を行うことにあるとする考え方です。これを，オペレーション・モデル（マネジメント型）と呼びます。もう一つは，取締役会は，重要な業務執行事項の決定は行わず，監督者としての役割に集中するという考え方です。これを，モニタリング・モデル（モニタリング型）と呼びます。

では，現行の会社法の取締役会の定めがいずれのモデルによっているかですが，必ずしも明確にされているとはいえません。会社法362条2項は，取締役会の職務について，2号で「取締役の職務の執行の監督」を定めていますが，1号では「取締役会設置会社の業務執行の決定」を定めており，しかも，重要な業務執行の決定の委任が許されていないことから（会社362条4項1号・2号），監督機関に徹していません[*3]。監査等委員会設置会社や指名委員会等設置会社は，モニタリング・モデルの取締役会を指向しているといわれますが，業務執行の決定も取締役会の職務と定められ（会社399条の13第1項1号・416条1項1号），重要な業務執行の決定を委任しないことも許されていますので（会社399条

第4章◇取締役会・代表取締役・業務執行取締役・社外取締役
第1節◇取締役会の役割と責務

の13第4項～6項・416条4項），監督機関に徹しないという選択も，会社法上は可能です。また，大会社や公開会社でなくても，監査等委員会設置会社や指名委員会等設置会社になることができます（会社328条の反対解釈）。

そこで，大規模な上場会社におけるコーポレート・ガバナンスのあり方を議論するときは，会社法というハード・ローのみならず，ソフト・ローも考慮しなければなりません[*4]。

3 CGコードにおける取締役会の役割

(1) 原　　則

上場会社に適用されるソフト・ローにCGコードがあります。その基本原則4には，取締役会の役割・責務として，(1)企業戦略等の大きな方向性を示すこと，(2)経営陣幹部による適切なリスクテイクを支える環境整備を行うこと，(3)独立した客観的な立場から，経営陣（執行役及びいわゆる執行役員を含む）・取締役に対する実効性の高い監督を行うことという3つが定められています。

このうちの(1)(3)は，CGコードがモニタリング・モデルの考え方に軸足を置いていることを示すものといえます。モニタリング・モデルとは，取締役会が監督者としての役割に集中するという考え方であり，具体的には，(1)取締役会が経営の基本方針として企業戦略等の大きな方向性を示し，その方針に従って業務執行を行うことを経営者に委ね，(3)経営の結果を評価し，人事に反映させることで，経営者による業務執行を監督するという考え方をいうからです。

また，(2)には，適切なリスクテイクを促すというCGコードの基本姿勢が現れています。これには，日本の企業はリスク回避傾向がある，もう少しリスクをとる必要があるという考え方が背景にあると思われます[*5]。諸外国の議論を見ますと，逆に，経営者が過度のリスクをとることを防ぐことが取締役会に期待される役割であるとされることが多いようであり，目指す着地点は同一であっても，CGコードは諸外国の議論とベクトルを逆にしているということができます[*6]。

(1)については，CGコード原則4－1が敷衍し，取締役会に対し，(i)経営戦略や経営計画等について建設的な議論を行うことのほか，(ii)モニタリング・モ

デルに徹しない場合にも，戦略的な方向づけをふまえて重要な業務執行の決定を行うという役割・責務が定められています。そして，補充原則4－1①ないし③でさらに敷衍し，①取締役会は，業務執行の決定を委任する範囲，すなわち監督機関に徹する程度をどうするかを決定すること，②中期経営計画が株主へのコミットメントの一つであること，③取締役会は最高経営責任者等の後継者の計画（プランニング）についても適切に監督を行うべきであることが定められています。

(2)については，CGコード原則4－2が敷衍し，取締役会に対し，(i)経営陣からの健全な企業家精神に基づく提案を歓迎しつつ，説明責任の確保に向けて，そうした提案について独立した客観的な立場において検討を行い，承認した提案が実行される際には，経営陣幹部の迅速・果断な意思決定を支援すること，(ii)経営陣の報酬について，中長期的な会社の業績や潜在的リスクを反映させ，健全な企業家精神の発揮に資するようなインセンティブづけを行うという役割・責務が定められています。そして，(ii)について，さらに補充原則4－2①で敷衍し，業績連動報酬や自社株報酬の割合を適切に設定すべきことが定められています。

(3)については，CGコード原則4－3が敷衍し，取締役会に対し，(i)適切な業績等の評価を行い，その評価を経営陣幹部の人事に適切に反映すること，(ii)適時かつ正確な情報開示が行われるよう監督を行うとともに，内部統制やリスク管理体制を適切に整備すること，(iii)経営陣・支配株主等の関連当事者と会社との間の利益相反を適切に管理することという役割・責務が定められています。そして，補充原則4－3①及び②でさらに敷衍し，①経営陣幹部の人事について，選任のみならず解任についても，適切に実行すべきであること，②取締役会は，内部統制やリスク管理体制について適切な構築や有効な運用が行われているか否かの監督をすべきであって，個別の業務執行に係る審査に終始すべきではないというリスクアプローチの考え方が定められています[*7]。

(2) プリンシプルベース・アプローチであること

もっとも，CGコードが適用されるすべての上場企業の取締役会が，モニタリング・モデルを採用し積極的なリスクテイクを行わなければならないということではありません。CGコード基本原則4は，取締役会が所定の役割・責務

第4章◇取締役会・代表取締役・業務執行取締役・社外取締役
第1節◇取締役会の役割と責務

を適切に果たす目的は，会社の持続的成長と中長期的な企業価値の向上を促し，収益力・資本効率等の改善を図ることにあると定めていますが，各社の個別事情をふまえると，必ずしもこの基本原則に定める役割・責務を果たすことが合目的的でない場合もあります。CGコードは，プリンシプルベース・アプローチをとっていますから，各会社は，CGコードが定める原則をふまえる必要はありますが，ある会社にとっては，オペレーション・モデルを採用した方が合目的的であるということもあり得るため，その場合にはエクスプレインを行ったうえで，オペレーション・モデルを採用することも可能です。すなわち，最終的に取締役会にどのような役割を果たさせるかの決定は，各社の合理的な判断に委ねられているといえます。

〔江口　真理恵〕

■注　記■

＊1　CGコード原案序文4項。
＊2　落合誠一編『会社法コンメンタール⑻機関⑵』（商事法務，2009）214頁〔落合〕。
＊3　江頭・380～381頁。
＊4　落合編・前掲（＊2）215頁〔落合〕。
＊5　伊藤レポート33頁，有識者会議第4回議事録〔神田メンバー発言〕参照。
＊6　油布ほか・CGコード解説Ⅲ40頁。
＊7　油布ほか・CGコード解説Ⅲ41頁。

Q27 望ましい取締役会の構成

コーポレート・ガバナンスの観点から，どのような取締役会の構成が望ましいでしょうか。

取締役候補者の人選はどのように行うべきでしょうか。

　望ましい取締役会の構成を考える手順としては，まず，各会社において取締役会に期待される役割・責務は何であるかを考える必要があります（**Q26**参照）。そのうえで，取締役会が，その役割・責務を実効的に果たすために適切な①知識・経験・能力のバランスを備え，②多様性と③適正規模を両立させる形での構成を考えることになります。

　また，取締役候補者の人選は，取締役会が監督機関としての役割を果たすための重要な場面であり，判断の独立性と客観性が求められます。そこで，人選にあたっては，指名委員会等設置会社以外の会社においても，独立社外取締役が適切に関与・助言をする任意の機関の活用が考えられてもよいといえます。

☑ **キーワード**

取締役会の構成，業務執行取締役，非業務執行取締役，独立社外取締役，ダイバーシティ，指名委員会，任意の機関の活用

第4章◇取締役会・代表取締役・業務執行取締役・社外取締役
第1節◇取締役会の役割と責務

解 説

1 あるべき取締役会構成の考え方

　CGコードが適用される会社は，取締役会構成のあり方を考えるにあたっては，CGコード原則4－11の第1段落前段の「取締役会は，その役割・責務を実効的に果たすための知識・経験・能力を全体としてバランス良く備え，多様性と適正規模を両立させる形で構成されるべきである。」という定めをふまえる必要があります。すなわち，取締役会の構成は，取締役会の役割・責務を実効的に果たすという目的に適合したものでなければならず，合目的的な構成を①知識・経験・能力のバランス，②多様性，③適正規模という観点から考える必要があります。

　そこで，まず，取締役会の役割・責務についての考え方を決める必要性があります。業務執行の意思決定機関としての役割に重点を置くか，それとも監督機関としての役割に重点を置くかという問題です（**Q26**参照）。いずれの考え方によるかで，取締役会において審議・決定すべき事項も異なってきますから，審議を活性化し（CGコード原則4－12），また，任意の仕組みを活用すること（CGコード原則4－10）も念頭に置くとなると，あるべき取締役会構成も変わってくることになります。

　そのうえで，合目的的な構成を考えることになりますが，業務執行の意思決定機関としての役割を重視するのであれば，取締役は業務に精通している必要がありますから，業務執行取締役を中心に構成されることになります。個別の業務執行事項について充実した審議・決定を取締役会で行うのであれば，部長クラスまで取締役とするのが適切な場合もあり，規模もそれなりの員数が必要となります。そして，独立社外取締役については，あえて選任しないということも考えられます[*1]。

　他方で，取締役会が監督機関としての役割に重点を置くのであれば，企業戦略等の方向性を示すのが役割になりますから（CGコード基本原則4），経営の基

本方針を決めれば足り（会社399条の13第1項1号イ・416条1項1号イ），重要な業務執行の決定は経営陣に委任されますので（会社399条の13第4項〜6項・416条4項），取締役会を構成する業務執行取締役はトップマネジメントだけで足り，規模はスリム化されます。そして，監督には独立性と客観性が求められますので，独立社外取締役の選任が必要となり，その員数や割合を検討することになります（会社331条6項・400条1項・3項，東証上場規程436条の2，CGコード原則4－8）*2。独立社外取締役を複数選任するのであれば，知識・経験・能力やバックグラウンドのバランスを考える必要があります。また，監督の実効性を確保するため，業務執行に精通した者に監督を行わせるべく，独立性要件を満たさない非業務執行取締役の活用も検討されるべきです（CGコード原則4－6）。

その他の観点として，取締役が必要な時間と労力を職務に振り向けることができるように兼任状況を確認することや（CGコード補充原則4－11②），後継者計画（CGコード補充原則4－1③）や継続性をふまえた年齢や重任・新任のバランス，多様性（ダイバーシティ）という観点からの性別や国籍のバランスについても，取締役会の構成を考えるうえで必要な観点といえます。

また，上記の考え方に従って人選をしようとしても，すぐには多様な人材が見つからない場合があります。そのような場合には，ダイバーシティの促進について将来目標を定めておくことも考えられます。

なお，実務上も，CGコード原則4－11をふまえ，会社の事業，ステージ，経営環境や経営課題に応じて，取締役会メンバーの資質のバランスや多様性を充実させる取組みがみられます*3。

2 取締役候補者の人選の方針・手続について

CGコード補充原則4－11①は，「取締役会は，取締役会の全体としての知識・経験・能力のバランス，多様性及び規模に関する考え方を定め，取締役の選任に関する方針・手続と併せて開示すべきである。」と定めています。すなわち，「考え方」のみならず，「選任に関する方針・手続」を開示することが求められています。この開示の内容は，各上場会社が，経営環境や経営課題に対応して，いかなる取締役会の構成をとること等により取締役会が求められる役

第4章◇取締役会・代表取締役・業務執行取締役・社外取締役
第1節◇取締役会の役割と責務

割を果たしていこうとしているかが具体的にわかるようになっていることが重要です*4。

そして,取締役の人選をどのように行うかは,取締役会が監督機関としての役割を果たすための重要な場面であり,候補者との間の利益相反も問題となり得ますから,特に判断の独立性・客観性が求められます。そこで,「考え方」に沿った人選の方針を定めるとともに,手続については,指名委員会等設置会社においては,法定の指名委員会が強力な権限を有していますが(会社404条1項),それ以外の会社においても,任意の指名委員会や諮問委員会の設置などにより,独立社外取締役が適切に関与・助言をする任意の機関を活用することが考えられてもよいといえます(CGコード原則4-10)*5。

〔江口　真理恵〕

■注　記■

*1　藤田友敬「『社外取締役・取締役会に期待される役割－日本取締役協会の提言』を読んで」商事2038号(2014)17頁注48参照。
*2　東京証券取引所『コーポレートガバナンス白書2015』(東京証券取引所,2015)49頁。
*3　取締役会のあり方に関する意見書Ⅱ．2．(1)〔3頁〕。
*4　取締役会のあり方に関する意見書Ⅱ．2．(6)〔5頁〕。
*5　開示例については,森・濱田法律事務所編『コードに対応したコーポレート・ガバナンス報告書の記載事例の分析〔平成27年版〕』〔別冊商事400号〕(2015)224頁。

取締役会と代表取締役・業務執行取締役等との権限配分

取締役会が重要な業務執行の決定を行う場合にはどのような点に留意すべきでしょうか。また，代表取締役等に業務執行の決定を委任できるのはどのような範囲で，委任する場合はどのような点に留意すべきでしょうか。

取締役会が重要な業務執行の決定を行うにあたっては，意思決定機関として，会社運営の適正性を確保するうえで重要な役割を果たしていることをふまえ，経営会議等で決定された事項をそのまま追認するのではなく，例えば社外取締役の意見を積極的に取り入れるなど，取締役会において実質的な議論を行うことが必要といえます。

業務執行の決定を委任できる範囲は，会社法上，機関形態の選択によって異なり，監査等委員会設置会社で一定の要件を満たすもの及び指名委員会等設置会社においては，重要な業務執行の決定を含め，個々の取締役への大幅な権限移譲が可能です。個々の取締役に委任する業務執行の決定の範囲を定めるにあたっては，自社が，いわゆるオペレーション・モデルを指向するのか，モニタリング・モデルを指向するのかなど，取締役会の実効性を高めるという観点を容れるとともに，自社の取締役会による監督体制がどの程度整備されているかという観点をふまえることが重要です。例えば，モニタリング・モデルを指向して大幅な権限移譲を行う場合には，取締役会が，個々の取締役に対し，実効性の高い監督を行うことができるような体制を整えることが重要です。

☑**キーワード**

重要な業務執行，経営判断の原則，取締役会の運営，取締役会の監督機能

第4章◇取締役会・代表取締役・業務執行取締役・社外取締役
第1節◇取締役会の役割と責務

解　説

1　重要な業務執行を決定する際の留意点

(1)　会社法362条4項との関係

　監査等委員会設置会社で一定の要件を満たすもの及び指名委員会等設置会社を除き，重要な業務執行の決定は取締役会自らが行わなければならず，代表取締役その他の取締役にその決定を委任することができません（会社362条4項）。この規律は昭和56年の旧商法260条の改正により明文化されたものであり，改正前は，取締役会が自ら決定しなければならない事項の範囲が必ずしも明確でなく，そのため，本来取締役会で決定すべき事項が常務会等の下部組織に委ねられてしまい，取締役会の形骸化・機能低下が問題となっていたことから，取締役会の機能を回復するために導入されたものといわれています[*1]。そしてこの規律の趣旨は，重要な経営事項についての慎重な決定を求めるとともに，代表取締役の専横を防止する点にあるとされています[*2]。このような立法経緯・趣旨からすれば，取締役会は，重要な業務執行の決定を行う際は，意思決定機関としての役割・責務を適切に果たすべく，経営者会議等でなされた決定を後づけで承認するのではなく，取締役会において実質的な議論を行ったうえで決定することが求められているといえます。

(2)　経営判断原則との関係

　取締役会において実質的な議論を行うことは，取締役の責任追及リスクの低減という観点からも求められるものといえます。

　すなわち，取締役会において重要な業務執行の決定を行ったところ，その判断を誤って会社に損害を生じさせたような場合，取締役会を構成する取締役は善管注意義務違反（会社330条・355条，民644条）を問われる可能性があります。そしてこのような場合，裁判例上，善管注意義務が尽くされたか否かの判断にあたっては，いわゆる経営判断の原則が採用されています。

　経営判断の原則とは，一般に，経営判断に係る行為時の状況に照らし，事実

認識及び意思決定過程に不注意がなければ取締役には広く裁量の余地が認められ，その決定の結果が妥当でなかったと事後的に判明したとしても，善管注意義務違反と評価しない原則をいいます*3。

　経営判断の原則が適用されたといわれる裁判例であっても，個々の裁判例によって審査手法に違いがみられ，(i)そもそも経営判断の過程と判断内容とを区別せず，経営判断が明らかに不合理でないかどうかという基準を適用するタイプ，(ii)判断過程を中心に審査し経営判断の内容には踏み込まないタイプ，(iii)判断過程に加えて判断内容にも踏み込んで審査をし，両者について特に不合理といえるかどうかという同一の基準を使うタイプ，(iv)(iii)と同様に判断過程と判断内容の双方を審査するものの，判断過程の方にはより厳しい基準を適用し，判断内容にはより緩やかな基準を適用するタイプが見受けられるところです*4。ただ，いずれにしても，判断過程の審査がなされる点で一致していることからすれば，会社として取締役の責任追及がなされるというリスクを低減させるためには，判断過程を適正なものにしておくことが重要といえます。また，判断内容に踏み込んだ審査がなされる場合であっても，判断過程を適正なものにしておくことによって，結果的に判断内容も適正なものに近づき，審査に耐えられる可能性が高くなるともいえますから，やはり判断過程の適正確保は重要といえるでしょう。

　また，CGコード原則4－2は，取締役会に対し，経営陣からの健全な企業家精神に基づく提案を歓迎しつつ，説明責任の確保に向けて，そうした提案について独立した客観的な立場において検討を行い，承認した提案が実行される際には，経営陣幹部の迅速・果断な意思決定を支援する，という役割・責務を果たすことを期待しており，取締役会が，経営判断の過程の適正を確保するための取組みを行うことを求めているといえます。将来，取締役の善管注意義務に関する判断に際し，CGコードの趣旨・精神に沿った対応がどの程度とられていたかという点が，実務上，争点の一つとなると考えられるとの指摘もあることをふまえれば*5，判断過程の適正をいかに確保するかという点をよく検討する必要があります。

(3)　取締役会の運営方法

　そこで，取締役会において実質的な議論を行う，判断過程の適正を確保する

第4章◇取締役会・代表取締役・業務執行取締役・社外取締役
第1節◇取締役会の役割と責務

ためには具体的にどのような方法があるかが問題となります。この点，取締役会では，経営者会議等と異なり，社内取締役であって業務を執行しない者や社外取締役も，議事に参加し議決権を行使することから，特にこれらの取締役による意見を積極的に引き出し，取り入れることが，取締役会において実質的な議論を行う，判断過程の適正を確保するにあたって，求められるといえます。なお，独立社外取締役の役割・責務の中で特に重要なものは，業務執行者に対する監督機能であると考えられていますが[*6]，CGコード原則4-7(i)において，独立社外取締役が「経営の方針や経営改善について，自らの知見に基づき，会社の持続的な成長を促し中長期的な企業価値の向上を図る，との観点から助言を行う」という役割・責務を果たすことを期待されていること，社外役員の選任理由として助言機能を挙げる会社数と監督機能を挙げる会社数との間に大きな差は見られないことからすれば[*7]，重要な業務執行の決定にあたって独立社外取締役の意見を積極的に引き出し，取り入れることは，それが独立社外取締役の主たる機能であるか否かにかかわらず重要であるといえます。また，業務執行取締役は，業務を担当しているがゆえに，当該業務の執行者としての立場からの参加に終始しがちですが，同時に他の取締役の業務執行を監督する責務を有することを認識して，議論に参加しなければなりません。

取締役会において実質的な議論を行う方策として，CGコード補充原則4-12①は，「(i)取締役会の資料が，会日に十分先立って配布されるようにすること」「(ii)取締役会の資料以外にも，必要に応じ，会社から取締役に対して十分な情報が（適切な場合には，要点を把握しやすいように整理・分析された形で）提供されるようにすること」「(v)審議時間を十分に確保すること」ことを挙げ，CGコード原則4-14は，独立社外取締役に，時期（就任時，就任後），会社の状況等に応じた適切なトレーニングの機会を提供することを挙げていますが，より具体的には，以下のような取組みが考えられます。

まず取締役会に先立って，各取締役に対し個別に事前説明を行うこと，配布資料を，適切な分量とし，専門的・技術的用語の使用を極力避けたり説明を付したりするなど審議事項についての理解を助けるものとすること，事前配布された資料をふまえて社外取締役のみで審議する機会を設けること，などが考えられます。また取締役会においては，些末な論点についての議論に時間を割く

のではなく，論点・問題意識を明確にすること，議案1件ごとに適正な審議時間を確保すること，業務執行取締役が他の役員からの質問に対して必要十分な回答をすること，なども，限られた時間で十分な議論を行うにあたって必要な取組みといえます。

2 業務執行の決定を委任できる範囲

前記**1**(1)のとおり，取締役会は，会社法362条4項1号から7号に定める事項に例示されるような重要な業務執行の決定について，個々の取締役に委任することができないのが原則であり（会社362条4項），例外として，監査等委員会設置会社であって一定の要件を満たすもの及び指名委員会等設置会社においては，法律上又は事柄の性質上委任が認められないものを除く重要な業務執行の決定の全部又は一部を個々の取締役に委任することができます（会社399条の13第5項・6項・416条2項・4項）。

重要な業務執行に当たるか否かについては絶対的な基準が存在するわけではなく，例えば「重要な財産の処分等」（会社362条4項1号）に当たるか否かの判断にあたっては当該財産の量的要素のみならず，質的要素も問題としなければならないとされ[*8]，当該財産の価額，その会社の総資産に占める割合，当該財産の保有目的，処分行為の態様及び会社における従来の取扱い等の事情を総合的に考慮して判断すべきものとされています[☆1]。そして，実務上重要性の量的基準については総資産の1％が一つの目安とされてきました。

これに対し，CGコードの策定に伴い，重要な業務執行の範囲は，取締役会の監督機能や意思決定機能と調和的に解釈されるべきであるとし，具体的な考慮要素として，任意に設置される指名委員会及び報酬委員会の有無，社外取締役の選任の有無・内部統制システムの構築・運用の有無を挙げる見解が見い出されています（解釈指針第1．3〔4頁〕）。もっとも，取締役会の機能ではなく，個別の会社の財務状況等に照らして重要か否かを判断するのが裁判例の主流である中，かかる判断基準をもとに個々の取締役への委任事項を増やすことは，取締役会決議を経ないでなされた重要な業務執行の決定が，一定の場合に無効とされるリスク[☆2]，取締役が法令違反・善管注意義務違反を犯したものとし

第4章◇取締役会・代表取締役・業務執行取締役・社外取締役
第1節◇取締役会の役割と責務

て責任追及されるリスクをふまえれば，現段階では，実務上慎重な検討を要するものと思われます。

また，取締役会決議事項について，昭和56年旧商法改正の発想とCGコードの発想に違いがあることから，現行の取締役会の決議事項に関する規律自体を見直すべきとの考えもあり，例えば，取締役の過半数が社外取締役である場合に，重要な業務執行の決定の委任を認めることや，「重要な財産」「多額の借財」について軽微基準を設けることの適否が議論されています[*9]。

もっとも，取締役会の決議事項として何を残さなければならないかという点は，各会社によって異なりますので，このように一義的な基準を設けることが適切か否かについては，なお検討の余地があるものと思われます。

この意味で，重要な業務執行の決定の委任が許されない会社においては，後述するようなCGコードの要請（個々の取締役への大幅な権限移譲）をまっとうすることには限界があるといえるかもしれません。

3　業務執行の決定を委任する際の留意点

(1)　委任の判断基準

法律上個々の取締役に委任することができる事項のうち，どの事項を取締役会に付議し，どの事項を個々の取締役に委任するかの判断基準は，会社がいわゆるオペレーション・モデル（取締役会を業務執行の意思決定機関として位置づけるもの）を指向するか，モニタリング・モデル（取締役会を業務執行の監督機関として位置づけるもの）を指向するかによって異なります。もっとも，CGコード原則4－1が「取締役会は，会社の目指すところ（経営理念等）を確立し，戦略的な方向付けを行うことを主要な役割・責務の一つと捉え，具体的な経営戦略や経営計画等について建設的な議論を行うべきであり，重要な業務執行の決定を行う場合には，上記の戦略的な方向付けを踏まえるべきである。」としており，これは取締役会の役割について，個別の業務執行についての仔細な内容ではなく，むしろ業績等の評価の前提となる経営戦略や経営計画等について建設的な議論を行うことに力点を置くことが重要であるという趣旨を含むものと解されていることからすれば[*10]，少なくともCGコードは，モニタリング・モデルに

軸足を置いているといえます。

したがって、取締役会が、このようにCGコードによって要請される機能を最大限に果たすことができるようにするためには、取締役会に付議する事項は相当程度限定することが望ましいといえそうです。

そして、取締役会への付議事項を限定する際には、当該業務執行が、会社の経営戦略や経営計画に変更を来し、あるいは大きな影響を及ぼすといえるか否かという点をふまえることが考えられます。また、後記(2)のとおり、取締役への委任と取締役会の監督機能とはセットで考えられるべきものであることからすれば、取締役会への付議事項を決定するにあたって、自社の取締役会による監督体制がどの程度整備されているか（その前提となる社内のリスク管理体制・内部統制システムがどの程度整備されているか）という点をふまえることも考えられます。

(2) 個々の取締役の業務執行の決定過程の適正確保

個々の取締役に業務執行の決定を委任した後、取締役会が何らその結果に関知しないというのでは、個々の取締役の独善を許すことになりかねません。そこで、業務執行の決定を委任する場合には、個々の取締役の業務執行の決定過程の適正を確保するための仕組み作り、すなわち、取締役会が個々の取締役に対し実効性の高い監督を行うための仕組み作りが必要となります。

抽象的にいえば、取締役への委任範囲に応じて適切なリスク管理体制・内部統制システムの構築・運用が必要になるということですが、より具体的にいえば、例えば、取締役会への付議基準と併せて稟議規程や決裁権限規程等を見直し、重要性の高い業務執行は経営会議や常務会等の任意に設置される会議体に付議することで、特定の取締役が単独で決定することがないようにしたり、取締役会が業務執行の決定を経営会議等の会議体に委任する場合には、そのような場における審議の充実を図るとともに、審議・判断過程を後から検証することができるよう記録化しておくことなどが考えられます。記録化の方法としては、説明資料・添付資料を適切に保存し、また、議事録を作成し、その内容を必要に応じて充実したものとすることが考えられます[*11]。

次に、適切な監督を行うためには、個々の取締役による業務執行の決定結果を、当該取締役の評価に十分反映させることも重要であるところ、その前提として、取締役会が当該取締役の業績を評価するために必要な情報を取締役会に

第4章◇取締役会・代表取締役・業務執行取締役・社外取締役
第1節◇取締役会の役割と責務

適切に提供させること，例えば，四半期ごとの売上高，利益，キャッシュ・フローの状況等の財務情報，経営計画・経営目標の達成度の進捗状況，取締役にその決定を委任した業務執行のうち特に重要性の高いものについての進捗状況及びその結果を具体的に報告させるということが必要になります[*12]。

さらに，業務執行の決定結果をふまえて，取締役会への付議基準や稟議規程，決裁権限規程等を随時再検討していくことも求められることになります。

〔大西　敦子〕

■判　例■

☆1　最判平6・1・20民集48巻1号1頁・判夕842号127頁・判時1489号155頁。
☆2　最判昭40・9・22民集19巻6号1656頁・判夕181号114頁・判時421号31頁。

■注　記■

* 1　稲葉威雄『改正会社法』（金融財政事情研究会，1982）229頁。
* 2　落合誠一編『会社法コンメンタール(8)機関(2)』（商事法務，2009）222頁〔落合〕。
* 3　神作裕之ほか「〈新春座談会〉ハイブリッドモデルの取締役会等における経営判断と攻めのガバナンス〔上〕—果断なリスク・テイクとブレーキの発揮のために」商事2089号（2016）10頁〔神作発言〕。
* 4　神作ほか・前掲（*3）10頁〔神作発言〕。
* 5　油布ほか・CGコード解説Ⅲ39頁。
* 6　塚本英巨「独立社外取締役の活用と取締役会上程事項の見直し」商事2080号（2015）35頁。
* 7　東京証券取引所『東証上場会社コーポレート・ガバナンス白書2015』（東京証券取引所，2015）55頁。
* 8　落合編・前掲（*2）223頁〔落合〕。
* 9　「会社法研究会」（平成28年3月4日開催）第3回研究会資料3，第3回会合議事要旨。
*10　油布ほか・CGコード解説Ⅲ39頁。
*11　塚本・前掲（*6）43頁。
*12　塚本・前掲（*6）44頁。

29 取締役会の議長とCEOの関係

(1) 取締役会の議長は，CEOや代表取締役社長のほか，代表権のない取締役会長や社外取締役が行うことは可能でしょうか。
(2) 取締役会の議長は，CEOや代表取締役社長等といった業務執行を行う者が務めるべきてはないのでしょうか。

(1) 取締役会の議長の資格は，取締役であることが必要であることのほか限定はないことから，代表権のない取締役会長や社外取締役が議長を務めることも可能です。
(2) 誰が取締役会の議長を務めるべきかについて，取締役会議長とCEOの分離について議論が進んでいる英国のような国もありますが，日本においては代表取締役会長や社長といった業務執行者が取締役会の議長を務めていることが圧倒的に多数であるのが実情であり，CGコードでも特段の原則は定められなかったこと等からすれば，今後の検討課題といえます。これらの業務執行者が取締役会の議長を務めることを避けることは，経営の監督と執行の分離の観点からは望ましいということができますが，現状の日本の実務からすれば，結局は，各社が自社をめぐる諸般の事情をふまえ，何が自社にとって最も良いガバナンス体制であるかを判断し，検討を進めることにならざるを得ないものと考えられます。なお，現状でも，業務執行者が取締役会の議長を務めることを避け，社外取締役や代表権をもたない取締役等が議長を務めることを定める会社の例があります。

☑ **キーワード**

議長，取締役会の議長，経営の監督と執行の分離，取締役会，CEO

第4章◇取締役会・代表取締役・業務執行取締役・社外取締役
第1節◇取締役会の役割と責務

解 説

1 取締役会における議長の要否及び権限

　取締役会の議長は，取締役会の議事を主宰しますが，株主総会の議長と同様に，法律上選出しなければならないものとされているわけではありません（会社則101条3項8号参照）。そのため，取締役会の議長を選出することは取締役会決議成立の要件ではなく，議長が不存在の下で決議がなされても，その決議は有効です[*1]。もっとも，実務上は，公正かつ円滑に議事を進行するために議長が置かれることが通例であり，後記 **2**(2)のとおり，定款又は取締役会規則等に特定の取締役が議長となる旨の定めが置かれるのが一般的です。

　なお，取締役会の議長の権限については，株主総会の議長の権限について会社法に明文の規定がある（会社315条）のと異なり明文の規定は置かれていません。その理由は，株主総会と比較して少人数である取締役会の議事整理のために必ずしも議長を定める必要はなく，会社の自治に委ねることが妥当であるためと指摘されていますが[*2]，基本的には株主総会の議長の権限に関する規定を類推適用することができるものと解されています[*3]。

2 取締役会の議長は誰が務めるべきか

(1) 議長の資格

　取締役会の議長の資格については，会社法に規定はありませんが，取締役会は，株主総会において選任された取締役の会議であることから，議長となり得る者は取締役に限られるものと解されています[*4]。

　したがって，逆にいえば，取締役でありさえすれば，会社法上，取締役会の議長となる資格があることになりますので，代表権のない取締役会長や社外取締役が取締役会の議長を行うことも可能です。

(2) 従前の日本の実務における取締役会の議長

前記(1)のとおり，会社法上，取締役会の議長の資格は，取締役であれば足りますが，従前の日本の実務においては，取締役会の議長については，定款又は取締役会規則において，取締役会長又は代表取締役社長が議長となるものと定められている例が圧倒的に多いといえます[*5]（全株懇定款モデル22条1項・2項でも，取締役会の議長は，取締役会長が務め，取締役会長に欠員又は事故があるときは，取締役社長が，取締役社長に事故があるときは，取締役会においてあらかじめ定めた順序に従い，他の取締役が議長となるものと定められています）。

実際に，平成21年に国内の上場会社2532社に対して行われた調査においても，取締役会の議長を代表取締役会長・社長又は取締役兼務の代表執行役会長・社長が務めていると回答した会社は，回答があった901社中821社（92.1％）であったとする調査結果が公表されています[*6]。

また，株式会社東京証券取引所（以下「東証」といいます）が平成27年3月に公表したところによれば，取締役社長又は会長が議長を務めている会社は東証上場会社全体の98.7％にも及びます[*7]。

(3) 取締役会の議長とCEO（経営陣）の分離についての議論

(a) 各国の議論

このような日本の状況とは異なり，英国では，経営トップの独走・暴走の防止という問題意識から，取締役会（ボード）の実効性回復とチェック・アンド・バランスのために取締役会議長とCEOの分離が必要であるとの考えから，従前より，両者の分離に関する議論が進められてきました[*8]。

そして，英国のコーポレートガバナンス・コードにおいては，取締役会議長は「取締役会がいかなる役割を果たす場合にも実効性の高いもの〔effective〕であることについて，責務を負」い，取締役会の議長とCEOの役割は同一の人物が果たすべきではないこと，及び取締役会議長は任命時点において独立性基準を満たしているべきことが明確に謳われています[*9]。

他方，米国では，取締役会の議長とCEOの分離について結論が固まっているわけではなく，分離に反対する主張の理由として，取締役会議長とCEOを分離することが良いという証拠があるわけではないこと，必ずしも分離しなくとも別の方法があること及び取締役会議長とCEOを分離すると，会社運営上，

第4章◇取締役会・代表取締役・業務執行取締役・社外取締役
第1節◇取締役会の役割と責務

効果的な経営ができないこと等が挙げられているものとされています*10。

　なお，実際に取締役会議長とCEOを分離している企業の割合は，2013年のデータによると，米国のS&P500指数企業のうち45％，英国のFTSE350指数の企業のうち94％を占めています*11。

(b) 日本における議論

　他方，日本においても，取締役会の議長とCEOの分離の問題については，CGコードの策定に関する有識者会議において議論されましたが*12，取締役会の議長とCEOの分離を明記した原則は設けられませんでした（なお，CGコード原則4－6において，「取締役会による独立かつ客観的な経営の監督の実効性を確保すべく，業務の執行には携わらない，業務の執行と一定の距離を置く取締役の活用について検討すべき」ことは定められています）。その理由については，①米国では，取締役会の議長とCEOの分離について必ずしも進んでいるわけではなく，欧米でも決着がついているとはいえない論点について，日本のCGコードで踏み込むことができなかったこと，及び，②日本の実務においては，上記とおり，取締役会長又は取締役社長が取締役会の議長を務めている例が圧倒的に多く，このような現状下において，取締役会の議長とCEO（経営陣）の分離を進めていくことは，あまり現実的とはいえないことから，今後の議論や実務の蓄積が必要な事項とされたものと指摘されています*13。

(4) 今後について

　以上のとおり，日本における取締役会の議長とCEO（経営陣）の分離の問題については，今後の議論や実務の蓄積をふまえた検討課題となっています。

　ただ，少なくとも，業務執行を行うCEO（経営陣）と業務執行を監督する取締役会という経営の監督と執行の分離の観点からは，取締役会の議長とCEO（経営陣）の分離が望ましいということができます。そして，分離することによって，経営のトップとは別の人物が取締役会の議長となることによって取締役会運営に気を配ることが，より活発な意見をもたらして，取締役会の実効性の向上に寄与することになる，取締役会の審議テーマが広くなることが期待されるといったメリットがあることも指摘されています*14。

　他方で，会社の事情は様々であることから，法律や取引所規則等で一律に定めることは妥当ではなく*15，現在の日本の実務を考えると，結局は，各社が

自社をめぐる諸般の事情をふまえ，何が自社にとって最も良いガバナンス体制であるかを判断し，検討を進めることにならざるを得ないものと考えられます。

なお，現状でも，日本取締役協会が平成27年4月20日付けで公表した「コーポレートガバナンスに関する基本方針ベスト・プラクティス・モデル（2015）」11条2項が「取締役会議長は，代表権を持たない非業務執行取締役が務め，これにより監督と執行の分離を図る」と定めており，「取締役会議長を代表権なき取締役とする動きは徐々に上場会社の間で広がってきているように思われます。将来的には，英国のように，取締役会議長を社外取締役が務めることも考え得る」との指摘がなされています[16]。実際にも既に，少なくない上場会社が，社外取締役や代表権をもたない取締役等が取締役会の議長を務めることを定めて，経営の監督と執行の分離を図ることを明らかにしています。

〔小林　隆彦〕

■注　記

- ＊1　相澤哲ほか編著『論点解説 新・会社法』（商事法務，2006）362頁。
- ＊2　森本滋編『取締役会の法と実務』（商事法務，2015）178頁〔山田晃久〕。
- ＊3　落合誠一編『会社法コンメンタール(8)機関(2)』（商事法務，2009）286頁〔森本滋〕。
- ＊4　落合編・前掲（＊3）286頁〔森本〕。
- ＊5　落合編・前掲（＊3）286頁〔森本〕。
- ＊6　別冊商事法務編集部『会社法下における取締役会の運営実態』〔別冊商事334号〕（2009）58頁。
- ＊7　東京証券取引所『東証上場会社コーポレート・ガバナンス白書2015』（東京証券取引所，2015）19頁。
- ＊8　栗原脩『コーポレートガバナンス入門』（金融財政事情研究会，2012）117頁。
- ＊9　有識者会議第5回議事録資料2「各国のコーポレート・ガバナンス・コード等の抜粋」17～18頁（平成26年10月31日）。
- ＊10　森・濱田法律事務所編『コーポレートガバナンスの新しいスタンダード』（日本経済新聞出版社，2015）381頁〔ケイ・N・ヨシノ発言〕。
- ＊11　有識者会議第5回議事録資料1「検討に当たっての視点（例）」7頁（平成26年10月31日）。
- ＊12　有識者会議第5回議事録（http://www.fsa.go.jp/singi/corporategovernance/gijiroku/20141031.html）参照。

第4章◇取締役会・代表取締役・業務執行取締役・社外取締役
第1節◇取締役会の役割と責務

- *13　森・濱田法律事務所編・前掲（*10）381頁〔高田洋輔発言〕。
- *14　栗原・前掲（*8）187頁。
- *15　栗原・前掲（*8）188頁。
- *16　太田洋ほか「コーポレートガバナンス基本方針の策定に向けた実務対応―日本取締役協会ベスト・プラクティス・モデルを踏まえて」商事2070号（2015）17頁。

第2節　代表取締役・業務執行取締役

取締役会設置会社における業務執行取締役の権限関係

(1) 取締役会設置会社における業務執行取締役のうち，代表取締役と代表取締役以外の業務執行取締役の役割はどのようなものになりますか。また，それぞれの役割分担はどのように整理することができるでしょうか。

(2) CEO，COO及びCFOとはそれぞれどのような立場でしょうか。また，CEO，COO及びCFOと取締役会設置会社における(1)の代表取締役及び代表取締役以外の業務執行取締役との関係はどのようなものでしょうか。

(1) 取締役会設置会社における業務執行取締役（会社2条15号イ）のうち，代表取締役は，株式会社の業務執行に関する一切の裁判上又は裁判外の行為をする権限を有し，株式会社を代表する機関です（会社349条4項・1項ただし書）。他方，代表取締役以外の業務執行取締役の業務執行権限は，代表取締役とは異なり特定の事項に限られ，また，原則として株式会社を代表する権限を有するものではありません。両者は，株式会社の業務執行の統一性を確保するために，上記のような業務全般に関する包括的な業務執行権限を有する代表取締役の指揮の下で，代表取締役以外の業務執行取締役が，特定

第4章◇取締役会・代表取締役・業務執行取締役・社外取締役
第2節◇代表取締役・業務執行取締役

> の事項について業務執行権限を行使するものとされているのが通例です。
> (2) CEO，COO及びCFOは，いずれも米国型のコーポレート・ガバナンスにおける役職であり，一般に，それぞれ，最高経営責任者，最高執行責任者及び最高財務責任者と訳されています。これらは会社法に定めがある役職ではなく，また，日本と米国のコーポレート・ガバナンスの制度の相違から，会社法上の意義は明確ではありませんが，会社の職制として，代表取締役と代表取締役以外の業務執行取締役に付される例が多いといえます。

☑キーワード

業務の執行，業務執行取締役，CEO，CFO，COO，代表取締役，表見代表取締役

解　説

1　①業務執行取締役とその相互の関係

(1)　業務執行取締役とは

　業務執行取締役とは，会社法上，株式会社の会社法363条1項各号に掲げる取締役及び当該株式会社の業務を執行したその他の取締役と定義されています（会社2条15号イ）。そして，ここにいう会社法363条1項各号に掲げる取締役とは，代表取締役及び代表取締役以外の取締役であって，取締役会の決議によって取締役会設置会社の業務を執行する取締役として選定されたものをいいます（会社363条1項各号）。

　したがって，以上をまとめると，業務執行取締役とは，具体的には，以下の者をいいます。

　①　代表取締役（会社363条1項1号）

② 取締役会の決議によって取締役会設置会社の業務を執行する取締役として選定されたもの（会社363条1項2号）
③ ①②以外の株式会社の業務を執行した取締役

(2) 代表取締役

代表取締役は、取締役会設置会社においては、株式会社の業務執行に関する一切の裁判上又は裁判外の行為をする権限を有し、株式会社を代表する必置の機関であり（会社349条4項・1項ただし書）、取締役会の下部機関として、取締役会の監督に服します。

すなわち、代表取締役は、対内的・対外的な業務執行権限を有し、取締役会決議（その上位機関である株主総会決議を含む）で定められた事項及び取締役会から委譲された範囲内では自ら意思決定をした事項について業務執行を行い、対外的な業務執行をするために会社の代表権を有します。

このように、代表取締役の権限は、上記のとおり包括的なものであることから、これを制限しても善意の第三者に対抗できないものとされています（会社349条5項）。

なお、業務執行と代表との関係について言及すると、業務執行は株式会社の機関の行為が同社の行為として認められるという面から見たものであるのに対し、代表は同社の機関が同社の名前で第三者とした行為の効果が同社に帰属するという面から見たものであると説明されています。そして、業務執行には、対内的及び対外的な行為があるところ、対外的な業務執行は代表の面も併せ有するものであることから、代表とは、対外的な業務執行を意味することになります[*1]。

(3) 代表取締役以外の業務執行取締役

以上のように、取締役会設置会社においては、代表取締役が、必置の機関として株式会社における対内的・対外的業務執行を行いますが、以下の場合には、代表取締役以外の取締役が業務執行を行うことができます。

(a) 取締役会の決議によって取締役会設置会社の業務を執行する取締役として選定されたもの

取締役会の決議によって取締役会設置会社の業務を執行する取締役として選定されたものは、取締役会設置会社の業務を執行することができます（会社363

第4章◇取締役会・代表取締役・業務執行取締役・社外取締役
第2節◇代表取締役・業務執行取締役

条1項2号)。

　当該取締役の業務執行権限は，取締役会決議又は取締役会決議に基づき定められる規則において定められるのが一般的で，特定の事項に限られることになります。また，当該取締役は，株式会社を代表する権限を有するものではないことから，対内的な業務執行を行いますが，代表取締役からの委任に基づいて会社を代理することができます。

　また，当該取締役には，専務取締役，常務取締役等の定款に定められた肩書を有する例が多いとされています*2。

(b) 株式会社の業務を執行したその他の取締役

　会社法上，代表取締役及び取締役会の決議によって取締役会設置会社の業務を執行する取締役として選定されたもののほか，株式会社の業務を執行した(「業務を執行した」の意義については**Q32**参照)その他の取締役も業務執行取締役に含まれます（会社2条15号イ）。これは，上記(1)のように業務執行取締役としては選定されていない取締役が，業務を執行している場合をいいます。具体的には，例えば，代表取締役から一部の行為の委任を受ける等により会社の業務執行をした取締役を指します*3。

(4) 代表取締役と代表取締役以外の業務執行取締役との関係

　代表取締役と代表取締役以外の業務執行取締役は，いずれも株式会社の業務執行を行う点で共通しています。しかしながら，他方で，①取締役会者設置会社においては，代表取締役のみが会社法必置の業務執行取締役であること，②代表取締役は，包括的な対内的・対外的業務執行権限を有するのに対し，代表取締役以外の業務執行取締役は，特定の事項について取締役会決議等によって定められた範囲内の業務執行権限を有するにとどまること，及び，③代表取締役は，対外的業務執行権限を有し，当然に会社を代表するのに対し，代表取締役以外の業務執行取締役は，必ずしも会社を代理するものではないといった相違があります。

　以上のような相違から，代表取締役と代表取締役以外の業務執行取締役の関係については，株式会社の業務執行の統一性を確保するために，業務全般に関する包括的な業務執行権限を有する代表取締役の指揮の下で，代表取締役以外の業務執行取締役が，特定の事項について業務執行権限を行使するものとされ

ているのが通例です*4。

2 CEO，COO及びCFOと取締役会設置会社における代表取締役及び代表取締役以外の業務執行取締役との関係

(1) CEO，COO及びCFOとは

CEO（Chief Executive Officer），COO（Chief Operating Officer）及びCFO（Chief Financial Officer）は，いずれも米国型のコーポレート・ガバナンスにおける役職です。米国の各州の多くの会社法*5においては，取締役とは別に（オフィサーが，取締役を兼ねる場合もあります），会社に一定のオフィサー（officer）（執行役員・経営幹部）を置くことを要求しており（ただし，今日では，設置を義務づけているわけではなく，会社の経営的な判断による任意とされています），オフィサーは，定款に基づき取締役会等によって選任されます。オフィサーは，取締役会（ボード）の監督の下に，業務執行の意思決定を行い，業務を執行します。CEO，COO及びCFOは，このようなオフィサーの呼称です*6。

日本では，一般に，CEOは最高経営責任者，COOは最高執行責任者，CFOは最高財務責任者と訳されています。

CEOは，その名のとおり，会社経営における最高責任者として，通常の業務執行の意思決定とその執行権限を有するものとされています。そして，CEO以下のオフィサー及びその下位の者については階層的な組織として機能し，CEOが最終的な権限を有するという位置づけにあります*7。例えば，COOは，CEOとは上下関係にあり，COOはCEOの下のオフィサーとして理解されるのが通常です*8。

(2) CEO，COO及びCFOと取締役会設置会社の代表取締役及び代表取締役以外の業務執行取締役との関係

上記(1)のとおり，CEO，COO及びCFOといった呼称は，いずれも米国型のコーポレート・ガバナンスにおけるオフィサーの役職です。そのため，CEO，COO及びCFOは日本の会社法上の役職ではなく，また日本と米国とでは，コーポレートガバナンスの制度も異なることから，代表取締役及び代表取締役以外の業務執行取締役との関係は必ずしも明らかではありません。

他方，CEO等の呼称は，代表取締役及び代表取締役以外の業務執行取締役

第4章◇取締役会・代表取締役・業務執行取締役・社外取締役
第2節◇代表取締役・業務執行取締役

といった会社法上の役職ではなく，これらと相反するものではないことから，実務上，会社ごとに，その役職員の会社における権限・役割に応じ，またそれを明確にするため，代表取締役及び代表取締役以外の業務執行取締役等に付していることが多いようです。すなわち，CEO等の呼称は，実態としては，日本の会社（特に大企業）の職制の呼称として一般的となっており*9，米国における各オフィサーの位置づけに沿って，一般的な傾向としては，CEOは，代表取締役会長や代表取締役社長といった実質的な経営のトップに，COOは，代表取締役会長が存在する場合の代表取締役社長その他の実質的な経営のNo.2に，CFOは，財務担当取締役に付されることが多いようです。CEO等の呼称は，CGコードにおいても用いられており（例えば，補充原則3－2②），日本のコーポレート・ガバナンスにおいてもその地位を確立しつつあるものといえます。

〔小林　隆彦〕

━━━■注　記■━━━

* ＊1　神田秀樹『会社法〔第18版〕』（弘文堂，2016）221頁注1。
* ＊2　江頭・379頁注(5)。
* ＊3　江頭・379頁注(5)。
* ＊4　江頭・379頁注(5)。
* ＊5　米国は連邦制度を採用しており，米国全土に統一的な会社法があるわけではありません。そこで，本設問では，便宜上，多くの州で採用されている会社法の全体的な傾向を前提にしています。
* ＊6　以上につき，栗原脩『コーポレートガバナンス入門』（金融財政事情研究会，2012）86頁以下。
* ＊7　栗原・前掲（＊6）90頁。
* ＊8　浜辺陽一郎『執行役員制度〔第4版〕』（東洋経済新報社，2008）220頁注10。
* ＊9　CEOにつき，日本取締役協会「『CEOに関するアンケート調査』報告」2－1（4頁）。なお，CEOが，最高経営責任者を示す用語としてある程度定着した場合には，表見代表取締役（会社354条）における「その他株式会社を代表する権限を有するものと認められる名称」に該当するとの指摘があります。（柴田和史『会社法詳解〔第2版〕』（商事法務，2015）209頁注62）。

次期トップ及び取締役の候補者決定プロセスと後継者育成計画

次期トップ及び取締役の候補者決定プロセスはどのように制度化・運用すべきでしょうか。また，その基礎となる後継者計画（サクセッション・プラン）は何をどのように進めたらよいでしょうか。

　経営トップの牽引，社外取締役の促進，取締役会の監督の下に，候補者（次期トップ，新任・重任）の人材像・選任要件，後継者計画，指名・選任の一連の方針・手続を整備し，関係する情報を開示して透明性を確保しながら，公正に運用します。海外の投資家は，事業や業績の継続性の観点から後継者の確保を重視しており，外国人投資家の影響力が増していくなか，株主・投資家に対する説明責任の主要事項になると予想されます。

☑キーワード

候補者決定プロセスの客観性・透明性，後継者計画（サクセッション・プラン），CGコード原則３－１，原則４－１補充原則４－１③，原則４－３補充原則４－３①，原則４－10補充原則４－10①，人材要件，属性要件，指名委員会，任意の諮問委員会等，選任・後継者計画の進め方，選任・指名の方針・手続等の開示

第4章◇取締役会・代表取締役・業務執行取締役・社外取締役
第2節◇代表取締役・業務執行取締役

解　説

1　問題の所在

　多くの日本企業では，次期トップの後継指名や経営幹部への登用は現任トップや実質オーナーの専権事項とする暗黙の了解があり，万事が密室で決定され，本人以外に説明もないまま役員人事が進められる傾向があります。一方，欧米社会では，1980年代以降，競争の国際化や経営環境の不確実性が進むなか，誰を経営トップや幹部にすえるかがステークホルダーにとっての優先課題となり，候補者決定プロセスの客観性と透明性，その基礎となる後継者計画が求められる状況となりました。日本企業にはなじみの薄いガバナンス手法ですが，外国人投資家の影響力が増していくなか，株主・投資家に対する説明責任の主要事項になると予想されます[*1]。

　ここで「後継者計画」（サクセッション・プラン）とは，次世代のリーダーなど必要な人材を育成・確保する経営のプログラムのことをいいます。通常の継承のほかに，リーダーに事故や病気が発生したときに，円滑に交替して組織や事業への影響を最小限にとどめるリスク管理の側面もあります。一般的には，①求める人材像と人材要件の明確化，②内外候補者の選定・確保，③育成方針・計画の策定・実施，④上位機関への定期的な報告とレビュー，⑤転出防止策，⑥候補者決定プロセスへの推薦といった要素でプログラムを構成します。

　欧米社会では，プロフェッショナルな経営者人材の市場が存在し，かつ幹部社員の個々の能力や人脈に依存したマネジメントが多いので，後継者計画を実行可能な社会環境があります。しかも海外の投資家は，事業や業績の継続性の観点から後継者の確保を重視しており，後継者育成計画が存在しないことは持続的成長の見込みが希薄であるというネガティブなメッセージに受け取られる危険があります。国際標準のコーポレート・ガバナンスでは，考え得る最善の経営者・幹部体制の構築が前提条件であり，日本企業に多い年功序列，順送り人事，論功行賞人事の発想は通用しないと考えるべきでしょう。

2 CGコードの要請

候補者決定プロセスの望ましい条件として，(i)会社の戦略や事業業況に基づき人材要件の優先順位が明確になっていること，(ii)後継育成計画や人材要件・属性要件への適合が客観的に判断されること，(iii)選任者による恣意性が排除されることなどが挙げられます。これらを受けてCGコードでは，取締役・監査役候補者の決定プロセスや後継者計画を経営戦略上の重要な項目と位置づけ，次の主旨の最善行動を掲げています。

① 取締役会における経営者と取締役・監査役候補の指名・選任の方針と手続，並びに個々の指名・選任の説明を開示し，主体的な情報発信を行うべきこと（CGコード原則3−1「情報開示の充実」(iv)(v)）

② 取締役会は，会社の目指すところ（経営理念等）や具体的な経営戦略をふまえ，最高経営責任者等の後継者の計画について適切に監督を行うべきこと（CGコード原則4−1「取締役会の役割・責務(1)」の補充原則③）

③ 取締役会は，経営者の選任や解任を，公正かつ透明性の高い手続に従い，適切に実行すべきこと（CGコード原則4−3「取締役会の役割・責務(3)」の補充原則①）

④ 委員会設置会社以外の上場会社であって，独立社外取締役が取締役会の過半数に達していない場合には，経営陣幹部・取締役の指名・報酬などに係る取締役会の機能の独立性・客観性と説明責任を強化するため，独立社外取締役を主要な構成員とする任意の諮問委員会を設置することなどにより，独立社外取締役の適切な関与・助言を得るべきこと（CGコード原則4−10「任意の仕組みの活用」の補充原則①）

3 基本的な人材要件

企業の成功や不祥事の歴史からも，コーポレート・ガバナンスの成否は，経営者の人選によって決定的な影響を受けることが明らかです。一般的には，次のような観点で経営トップ及び取締役の候補者の基本的な人材要件を考えま

す。
① 株主・顧客・従業員・社会に対する理解と配慮に労を惜しまず，魅力あるビジョンを描く構想力と企業家精神に富み，注意深く丁寧に仕事を進める人物かどうか
② 見識と経験を誇示せず，礼儀正しく配慮あるコミュニケーションを実践し，必要なときは経営チームの目標達成にむけて献身的に貢献する人物かどうか
③ 人間や技術に対する洞察力に恵まれ，誠実さ，高潔さ，倫理観がぶれることなく，健全なリーダーシップを発揮できる人物かどうか

ただし，人格や行動は急に変わりませんし，人間の長所と短所は裏腹です。こうした人材要件はあまり硬直的に考えず，在任時期に求められる条件に合致しているか否かの観点を中心に，多面的な観察と実績をふまえ，伸びしろも含めて柔軟に評価すべきでしょう。

4 属性要件の考え方

候補者に求める属性要件は，他律的に決まるものではなく，会社の方針や事情に応じて合理的に判断すべき事柄です。すなわち，他の取締役との補完関係はどうか，経営環境は平時か戦時か，といった要素を加味することが大切です。格付け機関や議決権行使助言機関が一定の評価基準を公表することがありますが，それは一つの考え方にすぎません。例えば，実務では次の点がしばしば議論の的となります。

・ 取締役の性別，経歴，専門分野の多様性を重視すれば，取締役会での議論が多角的になって取締役会の有効性につながるという考え方があります。しかし，価値観や見方が違いすぎると，会話が表面的で散漫になるという考え方もあります。
・ 弁護士や公認会計士が社外取締役に就任すると健全な判断や意思決定が促進されるという考え方があります。しかし，社外取締役は事業運営や組織運営のプロフェッショナル人材で構成すべきで，専門家のチェックは別途受ければよいという考え方もあります。

- 組織の新陳代謝，技術や市場の追随のために取締役に定年制を設けるべきという考え方があります。しかし，フルタイムの立場を退いてポストに執着しないベテランこそ，良質な助言や牽制が可能であるという考え方もあります。
- 取締役全員が1年任期で株主による再任（重任）決議を毎年受ける（ユニタリー・ボード）の方がパフォーマンスの高い人材が淘汰されるという考え方があります。しかし，3年程度の任期の期差選任の方が長期的な利益を判断・実現できる人材が確保できるという考え方もあります*2。

5 選任・後継者計画を担う主体

次期トップ及び新任・重任取締役の候補者の選任と後継者計画は，取締役会が最終決定する役割を担います。CGコードでも取締役会がこれらを監督すべしとされています。

組織長や執行役員など新任取締役の候補者となり得る人材は，会社の屋台骨を支える原動力ですから，取締役全員で十分な時間と手間をかけて，その選出や評価を協議するとともに，育成・指導等にも深く関与することが望ましいといえます。

一方，経営トップや重任取締役の候補者の選任は高い機密性を帯びますので，取締役全員で協議するのは現実的でありません。指名委員会等設置会社では法定の指名委員会が提案内容を決定しますし，その他の会社では独立社外取締役を中心に構成する任意の諮問委員会等が実質的に決定するケースが増えています。前者では委員会が決めた人事案には拘束力があり，過半数を社外取締役で構成する必要があります。後者は設置に株主総会の決議は不要で，決めた人事案に法的拘束力はなく，開示の義務もありません。これらの委員会が有効に機能するためには，委員会メンバーの高度に経営的な能力とセンス，選任基準や候補者の評価データなど判断材料の充実，現任トップからの独立性などが前提条件となります。これらに欠ける委員会は，客観性や透明性の形作りにすぎません。

なお，独立社外取締役や任意の諮問委員会等を設置しない会社では，候補者

の選任や評価を内部出身の取締役で構成される取締役会のみで決定することになります。この場合，身びいきや価値観の同質性をどのように回避するか，意見の匿名性や手続の公正をどのように確保するかなど，難しい課題が多々残ります。独立社外取締役や諮問委員会等の即時導入が難しいとしても，候補者の人柄・経験・手腕・評価に関する客観的なデータに基づいて，複数の人間が関与して選任する最低限のプロセスは確保すべきでしょう。

6　指名委員会・諮問委員会・独立社外取締役の役割

　利害関係をもたない第三者が次期トップ及び取締役の候補者決定プロセスに関与する狙いは，その会社における従来の経営慣行を所与のものとせず，外部の視点や手法を持ち込むとともに，現任トップの主体的な取組みを引き出し，中・長期戦略に合致したリーダーの条件を議論して，望ましい後継者計画を積極的に促進することにあります。

　具体的には，現任トップが好む人材でまわりを固めないこと，人事における不適切な権力や影響力を生まないこと，役割・資質本位で人材を選出すること，人材の多様性を活かして価値観の同質性・硬直性を取り除くこと，率直で合理的な議事を行うことなどが，指名委員会・諮問委員会・独立社外取締役に期待される行動といえます。

　例えば，現任トップから提示された原案が会社の持続的成長と企業価値向上に最善の選択ではないと考えるときは，明確に反対の意思表示を行うべきでしょう[*3]。このように，会社の利益に立ってハッキリとものがいえるためには，会社や現任トップと利害関係や経済的な依存関係をもたないことが肝要です。社外取締役と社外監査役は，独立性が希釈されないよう，通算任期に上限を設ける会社が増えています[*4]。

7　次期トップの候補者の選任・後継者計画の進め方

　次期トップの候補者の選任と後継者計画は，通常，現任トップの就任直後からスタートします。まず，想定する後継時期（通常は4ないし6年後）の経営トッ

プに求められる資質・人柄・経験・能力などの評価基準を具体化したうえで，複数名の候補人材を当該基準で評価して，候補者を数名に絞り込みます。社内に人材が不足する場合は，外部人材の調達も検討します。基準適合の評価手法は，専門の第三者機関や独立社外取締役による本人へのインタビューが一般的です[*5]。絞り込んだ候補者については，評価基準とのギャップを後継時期までに克服するための方針・期間を協議・決定します。続いて，期間内に実施する業務経験やトレーニングなどの計画を策定し，その進捗と改善を，定期的（通常は年に1ないし2回）に指名委員会等や取締役会がレビューするとともに，部下・同僚・子会社・取引先等による多面評価を行います。こうして，複数の候補者の適格性を客観的にデータ化したうえで，現任トップによる原案を参考に，指名委員会等や取締役会において次期トップの指名・決定を行います。

8 新任取締役・重任取締役の候補者の選任・後継者計画の進め方

　新任取締役や重任取締役の候補者の選任・後継者計画も，基本的には次期トップのそれと変わるところはありません。ただし，次期トップと比べて機密性が緩くなるので，選任・育成・評価にかかわる経営幹部の数や評価・協議の機会を増やすことが可能です。

　新任取締役の候補者は，実際に就任してみないことには適格性を正確に評価できません。担当分野の業務執行では抜群の成績を収めるものの，全社的な経営の観点では能力に不足が目立つのが一般的な傾向です。そうしたリスクを最小化するためには，育成プロセスで多面的に評価し，不足する知識・経験を補うステップを経て選任することが重要です。

　一方，重任取締役の候補者は，取締役会での言動，業務執行の実績，現場部門に対する指導力などを多面的に評価することで，充実した評価データを確保できます。この重任取締役の候補者の選任では，前述の次期トップの候補者の後継者計画と重なる人材とそうでない人材が混在します。取締役会は，取締役会全体として知識・経験・能力をバランス良く備え，多様性と適正規模を両立させて構成されるべき（CGコード原則4－11「取締役会・監査役会の実効性確保のための前提条件」参照）ですので，次期トップの候補にならない取締役も，経営トッ

プの一存ではなく，チーム構成の観点から重任の可否を多角的に判断する必要があります。その際，専門の第三者機関や独立社外取締役によるインタビューが有効な手段となります。

9 株主・従業員の評価・意向の反映事例

アクティビストによる株主提案権の行使が肯定される米国では，一定の株式を保有する株主に取締役候補者の提案を認めるプロキシーアクセス[*6]が2010年のドット・フランク法で制定されました。しかし，経営者団体の反対や裁判所の無効判決等で未実施の状態にあります（2016年7月現在）。米国証券取引委員会（SEC）は各社の自主的判断に委ねており，任意に導入する企業（マイクロソフト，アップル等）も登場しています。株主の意向を直接反映する候補者決定プロセスの動きとして注目されています。

また，不適切会計問題からの回復を進める株式会社東芝では，社外取締役の発案により，2016年1月，経営幹部115名による執行役社長の信任調査（無記名方式），並びに上司・部下・同僚2,830名による経営幹部177名のリーダーシップ調査（360度サーベイ）（外部委託，匿名性確保）を実施しました。社長の信任調査の結果は，指名委員会による社長選定案の作成に提供され，一般には公表されません。今後も毎年11月に実施する予定とのことです[*7]。

10 選任・指名の方針・手続等の開示の現況

株式会社大和総研のレポート[*8]によりますと，選任・指名の方針・手続等の開示に関する上場企業（東証一部上場会社による2015年10月末までのCG報告書の提出分）の対応として，次の傾向が挙げられます。

- 手続を開示している監査役会設置会社・監査等委員会設置会社198社のうち，88社（44.4%）において任意の委員会への諮問を行っている。
- 監査役会設置会社が任意に設置する指名のための諮問委員会のうち，約7割が社外者（社外取締役，社外監査役，社外有識者）を過半数とする構成を採用している。

- 選任・指名についての方針として，候補者の資質・属性を掲げる会社が多く，「人格」，「見識」，「品性」といった抽象的・精神的事項を掲げる事例が特に多い。
- それ以外では，「専門的知識」，「経営に関する経験」，（主に社内取締役・経営者について）「貢献，実績」，（社外取締役について）「独立性」を掲げる事例が多い。

11　現任取締役の評価・再任決定プロセスの実例

大東建託株式会社（東京都港区）のCG報告書によりますと，同社では次のとおりユニークな仕組みを導入し，候補者決定プロセスの公正・透明化に対処しています。

> 当社では，取締役の評価及び取締役候補者の選任は，下記の通り，社外取締役全員及び監査役全員で構成される「評価委員会」（評価委員長：筆頭社外取締役）が中心となり，毎年第3四半期に行う業務執行取締役の相互評価に基づき，公正かつ透明性の高い手続きを行っています。
> 1）取締役の相互評価
> 　代表取締役以下，業務執行取締役が，各担当事業領域の「当期業務結果，期末見通し，次年度以降のビジョン」のプレゼンテーションを行い，業務執行に係る評価5項目と経営の監督・機能強化に係る評価5項目に基づき相互評価を実施し，評価資料は評価委員長が回収・確認・集計を行う。また，社外取締役及び常勤監査役による各取締役への個別ヒアリングを行う。
> 2）代表取締役による評価結果の検証
> 　評価委員長は，評価結果及びヒアリング結果（匿名処理）を代表取締役に提出し，代表取締役は，その結果を踏まえて，各取締役の当該事業年度の評価，次事業年度の取締役としての在任の妥当性，取締役の定年による退任の際は次期候補者等の検討を行う。
> 3）評価委員会への検討結果の報告
> 　代表取締役は，検討結果に基づく次期取締役体制案を評価委員会に説明し，評価委員会と時間をかけて協議のうえの成案を得る。評価委員会から変更要望の意見があった場合は，代表取締役が修正案を作成し，再度，評価委員会に諮って同意を得る。
> 4）次期取締役体制の取締役会への上程・決議

第4章◇取締役会・代表取締役・業務執行取締役・社外取締役
第2節◇代表取締役・業務執行取締役

　代表取締役は，評価委員会の同意を得た次期取締役体制案を取締役会へ上程し，正式な決定を得る。併せて，後日，代表取締役が各業務執行取締役に個人別の評価結果をフィードバックし，一層の改善を促す。

出典：大東建託株式会社　2015年度版コーポレートガバナンス報告書。

〔笹本　雄司郎〕

＝■注　記■＝

＊1　本稿の執筆にあたっては，佃秀昭「最高経営責任者の選任およびその前提となる後継者計画について―持続的成長と中長期的な企業価値向上に向けた後継者の創り方」商事2096号（2016）25頁以下を参考にした。

＊2　期差選任の有効性を説く資料として，グーハン・サブラマニアン「コーポレート・ガバナンスの3つの原則」Diamond Harvard Business Review 2016年3月号。

＊3　2016年4月，社内取締役2名，独立社外取締役2名（委員長含む）の4名で構成するセブン＆アイ・ホールディングスの指名・報酬委員会は，社内取締役（会長・社長）が提案する後任人事案を社外取締役が拒否し，会長・社長の辞任，子会社社長の社長就任という事態に発展した。

＊4　ガバナンス関連ルールを牽引する英国FRC（財務報告評議会）のコーポレート・ガバナンス・コード（2012年版）では，「非業務執行取締役の就任期間が6年を超える場合には，特に厳格なレビューに服するべきであり，また，取締役会に漸進的に新風を吹き込むことの必要性を考慮すべきである。」〔B 2.3〕と一定の歯止めの必要性を明示しています。

＊5　2016年5月，3名の社外取締役で構成する東芝の指名委員会は，前年9月以降10回の委員会を開催し，そのうち8回を社長候補者の審議に費やしたこと，社長候補者は社内で最終的に10名程度に絞り込んで面談したことを明らかにしている。（2016年5月7日日本経済新聞）。

＊6　米国金融改革法971条に基づくSEC規則14a-11では，ある会社の株式の3％以上を3年間以上継続して保有する株主（又は株主グループ）は，取締役数の25％以下（又は1名）の取締役候補者を提案し，会社が作成・配布する委任状勧誘書類（株主総会議案を詳細に説明する）に記載できるとされています。

＊7　組織トップの内部評価を客観化することはよいことであり，結果を指名委員会への情報提供にとどめることも合理的ですが，経営層，中間管理層，一般社員層では価値観や評価の視点（長期・短期，人権・労働への配慮，市場・社会の評価）が異なりますので，評価者の層をもっと拡大すべきであると筆者は考えます。

＊8　横山淳「CGコード開示の動向②選任・指名の方針・手続等の現況」〔大和総研リサーチ〕（2016年2月5日）。

第3節　社外取締役

 コーポレート・ガバナンスにおける社外取締役の役割と責務

コーポレート・ガバナンスの観点から，社外取締役はどのような役割・責務を果たすことが期待されていますか。また，社外取締役が行うことのできない「業務を執行」する行為とは，どのような行為を指すのでしょうか。

> コーポレート・ガバナンスの観点から（独立）社外取締役に期待される役割・責務は，助言機能と監督機能に大別されます。また，社外取締役が会社法上行うことのできない「業務を執行」する行為とは，業務執行者の指揮命令系統に属して行われる行為をいい，解釈指針は，原則として「業務を執行した」には当たらない行為を9項目にわたって例示しています。しかし，この例示は「通常は」「原則として」という留保が付されたものであることに留意が必要であり，実務上，社外取締役がこれらの行為を行う場合には，業務執行者の指揮命令を受けずに行われることを担保することが重要と考えられます。

☑キーワード

社外取締役，社外取締役の役割・責務，社外取締役の監督機能，社外取締役の助言機能，任意の委員会，業務の執行，非業務執行性，独立社外取締役

第4章◇取締役会・代表取締役・業務執行取締役・社外取締役
第3節◇社外取締役

解説

1 社外取締役に期待される役割・責務

(1) 会社法の要請

　社外取締役とは，会社法に定められている用語で，業務執行取締役等（業務執行取締役もしくは執行役又は支配人その他の使用人）でない取締役であり，会社から一定の独立性を有する者をいいます（詳細な定義は，会社2条15号参照）。

　社外取締役は，取締役会の構成員として取締役会の職務（会社の業務執行の決定，取締役の職務執行の監督，並びに代表取締役の選定及び解職）を担いますが（会社362条2項），その独自の役割・責務は，会社法上特に明文の規定がないことから必ずしも明らかではなく，「法的な観点から整理されることは必ずしも多くなかったものと思われる」という指摘もなされています[*1]。

　そのような状況の中で取りまとめられた解釈指針は，社外取締役の役割・機能を以下のとおり整理しています（解釈指針第2．2〔5頁〕）。

① 取締役候補者の指名や取締役の報酬の決定を通じた業務執行の適切な評価と，評価等を通じた将来志向のインセンティブづけによる監督

② 利益相反の監督

③ 助言や議決権の行使による業務執行の意思決定への関与

　また，解釈指針は，社外取締役を構成員とする委員会（任意の報酬委員会や指名委員会等のいわゆる任意の委員会）や，社外取締役の同意や意見を得ておくことで，社外取締役の役割・機能を活用し，これにより「会社の意思決定の適法性や合理性を確保することが可能となる」と述べ（解釈指針第2．2〔5頁〕），例えば，業務執行の意思決定についてその決定過程や内容の合理性が問題となる場合に，「意思決定過程や内容の適法性や合理性を高めることができ」るとしています（解釈指針第2．2注11〔5頁〕）。

(2) CGコードの要請

　会社法上の「社外取締役」とは別に，CGコードにおいては「独立社外取締

役」という用語が用いられています。その意義については**Q33**で扱いますが，CGコード原則4－7は，独立社外取締役に特に期待される役割・責務として，以下のものを挙げています。

(ⅰ) 経営の方針や経営改善について，自らの知見に基づき，会社の持続的な成長を促し中長期的な企業価値の向上を図る，との観点からの助言を行うこと

(ⅱ) 経営陣幹部の選解任その他の取締役会の重要な意思決定を通じ，経営の監督を行うこと

(ⅲ) 会社と経営陣・支配株主等との間の利益相反を監督すること

(ⅳ) 経営陣・支配株主から独立した立場で，少数株主をはじめとするステークホルダーの意見を取締役会に適切に反映させること

この原則は，CGコード「原則4－6で示されている『経営の監督と執行の分離』を推進し，経営の監督における取締役会の独立性及び客観性を真に確保するためにも，一般に，経営陣から独立した社外取締役の活用を図ることが強く期待される」という観点もふまえ，独立社外取締役に特に期待される役割・責務を明らかにしたものですが，その監督機能を具体化する(ⅱ)ないし(ⅳ)より先に，助言機能に係る役割・責務の(ⅰ)が記載されていることには留意する必要があります*2。これにより，CGコードは，独立社外取締役の役割・責務の中でも助言機能を特に重要なものとして位置づけていると考えられるからです。また，CGコード原則4－7(ⅳ)については「上場会社を念頭に置いて，特に上場子会社について問題となるもの」と指摘されていますが*3，本号は，上場子会社に限らず，一般に大株主が存在する会社でも問題になると考えられます。

なお，CGコード原則4－7が掲げる上記4項目は，平成26年会社法改正の審議過程で挙げられた社外取締役に期待される主な機能（①助言機能，②議決権行使等による経営全般の監督機能，及び③利益相反の監督機能）を参考に規定されたものであり，(ⅰ)が①に，(ⅱ)が②に，(ⅲ)(ⅳ)が③にそれぞれ対応し*4，CGコード原則4－7が掲げる独立社外取締役の役割・責務と，前記(1)に述べた解釈指針が示す社外取締役の役割・機能とは，その文言や分類方法に違いはあるものの，根底にある考え方を大きく異にするものではないと考えられます。

第4章◇取締役会・代表取締役・業務執行取締役・社外取締役
第3節◇社外取締役

(3) 実務上の要請

　実務上，社外取締役に期待される具体的な役割・責務を検討するにあたっては，ベストプラクティスを取りまとめた日弁連社外取締役ガイドラインや社外役員等ガイドライン等が参考になります。

　まず，日弁連社外取締役ガイドラインは「社外取締役は，それぞれの経歴や専門性を背景に，社会における一般常識，会社経営に関する一般的常識並びに取締役及び取締役会のあり方についての基本的理解に基づき，取締役の業務執行について，企業戦略等の大きな方向性を示し，適切なリスクテイクを支え，経営陣・取締役に対する実効性の高い監督を行うことにより，ブランド価値，レピュテーション等の社会的評価を含めた企業価値を持続的に成長させて中長期的に向上させ，かつ，企業不祥事等による企業価値の毀損を避けるため，内部統制を含めたガバナンスや法令遵守等経営全般のモニタリングを行い，会社と経営陣，支配株主等との間の利益相反を監督し，また少数株主を始めとするステークホルダーの意見を取締役会に適切に反映させることや，業務執行に関与しない範囲でアドバイスを行うことが期待されている」と述べたうえで（日弁連社外取締役ガイドライン第1．1(1)〔6頁〕），社外取締役の具体的活動の指針を示しています（同ガイドライン第3〔13頁以下〕）。

　また，社外役員等ガイドライン5．1は「社外役員を含む非業務執行役員の役割」として具体的に5項目を定めています。特に，そのうち「『べきである』と記載された事項は，基本的には，法令に基づき要請される事項であると思われる」とされ[*5]，違法又は著しく不当な業務執行の防止（社外役員等ガイドライン5．1．1〔7頁〕）及び職務執行に必要な時間の確保（社外役員等ガイドライン5．1．〔8頁〕）の2項目がこれに該当します。

　しかし，上記のような要請はあるものの，他方では「企業の機関設計，取締役会の役割・構成は，企業の経営戦略に応じて選択されることが求められ，その結果，社外役員を含む非業務執行役員に期待される役割も，各企業の置かれた状況，企業の経営戦略との関係で異なってくる」とされ（中間とりまとめ4．2．1①〔15～16頁〕），社外取締役に期待される役割は，各企業の状況等に応じて異なるものになり得ることから，各企業には，社外取締役に求める役割を明らかにすることが求められているともいうことができます[*6]（中間とりまとめ

4.2.1①〔16頁〕)。各企業が独立社外取締役に期待する役割は、その企業における独立社外取締役の導入理由でもありますが、助言機能という理由だけで独立社外取締役の人数を増やす必要が本当にあるのかについては疑問も呈されており、独立社外取締役の人数を増やす場合には、助言機能に着目するだけでは足りず、業務執行者に対する監督機能が特に重要であると指摘されています[7]。そこで、各企業においては、今後、さらに上場会社における独立社外取締役の選任数が増加傾向に向かうであろうこと（Q33 2 (2)参照）も視野に入れながら、自社の独立社外取締役の員数をどうしていくかという問題と併せ、独立社外取締役に期待する役割を改めて整理・検討することが望ましいでしょう。

2 社外取締役の非業務執行性

社外取締役の社外性を基礎づける要件として、当該会社とその子会社において「業務を執行した」取締役でないことが求められているため（会社2条15号イ）、社外取締役は、業務の執行を行うことができません。ここにいう「業務の執行」とは、株式会社の何らかの事務を行うということではなく、会社の目的である具体的事業活動に関与することを意味すると説明されていますが[8]、具体的にどのような行為が業務執行に該当するかの判断は実際には難しく[9]、その判断基準も必ずしも明らかではありません。

しかし、「社外取締役が法的な憂いなく積極的に期待される役割・機能を果たすためには、『業務を執行した』の範囲に関する考え方あるいは基準が示されることが必要」です[10]。そこで、解釈指針は、「『業務を執行した』取締役が社外取締役となれない趣旨は……監督機能を担う社外取締役と被監督者である業務執行者の分離独立を確保することにある」から、「業務執行者の指揮命令系統に属して行われる行為が、『業務を執行した』にあたるものである」と述べたうえで、例えば、以下の行為は、通常は業務執行者の指揮命令系統に属しては行われない行為であり、原則として「業務を執行した」に該当しないと整理しています（解釈指針第2.2〔5頁〕）。

① 業務執行者から独立した内部通報の窓口となること

② 業務執行者から独立した立場で調査を行うために，企業不祥事の内部調査委員会の委員として調査に関わること
③ 内部統制システムを通じて行われる調査等に対して，業務執行者から独立した立場に基づき，指示や指摘をすること
④ MBOにおける以下のような行為
・対象会社の取締役会の意見表明（賛同の是非，応募推奨の是非，アドバイザーの選任等）について検討を行うこと
・MBOや買付者に関する情報収集を行うこと
・買付者との間で交渉を行うこと
⑤ 第三者割当による株式の発行，支配株主との重要な取引等を行う場合等，上場規則に基づき必要となる場合において，業務執行者から独立した立場から意見を述べること
⑥ 任意に設置されたコンプライアンス委員会に出席し，自らの経験を基に役職員に対するレクチャーを行う等，社内におけるコンプライアンス向上の活動に関与すること
⑦ 経営会議その他，経営方針に関する協議を行う取締役会以外の会議体に社外取締役が出席し，意見すること
⑧ 社外取締役が，その人脈を生かして，自らM&Aその他の商取引の相手方を発見し，紹介すること
⑨ 株主や投資家との対話や面談を行うこと

したがって，社外取締役が上記行為を行ったとしても，それが業務執行者の指揮命令系統に属して行われたものでない限り，当該社外取締役は「業務を執行した」取締役（会社2条15号イ）には該当せず，会社法上は社外性を失わないと考えられます。しかし，前記**1**のとおり，一般に社外取締役には助言機能と監督機能が期待されていることに照らすと，上記行為には，社外取締役が行うことが必ずしも好ましくないと思われる行為も含まれています。さらに，解釈指針による例示は，あくまでも「通常は」「原則として」という留保が付されたものであり，その類型的な性質として入口のところで業務執行に当たる（したがって社外取締役が行うことができない）と判断する必要はないという考え方を示したところに意義があります。そこで，実務上は，社外取締役が上記行為を行

う場合，業務執行者の指揮命令を受けずに行われることを担保することが重要と考えられます*11。

〔江口　真理恵〕

━━■注　記■━━

* 1　中原＝梶元〔下〕23頁。
* 2　油布ほか・CGコード解説Ⅳ47頁。
* 3　神田ほか・成長戦略〔下〕59頁〔神田秀樹発言〕。
* 4　法務省法制審議会会社法制部会部会資料２，法務省法制審議会会社法制部会第４回議事録27頁〔内田関係官説明〕，神田ほか・成長戦略〔下〕59頁〔神田発言〕。
* 5　梶元孝太郎「『社外役員等に関するガイドライン』と『中間取りまとめ』の概要――わが国企業のベスト・プラクティスから得られる示唆」商事2040号（2014）48頁。
* 6　各企業が社外取締役に求める役割をコーポレートガバナンスガイドライン等に規定し，公表している例として，エーザイのコーポレートガバナンスガイドライン16条（http://www.eisai.co.jp/company/governance/cgguideline.html），大和ハウス工業のコーポレートガバナンスガイドライン19条（http://www.daiwahouse.com/ir/governance/pdf/guidelines.pd），テクノプロホールディングスのコーポレートガバナンス・ガイドライン17条２項（http://www.technoproholdings.com/ir/corporate_governance/guidelines/）等があります。
* 7　塚本英巨「独立社外取締役の活用と取締役会上程事項の見直し」商事2080号（2015）37頁。
* 8　相澤哲ほか編『論点解説 新・会社法』（商事法務，2006）290頁。
* 9　江頭憲治郎ほか編『改正会社法セミナー【企業統治編】』（有斐閣，2006）92頁〔浜田道代発言〕・93頁〔武井一浩発言〕。
* 10　中原＝梶元〔下〕23頁。
* 11　渡辺邦広「業務執行性の考え方とは『社外取締役の役割・機能等』に関する解釈指針のポイント」旬刊経理情報1425号（2015）21頁。

第4章◇取締役会・代表取締役・業務執行取締役・社外取締役
第3節◇社外取締役

 独立社外取締役の意義及び選任

　CGコード中の「独立社外取締役」とは何でしょうか。
　独立社外取締役は何名選任すべきであり，その人選は，どのように行うことが望ましいでしょうか。また，その人選においては，どのような資質を重視すべきでしょうか。

　「独立社外取締役」に類似した概念として，各金融商品取引所がその規則に定める「独立役員」があり，その独立性に関する基準をふまえて会社がCGコード原則4－9第1文に基づいて独立性判断基準を策定した場合，当該会社においては，その基準を満たす社外取締役が「独立社外取締役」として取り扱われるものと考えられます。

　CGコード原則4－8第1文は，独立社外取締役を「少なくとも2名以上選任すべき」と定めており，その人選の方法については，「社外役員を含む非業務執行役員の人選」について定めた社外役員等ガイドライン5．2項が参考になります。

　独立社外取締役には，独立性判断基準を満たすことを前提として，各社の個別事情に応じた独立社外取締役に期待される役割・責務を果たせるだけの資質が求められますが，さらに，取締役会の構成の多様性確保の観点もふまえると，他社における企業経営経験者，行政職OB，弁護士，公認会計士等，様々な経歴の人材が独立社外取締役の候補となり得ます。独立社外取締役の導入段階において，その中での優先順位づけをするとすれば，まずは，会社経営についての知見を有することを重視して人選を行うことも考えられるでしょう。

Q33◆独立社外取締役の意義及び選任

☑キーワード

独立社外取締役，独立性判断基準，独立性基準，独立役員，CGに関する報告書，独立社外取締役の人選，独立社外取締役に求められる資質

解　説

1　独立社外取締役の意義

「独立社外取締役」とは，CGコード原則4－7等で用いられている用語ですが，CGコード上その定義は明示されていないことから，会社法上の「社外取締役」の要件に加えていかなる要件を満たせば「独立」社外取締役といえるのか，文言上明らかではありません。

この「独立社外取締役」に類似した概念として，各金融商品取引所がその規則に定める「独立役員」があります。東証上場規程においては，「一般株主と利益相反が生じるおそれのない社外取締役（会社法第2条第15号に規定する社外取締役であって，会社法施行規則第2条第3項第5号に規定する社外役員に該当する者をいう。）又は社外監査役（会社法第2条第16号に規定する社外監査役であって，会社法施行規則第2条第3項第5号に規定する社外役員に該当する者をいう。）」が「独立役員」として定義され（東証上場規程436条の2第1項），「独立役員」該当性に係る基準をさらに具体化した，いわゆる独立性基準が定められています（東京証券取引所「上場管理等に関するガイドライン」Ⅲ5．(3)の2，「独立役員の確保に係る実務上の留意事項」〔2015年6月改訂版〕）。上場会社は，一般株主保護のため，独立役員を1名以上確保することが義務づけられるとともに（東証上場規程436条の2第1項等），取締役である独立役員を1名以上確保することが努力義務とされ（東証上場規程445条の4等），金融商品取引所に対して独立役員届出書を提出し（東証上場規程規則436条の2第1号等），さらに，独立役員の確保状況をCG報告書において開示することが求められています（東証上場規程204条12項1号,東証上場規程規則436条の2第1号等）。

そして，金融商品取引所が定める独立性基準により独立性が否定される者

は，CGコードにおける「独立社外取締役」にも該当しないと考えられます。他方で，その点さえ確保されていれば，「独立社外取締役」に該当するためには，取引所に対して現実に独立役員として届出を行っている者であることは要しないとされており[*1]，会社がCGコード原則4－9第1文に基づいて独立性判断基準（詳細は，後記**3**(1)参照）を策定した場合，当該会社においては，その基準を満たす社外取締役が「独立社外取締役」として取り扱われるものと考えられます。

2　選任すべき独立社外取締役の人数

(1)　上場会社が選任すべき独立社外取締役の最低人数

　上場会社では，前記**1**のとおり，東証上場規程上，取締役である独立役員を1名以上確保することが努力義務とされており，また，一定の会社が社外取締役を置いていない場合には「社外取締役を置くことが相当でない理由」の説明・開示が求められています（会社327条の2，会社則74条の2・124条2項。詳細は**Q35**参照）。

　これに対し，CGコード原則4－8第1文は，東証上場規程及び会社法の要請を実質的に加重し，独立社外取締役を「少なくとも2名以上選任すべき」と定めています。

　同原則は，「独立社外取締役……を設置しさえすれば会社の成長が図られる，という捉え方は適切ではない。独立社外取締役を置く場合には，その期待される役割・責務に照らし，その存在を活かすような対応がとられるか否かが成否の重要な鍵となると考えられる」という立場に立ったうえで，東証上場規程及び会社法に上述の規定が存在し，実務上もこれに沿った対応が見られることをふまえ，「独立社外取締役を複数名設置すればその存在が十分に活かされる可能性が大きく高まる，という観点から」複数名の独立社外取締役の選任を求めています（CGコード原則4－8の〔背景説明〕）。そして，独立社外取締役を複数名選任することの具体的な有用性については，「本有識者会議における議論（第5回等）にもあったように，独立社外取締役が，単に1名だけではなく複数名存在すれば，有益な意見形成がなされる可能性が高まる上，その意見を取締役会に反映することも格段に容易になると考えられる」[*2]との指摘がなされ

ています。

(2) 自主的判断により少なくとも3分の1以上の独立社外取締役を選任することが必要と考える上場会社の対応

さらに，CGコード原則4－8第2文は，「業種・規模・事業特性・機関設計・会社をとりまく環境等を総合的に勘案して，自主的な判断により，少なくとも3分の1以上の独立社外取締役を選任することが必要と考える上場会社」に対して，「そのための取組み方針を開示すべき」と定めています。

これについては，「独立社外取締役の比率のさらなる向上へ向けた自主的な取組みを促す観点から」設けられた規定であり，あくまで「自主的な判断により，少なくとも3分の1以上の独立社外取締役を選任することが必要と考える上場会社」のみを適用対象とするものであるから[3]，「『自主的な判断により……必要と考える上場会社』でなければ，そもそも原則4－8の第2文は適用されず，『なぜ3分の1基準の方を適用しないのか』という点も含めて，第2文に係る『エクスプレイン』も不要である」[4]とされています。

また，CGコード原則4－8第2文の求める「取組み方針」の開示では，「3分の1以上の選任に向けた大まかなロードマップを示すことが求められて」おり，「すでに3分の1以上の独立社外取締役が存在する場合には，その旨示すことで足り」ます[5]。この開示は，後記**3**(1)の独立性判断基準と同様の方法で行われます。

なお，上場会社における独立社外取締役の選任数は着実に増加しており，取締役会の3分の1以上の独立社外取締役を選任している企業も東証第一部上場会社の1割以上に上っています[6]。また，米国のNYSE上場企業や英国のFTSE350構成企業においては，独立取締役ないし非業務執行取締役が取締役会の多数を占めることが要請されており[7]，日本においても，より多くの独立社外取締役が選任されるための取組みが期待されています[8]。

3 独立社外取締役の選任

(1) 独立性判断基準の策定・開示

CGコード原則4－9第1文は，「取締役会は，金融商品取引所が定める独立

第4章◇取締役会・代表取締役・業務執行取締役・社外取締役
第3節◇社外取締役

性基準を踏まえ，独立社外取締役となる者の独立性をその実質面において担保することに主眼を置いた独立性判断基準を策定・開示すべきである」と定め，独立社外取締役に係る独立性判断基準の策定・開示を求めています。

　この原則は，金融商品取引所が定める独立性基準を全上場会社に共通するミニマム・スタンダードと捉えたうえで，①社外取締役の独立性の有無を適切に判断するためには，このミニマム・スタンダードに抵触しないというだけで足りるかという点を含め，個々の社外取締役ごとに実質的な判断を行うことが望ましいこと，及び②金融商品取引所が定める独立性基準は抽象的で解釈に幅を生じさせる余地があるため，各上場会社がその個別事情をふまえて適切に当てはめを行うことは有益と考えられることから，独立性の有無についての実質的な判断に資するよう，各社の個別事情に応じた自社に最適の独立性判断基準の策定・開示を求めるものとされています[*9]。

　会社が策定すべき独立性判断基準の内容は，「第一次的には各上場会社の判断に委ねられ」ており[*10]，例えば，各社が個別事情をふまえて自社に最適な独立性判断基準を検討した結果，東京証券取引所の定める独立性基準（東京証券取引所「上場管理等に関するガイドライン」Ⅲ5．(3)の2，「独立役員の確保に係る実務上の留意事項」〔2015年6月改訂版〕）をそのまま採用するという結論に至ることも妨げられません。しかし，上記のCGコード原則4－9第1文の趣旨に照らすと，一般論としては，例えば東京証券取引所の定める独立性基準中の抽象度が高い要件のうち，その会社の個別事情に照らして特に当てはめが問題となりやすいものについて具体的かつ客観的な基準を設ける等の対応を行い，自社に最適な，独自の独立性基準を策定することが望ましいと考えられます。なお，各社における独立性判断基準の策定にあたっては，ベスト・プラクティスの一例として，日本取締役協会が策定した「取締役会規則における独立取締役の選任基準〔モデル〕」（平成27年5月25日補訂）も参考になります。

　こうして策定された独立性判断基準の開示は，CG報告書中の「Ⅰコーポレート・ガバナンスに関する基本的な考え方及び資本構成，企業属性その他の基本情報」「1．基本的な考え方」の「コーポレートガバナンス・コードの各原則に基づく開示」欄に記載することを通じて行われます。その際には，「開示すべきとされる事項の内容を本欄に直接記載する方法のほか，有価証券報告書，

アニュアルレポート又は自社のウェブサイト等の広く一般に公開される手段により該当する内容を開示している場合にその内容を参照すべき旨と閲覧方法（ウェブサイトのURLなど）を本欄に記載する方法」も許容されています（CG報告書記載要領Ⅰ1(2)）。

(2) 独立社外取締役の人選の方法

独立社外取締役の人選の方法について、CGコードは、前記(1)の独立性判断基準の策定・開示以外には特に明文の定めを置いていませんが、取締役一般の指名に際しての規律として、監査役会設置会社又は監査等委員会設置会社であって、独立社外取締役が取締役会の過半数に達していない場合には、独立社外取締役の適切な関与・助言を得るべきとされています（CGコード補充原則4-10①）。形式的には独立社外取締役の要件を満たす社長の友人・知人を独立社外取締役として選任し、頭数をそろえたとしても、独立社外取締役として期待される役割・責務を実質的には果たせないおそれがあることから、各社の個別事情次第では、既存の独立社外取締役が人選を主導することが望ましい場合もあり得ます。

また、実務上は、「社外役員を含む非業務執行役員の人選」について定めた社外役員等ガイドライン5．2項が参考になります。これに照らすと、独立社外取締役の人選においては、次の方法をとることが望ましいと考えられます。

① 独立社外取締役の人選にあたって、独立社外取締役に期待する役割を独立社外取締役及び株主に明らかにする。
② 独立社外取締役の人選にあたって、企業の経営戦略との関係で適切なモニタリング又は助言のできる人材か否かを選任基準とする。
③ 独立社外取締役の人選過程において、業務執行役員からの推薦とするのではなく、非業務執行役員に候補者の選定を依頼する。
④ 独立性を確保するため、独立社外取締役の最長在任期間を設定する。

(3) 選任理由の開示

社外取締役候補者に関しては、会社法上、その選任議案に係る株主総会参考書類において、当該候補者を社外取締役候補者とした理由及び当該候補者が社外役員となること以外の方法で会社経営に関与していない者であるときは、社外取締役としての職務を適切に遂行できると判断した理由を記載することが必

要であるため（会社則74条4項2号・5号），独立社外取締役の選任時も，これらの事項を株主総会参考書類に記載することとなります。

また，CGコード原則3－1(v)は，取締役候補の個々の指名についての説明を開示することを求めており，これは独立社外取締役候補にも適用がありますが，株主総会参考書類の上記記載を参照する方法でCG報告書における開示を行うことも可能です*11。

4 独立社外取締役に求められる資質

(1) 社外取締役として求められる資質

独立社外取締役は，「独立性を有することに加え，独立社外取締役に期待される役割・責務を果たせるだけの資質を兼ね備えていることが求められ」*12ます（CGコード原則4－8）。（独立）社外取締役に期待される役割・責務は**Q32**で説明したとおりですが，独立社外取締役は，社外取締役の一種であることから，まず，社外取締役として求められる資質を備えていることが必要となります。

社外取締役として求められる資質は，期待される役割・責務と同様，各企業の置かれた状況，企業の経営戦略等によっても異なり得るものですが，監督機能も担う社外取締役については「指名や報酬の決定を通じた経営の評価という経営者の視点も踏まえた判断も求められることから，企業経営経験者は社外取締役の有力かつ第一義的な候補者であ」り，例えば，退任した企業の最高経営責任者（CEO）やグループ会社の経営経験のある執行役員クラスの人材が他社の社外取締役に就任することなどが求められるとされています（実践報告書第2，3〔4頁〕）。

また，取締役会の構成には多様性が求められています（CGコード原則4－11）。そこで，日弁連社外取締役ガイドラインは，社外取締役についても「異なる経験・技能・属性を反映した多様な視点や価値観を企業経営に反映し，会社経営におけるイノベーションがもたらされるよう，女性，外国人等多様なバックグラウンドの人物を選任することが望ましい」と述べるとともに（日弁連社外取締役ガイドライン第1．1(3)），社外取締役として求められる資質として，各々の有する専門性に加えて

① 様々な事業への理解力，資料や報告から事実を認定する力，問題及びリスク発見能力，応用力，説明・説得能力
② 取締役会等の会議において，経営者や多数の業務執行取締役等の中で，建設的な議論を提起し，論点や論点を明確化したうえで独立性・公平性を保って議論を客観的な立場から整理し，再調査，継続審議，議案への反対等の提案を行うことができる資質及び精神的独立性

を挙げたうえで（日弁連社外取締役ガイドライン第1.1(1)〔6頁〕），以上の資質を備える者として，会社の経営者又は経営者OB，行政職OB，弁護士，公認会計士その他有識者が考えられるとしています（日弁連社外取締役ガイドライン第1.1(2)〔6頁〕）。

しかし，他方で，「多数選任された社外取締役に多様性が存することは望ましいが，『監督』の中核的な部分が経営者の評価にあることから，まずは，これに適した者，例えば他社の経営者やその経験者など，経営一般についての知見を有する者を社外取締役として確保することが合理的である」との指摘もあることから（日本取締役協会「社外取締役・取締役に期待される役割について（提言）」22項〔13頁〕），社外取締役の導入段階にある会社においては，社外取締役に求められる種々の資質に優先順位づけをしたうえで人選に臨むことが有用と考えられます。

(2) 独立社外取締役として求められる資質

さらに，独立社外取締役として求められる資質について，CGコード原則4-9第2文は「取締役会における率直・活発で建設的な検討への貢献が期待できる人物を独立社外取締役の候補者として選定するよう努めるべきである」と定めています。

これを受けた具体的な人選については，もちろん，前記 **3** (1)で説明した独立性判断基準を満たすことが前提となりますが，「会社経営についての知見をどの程度有しているかが重要な考慮要素の一つとなり得」[13]，各会社の取締役会の状況もふまえた考慮が必要であるものの，「いずれにせよ，社内の論理を慮ってこれに追随することに終始したり，その逆に，いわば指摘のための指摘や反対のための反対を重ねたりする人物がこれに当てはまるとは考えにくい」[14]とされています。

第4章◇取締役会・代表取締役・業務執行取締役・社外取締役
第3節◇社外取締役

　また，取締役会のあり方に関する意見書では，これまでのCGコード対応状況をふまえ，経営環境や経営課題に応じ，例えば社内では得られない知見や経歴を基に，中長期的な企業価値の向上に向けた経営戦略や経営陣幹部の選解任についての議論を含め，取締役会の役割・責務の発揮に積極的に貢献できる資質をもった独立社外取締役がより多く選任されるよう，一層の取組みが期待されると指摘されています[*15]。

(3) 小　　括

　以上をまとめると，独立社外取締役に求められる資質は，各社における取締役会の役割（**Q26**参照）や社外取締役の役割（**Q32**参照）等の個別事情に応じて異なりますが，取締役会の構成の多様性確保の観点もふまえると，他社における企業経営経験者，行政職OB，弁護士，公認会計士等，様々な経歴の人材が独立社外取締役の候補となり得ます。独立社外取締役の導入段階において，その中での優先順位づけをするとすれば，まずは，会社経営についての知見を有することを重視して人選を行うことも考えられるでしょう。

〔江口　真理恵〕

━━■注　記■━━

＊1　油布ほか・CGコード解説Ⅳ55頁注42。
＊2　油布ほか・CGコード解説Ⅳ47頁。
＊3　油布ほか・CGコード解説Ⅳ47頁。
＊4　油布ほか・CGコード解説Ⅳ55頁注45。
＊5　油布ほか・CGコード解説Ⅳ48頁。
＊6　取締役会のあり方に関する意見書Ⅱ．2．(2)〔4頁〕。
＊7　NYSE Listed Company Manual 303A.01, The UK Corporate Governance Code 各則B.1.2.
＊8　取締役会のあり方に関する意見書Ⅱ．2．(2)〔4頁〕。
＊9　油布ほか・CGコード解説Ⅳ48頁。
＊10　油布ほか・CGコード解説Ⅳ48頁。
＊11　油布ほか・CGコード解説Ⅲ43頁注30参照。
＊12　油布ほか・CGコード解説Ⅳ49頁。
＊13　油布ほか・CGコード解説Ⅳ56頁注50。
＊14　油布ほか・CGコード解説Ⅳ49頁。
＊15　取締役会のあり方に関する意見書Ⅱ．2．(2)〔4頁〕。

社外取締役の役割の実効性確保に向けた留意点

　社外取締役がその役割・責務を実効的に果たすため，社外取締役の情報収集の観点から，社外取締役及び会社には，それぞれどのような取組みが求められますか。
　また，社外取締役が，複数の会社の社外役員を兼任することは可能でしょうか。

　社外取締役がその役割・責務を実効的に果たすため，社外取締役は，能動的な情報入手，独立した客観的な立場に基づく情報交換・認識共有，経営陣との連絡・調整や監査役又は監査役会との連携に係る体制整備が求められます。また，会社は，人員面を含む社外取締役の支援体制を整備すべきであり，特に，内部監査部門との連携確保や社外取締役に必要な情報を適確に提供するための工夫等が求められます。
　また，社外取締役が，複数の会社の社外役員を兼任することは可能ですが，その役割・責務を適切に果たすために必要となる時間・労力を社外取締役の業務に振り向けることが求められています（CGコード補充原則4－11②第1文）。社外取締役が他の上場会社の役員を兼任する場合には，その数は合理的な範囲にとどめるべきであり，上場会社は，その兼任状況を毎年開示することが求められています（CGコード補充原則4－11②第2文）。

☑キーワード
　社外取締役，社外取締役に対する情報提供，社外取締役の支援体制，筆頭独立社外取締役，社外役員の兼任，社外役員の兼任状況の開示

解説

1 （独立）社外取締役に求められる取組み

(1) 社外取締役による能動的な情報入手

社外取締役の役割・責務については，**Q33**において述べたとおりですが，社外取締役は，取締役として「その役割・責務を実効的に果たすために，能動的に情報を入手すべきであり，必要に応じ，会社に対して追加の情報提供を求める」ことが求められています（CGコード原則4-13第1文）。

特に，「社外者については，会社内部の情報へのアクセスが相対的に限られている場合が多い」[1]ため，CGコード補充原則4-13①は，「社外取締役を含む取締役は，透明・公正かつ迅速・果断な会社の意思決定に資するとの観点から，必要と考える場合には，会社に対して追加の情報提供を求めるべきである。」と定め，社外取締役が会社に対し，能動的に情報提供を求めることの重要性を強調しています。もっとも，この点に関しては，「たとえば，資源・時間的な制約を省みずすべての情報が提供されるまでは判断を留保するような態度が奨励されているわけではない」[2]とも指摘されており，CGコード補充原則4-13①は，あくまで，社外取締役を含む取締役が「透明・公正かつ迅速・果断な会社の意思決定に資するとの観点」から，「必要と考える場合」に必要な情報提供を求めるべきことを要請しています。

また，「職務執行に必要な情報は会社内部の情報に限定されるものではなく，場合によっては外部の専門家からの助言を利用することも必要」[3]となるとの観点から，CGコード補充原則4-13②は，「取締役・監査役は，必要と考える場合には，会社の費用において外部の専門家の助言を得ることも考慮すべきである。」と定めています。

(2) 独立した客観的な立場に基づく情報交換・認識共有

CGコード補充原則4-8①は，独立社外取締役に対して，「独立した客観的な立場に基づく情報交換・認識共有を図る」ことを求め，その具体的方法とし

て「独立社外者のみを構成員とする会合を定期的に開催する」ことを例示しています。

この補充原則については,「他の独立社外者との情報交換・認識共有を図ることにより,独立社外取締役間において率直かつ有益な意見の形成・共有(コンセンサス作り)がなされ,取締役会における議論に積極的に貢献できる可能性が高まることを期待するものであるが,その方法や頻度等は各独立社外取締役の合理的な判断に委ねられている」[*4]と解されています。

なお,例示された「独立社外者のみを構成員とする会合」については,「その構成員を独立社外取締役のみとすることや,これに独立社外監査役を加えることが考えられる」とされ(CGコード原案補充原則4-8①の〔背景説明〕),また,「必要に応じ,独立社外者の自主的な判断により,社内者に会合への参加や説明を求めること等が妨げられるものではなく,むしろ,独立社外者が,必要に応じそのような方法によって情報収集に努めることは,補充原則4-13①の趣旨にも適う」とされています[*5]。

実務上は,独立社外者のみの会合について,既に会社として公式に設定している会社や,会社としては設定していないものの,社外取締役が自主的に対応している会社や,社外取締役同士が議論しやすいように部屋を設けている会社がある一方で,社内者不在で有益な議論ができるか疑問であることや,社内者がいても社外取締役が遠慮せず発言できていることから,独立社外者のみの会合を設ける必要性をあまり感じていない会社もあり(プラクティス集第2,6〔27頁〕),独立社外者のみの会合以外でも,例えば,法定か任意かを問わず,各種の委員会の活動を通じて社外取締役や社外取締役の連携ができているという評価もあり得(プラクティス集第2,6第128項〔28頁〕),対応の仕方は様々です。

したがって,CGコード補充原則4-8①の例示にとらわれることなく,各社の実情に合わせた形で,「独立した客観的な立場に基づく情報交換・認識共有」を実質的に確保することが重要といえます。

(3) 経営陣との連絡・調整,監査役又は監査役会との連携に係る体制整備

CGコード補充原則4-8②は,独立社外取締役に対して,「経営陣との連絡・調整や監査役または監査役会との連携に係る体制整備を図る」ことを求め,その一例として「互選により『筆頭独立社外取締役』を決定すること」を

挙げています。

　この補充原則についても、「どのような体制整備を行うかは各独立社外取締役の合理的な判断に委ねられる」*6と解されています。

　例示された「筆頭独立社外取締役」を置く趣旨は、「経営陣との調整や監査役との連携といったデリケートで骨の折れる仕事について、まずは第一次的にこれらを担当する者を決定しておいて、しっかりとその任に当たってもらうことにあり、独立社外取締役間の序列をつけるわけではな」く*7、実務上は、「筆頭独立社外取締役」以外の名称を付してもかまいません。

　なお、独立社外取締役のさらなる機能強化のためには、筆頭独立社外取締役の選任が重要であるという意見がある一方で（フォローアップ会議議事録（第4回）〔田原企業開示課長発言〕）、社外取締役が2名の会社でそのうち1名を筆頭独立社外取締役と呼んでもあまり意味がないという指摘や（フォローアップ会議議事録（第4回）〔田中正明メンバー発言〕）、筆頭独立社外取締役を定めることで序列意識や筆頭者への依存意識を醸成する可能性があるとする例（亀田製菓の2015年6月18日付けCG報告書）もあり、経営陣との連絡・調整や監査役又は監査役会との連携に係る体制整備については、実質的な独立性確保の観点から具体的方策を検討する必要があります。

2　会社に求められる社外取締役の支援体制

(1)　CGコード上の要請

　上場会社は、取締役・監査役からの情報入手の要請に応えるべく、「人員面を含む取締役・監査役の支援体制を整えるべきである。」（CGコード原則4－13第2文）とされています。この「人員面を含む」という文言は、「例示ではなく、合理的な範囲で人員面における支援体制の整備が求められているという趣旨である」*8と解されていることに留意が必要です。もっとも、「合理的な範囲」での体制整備が求められているにすぎないため、取締役・監査役の支援のために専属の人員を配置することまでは必須ではなく、会社の規模等に応じて、例えば総務部や経営企画部等の既存の部署がその支援を行うことでもよいと考えられます。

この支援体制に関して，CGコード補充原則4－13③第1文は，「内部監査部門と取締役・監査役との連携を確保すべき」と定めてその重要性を強調しています。特に，「支援体制を実効的なものとするには，とりわけ社外役員への適確な情報提供を確保するための措置が必要と考えられる」[*9]ことから，CGコード補充原則4－13③第2文は，上場会社は，「社外取締役や社外監査役に必要な情報を適確に提供するための工夫を行うべき」と定め，「社外取締役・社外監査役の指示を受けて会社の情報を適確に提供できるよう社内との連絡・調整にあたる者の選任」を例として挙げています。実務上は，社内取締役をその任に当たらせている会社もあります（プラクティス集第2，6第136項・第140項〔29頁〕）。

加えて，取締役会には，「各取締役・監査役が主体的に求める情報の円滑な提供が確保されているかどうかを確認する」ことが求められており（CGコード原則4－13第3文），実務上，こうした支援体制の整備や情報提供状況の確認は，「通常は内部統制システムの構築とその監督の中で実施されることとなろう」[*10]と指摘されています。

(2) 社外取締役が必要な情報を適確に入手するための具体的支援体制

社外取締役が必要な情報を適確に入手するための具体的支援体制について，社外役員等ガイドライン6項が非業務執行役員（社外取締役及び監査役をいいます〔社外役員等ガイドライン2．1項（4頁）〕）のサポート体制として，次の内容を挙げています。

また，取締役会のあり方に関する意見書は，取締役会において独立社外取締役が戦略的方向づけ等の議論に貢献できるよう，環境整備を行うことが必要であるとして，「取組みの例」を掲示している（6頁）ほか，プラクティス集は，各企業における実際の取組み例を多数紹介しており，実務上，支援体制を具体的に検討・構築する際の参考になります。

(a) 情報の共有（社外役員等ガイドライン6．1項〔9～10頁〕）

① 企業は，非業務執行役員の就任時などの適切な機会に，経営を監督するうえで必要となる事業活動に関する情報・知識を提供することが望ましい。

② 企業は，非業務執行役員に社内の情報を十分に共有するシステムを構築

することが望ましい。企業は，非業務執行役員が意義のある意見・指摘・質問をすることが可能となるように，取締役会の付議議案について，非業務執行役員の事前準備に要する期間に配慮して，資料の送付又は説明をすることが望ましい。
③　企業は，監査の実効性を高めるために，監査役等と内部監査・内部統制部門との連携を強化すべきである。
④　企業は，内部監査・内部統制に関する情報について，経営者に対する報告と同内容の報告を，経営者に対する報告と同時期に，非業務執行役員に伝達する仕組み（デュアルレポート体制）を構築することが望ましい。
⑤　企業は，企業内における不正の端緒を掴むために，内部通報システムの情報の受領先に監査役等を加えることが考えられる。

(b)　**サポート・スタッフ**（社外役員等ガイドライン6．2項〔10頁〕）
①　企業は，非業務執行役員がその役割を果たすために，非業務執行役員をサポートする人員を確保することが望ましい。

(c)　**費用の負担**（社外役員等ガイドライン6．3項〔10頁〕）
①　企業は，非業務執行役員がその役割を果たすために必要な費用（企業から独立した外部専門家に委託することが必要な場合には，その費用を含む）を負担すべきである。

(d)　**役員間の連携のための環境整備**（社外役員等ガイドライン6．4項〔11頁〕）
①　企業は，非業務執行役員が経営に対する監督を実効的に行うために，業務執行役員や他の非業務執行役員との間で定期的に会合を開くなど，役員相互での情報共有，意見交換を充実させるための環境を整備することが望ましい。

3　社外取締役の兼任

(1)　社外取締役が複数の会社の社外役員を兼任することの可否

　社外取締役が複数の会社の社外役員を兼任することについて，会社法上，特に制約はありませんが，CGコード補充原則4－11②第1文・第2文前段は「取

Q34◆社外取締役の役割の実効性確保に向けた留意点

締役・監査役は，その役割・責務を適切に果たすために必要となる時間・労力を取締役・監査役の業務に振り向けるべきであ」るという観点から，「他の上場会社の役員を兼任する場合には，その数は合理的な範囲にとどめるべきであ」ると定めており，社外取締役もこの適用を受けます。

ここにいう兼任の「合理的な範囲」については，一律に数値基準を置く代わりに，その解釈を当該取締役・監査役の良識に委ねる手法がとられています[*11]。

なお，平成27年3月期決算の日経300銘柄を対象とした社外取締役の重要な兼職の状況の調査によると，重要な兼職数が1つの社外取締役が最も多く，約31％を占め，兼職数2つが約24％，兼職なしが約19％，兼職数3つが約14％，兼職数4つが約7％となっています[*12]。

(2) 兼任状況の開示

取締役・監査役の他社との兼任状況は株主が取締役・監査役を評価するうえでの重要な判断材料になると考えられるため[*13]，上場会社は，取締役・監査役の他社との兼任状況を毎年開示することが求められており（CGコード補充原則4-11②第2文後段），社外取締役の兼任状況もこの開示の対象となります。

もっとも，従前から，事業報告には取締役及び監査役の「重要な兼職の状況」の記載（会社則119条2号・121条8号），株主総会参考書類には「重要な兼職」の事実の記載（会社則74条2項2号・76条2項2号）がそれぞれ義務づけられているため，これらの記載をもって，CGコード補充原則4-11②第2文後段をコンプライと整理することも可能と考えられます。この場合，CG報告書においては，事業報告又は株主総会書類の記載を参照すべき旨と閲覧方法を記載することとなり（Q33参照），例えば，株式会社資生堂[*14]，株式会社三菱UFJフィナンシャル・グループ[*15]等のCG報告書がこのような記載をしています。

また，兼任数の「合理的な範囲」について，「取締役が他の上場会社の役員を兼任する場合，当社の他に4社を超えないことが望ましい旨，当社コーポレート・ガバナンス・ガイドライン第6条で定めている。」等と具体的に開示している例もあります（株式会社日立製作所の2015年11月6日付けCG報告書）。

〔赤木　貴哉〕

第4章◇取締役会・代表取締役・業務執行取締役・社外取締役
第3節◇社外取締役

■注　記■

- ＊1　油布ほか・CGコード解説Ⅳ51頁。
- ＊2　油布ほか・CGコード解説Ⅳ56頁注57。
- ＊3　油布ほか・CGコード解説Ⅳ51頁。
- ＊4　油布ほか・CGコード解説Ⅳ48頁。
- ＊5　油布ほか・CGコード解説Ⅳ55頁注48，パブコメ回答№9。
- ＊6　油布ほか・CGコード解説Ⅳ48頁。
- ＊7　油布ほか・CGコード解説Ⅳ48頁。
- ＊8　油布ほか・CGコード解説Ⅳ56頁注58。
- ＊9　油布ほか・CGコード解説Ⅳ52頁。
- ＊10　油布ほか・CGコード解説Ⅳ56頁注59。
- ＊11　油布ほか・CGコード解説Ⅳ50頁。
- ＊12　松田由貴「社外取締役兼職等状況の実態調査（第5回）―3月期決算の日経300銘柄を対象として」資料版商事372号（2015）119頁。
- ＊13　油布ほか・CGコード解説Ⅳ50頁。
- ＊14　http://www2.tse.or.jp/disc/49110/140120150717452968.pdf
- ＊15　http://www2.tse.or.jp/disc/83060/140120151028428177.pdf

35 監査役・監査役会設置会社における社外取締役の選任

会社法上，社外取締役の選任を義務づけられている指名委員会等設置会社や監査等委員会設置会社と異なり，監査役（会）設置会社は，社外取締役を選任しなくともかまわないのでしょうか。

監査役（会）設置会社において社外取締役を選任しない場合，どのような対応が必要でしょうか。

　監査役（会）設置会社は，社外取締役を選任する義務を負っていないため，社外取締役を選任しなくともかまいません。

　もっとも，一定の要件を満たす監査役（会）設置会社が社外取締役を選任しない場合，その取締役は定時株主総会で「社外取締役を置くことが相当でない理由」を説明する義務を負うとともに，当該理由を事業報告及び株主総会参考書類の内容とし，株主に開示する必要があります。

　また，監査役（会）設置会社が独立社外取締役（独立社外取締役の意義については，**Q33**参照）を選任していない場合及び選任していても1名のみの場合には，独立社外取締役を2名以上選任していない理由をCG報告書でエクスプレインする必要があります（CGコード原則4-8第1文，東証上場規程436条の3）。

☑**キーワード**

社外取締役，独立社外取締役，社外取締役の選任義務，社外取締役を置くことが相当でない理由，エクスプレイン

第4章◇取締役会・代表取締役・業務執行取締役・社外取締役
第3節◇社外取締役

解 説

1 監査役（会）設置会社における社外取締役選任の要否

(1) 会社法上の規律

会社法上，社外取締役の選任を義務づけるべきかどうかについては，平成26年会社法改正の際，法制審議会会社法制部会（以下「法制審議会」といいます）において議論が重ねられましたが，「社外取締役の選任を義務づけることについてはコンセンサスが得られなかった」ため，会社法上，社外取締役の選任を義務づける規定は存在しません[*1]。

しかし，後記**2**(1)(a)のとおり，監査役会設置会社のうち一定の株式会社が社外取締役を置いていない場合，取締役は，当該事業年度に関する定時株主総会において，社外取締役を置くことが相当でない理由を説明しなければなりません（会社327条の2）。この規定は，取締役が株主からの質問を待たずに，積極的に説明しなければならない点で，一般の説明義務の規定（会社314条）の特則として位置づけられます[*2]。

さらに，会社法327条の2の適用を受ける株式会社は，「社外取締役を置くことが相当でない理由」を事業報告及び株主総会参考書類の内容とし，株主に開示することが求められています（会社則74条の2・124条2項，・3項）。

(2) 東証上場規程上の規律

東京証券取引所は，法制審議会の附帯決議を受けて，東証上場規則を改正し（平成26年2月10日施行），上場会社は，取締役である独立役員（東証上場規程436条の2。一般株主と利益相反が生じるおそれのない社外取締役又は社外監査役のことをいいます）を少なくとも1名以上確保するよう努力する旨の規定（東証上場規程445条の4）を設けています。

(3) CGコード上の規律

Q33で説明したとおり，CGコード原則4－8第1文は，上場会社に対して，独立社外取締役を「少なくとも2名以上選任す」ることを求めており，これを

コンプライするためには，独立性判断基準を満たす社外取締役を2名以上選任することが必要です。

よって，社外取締役を選任していない場合はもちろん，選任していても1名のみの場合には，後記**2**(4)のとおりエクスプレインが求められます。

2 社外取締役を選任しない場合の具体的対応

(1) 定時株主総会における「社外取締役を置くことが相当でない理由」の説明義務

(a) 取締役に説明義務が課される会社

事業年度の末日において，①会社法上監査役会の設置が強制される公開会社かつ大会社である株式会社であって，②金融商品取引法24条1項の規定によりその発行する株式について有価証券報告書を提出しなければならない株式会社（上場会社でなくとも，①及び②のいずれの要件を満たす場合には，会社法327条の2が適用されます）の取締役は，当該事業年度に関する定時株主総会において，社外取締役を置くことが相当でない理由を説明する義務を負います（会社327条の2）。

①及び②の要件の判断基準時は事業年度の末日であるため，その時点において①及び②の要件をいずれも満たす株式会社は，その後，「当該事業年度に関する定時株主総会」までの間に要件を満たさなくなったとしても，その取締役は会社327条の2の説明義務を負うこととなります[*3]。また，「当該事業年度に関する定時株主総会」に社外取締役の選任議案を上程する場合であっても，取締役は，会社法327条の2に基づく説明義務を免れるものではなく，事業年度の末日において社外取締役を置いていなかったことについて，社外取締役を置くことが相当でない理由を説明する義務を負います[*4]。

(b) 説明すべき内容

会社法327条の2は，「社外取締役を置くことが相当でない理由を説明しなければならない」と定めています。説明すべき内容については，同条が「相当でない」理由の説明を求めている以上，単に社外取締役を「置かない」理由を説明するだけでは，置くことが「相当でない」理由を説明したことにはならないとされており，「相当でない」理由を説明したというためには，社外取締役を

置くことがかえってその会社にマイナスの影響を及ぼすというような事情を説明する必要があります*5。

例えば,「社外監査役が○名おり,社外者による監査・監督として十分に機能している」との説明や,「適任者がいない」ということのみの説明は,社外取締役を置くことが「相当でない」理由の説明とは認められないとされており*6,「『現場を熟知した社内取締役による相互監視により,すでに実効性のある監督が行われているので,会社の情報に通じない社外者を取締役に加えても,費用を上回る便益は見込めない』とか,『社外者を意思決定に参加させることで,かえって意思決定の迅速性,効率性が阻害される』といった」点は,それが含意されているように思われるとしても,「疑義を生じさせないためには,その点を明示する方が適当であろう」との指摘があります*7。

また,どのような場合に,「社外取締役を置くことが相当でない理由」があると認められるかについて,立案担当者は,「具体的な例示を示すことは,かえってそれに準拠しておけばよいとの形式的な対応を招くことになるおそれ」があるとして「一概に述べることはできない」としていますが*8,立案担当者を交えた座談会において「会社の事業内容が,高度に専門的な内容であり,これに精通する専門家の社外取締役の候補者を探すのは非常に難しい場合があります。そのような会社に,門外漢の不案内な人が来てしまうと,かえって企業価値を損なうおそれがありますといったような説明はあり得る」という見解も示されています*9。

なお,定時株主総会において説明される「社外取締役を置くことが相当でない理由」は,事業年度の末日におけるものであり,同日時点における取締役会の構成に関する会社の考え方が説明されることとなります*10。

(c) 説明の程度

会社法327条の2に基づく「社外取締役を置くことが相当でない理由」の説明は,会社法314条に基づく取締役等の説明義務と同様,一般的・平均的な株主が,問題状況を合理的に理解・判断できる程度に行う必要があると解されています*11。

具体的には,「事業報告に書いてあるとおりです」といった説明ではなく,「その会社の環境や社内の体制,あるいはその会社における人材獲得の可能性

ということ等を具体的に説明して，出席している株主が理解しやすいような説明」をすることが求められます*12。

(d) 説明内容の具体例

例えば，次のような説明が適法な説明の例として挙げられています*13。

「当社の社外取締役には，○○のような資質・経験等を備えた者が求められるところ，前回の株主総会以降，かかる資質・経験等を十分に備えた人材を確保すべく鋭意努力したものの，遺憾ながら，そのような人材を確保するには至らず，そのような状況下であえて不適格な人材を社外取締役に選任することは，当社の企業価値の向上にマイナスの影響を及ぼすおそれがあるため」

(e) 説明を行わなかった場合の法的効果

まず，会社法327条の2の適用を受ける株式会社の取締役が，当該事業年度に関する定時株主総会において，「社外取締役を置くことが相当でない理由」を説明しなかった場合，善管注意義務（会社330条，民644条）違反となりますが，その責任追及にあたっては「損害の立証がきわめて困難」という問題があります*14。さらに，取締役が「虚偽の申述を行い，又は事実を隠蔽した」場合，当該取締役は100万円以下の過料に処せられます（会社976条6号）。

また，「社外取締役を置くことが相当でない理由」は当該会社の取締役の構成に関わるものであるため，会社法327条の2違反（説明内容が虚偽である場合も含みます）があれば，株主総会の決議の方法の法令違反（会社831条1項1号）があるとして，取締役の選任議案に係る株主総会の決議に取消事由があると判断される可能性があります*15。

もっとも，社外取締役を置くかどうかを各社において検討することによる社外取締役の選任の促進及び株主に対する情報提供という会社法327条の2の趣旨や，社外取締役を含む取締役の選任権限が株主総会にある（会社329条1項）ことからすれば，取締役の説明が「社外取締役を置くことが相当でない理由」として十分なものであるかどうかの判断は，第一次的には，株主総会において行われることとなり，当該説明が客観的に見て不合理・不十分であるということのみから，直ちに327条の2に違反したことにはならないと解されています*16。

(2) 事業報告への「社外取締役を置くことが相当でない理由」の記載

(a) 記載義務・記載すべき内容

事業年度の末日において上記①及び②の要件を満たす株式会社[*17]が社外取締役を置いていない場合，株式会社の会社役員に関する事項として，「社外取締役を置くことが相当でない理由」を事業報告の内容に含めなければならず（会社則124条2項），(ア)当該「理由」は，その会社の当該事業年度における事情に応じて記載・記録すること（会社則124条3項前段），また，(イ)社外監査役が2人以上あることのみをもって当該「理由」とすることはできないこと（会社則124条3項後段），という2つのルールが定められています。

事業報告に記載する「社外取締役を置くことが相当でない理由」の内容は，会社法327条の2に基づく定時株主総会での説明と同様，事業年度の末日時点のものです[*18]。

(b) 実際の事業報告における記載例

■「会社役員の状況」欄に記載する例（株式会社ボルテージ〔東証一部〕）

> 3．社外取締役を置くことが相当でない理由
> 　当社グループは，経営環境の変化が激しいモバイルコンテンツ市場にあって，当社グループ事業の特性をふまえた迅速な経営判断を取締役会で行うことを重視しております。現時点では，法令上の社外取締役の要件を満たし，企業経営への理解に加えて，当社グループ事業に関する深い知識と経験を有した適任者の方の選定に至っておりません。適任者でない方を形式的に社外取締役として選任した場合，機動的かつ柔軟な経営判断を阻害されるおそれがあり，相当でないと判断したため，社外取締役を選任しておりません。

■「社外役員等に関する事項」欄に記載する例（当該定時株主総会に社外取締役の選任議案が上程される場合の例）（佐藤食品工業株式会社〔JASDAQ〕）

> ②　社外取締役を置くことが相当でない理由
> 　当社は，人的資産や業務の実態に精通し，経営理念を共有する現在の役員全員が，迅速かつ的確な意思決定を行うべきと考えております。
> 　一方で，社外取締役が経営のチェックに有益であることも認識しており，その候補者選定を進めてまいりましたが，適任者の選定に至っておりませんでした。
> 　今般，当社が求める知見及び独立性を有する社外取締役候補者を選定いたしましたので，平成27年7月24日開催予定の第55期定時株主総会において，社外取締役候補者を含む取締役選任議案を上程いたします。

(c) 不記載等の法的効果

事業報告に「社外取締役を置くことが相当でない理由」を記載しなければならない会社が当該理由を記載しなかった場合又は虚偽の記載をした場合，取締役等の関係者は，100万円以下の過料に処せられます（会社976条7号）。

(3) 株主総会参考書類への「社外取締役を置くことが相当でない理由」の記載

(a) 記載義務・記載すべき内容

取締役が株主総会に取締役選任議案を提出する場合，(ア)当該株式会社が社外取締役を置いていない「特定監査役会設置会社」（当該株主総会の終結の時に社外取締役を置いていないこととなる見込みであるものを含みます）であって，かつ，(イ)取締役に就任したとすれば社外取締役となる見込みである者を候補者とする取締役選任議案を当該株主総会に提出しない場合には，株主総会参考書類において「社外取締役を置くことが相当でない理由」を記載しなければなりません（会社則74条の2第1項）。

「特定監査役会設置会社」とは，「監査役会設置会社（公開会社であり，かつ，大会社であるものに限る。）であって金融商品取引法第24条第1項の規定によりその発行する株式について有価証券報告書を内閣総理大臣に提出しなければならない」会社をいい（会社則74条の2第2項），「特定監査役会設置会社」該当性及び「社外取締役を置いていない」かどうかは，株主総会参考書類の作成時点で判断されます[*19]。

株主総会参考書類に記載される「社外取締役を置くことが相当でない理由」は，株主総会参考書類の作成時点におけるものであり，定時株主総会での説明及び事業報告の記載と異なり，株主総会後の取締役会の構成に関する会社の考え方が説明されることとなります[*20]。

(b) 実際の株主総会参考書類における記載例

■株式会社ボルテージ（東証一部）

3．社外取締役を置くことが相当でない理由
　当社グループは，経営環境の変化が激しいモバイルコンテンツ市場にあって，当社グループ事業の特性をふまえた迅速な経営判断を取締役会で行うことを重視しております。現時点では，法令上の社外取締役の要件を満たし，企業経営

への理解に加えて，当社グループ事業に関する深い知識と経験を有した適任者の方の選定に至っておりません。適任者でない方を形式的に社外取締役として選任した場合，機動的かつ柔軟な経営判断を阻害されるおそれがあり，相当でないと判断したため，社外取締役を選任しておりません。

<u>但し，今後，当社グループの経営における社外取締役の役割について，十分な議論と検証を重ね，設置の必要性があると判断する場合には，具体的な検討を行ってまいります。</u>

注：下線は筆者による。

(c) 不記載等の法的効果

株主総会参考書類に「社外取締役を置くことが相当でない理由」を記載しなければならない会社が当該理由を記載しなかった場合又は虚偽の記載をした場合，株主総会の招集手続の法令違反（会社831条1項1号）があるとして，取締役の選任議案に係る株主総会の決議に取消事由があると判断される可能性があります[21]。

(4) CGコード原則4-8第1文を実施しないことのエクスプレイン

独立社外取締役を選任していない又は1名しか選任していない上場会社は，CGコード原則4-8第1文を実施しない理由をエクスプレインする必要があります。エクスプレインは，**Q4**で説明したとおり，CG報告書に当該理由を記載することによって行います。

この場合のエクスプレインの具体的内容としては，現在対応を検討中である旨を述べるものや，以下の例のように独立社外取締役が1名であっても十分な実効性を確保できている旨を説明するもの等があります。

■三井ホーム株式会社（東証一部）

【原則4-8】独立社外取締役の有効な活用

　当社の社外取締役は1名でありますが，独立した立場から当社の経営に対して適確な助言や意見の表明を行っており，独立社外取締役としての責務を十分に果たしております。

　また，社外監査役2名を含む監査役会と社外取締役によって，取締役に対する監督及び監視の体制は十分に機能しているものと考えておりますが，今後の当社を取り巻く環境の変化等を勘案しながら，独立社外取締役の増員の必要性と候補者の選任について検討してまいります。

　なお，独立社外取締役の取締役全体に占める割合についての方針は，特段定

めておりませんが，取締役会がその役割と責務を十分果たせるような構成に留意していく所存です。

〔赤木　貴哉〕

■注　記■

* 1　坂本三郎ほか「平成26年改正会社法の解説〔Ⅰ〕」商事2040号（2014）34頁。
* 2　前田雅弘「企業統治」ジュリ1472号（2014）19頁。
* 3　坂本一問一答88頁。
* 4　坂本一問一答88頁。
* 5　坂本一問一答91頁。
* 6　坂本一問一答91～92頁。
* 7　神田秀樹編『論点詳解 平成26年改正会社法』（商事法務，2015）32～33頁〔田中亘〕。
* 8　坂本一問一答91～92頁。
* 9　岩原紳作ほか「〈座談会〉改正会社法の意義と今後の課題〔上〕」商事2040号（2014）14頁〔斎藤誠発言〕）。
* 10　坂本一問一答94～95頁。
* 11　岩原ほか・前掲（＊9）12頁〔岩原紳作発言〕。
* 12　岩原ほか・前掲（＊9）12頁〔岩原発言〕・15頁〔仁科秀隆発言〕。
* 13　神田編・前掲（＊7）36頁〔田中〕。
* 14　岩原ほか・前掲（＊9）11頁〔岩原発言〕。
* 15　坂本一問一答96頁。
* 16　坂本一問一答98頁。
* 17　会社則124条2項の適用を受ける株式会社かどうかについては，会社法327条の2の場合（前記(1)(a)参照）と同様に判断されます（坂本一問一答88～89頁）。
* 18　坂本一問一答94～95頁。
* 19　坂本一問一答89頁。
* 20　坂本一問一答95頁。
* 21　坂本一問一答96頁。

第4節　経営者報酬の設計と透明性

経営者報酬の決定方法

取締役会が経営者の報酬決定についての方針と手続を定めるにあたり，どのような内容を定めることが求められますか。また，経営者報酬に関する意思決定の透明性・公正性を確保するための仕組みとして，例えばどのようなものがありますか。

　　経営者の報酬決定についての方針としては，企業戦略等の大きな方向性と関連づけられた理念のほか，報酬の構成と割合などについて定めることが求められます。手続としては，わが国では取締役会の決議により一任を受けた代表取締役が決定するのが一般的ですが，決定の透明性・公正性を確保するために十分な手続を定めるのが相当です。例えば，任意の諮問委員会や，社外取締役の関与について定めることが考えられます。

☑キーワード

報酬，インセンティブ，CG報告書，報酬の方針，報酬の構成，報酬水準，業績連動報酬，株式報酬，報酬委員会，監査等委員会，諮問委員会，独立社外取締役

解説

1 報酬決定に関する取締役会の権限

(1) 監査役設置会社，監査等委員会設置会社における取締役会の権限

会社法上，指名委員会等設置会社以外の会社では，取締役の報酬は，定款の定め，ないし株主総会の決議によって，「その額」等を定めるものと規定されています（会社361条1項）。

経営者報酬に関する決定は，本来は会社の業務執行に属するものですが，取締役会にその決定を無制約に委ねると，お手盛りにより株主の利益が害されるおそれがあるため，そのようなことのないよう，株主総会の決議を要するものとして，取締役の決定権限に制約を加えているのです☆1。

もっとも，実務上は，株主総会の決議によって個人別の具体的な支給金額を定めることはしません。取締役の報酬等の総額は年額○億円以内とする，というように，総額の上限を年額又は月額で定め，その枠（いわゆる報酬枠）の範囲内での具体的な配分は取締役会の決定に一任するのが一般的であり，このような決議の方法は判例上も許容されています☆2☆3。お手盛りの防止という法の趣旨は，取締役全員の報酬総額の上限を株主総会の決議をもって定めることでまっとうされるからです。なお，上限を定めずに一任することは，株主総会の決議による場合はもちろん，定款の定めをもってしても許されません☆4☆5。

いったん限度額を決定すれば，限度額を変更しない限り翌年以降の株主総会決議を経る必要はありません。取締役の構成や員数に変動が生じる場合も同様です。

このように，取締役会は，定款ないし株主総会の決議によって定められた報酬枠の範囲内で，各取締役の具体的な報酬の額その他の内容を決定する権限を有します。

(2) 指名委員会等設置会社の取締役会の権限

指名委員会等設置会社では，報酬決定に関する権限は報酬委員会に専属しま

す。株主総会の決議によって報酬枠を定めることはできず、また、取締役会の決議で報酬内容を定めることはできません。報酬委員会は、取締役及び執行役の個人別の報酬内容を確定的に定めなければならず、代表執行役その他の特定の執行役等に決定を委任することもできません。

　以下では、特に明記しない限り、指名委員会等設置会社以外の会社の取締役会について記述を進めます。

2　報酬決定に関する取締役会の役割・責務

　株主総会の決議によって報酬枠の範囲内の配分の一任を受けた取締役会は、具体的な報酬配分の決定を、さらに代表取締役その他の特定の取締役等に再一任することも許容されると解され☆6☆7、実務上も、社長一任とする例が少なからず見られます。

　もっとも、CGコードでは、取締役会は、株主に対する受託者責任・説明責任をふまえ、会社の持続的成長と中長期的な企業価値の向上を促し、収益力・資本効率等の改善を図るべく、①企業戦略等の大きな方向性を示し、②経営陣幹部による適切なリスクテイクを支える環境整備を行い、③独立した客観的な立場から、経営陣・取締役に対する実効性の高い監督を行うことが、その役割・責務として求められています（基本原則4）。

　経営者が会社の持続的成長と中長期的な企業価値の向上のため果断な経営判断を行うためには、経営者報酬は、企業戦略等の大きな方向性と関連づけられたインセンティブとして設計され、かつ、適切に運用されることが重要です。

　具体的には、取締役会は、経営者報酬を企業価値向上のためのインセンティブとして有効に機能させるべく、経営理念や経営計画と関連づけられた報酬方針を定め、各取締役の報酬内容が報酬方針に従って公正かつ適切に決定される手続を定める責務を負うものと考えられます。個人別の報酬決定を代表取締役に一任する場合でも、報酬枠の範囲内での決定を無条件に一任するのではなく、取締役会が定めた報酬方針に従って決定することを授権するべきです。

　また、取締役会の定めた経営者報酬に関する方針と手続について、CG報告書に記載して開示することが求められています（原則3-1(iii)）。

3 報酬の方針として定める内容

(1) 報酬方針の決定義務

　指名委員会等設置会社では，報酬委員会が個人別の報酬の内容を決定するにあたり，まずその方針を定めなければならないものとされています（会社409条1項）。

　他方，指名委員会等設置会社以外の会社では，報酬方針の決定義務は法定されていません。しかし，上述のとおり，経営者報酬を中長期的な企業価値向上へのインセンティブとして機能させるためには，具体的な報酬決定が，企業戦略等の大きな方向性と関連づけられた一定の方針の下でなされることが重要です。

　報酬の方針としては，どのような理念の下で，どのような性質ないし種類の報酬を，どの程度支給するのかについて定めるのが一般的です。

(2) 理　　念

　経営者報酬と中長期的な企業価値向上のためのインセンティブとして機能させるためには，会社の目指すところ（経営理念等）や経営戦略，達成を目指す経営計画と関連づけられる必要があります。

　例えば，中期経営計画により収益構造を確立することが急務である会社においては，経営者報酬を当該計画の達成度合いと連動性をもたせることを検討すべきですし，株主価値を重視する経営方針である場合には株価との連動性を意識することとなります。

　その他，業績が市況に左右されやすいかどうか，グローバルな観点で経営者を確保する必要性の有無などにより，報酬設計の理念ないし基本的な考え方は影響されることとなります。

(3) 報酬の構成と配分

　報酬には様々な種類があります。伝統的には，毎月固定額の金銭を支給する俸給，決算時期に年次業績を勘案して支給する期末賞与，退任時に在任中の功労に報いて支給する退職慰労金の3種類で報酬を構成する会社が一般的でした。しかし，この構成では，業績連動性を与えることができるのはわずかに期

末賞与のみであるため，期末賞与の報酬全体に占める割合，及びその算定ないし査定方法によっては，ほとんど業績連動性のない報酬となります。

現在は，上場企業の多くは退職慰労金を廃止しています。退職慰労金の廃止により生じた余裕は，固定報酬の増額に振り向けることもありますが，近年は，報酬と業績の連動性を意識した報酬体系の改革が行われることが少なくありません。

業績連動報酬を採用する場合，連動性を明確に示すため，企業のどのような業績に連動させるのかについて報酬の方針において明らかにするべきです。

金銭による業績連動報酬のほか，顕著な傾向として挙げられるのは株式報酬の導入です。

行使価格を1円とする株式報酬型ストック・オプションは，通常のストック・オプションと異なり紙切れになるリスクがなく，また，権利行使を退任時に限定することで退職金税制の適用を受ける余地があるため，退職慰労金からの移行に用いられることが少なくありません。このほか，有償ストック・ストックオプション，株式交付信託を用いてパフォーマンス・シェアやリストリクテッド・ストック同様の仕組みを実現しようとするものなど，新しい株式報酬の導入もみられます。

複数の種類の報酬を採用する場合，各報酬の割合を定めることも重要です。典型的には，報酬に占める基本報酬（固定報酬）の割合，短期インセンティブ報酬の割合，長期インセンティブ報酬の大まかな割合を定めます。一般に，役職ごとに割合は異なり，報酬水準が高いほど固定報酬の割合は抑えられます。

(4) 報酬水準

実務上，優れた経営者を確保し続けるため，わが国あるいはグローバルにおける経営者報酬の一般的傾向のほか，業種，規模，業績等を勘案して同輩とみなし得る企業における報酬額との相対的な比較を意識して，報酬水準の当否を判断する傾向がみられます。

報酬水準の把握と分析は，経営者報酬の調査，コンサルティングを行う専門業者の提供するデータベースを活用する方法のほか，有価証券報告書に記載された役員報酬に関する開示内容を分析することで概要については推測することができます。

4 報酬決定の手続として定める内容

(1) 指名委員会等設置会社の場合

指名委員会等設置会社については，報酬決定の手続が法定されています。すなわち，報酬委員会があらかじめ定めた報酬方針に従って，報酬委員会が，個人別の報酬額や内容を決定するという手続です（会社409条・404条3項）。報酬委員会の委員の過半数は社外取締役ですので，社外取締役に経営者報酬の決定権限という強力な経営監督機能が与えられているということができます。

(2) 指名委員会等設置会社以外の会社の場合

これに対し，指名委員会等設置会社以外の会社では，報酬枠の範囲内での報酬決定は，取締役会が行うことができます。具体的には，取締役会が，自ら定める報酬方針に従って個人別の報酬の具体的な額や内容を決定することができます。

もっとも，わが国においては，個人別の報酬の額を取締役会において詳らかにして審議を行い，議決するという実務は，必ずしも一般的とはいえません。多く見られるのは，取締役会は自ら具体的な報酬配分を決定せず，社長等の特定の取締役に一任するという方法です。

これらの方法でも，取締役会の定めた報酬方針に従って具体的な報酬内容を決定するものと定めることで，一定限度の透明性，公正さを担保することはできます。しかし，取締役会に期待される役割・責務，すなわち説明責任の確保や実効性の高い監督の観点からは，報酬の決定について，経営者から独立した客観的な立場からの監督を手続面において取り入れることが有用です。

この点，CGコードでは，指名委員会等設置会社以外の会社で，独立社外取締役が取締役会の過半数に達していない場合には，例えば，取締役会の下に独立社外取締役を主要な構成員とする任意の諮問委員会を設置するなどにより，独立社外取締役の適切な関与・助言を得るべきとされています（補充原則4-10①）。

「独立社外取締役を主要な構成員とする」とは，必ずしも社外取締役が過半数であることを求めるものではありませんが，独立社外取締役が名目的な存在

ではなく，適切に関与・助言をなし得るに十分な体制であるべきでしょう。例えば，独立社外取締役は1名であっても，外部の専門家，有識者などを委員に加えた諮問委員会を組織させ，報酬の方針，体系，具体的支給額等について諮問を行うことは，上記補充原則の要請を満たします。

　また，諮問委員会を設置しない場合でも，報酬決定にあたり，社外取締役に対して報酬内容の相当性を判断するに十分な情報を提供し，取締役会において意見を述べる機会を与えるなどの手続を定めることで，独立社外取締役の適切な関与・助言を得る体制を構築することは可能と考えられます。

　監査等委員会設置会社では，監査等委員の過半数が社外取締役であり，監査等委員会には株主総会において経営者報酬に関して意見を述べる権限と職責が与えられています。そこで，任意の諮問委員会を設置するまでもなく，報酬方針の決定や，具体的な報酬の決定の局面において監査等委員会の諮問を経るものとすることで，独立社外取締役の適切な関与・助言を得る体制を整えることは可能と考えられます。

　さらに，これら社外取締役による報酬監督の実効性を確保するため，外部のコンサルタンティング業者から継続的に情報の提供を受け，報酬水準や報酬構成の相当性の分析精度を高める工夫も考えられるところです。

〔高田　剛〕

■判　例■

☆1　最判昭60・3・26裁判集民事144号247頁・判タ557号124頁・判時1159号150頁。
☆2　最判昭39・12・11民集18巻10号2143頁・判タ173号131頁・判時401号61頁。
☆3　前掲（☆1）最判昭60・3・26。
☆4　前掲（☆2）最判昭39・12・11。
☆5　大阪地判昭32・11・16下民8巻11号2139頁。
☆6　最判昭31・10・5裁判集民事23号409頁参照。
☆7　東京地判昭44・6・16金判175号16頁参照。

37 経営者報酬の設計

　会社は，経営者の報酬設計にあたり，どのような点に留意すべきでしょうか。

　インセンティブ型の報酬を導入する場合，中長期的な業績と連動する報酬や自社株報酬の具体例としては，どのようなものが挙げられますか。

　経営者報酬の設計にあたっては，持続的な成長に向けた健全なインセンティブの一つとして機能するよう，中長期的な業績と連動する報酬の割合や，現金報酬と自社株報酬との割合を適切に設定すべきです。

　業績連動報酬としては，年次賞与のほか，中期経営計画の達成度合いに連動した報酬が考えられます。株式報酬は，かつてはストック・オプションが主流でしたが，株価下落局面におけるインセンティブとしての実効性の観点から，株式報酬型ストック・オプション，自社株取得目的報酬などの導入が進んでいます。今後は，譲渡制限付株式を用いたパフォーマンス・シェアやリストリクテッド・ストックが注目されます。

✓キーワード

報酬，業績連動報酬，インセンティブ，株式報酬，俸給，賞与，退職慰労金，ストック・オプション，株式報酬型ストック・オプション，自社株取得目的報酬，株式交付信託，S.A.R.，ファントム・ストック，パフォーマンス・ユニット，パフォーマンス・シェア，リストリクテッド・ストック，クローバック，譲渡制限付株式，利益連動給与，有償ストック・オプション

第4章◇取締役会・代表取締役・業務執行取締役・社外取締役
第4節◇経営者報酬の設計と透明性

> 解　説

1　コーポレート・ガバナンスの手段としての経営者報酬の設計

　CGコードでは，経営陣幹部による適切なリスクテイクを支える環境整備を行うことが取締役会の主要な役割・責務の一つであるとの考え方の下，経営陣の報酬については，中長期的な会社の業績や潜在的リスクを反映させ，健全な企業家精神の発揮に資するようなインセンティブ付けを行うべきであるとされ（原則4－2），持続的な成長に向けた健全なインセンティブの一つとして機能するよう，中長期的な業績と連動する報酬の割合や，現金報酬と自社株報酬との割合を適切に設定すべきであるとされています（補充原則4－2①）。

　長くわが国では，役員は，終身雇用を前提とした昇進の到達点であり，この位置づけが反映されてか，従業員と類似の報酬体系が一般的でした。俸給（月次の固定報酬），賞与，退職慰労金の3種類です。インセンティブ報酬としてストック・オプションが採用され始めたのは20年ほど前，退職慰労金を廃止して業績連動性を高めようとする動きが現れたのは15年ほど前のことです。

　近年は，経営者報酬をコーポレート・ガバナンスの質を高める手段の一つとして位置づける意識が高まり，多くの上場企業において退職慰労金が廃止され，これに代わる退任時報酬として株式報酬型ストック・ストックオプションの導入が目立つようになりました。さらに，目標業績の達成をストック・オプションの行使条件に定めたり，信託を用いた業績連動の株式報酬スキームを導入したり，中長期的な企業業績や株式価値を意識したインセンティブ・プランとして経営者報酬を設計する例が増えつつあります。

　そして，株式報酬に関しては，金銭報酬債権を現物出資して譲渡制限付株式を付与する方法を用いたスキームについて，法的論点に関する解釈指針が示され（解釈指針第4．2〔14頁〕），平成28年度税制改正において法人税額の計算における損金算入要件が明確にされました（法税54条）。金銭報酬についても，法人税額の計算において損金算入できる利益連動給与の算定指標の範囲にROE（自

己資本利益率）その他の利益に関連する一定の指標が含まれることが明確化されました（法税34条）。

これにより，賞与の業績連動報酬としての再構成や，株式報酬の導入・多様化が加速することが予想され，経営者報酬を企業業績や株式価値の持続的な成長に向けたインセンティブとして設計・運用する動きは，より一般的なものとなることが期待されます。

2 業績連動報酬の設計上の留意点

(1) 年次インセンティブ

年次インセンティブとは，各事業年度の業績の達成度合いに応じて支給される金銭報酬です。

わが国では，多くの企業が当該事業年度の決算の内容をふまえて賞与の支給額を決定してきました。しかし，インセンティブとして有効に機能させるためには，結果として生じた利益を分配するのではなく，明確に目標を設定し，その達成度合いに応じて支給額が決定される仕組みが構築され，かつ，この仕組みがあらかじめ各役員間で共有されなければなりません。

例えば，連結売上高，営業利益，当期純利益，ROEといった客観的な指標を用いて当該事業年度に係る賞与総額が一義的に算定されるようにしておき，個人別に設定された具体的な業績目標の達成度を報酬委員会が評価して，かかる評価に基づき賞与が配分されるという仕組みが考えられます。

ただし，年次インセンティブについては，法人税額の計算における損金算入の要件が厳格であることに留意する必要があります。

法人税法上，①同族会社に該当しないこと，②業務執行役員に対して支給するものであること，③他の業務執行役員のすべてに対して支給するものであること，④算定方法が，当該事業年度の利益の状況を示す指標のうち有価証券報告書に記載されるものを基礎とした客観的なものであること，⑤当該事業年度開始の日の属する会計期間開始の日から原則として3か月を経過する日までに報酬諮問委員会に対する諮問や，監査役の過半数の同意などの手続を経た取締役会の決議等により，算定方法が決定されること，⑥算定方法の内容が決定後

第4章◇取締役会・代表取締役・業務執行取締役・社外取締役
第4節◇経営者報酬の設計と透明性

遅滞なく有価証券報告書等により開示されること，⑦算定に用いる利益指標の数値が確定した後1か月以内に支払われ，又は支払われる見込みであること，⑧損金経理をしていること，をすべて満たすものでない限り，利益連動給与として損金算入をすることが認められていません。特に，用いることのできる業績が利益指標に限定されること，及び個人業績の評価を反映することができないため，きめ細やかなインセンティブ設計に対応させることは困難です。そのため，実務上は，営業利益，経常利益などの典型的な利益数値に役職に応じた係数を乗じた額を報酬額とするのが一般的でした。

この点，平成28年度税制改正によって，算定基礎とすることができる指標が，利益の額に限られず，一定範囲で客観的数値による調整を加えることができることが明確化されました（法税34条）。これにより，EBITDA，EPS，ROA，ROEのような指標を基礎とした業績連動報酬について，損金算入を意識した年次インセンティブの設計が進むことが予想されます。

(2) パフォーマンス・ユニット

パフォーマンス・ユニット（Performance Unit Plan）とは，一定期間（数年であることが一般的です）に目標とする特定の業績指標を設定し，これが達成された場合に支給されるものとする金銭報酬です。対象者にはユニットが割り当てられ，業績（全社業績のほか，個別業績も勘案されるのが一般的です）の達成度合いによってユニットの単価が評価されます。

類似の類型であるパフォーマンス・シェア（Performance Share）が業績達成時に株式（又はこれと同価値の現金）が付与されるのに対し，パフォーマンス・シェアは株価に連動せず，もっぱら業績の達成度合いに報酬額が連動するものです。

わが国でも，例えば中期経営計画の達成度合いに応じた中期インセンティブとしての設計が考えられるところではあります。もっとも，法人税額の計算上は損金算入が認められないことに留意する必要があります。株式報酬型ストック・オプションや譲渡制限付株式と組み合わせて中長期業績と株価の両方に連動したインセンティブ・プランとして設計した方が税効率は高いといえます。

(3) クローバック

クローバック（Clawback）規定とは，権利付与後ないし報酬支給後に，報酬

算定の基礎となった業績が修正されるなど一定の事由が発生した場合に，権利の失効，報酬の返還などを課する定めです。

パフォーマンスに応じた報酬の割合が高い欧米では，報酬方針としてクローバック条項を定めることの重要性が強く意識されています。特に，米国では，ドット・フランク法によりクローバックの義務づけが予定されており，既に多くの上場企業が採用しています。

わが国では，経営者報酬の業績連動性が低く，報酬の高額化も深刻な問題とはなっておらず，役員の在任期間も比較的長いことなどから，クローバックが問題になることはほとんどありませんでした。

しかし，会計基準が高度化した現代において，役員の不正によるものかどうかを問わず，過去の業績が遡って修正されることは十分にあり得ます。経営者報酬を企業の持続的な成長に向けた健全なインセンティブの一つとして機能させるには，業績連動報酬や株式報酬の割合の高まりに対応して，クローバックの導入も検討されるべきです。

賞与や業績連動報酬の場合，支払後に業績修正がなされた場合には，①在任中であれば，爾後の報酬を減算し，②退任後であればこれを返還する義務を課するなどの対応が考えられます。

業績達成条件付きの株式報酬型ストック・オプションでは，例えば，業績達成後の行使を段階的に認め，その間に業績修正がなされた場合には，行使し得る新株予約権の数が再調整される定めを置くことで，クローバック規定の実効性を担保することも考えられます。

クローバック規定を設ける場合，前提となる業績の虚偽について当該役員に帰責事由がある場合に限定するか，業績に修正が生じたことのみで返還義務を生じさせるかについて，明確に定めておく必要があります。また，クローバックの発動に伴う課税上の取扱いについても注意が必要です。

3　株式報酬の設計上の留意点

(1) ストック・オプションから株式報酬へ

現在わが国おいて，ストック・オプションは，株価と経営者報酬に関連性を

第4章◇取締役会・代表取締役・業務執行取締役・社外取締役
第4節◇経営者報酬の設計と透明性

もたせる仕組みとして広く用いられていますが，株価の上昇局面においてはさらなる向上への強いインセンティブとして機能する反面，市場情勢などにより株価水準が行使価額を大きく下回っている状況では，株価を維持，回復しようとする合理的な動機づけを与えることができないという難点があります。

この点，経営者に株式そのものをもたせると，株価下落局面におけるインセンティブとしても機能させることが可能です。

経営者に株式をもたせる仕組みはいくつかありますが，米国にみられるものとして，リストリクテッド・ストック（Restricted Stock：譲渡制限付株式）を挙げることができます。これは，一定の期間の譲渡制限を約したうえで，役職員に対して自社株を付与ないし譲渡するものです。

役職員は，譲渡制限が解除される日（権利確定日）までは，当該株式を譲渡することができません。権利確定日までに自己都合退職する場合には，会社は，当初の譲渡価額により株式を買い戻すオプションを行使することができます。付与を受けた役職員は，権利確定日になると，その株式を市場で売却して利益を得ることができます。配当受領権や議決権などは，譲渡を受けた時点から与えられます。

わが国ではこれまで，株式を無償で取締役に発行することは手続的に困難ではないか，名目的な価格で発行するとしても株主総会の特別決議が必要ではないかという会社法上の論点のほか，株式を付与した時点で株式の時価相当額の個人所得が認識される一方，会社側は資本取引として損金算入の余地がないという税務上の論点もあり，経営者に対して報酬として直接株式を付与することはほとんど行われてきませんでした。

(2)　株式報酬型ストック・オプション

わが国において，リストリクテッド・ストックと同様の経済効果を実現する仕組みとして導入例を増やしてきたのは，1株当たりの行使価額を1円とする譲渡制限新株予約権を付与する方法です。

1株当たりの行使価額を1円とすれば，株価が行使価額を下回ることは通常あり得ないことから，新株予約権はいつか必ず行使され，株式となります。株式と異なるのは，権利行使がなされるまでの間において，譲渡・換金をすることができず，議決権，配当受領権などの権利をもたないことだけです。

このような仕組みは，ストック・オプションの枠組みを借りて，擬似的に米国におけるリストリクテッド・ストックと同様のインセンティブ報酬を実現していることから，株式報酬型ストック・オプションと呼ばれます。

株式報酬型ストック・オプションは，権利行使の期間その他の条件をアレンジすることにより，賞与，退職慰労金など，様々な性格づけをすることができます。例えば，権利行使のタイミングを退任後一定期間に限定することにより，株価に連動する退任時報酬を設計することができます。

また，株式報酬型ストック・オプションは，必ず行使されることから，株価動向を問わずインセンティブ効果をもち，業績達成条件にもなじみます。米国では，中期的な業績目標を掲げ，これを達成した場合に株式（又はこれに代わる現金）を付与するパフォーマンス・シェアと呼ばれる報酬類型の導入が進んでいます。株式報酬型ストック・オプションでは，例えば，中期経営計画の達成度合に応じて行使し得る新株予約権の数をコントロールすることにより，パフォーマンス・シェアの機能をもたせることが可能となります。

(3) 株式取得目的報酬

株式取得目的報酬とは，自社株の取得に使途を限定して金銭報酬を支給するものです。役員の場合，インサイダー取引規制に抵触せずに株式の取得を行うことは容易でないことから，毎月一定額を俸給に上乗せして支給され，これを役員持株会に拠出して，自社株を取得するものとすることが一般的です。

役員持株会への拠出を通じて取得された株式のうち単元に達したものは役員個人の名義に変更されるのが通常です。株主利益との共有化を図るためには，在任期間中は一定数の株式の継続保有を義務づける内規（株式保有ガイドライン）を設けるなどの工夫が必要でしょう。

株式報酬型ストック・オプションと比べると，手続の簡便さのほか，保有対象が株式であるため配当及び議決権が実質的に付与される点，付与後に課税が生じない（金銭の持ち出しがない）という特長があります。

(4) 信託を用いた株式報酬型インセンティブ・プラン

近時，信託を用いて，米国のリストリクテッド・ストックやパフォーマンス・シェアと同様の機能を有する株式報酬を導入する動きがあります。

報酬に関する株主総会決議を行い，報酬相当額を信託に拠出し，信託が当該

第4章◇取締役会・代表取締役・業務執行取締役・社外取締役
第4節◇経営者報酬の設計と透明性

資金を原資に市場等から株式を取得したうえで，一定期間の経過により役員に株式を交付したり（リストリクテッド・ストック型），一定期間の経過後，業績等の達成状況に応じて役員に当該株式を交付するものです（パフォーマンス・シェア型）。

同様の目的は，株式報酬型ストック・オプションでも達成することは可能ですが，これと比べると，新たな株式が発行される余地がないという特長があります。ただし，退任時に株式が交付されるものでない限り，法人税額の計算において損金算入が困難と考えられる点に留意する必要があります。

(5) S.A.R

S.A.R（Stock Appreciation Right）は，米国において，ストック・オプションの代替手段として導入された株価連動報酬です。付与時と行使時それぞれの株価の差額に相当する金銭（差額決済は，株式，あるいは株式と金銭の組み合わせで行われることもあります）の支給を受ける請求権を与えます。

例えば，株価が5万円のときに20株相当のS.A.Rの付与を受けた場合，権利確定日に株価が20万円に上昇していれば，差額相当である300万円のボーナスを受けることができます。

ストック・オプションの場合，払込みを行って権利行使をしても，インサイダー取引規制により，取得した株式の売却に苦慮することがあります。S.A.Rは，金銭による差額の精算であるため，権利行使者が行使資金を用立てる必要はないし，株価変動リスクもありません。

(6) ファントム・ストック

ファントム・ストックとは，株式を付与したような経済的効果を，金銭をもって達成しようとするものです。

付与を受けた者には，あたかも株式を保有しているかのように配当が支給されます（積み立てることもできます）。そして，退任や死亡といった権利確定イベントの発生まで権利を失わずに保有することにより，権利確定日現在の株価によって計算された評価差益が支給されます。

わが国において，上場企業が自社の経営者報酬として導入する例は多くないと思われますが，海外子会社の役職員に対し，ストック・オプションの代わりに付与することが考えられます。

(7) 有償ストック・オプション

有償ストック・オプションとは，取締役等の会社関係者に対して，公正な評価額による払込金額をもってストック・オプション（新株予約権）を発行するものです。近年，導入する上場企業が増えています。

新株予約権の公正な価格を実際に払い込むため，有利発行規制を受けず，取締役にこれを付与する場合でも会社法の報酬規制を受けません。また，会計上は，ストック・オプション会計基準の適用を受けず，費用計上が不要となり，企業の損益に影響がないと考えられています。税務上も，行使利益に対する課税が生じず，行使により取得した株式を売却する際に，譲渡益に対して申告分離課税がなされるにすぎないと考えられます。

公正な評価額により払込金額を設定し，これを現実に払込みを要するものとすれば，割当てを受ける取締役に，付与時点で経済的負担が生じます。しかし，有償ストック・オプションでは，厳しい業績達成条件や，株価の条件等を付けることが通常であり，これにより，新株予約権は行使することができない可能性が高まるため，それだけ公正な評価額は低く見積もられることになります。

有償ストック・オプションは法的には職務執行との対価関係がないという立て付けであることから，会社法及び金融商品取引法による報酬としての開示規制が，形式的には及びません。しかし，役員に対するインセンティブ・プランとして採用されている以上，報酬に準じた適切な開示が行われることが期待されます。

なお，会計上の取扱いについては，費用計上の要否について議論がなされているところであり，動向を注視する必要があります。

(8) 譲渡制限付株式

上記(1)のとおり，経営者報酬として直接株式を付与することは，会社法上の論点のほか，税務上も手当てがなされていないことから，わが国ではほとんど行われてきませんでした。

しかし，株式の公正な価額に相当する金銭報酬請求権を付与したうえで，新株発行ないし自己株式の処分を行い，当該金銭請求権を現物出資することは，現行会社法の解釈として可能であり，金銭報酬請求権が実際に付与されている

第4章◇取締役会・代表取締役・業務執行取締役・社外取締役
第4節◇経営者報酬の設計と透明性

以上，仮想払込みの誹りを受けるものではないと解されます。

そして，こうして付与した株式について，会社と役員との間の割当契約において譲渡を禁止することは債権的には有効です。業績に応じて付与株式数を決定する方法や，業績に応じて譲渡制限を解除する方法によって，パフォーマンス・シェアとしての設計となります。

これら会社法上の解釈についてはこれまで明確な整理がなされていませんでしたが，平成27年7月24日に経済産業省が公表したコーポレート・ガバナンス・システムの在り方に関する研究会の報告書において解釈指針が示されました（解釈指針第4．2〔14頁〕）。

また，平成28年度税制改正により，一定の譲渡制限付株式について，事前確定給与の枠組みの中で，法人税額の計算における損金算入が認められました（法税34条・54条）。そのため，これまで擬似的なリストリクテッド・ストックとして利用されてきた株式報酬型ストック・オプションや株式交付信託に代わり，譲渡制限付株式の活用が本格的に進む可能性があります。

〔高田　剛〕

役員退職慰労金

役員退職慰労金を廃止する会社が増えていますが，コーポレート・ガバナンスの観点から，役員退職慰労金を存続させることのメリット・デメリットを教えてください。

　退職慰労金は，退任時に支給される報酬であり，かつては，俸給と年次賞与と並ぶ主要な報酬類型として，広く採用されていましたが，業績連動性に乏しいことや，支給金額が不透明であること，支給を受けることのできないリスクがあることなどから，現在では70％超の上場企業が廃止しています。
　短期的な業績ではなく，在任期間を通じた会社への貢献，忠信に向けたインセンティブとして機能し得る点はメリットして挙げられるものの，業績連動性はなく，株主価値とも無関係に支給される制度であることから，これを存続させる場合，報酬全体として業績連動報酬や株式報酬を取り入れる予算を捻出できるかの検討に迫られます。

　退職慰労金，退職金税制

第4章◇取締役会・代表取締役・業務執行取締役・社外取締役
第4節◇経営者報酬の設計と透明性

解 説

1 退職慰労金制度の特徴

　退職慰労金は，退任時に支給される報酬であり，かつては，俸給と年次賞与と並ぶ主要な報酬類型として，広く採用されていました。報酬月額，在任年数及び役位別の係数を乗じて得た基準額に，一定限度（例えば30％）の範囲内で裁量的な功労加算を行った額を支給するものと設計されるのが一般的です。

　通常の報酬が，株主総会の決議によって定めた報酬枠の範囲内で支給されるのに対し，退職慰労金は，報酬枠とは別に，退任時ないし退任後に開催される株主総会において支給の決議が行われます。また，株主総会では支給予定額が明示されず，所定の基準に従い相当額の範囲内で支給するといった抽象的な決議がなされ，当該決議に基づき，取締役会ないしその委任を受けた代表取締役によって具体的な支給金額が決定されるのが通常です。

　従来わが国において退職慰労金制度が広く導入されてきた背景には，従業員と取締役の人事上の連続性，株主総会において具体的金額そのものを決議ないし開示せずに支給することができること，そして，税制上の優遇措置がありました。

　すなわち，わが国の所得税法上，退職所得は，退職後（特に老後）の生活保障的な所得であること，及び長期間にわたる職務執行の対価が一時期にまとめて後払いされるものであることへの配慮から，①退職所得控除，②分離課税，及び③2分の1課税という3つの優遇軽課措置が認められています。

　具体的には，勤続1年につき40万円（最低80万円。また，勤続年数が20年を越える分については1年につき70万円）が控除され，控除後の2分の1の額が課税の対象としての所得となり（所税30条），こうして金額が算定される退職所得は，他の所得と分離されることで，緩和された累進税率により税額が計算されるのです（所税89条）。とりわけ，消費税が導入される以前は所得税の累進性が強く，最高税率も70％（昭和61年以前）と高かったため，2分の1課税の適用される退職

慰労金の税効率は際立っていました。

2 退職慰労金制度の廃止傾向とその理由

(1) 退職慰労金廃止の動向

近年は，上場企業を中心に退職慰労金制度を廃止する傾向が顕著です。

商事法務研究会が平成25年7月から平成26年6月までの間に定時株主総会を開催した上場企業（新興市場を除く）を対象に行ったアンケート[*1]によれば，回答のあった1756社のうち「もともと制度を採用していない」と回答した会社が99社（5.6%），「既に廃止している」又は「今回の総会で廃止した」と回答した会社が1249社（71.1%），退職慰労金制度を有していた上場企業の7割超が廃止に踏み切っています。

他方，「廃止の予定はない」と回答した会社は355社（20.2%）にとどまるものの，資本金の額が20億円以下の会社では380社中139社（36.5%）が存続を表明しており，中小規模の上場企業では根強い数値を示しています。

多くの上場企業が退職慰労金を廃止する理由は，業績連動性に乏しいことや，支給金額が不透明であることに対する株主，投資家サイドからの批判に加え，偶発的な業績悪化や不祥事の発生により株主総会の決議が得られないときは支給を受けることができないという（経営者側から見た）リスクが意識されるようになった結果といえましょう。

(2) 投資家から見た退職慰労金の問題点

わが国における一般的な退職慰労金制度では，俸給月額，在任年数及び役位別の係数の3つのパラメータを用いて支給額が算定されます。このうち在任年数及び役位は業績と関係ありませんし，俸給月額も業績とは直接に連動するものではありません。したがって，退職慰労金は，業績や企業価値の向上へのインセンティブとして機能しにくい報酬類型であるといえます。

また，退職慰労金の支給はあくまで退任の際の株主総会の決議によって決定されるため，在任中における会計上の引当金計上が明確に義務づけられていないこと，株主総会の議案において具体的な支給予定額が明示されないこと，特に功労加算は株主総会後に取締役会ないし代表取締役の裁量によって決定され

第4章◇取締役会・代表取締役・業務執行取締役・社外取締役
第4節◇経営者報酬の設計と透明性

ることなど,株主にとって透明性の低い類型です。

　さらに,経営者から独立した立場から監督,監査を行う役割を担う社外取締役,社外監査役についていえば,退職慰労金は,波風を立てずに在任期間をまっとうすることへのインセンティブとして働くおそれもあります。

　こうしたことから,例えば,米大手議決権行使助言会社のインスティテューショナル・シェアホルダー・サービシーズ（ISS）は,日本向け議決権行使助言基準において,退職慰労金支給議案については,次のいずれかに該当する場合には反対を推奨すると定めています。

① 　対象者に社外取締役もしくは社外監査役が含まれる場合
② 　個別の支給額もしくは支給総額が開示されない場合
③ 　株価の極端な下落や業績の大幅な悪化など経営の失敗が明らかな場合や株主の利益に反する行為に責任があると判断される者が対象者に含まれる場合

　また,ISSと並ぶ米大手議決権行使助言会社グラスルイスは,平成25年以降,打切り支給を含むすべての退職慰労金支給議案に反対を推奨しています。

(3) 　経営者から見た退職慰労金の問題点

　他方,会計不祥事,M&Aなど,経営環境の活発な変化に晒されている上場企業の経営者にとっても,退任時の株主総会で決議が得られない限り退職慰労金の支給を受けることができないことは,今や無視し得ないリスクになっています。

　退職慰労金は,通常,退任時ないし退任後に開催される株主総会において一任決議がなされ,これに基づき取締役会ないしその委任を受けた代表取締役の決定により具体的な金額が確定します。社内に退職慰労金に関する内規が存在しても,同内規は株主総会において退職慰労金の支給決議がなされた場合に適用されるものであって,株主総会の決議がない場合には,同内規に基づく退職慰労金請求権は発生しないと解されます☆1。その結果,退任時の経営状況,社長との関係,大株主の意向などの事情によっては,長きにわたり勤め上げてきた取締役の期待が最後に裏切られる危険があります。

　なお,退職慰労金制度の魅力であった税制上の優遇措置についても,平成24年度税制改正により,役員としての勤続期間が5年以下の役員等に係る退職手

当等について，優遇措置のうち2分の1課税が廃止されたことに留意する必要があります（所税30条2項）。これにより，勤務期間が5年以下であるか否かにより税負担が大きく異なるという不均衡が生じることになるため，役員人事上の論点を惹起しかねないという懸念があります。

3 退職慰労金制度を存続させることのメリット・デメリット

(1) 退職慰労金制度を存続させるメリット

退職慰労金は，在任中の功労に報いるために，退任時に株主総会の決議を得て支給される報酬です。短期的な業績ではなく，在任期間を通じた会社への貢献，忠信に向けたインセンティブとして機能します。また，退職慰労金の額の算定に用いられる報酬月額や役位係数として退任時の報酬や役位が用いられている場合，昇進に向けられたインセンティブが働きます。このようなインセンティブを重視する会社においては，なお有効に機能する報酬類型といえます。

また，役員としての勤続期間が5年以下の役員等について2分の1課税が廃止されたとはいえ，役員の平均在任期間の長い会社では，退職金税制を活用し得る点はメリットといえます。

なお，現行法の下では，退職慰労金の大枠自体は維持したうえで，退職慰労金積立額を毎年確定させてこれを開示し，さらに退任時の株主総会の決議を得ることなく支給することができる仕組みを構築することも，論理的には可能と考えられます。そのため，透明性の問題，不支給リスクの問題により，退職慰労金の廃止を余儀なくされるものではありません。

(2) 退職慰労金制度を存続させるデメリット

コーポレート・ガバナンスの観点から，経営者報酬の業績連動性，及び株式報酬の採用についての検討は，避けて通ることが困難な論点になりつつあります。この点，少なくとも伝統的なわが国おける退職慰労金は，業績連動性はなく，株主価値とも無関係に支給されるものです。

退職慰労金制度を存続させる場合，これに加えて業績連動報酬や株式報酬を取り入れる予算を捻出できるかの検討に迫られます。

報酬体系全体としての業績連動性を確保できる場合でも，退職慰労金制度に

第4章◇取締役会・代表取締役・業務執行取締役・社外取締役
第4節◇経営者報酬の設計と透明性

　内在する不透明性に対する批判は免れません。退任時に株主総会の決議を得るという手続を維持する限り，株主が退職慰労金制度に理解を示しているか，目を配り続ける必要があります。

　なお，退職慰労金制度を廃止する際，廃止前の在任期間の功労に報いるための打切り支給を決定するのが一般的ですが，打切り支給についても株主総会の決議が必要です。株主総会の決議が得られない場合，打切り支給すら行うことができないことに留意する必要があります。

〔高田　剛〕

■判　例■

☆1　大阪高判平16・2・12金判1190号38頁。

■注　記■

＊1　商事法務研究会編「株主総会白書（2104年版）」商事臨増2051号（2014）147頁。

報酬開示

役員報酬に関して，会社はどのような開示義務がありますか。また，それぞれの開示を行うにあたっては，どのような点に留意すべきでしょうか。

　会社法上の役員報酬等の開示（事業報告）は，①総額開示する方法，②全員個別開示する方法，③一部個別開示する方法　の３つのいずれかを選択して開示し（会社則121条4号・5号），社外役員は別途開示が必要となります（会社則124条5号・6号）。
　金融商品取引法上の役員報酬等の開示（有価証券報告書）は，取締役（社外取締役を除く），監査役（社外監査役を除く），執行役及び社外役員の区分ごとに，報酬等の総額，報酬等の種類別の総額及び員数を記載することになります。また，連結報酬等の総額が1億円以上である者については個別開示が必要となります（企業内容等の開示に関する内閣府令第二号様式（記載上の注意）(57)コーポレート・ガバナンスの状況a(d)）。
　また，報酬の決定方針の開示は会社法では指名委員会等設置会社以外は省略することができ，金融商品取引法では決定していない場合はその旨も含めて機関設計にかかわらず開示が必要です。
　このように，会社法と金融商品取引法では同じ役員報酬等の開示であっても，その開示内容には若干の違いはあるものの，基本的には総額開示を前提にしています。

☑**キーワード**

報酬等，報酬等の開示，役員報酬等の決定方針，役員報酬等の決定手続，CGコード原則3－1(ⅲ)，報酬ポリシー

第4章◇取締役会・代表取締役・業務執行取締役・社外取締役
第4節◇経営者報酬の設計と透明性

解説

1　会社法上の役員報酬等の開示

(1)　会社法上の報酬等とは

　会社法上の役員の報酬等は「報酬，賞与その他の職務執行の対価として株式会社から受ける財産上の利益」を「報酬等」と定義しており（会社361条1項），名目にかかわらず「職務執行の対価」として受けているものに関しては，報酬等に該当します。報酬等と考えられるものは，俸給，賞与，退職慰労金，ストックオプションなどであり，金銭報酬に限らず非金銭報酬も含まれます。

(2)　開示対象になる報酬等の種類

　事業報告で開示することになる役員報酬等は，「当事業年度に係る報酬等」（会社則121条4号）と「当事業年度において受け又は受ける見込みの額が明らかとなった報酬等」（会社則121条5号）に分けられます。

　まず，「当事業年度に係る報酬等」は，俸給，役員賞与，退職慰労金の当事業年度繰入額，ストックオプション（新株予約権）の当事業年度費用計上額などが該当します。「当事業年度に係る」とありますので，実際に当事業年度において「支払った」かどうかにかかわらず，当事業年度の職務の執行の対価として受けるべき財産上の利益となります。

　「当事業年度において受け又は受ける見込みの額が明らかとなった報酬等」は，退職慰労金や退職年金など，その報酬等の性質上，必ずしも「当事業年度に係る」とは判断できない報酬等が該当します。ただし，役員が受けた退職慰労金の額が毎事業年度の繰入額として前記「当事業年度に係る報酬等」で開示していた額の合計額など既に事業報告で開示されている額は除かれますので，超過した額があればその差額分が開示対象となります（会社則121条5号）。

　また，使用人兼務取締役の使用人部分の給与等については，役員の報酬等ではないため開示の義務はありませんが，その額が多額である場合には，「株式会社の会社役員に関する重要な事項」として記載することが考えられます（会

社則121条11号)。

(3) 開示対象になる役員

　報酬等の開示対象となる会社役員の種類は、取締役（監査等委員会設置会社は監査等委員である取締役とそれ以外の取締役)、会計参与、監査役又は執行役となります。また、在任期間の限定が付されていないため、事業報告の対象となる事業年度において在任していたか否かを問わず、上記に該当する報酬等がある場合には開示対象となります。

(4) 開示方法

　会社役員の報酬等の開示にあたっては以下のいずれかの方法で開示することが求められています（会社則121条4号）。

① 総額開示する方法（会社役員の種類ごとの報酬等の総額と員数を開示）
② 全員個別開示する方法（会社役員ごとの報酬等の額を開示）
③ 一部個別開示する方法（一部の会社役員ごとの報酬等の額を開示し、その他については会社役員の種類ごとの報酬等の総額と員数を開示）

　現状では、総額開示する方法が最も多く採用されている開示スタイルとなっており、個別開示などは少数となっています。また、金融商品取引法で求められる連結報酬等が1億円以上の役員について開示する事例も少数となっています。

(5) 社外役員の報酬等の開示の取扱い

　社外役員の報酬等は、前述の役員報酬とは区分して開示が必要になります。社外役員の開示対象となる報酬等の種類と開示方法については、前述(2)と(4)と同じです（会社則124条1項5号・6号）。また、社外役員は事業報告作成会社からの報酬等に限らず、下記の会社役員を兼務し、当事業年度において役員として受けた報酬等がある場合には、当該報酬等の総額（社外役員であった期間に受けたものに限る）を開示する必要があります（会社則124条1項7号）。

① 親会社等がある場合　　親会社等又は親会社等の子会社等（当社は除く）
② 親会社等がない場合　　子会社

(6) 役員報酬等の決定方針の開示

　各会社役員の報酬等の額又はその算定方法に係る決定に関する方針を定めているときは、当該方針の決定の方法及びその内容の概要を事業報告に記載する

第4章◇取締役会・代表取締役・業務執行取締役・社外取締役
第4節◇経営者報酬の設計と透明性

■開示例(総額開示する方法,監査役会設置会社)

取締役及び監査役の報酬等

区　分	支給人員	報酬等の額
取締役 (うち社外取締役)	○名 (○名)	○○○百万円 (○○百万円)
監査役 (うち社外監査役)	○名 (○名)	○○○百万円 (○○百万円)
合　計	○名	○○○百万円

注：1．上記報酬等の額には，平成○○年○月○○日開催の第○回定時株主総会において決議予定の役員賞与○百万円（取締役○百万円，監査役○百万円）を含んでおります。
　　2．上記報酬等の額には，ストックオプションとして付与した新株予約権に係る当事業年度の費用計上額（取締役○百万円，監査役○百万円）を含んでおります。
　　3．上記報酬等の額には，当事業年度に計上した役員退職慰労引当金繰入額○百万円（取締役○百万円，監査役○百万円）を含んでおります。
　　4．上記報酬等の額のほか，平成○○年○月○○日開催の第○回定時株主総会決議に基づき，役員退職慰労金を退任取締役○名に対して○○○百万円（うち社外取締役○名　○○百万円），退任監査役○名に対して○○○百万円（うち社外監査役○名　○○百万円）支給しております。
　　5．上記報酬等の額のほか，社外役員が当社親会社等又は当社親会社等の子会社等から受けた役員としての報酬等の額は○百万円です。

必要があります（会社則121条6号）が，指名委員会等設置会社以外の会社では記載を省略することができます（会社則121条柱書）。

　指名委員会等設置会社では，報酬委員会は執行役等の個人別の報酬等の内容に係る決定に関する方針を定め（会社409条），株主総会決議によらずに執行役等の個人別の報酬等の内容を決定する（会社404条3項）ことから，株主に対して報酬額の妥当性を判断してもらうために当該方針の記載が必要になっています。

　従来から，指名委員会等設置会社以外でも報酬等の決定方針を開示する会社はありましたが，CGコード適用後は開示する会社が増加することが想定されます。

　なお，CGコード原則3-1(ⅲ)では，報酬の決定方針及び手続の策定を前提にその開示を求めており，コードの趣旨をふまえると，当該決定方針及び決定手続を策定し，機関設計にかかわらず開示することが望まれます。

　また，規則上，求められているのは「決定方針」のみではありますが，当該

コードでは「決定手続」の開示も求めており，報酬等の額がどのような手続により定められたのか，その公正性・妥当性を確保している仕組みをわかりやすく記載することが望まれます。

2 金融商品取引上の役員報酬等の開示

(1) 金融商品取引法上の報酬等とは

金融商品取引法上の役員の報酬等は「報酬，賞与その他の職務執行の対価としてその会社から受ける財産上の利益」とされ（企業内容等の開示に関する内閣府令第二号様式（記載上の注意）(57)コーポレート・ガバナンスの状況a(d)），会社法上の報酬等の定義と同じです。

(2) 開示対象になる報酬等の種類

報酬等の種類も「最近事業年度に係るもの及び最近事業年度において受け又は受ける見込みの額が明らかとなったもの」とされ，会社法と同じです。

また，使用人兼務取締役の使用人部分の給与等についても重要なものがある場合には，その総額，対象となる役員の員数及びその内容の開示が求められているのは会社法と同じです。

(3) 開示対象となる役員

報酬等の開示対象になる役員は，取締役，監査役及び執行役とされており，会社法で求められている会計参与は不要となります。また，監査等委員会設置会社においては，監査等委員である取締役とそれ以外の取締役に区分して記載することになります。

(4) 開示方法

金融商品取引法での役員報酬等の開示は，以下の2つ方法で開示する必要があります。

① 取締役（社外取締役を除く），監査役（社外監査役を除く），執行役及び社外役員の区分ごとに，報酬等の総額，報酬等の種類別（基本報酬，ストックオプション，賞与及び退職慰労金等の区分）の総額及び対象となる役員の員数を開示する方法

② 提出会社の役員ごとに，氏名，役員区分，提出会社及び主要な子会社か

第4章◇取締役会・代表取締役・業務執行取締役・社外取締役
第4節◇経営者報酬の設計と透明性

らの役員報酬等（連結報酬等）の総額及び報酬等の種類別の額について，提出会社と各主要な連結子会社に区分して開示する方法（1億円以上に限ることができる）

以上のとおり，会社法では取締役の報酬等開示には社外取締役は含まれますが，金融商品取引法では社外取締役は取締役から除いて開示するなどその開示方法に異なる点がありますので注意が必要です。

(5) 役員報酬の決定方針等の開示

金融商品取引法では，会社の機関設計にかかわらず，役員の報酬等の額又はその算定方法の決定に関する方針を定めている場合には，当該方針の内容及び決定方法を記載し，当該方針を定めていない場合には，その旨を記載することになります。前述と同様ですが，「決定手続」をふまえて策定して開示することが望まれます。

3 コーポレート・ガバナンスの観点から

個々の役員がどのような経営戦略，責任の下に当事業年度において業務執行し，どのような報酬設計の下で適切な評価を受け報酬が支払われているのか，中長期的な業績向上を反映するインセンティブ報酬はどうなのかといった株主，投資家目線からの報酬開示を考えると，現状の報酬開示は基本的には総額開示を前提としており，役員個人の業務評価としての報酬チェックは不十分にも思われます。

この点，金融商品取引法でも報酬の決定方針の策定までは義務づけられていませんが，CGコード原則3-1(ⅲ)では策定することまでを求めています。

CGコードの適用をふまえた日本企業の報酬開示のあり方として求められるのは，このような経営戦略をふまえた報酬の設計と決定方針，つまり報酬ポリシーを策定して積極的に開示していくことです。

現状，日本企業ではこの報酬ポリシーの開示について，経済産業省（経済産業政策局産業組織課）委託調査「日本と海外の役員報酬の実態及び制度等に関する調査報告書」（平成27年3月）によると，「明文化された方針は存在するが非開示」「明文化された方針は存在しない」が大多数である一方，欧米企業では9

Q39◆報酬開示

■開示例(監査役会設置会社)

④ 役員の報酬等

イ 提出会社の役員区分ごとの報酬等の総額,報酬等の種類別の総額及び対象となる役員の員数

役員区分	報酬等の総額(百万円)	報酬等の種類別の総額(百万円)				対象となる役員の員数(名)
		基本報酬	ストックオプション	賞与	退職慰労金	
取締役 (社外取締役を除く。)						
監査役 (社外監査役を除く。)						
社外役員						

ロ 提出会社の役員ごとの連結報酬等の総額等

氏名	連結報酬等の総額(百万円)	役員区分	会社区分	連結報酬等の種類別の総額(百万円)			
				基本報酬	ストックオプション	賞与	退職慰労金

(注) 連結報酬等の総額が1億円以上である者に限定して記載しております。

ハ 役員の報酬等の額又はその算定方法の決定に関する方針

305

第4章◇取締役会・代表取締役・業務執行取締役・社外取締役
第4節◇経営者報酬の設計と透明性

割以上で開示されています。また，報酬の決定機関についても日本企業では「取締役会に一任」「取締役会が代表取締役に一任」としているのが約8割であるのに対して，欧米企業（米国・英国・ドイツ・フランス）ではすべて取締役会とは別機関である報酬委員会で決定されています。

　今後，開示されている報酬額が適正に評価されたうえでの額なのか，経営戦略に沿った報酬制度になっているのか，その判断を株主が適切に行えるような報酬の決定方針及び手続を開示していくことがガバナンス上重要になっており，法律で要求されている内容にとどまらず，その報酬開示のあり方を検討していく必要があります。

〔峯岸　弘和〕

第5節　取締役責任の合理化に向けた取組み

40　取締役の義務

取締役は，一般に，会社に対してどのような義務を負っていますか。

　取締役は，一般的に，会社に対し，善管注意義務及び忠実義務を負っています。そして，取締役の善管注意義務及び忠実義務違反の結果，会社に損害が生じた場合には，会社に対して任務懈怠責任に基づく損害賠償義務を負います。取締役の任務懈怠善管注意義務及び忠実義務の内容として，取締役の監視・監督義務，内部統制システム構築義務等があります。また，会社法が，取締役に対し，特別に設けている規制として，競業避止義務及び利益相反取引の規定があります。さらに，CGコード原則4-5は，取締役の受託者責任の内容について，ステークホルダーとの適切な協働を確保しつつ，会社や株主共同の利益のために行動することを求めています。

☑キーワード

善管注意義務，忠実義務，任務懈怠責任，経営判断原則，取締役の監視・監督義務，内部統制システム構築義務，競業避止義務，利益相反取引，受託者責任，ステークホルダー，経営陣

第4章◇取締役会・代表取締役・業務執行取締役・社外取締役
第5節◇取締役責任の合理化に向けた取組み

解 説

1 会社法上の義務

(1) 善管注意義務と忠実義務
(a) **概　要**

会社とその取締役の間の関係は，委任に関する規定に従いますので（会社330条），取締役は，その職務を遂行するにつき，会社に対し，善良な管理者としての注意義務（善管注意義務）を負います（民644条）。

また，取締役は，法令・定款及び株主総会の決議を遵守し，会社のため忠実にその職務を行う義務（忠実義務）を負います（会社355条）。八幡製鉄政治献金事件最高裁大法廷判決[1]は，会社法355条（旧商法254条ノ3）の規定は，「同法254条3項民法644条に定める善管義務を敷衍し，かつ一層明確にしたにとどまるのであって，……通常の委任関係に伴う善管義務とは別個の，高度な義務を規定したものとは解することができない。」と判示しています。

取締役が，善管注意義務・忠実義務に違反して，会社に損害を与えた場合，会社に対して任務懈怠責任に基づく損害賠償義務を負います（会社423条）。

(b) **取締役の経営判断**

取締役の経営判断は，流動的かつ複雑多様な諸要素を対象にした専門的，予測的な判断であること，企業活動は，利益獲得を目的とする存在である以上，その事業活動には必然的に一定のリスクを伴うものとならざるを得ないことから，企業活動の中で取締役が委縮することなく，経営に専念するためには，取締役の経営判断に広範な裁量を認めるべきであると考えられます。

そこで，取締役の経営判断に関する善管注意義務違反の有無については，当該判断がなされた当時の具体的な状況下において，当該会社の属する業界における通常の有すべき知見及び経験を基準として，経営判断の前提となった事実の認識に不注意な誤りがあったかどうかを検討し，このような事実が認められた場合には，取締役の経営判断には裁量の範囲を逸脱した違法があり，善管注

意義務違反となると考えられています（経営判断の原則）。経営判断の原則についてはQ41で扱います。

(c) 取締役の監視・監督義務

取締役会は、代表取締役、業務執行取締役の職務執行を監督する義務を負います（会社362条2項2号）。そのため、取締役会の構成員である取締役は、善管注意義務・忠実義務として、代表取締役を含む他の取締役の職務執行が法令（善管注意義務・忠実義務の一般規定を含む）・定款を遵守し、適法かつ適正になされていることを監視する義務を負います。

最高裁は、他の取締役の違法行為等が現実に行われた場合の、取締役の監視義務について、「株主会社の取締役会は会社の業務施行につき監視する地位にあるから、取締役会に上程された事柄についてだけ監視するにとどまらず、代表取締役の業務執行一般につき、これを監視し、必要があれば、取締役会を自ら招集し、あるいは招集することを求め、取締役会を通じて業務執行が適切に行なわれるようにする職務を有するものと解すべきである」☆2と判示しています。

なお、取締役の監視・監督義務は経営判断ではないので、経営判断原則が適用されることはありません。

(d) 内部統制システム構築義務

大会社（会社2条6号）及び委員会設置会社においては、取締役の職務の執行が法令・定款に適合することを確保するための体制その他取締役会の業務の適正を確保するために必要なリスク管理体制及び法令遵守体制（内部統制システム）を整備することが義務づけられています（会社348条4項・362条5項・416条1項1号ホ・2項）。

また、大会社及び委員会設置会社以外の会社であっても、会社の規模や事業内容によっては、内部統制システム構築が必要とされることも考えられ、そのような会社においては内部統制システムを構築しないことが、取締役の善管注意義務・忠実義務違反となることも考えられます。

内部統制システムの具体的内容としては、①取締役の職務に係る情報の保存及び管理に関する体制、②使用人の職務の執行が法令及び定款に適合することを確保するための体制、③株式会社並びにその親会社及び子会社から成る企業

第4章◇取締役会・代表取締役・業務執行取締役・社外取締役
第5節◇取締役責任の合理化に向けた取組み

集団における業務の適正を確保するための体制，④監査役設置会社では，監査役の職務を補助する使用人等に関する事項等が挙げられます（会社則98条・100条・112条）。

そして，内部統制システムの構築は，重要な業務執行であるため，取締役会においてその大綱を決定します（会社362条4項6号）。業務執行を担当する代表取締役及び業務担当取締役は，その大綱をふまえ，担当する部門における内部統制システムを具体的に構築すべき義務を負い，その他の取締役は，業務担当取締役らが大綱に沿った内部統制システムを具体的に構築する義務を尽くしているかどうかを監視する義務を負い，さらに，業務担当取締役らは，自らの担当する部門において，内部統制システムを適切に運用する義務を負っています☆3。なお，取締役の内部統制システム構築義務についてはQ41で扱います。

(2) **競業避止義務**

会社法は，善管注意義務及び忠実義務のほか，取締役が会社の利益を犠牲にして自己又は第三者の利益を図る危険性の高い行為について，特別な規制を設けています。その一つが，取締役の競業避止義務です。

取締役が，自己又は第三者のために会社の事業の部類に属する取引をしようとするときは，その取引につき重要な事実を開示して，取締役会設置会社以外の会社では株主総会の普通決議による承認，取締役会設置会社では取締役会の承認を受けなければなりません（会社356条1項1号・309条1項・365条1項）。また，取締役会設置会社では，競業取引をした取締役は，取引後遅滞なく，その取引につき重要な事実を取締役会に報告しなければなりません（会社365条2項）。

これは，会社のノウハウや顧客情報等に精通している取締役が，競業を自由にできるとすれば，その地位を利用して，会社のノウハウや顧客を奪うなどして，会社の利益を害する危険性が高いためです。

取締役が株主総会又は取締役会の承認を受けずに競業取引をしたときは，任務懈怠として，会社に対して損害賠償責任を負い（会社423条1項），競業取引によって取締役又は第三者が得た利益の額が会社の損害額と推定されます（同条2項）。この推定規定は，競業取引により会社が被った損害額を立証することは難しいので，立証責任を軽減し，会社の救済を容易にするためです。

また，取締役が株主総会又は取締役会の承認を受けても，取締役の競業によ

り会社に損害が生ずれば，任務懈怠として，会社に対して損害賠償責任を負いますが，この場合には，会社法423条2項の損害額の推定は働きません。

(3) 利益相反取引

会社法が，取締役が会社の利益を犠牲にして自己又は第三者の利益を図る危険性の高い行為に対して設ける特別の規制の二つ目が，取締役の利益相反取引です。

取締役が自己又は第三者のために会社と取引をしようとするときは，その取引につき重要な事実を開示して，取締役会設置会社以外の会社では株主総会の普通決議による承認，取締役会設置会社では取締役会の承認を受けなければなりません（会社356条1項2号・309条1項・365条1項）。この取締役・会社間の取引を「直接取引」といいます。

また，会社が取締役の債務を保証するなど，取締役以外の者との間で会社と取締役との利益が相反する取引をしようとするときも，同様の承認手続を受けなければなりません（会社356条1項3号・309条1項・365条1項）。この会社・第三者間の取引を「間接取引」といいます。

そして，取締役会設置会社では，利益相反取引をした取締役は，取引後遅滞なく，その取引につき重要な事実を取締役会に報告しなければなりません（会社365条2項）。

これは，直接取引においては，取締役が会社の利益を犠牲にして自己又は第三者の利益を図る危険性が高く，また，間接取引も，会社と第三者との取引ではありますが，会社の利益を害する危険性があるためです。

取締役の利益相反取引により会社に損害を与えた場合には，株主総会又は取締役会の承認の有無を問わず，任務懈怠として，会社に対して損害賠償責任を負います（会社423条1項）。このうち，自己のために直接取引をした取締役は無過失責任を負います（会社428条1項）。

2　CGコードの要請

CGコード原則4-5は，上場会社の取締役・監査役・経営陣に対して求める行動として，

第4章◇取締役会・代表取締役・業務執行取締役・社外取締役
第5節◇取締役責任の合理化に向けた取組み

① 株主に対する受託者責任を認識し,
② ステークホルダーとの適切な協働を確保しつつ,
③ 会社や株主共同の利益のために行動すること

を挙げています。この原則は,CGコードの「会社は,株主から経営を付託された者としての責任(受託者責任)をはじめ,様々なステークホルダーに対する責務を負っていることを認識して運営されることが重要である。」(序文7項)との考え方に基づき,取締役・監査役及び経営陣の受託者責任について明記したものであるといえます[*1]。

なお,この原則における「経営陣」には,いわゆる執行役員も含まれ得ますが,執行役員との肩書を付されている者は必ず経営陣に含まれると解するべきではなく,執行役員の肩書を付されていても,委譲されている権限の範囲が極めて限定的である等の理由により,株主に対する受託者責任を負わない場合はあり得るとされています[*2]。

CGコード原則4-5自体は何らかの開示を求めるものではありませんが,実務上の対応としては,「コーポレートガバナンスの基本方針」(CGコード原則3-1(ii)参照)や自社のコーポレートガバナンス・ガイドラインの中で,取締役・監査役・経営陣が上記のような意味で受託者責任を負っていることを明記することも考えられます[*3]。取締役・監査役・経営陣の受託者責任を規定し,公表している例として,コニカミノルタ株式会社のコーポレートガバナンス基本方針第11条1項[*4],アサヒグループホールディングス株式会社のコーポレートガバナンス・ガイドラインⅤ.3(1)[*5]等があります。

〔大下　良仁〕

━━■判　例■━━

☆1　最大判昭45・6・24民集24巻6号625頁・判タ249号116頁・判時596号3頁。
☆2　最判昭48・5・22民集27巻5号655頁・判タ297号218頁・判時707号92頁。取締役の監視義務については,最判昭55・3・18裁判集民事129号331頁・判タ420号87頁・判時971号101頁も参照のこと。
☆3　大阪地判平12・9・20判タ1047号86頁・判時1721号3頁・金判1101号3頁,最判平21・7・9裁判集民事231号241頁・判タ1307号117頁・判時2055号147頁,東京地判平21・10・22判タ1318号199頁・判時2064号139頁。

■注　記■

*1　油布ほか・CGコード解説Ⅳ46頁。
*2　油布ほか・CGコード解説Ⅳ55頁注41。
*3　中村直人＝倉橋雄作『コーポレートガバナンスコードの読み方・考え方』（商事法務，2015）129頁。
*4　http://www.konicaminolta.jp/about/investors/pdf/management/governance_01.pdf
*5　http://www.asahigroup-holdings.com/company/governance/pdf/150708_guidelines.pd

第4章◇取締役会・代表取締役・業務執行取締役・社外取締役
第5節◇取締役責任の合理化に向けた取組み

 41 取締役の会社法上の責任

(1) A社は，事業再編計画の一環として非上場子会社を完全子会社化するため，その株式を任意の合意に基づき買い取りましたが，この当該株式の適正価額は約1万円であるにもかかわらず，買取価額は出資価額と同額の5万円でした。この場合，取締役の善管注意義務違反の有無はどのように判断されますか。

(2) D社において，長時間労働が原因で従業員Eが急性心不全により死亡し，労災と認定されました。この場合，D社だけではなく，当該従業員とは面識のないD社取締役も，Eの家族に対して逸失利益等の損害賠償責任を負うのでしょうか。損害賠償責任を負う場合，それはどのような根拠に基づくものでしょうか。

(1) 取締役の経営判断についての善管注意義務違反の有無は，いわゆる経営判断の原則に基づき，当該判断をした理由及びその過程について，著しく不合理な点がないか否かという基準によって判断され，設問(1)でも，A社が買取価額を5万円に決定した理由及びその過程について，著しく不合理な点がないか否かによって判断されることになると考えられます。

(2) 取締役は，会社に対する善管注意義務として，会社が使用者としての安全配慮義務に反して，労働者の生命，健康を損なう事態を招くことのないよう注意する義務を負い，これを懈怠して労働者に損害を与えた場合には，会社法429条1項及び不法行為に基づく責任を負うと考えられ，設問(2)でも，D社取締役が上記注意義務を懈怠していた場合には，会社法429条1項及び不法行為に基づき，損害賠償責任を負うと考えられます。

☑キーワード

取締役の善管注意義務，経営判断の原則，アパマンショップホールディングス株主代表訴訟事件，内部統制システム構築義務，安全配慮義務，大庄ほか事件，労働者の生命・健康を損なうことがないような体制を構築すべき義務

解説

1 設問(1)について

(1) 問題の所在

設問(1)においては，子会社の株式の買取価額を5万円としたA社取締役らの経営判断が，善管注意義務違反とならないかが問題となります。

取締役の経営判断は，流動的かつ複雑多様な諸要素を対象にした専門的，予測的な判断であること，企業活動は，利益獲得を目的とするものである以上，その事業活動には必然的に一定のリスクを伴うものとならざるを得ないことから，企業活動の中で取締役が萎縮することなく，経営に専念するためには，取締役の経営判断に広範な裁量を認めるべきであると考えられます。

そこで，下級審において，取締役の経営判断がなされた当時の具体的な状況下において，当該会社の属する業界における通常の有すべき知見及び経験を基準として，経営判断の前提となった事実の認識に不注意な誤りがあったかどうかを検討し，このような事実が認められた場合には，取締役の経営判断には裁量の範囲を逸脱した違法があり，善管注意義務違反となるとする裁判例が集積されていきました。このような司法審査の枠組みを，経営判断の原則といいます。

(2) アパマンショップホールディングス株主代表訴訟事件

(a) 事案の概要

そして，最高裁が，民事事件において，初めて経営判断の原則に係る審査基準を明示したものとして，設問(1)のベースとなったアパマンショップホール

第4章◇取締役会・代表取締役・業務執行取締役・社外取締役
第5節◇取締役責任の合理化に向けた取組み

ディングス株主代表訴訟事件最高裁判決[*1]があります。具体的な事案は、次のようなものでした。

アパマンショップホールディングス（設問(1)のA社を指します。以下では「A社」といいます）は、子会社B社を含む傘下の子会社等をグループ企業として、不動産賃貸あっせんのフランチャイズ事業等を展開する会社であり、B社の設立時の株式の払込金額は5万円でした。A社は、B社の発行済株式の約66.7％を保有していましたが、上記フランチャイズ事業の加盟店等もB社の株式を保有していました。

A社は、グループの競争力の強化を実現するため、完全子会社に主要事業を担わせ、A社を持株会社とする事業再編計画を策定し、B社をA社の完全子会社であるC社に合併することが計画されました。

A社は、経営会議（役付取締役全員によって構成され、A社及びその傘下のグループ各社の全般的な経営方針等を協議する諮問機関）において、①A社の重要な子会社であるC社は、完全子会社である必要があり、そのためには、B社もC社との合併前に完全子会社とする必要があること、②B社を完全子会社とする方法は、A社の円滑な事業遂行を図る観点から、株式交換ではなく、可能な限り任意の合意に基づく買取りを実施すべきであること、③その場合の買取価額は払込金額である5万円が適当であることなどが協議され決定されました。その際、A社から助言を求められた弁護士は、基本的に経営判断の問題であり法的な問題はないこと、任意の買取りにおける価格設定は必要性とバランスの問題であり、合計金額もそれほど高額ではないから、B社の株主である重要な加盟店等との関係を良好に保つ必要性があるのであれば許容範囲である旨の意見を述べました。

また、A社の依頼により監査法人等が提出した交換比率算定書においては、B社の1株当たりの株式評価額は、9700円から1万9000円程度となっていました。

A社は、上記決定に基づき、B社株主から、株1株当たり5万円で買い取りました。

A社株主である原告らは、5万円という買取価額は不当に高額であり、A社取締役らは善管注意義務に違反してA社に損害を与えたとして、A社取締役ら

を被告として，株主代表訴訟を提起しました。

(b) **判示内容**

本判決は，以下のとおり判示して，A社取締役の善管注意義務違反はないと判断し，原告らの請求を棄却しました。

「本件取引は，……グループの事業再編計画の一環として，B社をA社の完全子会社とする目的で行われたものであるところ，このような事業再編計画の策定は，完全子会社とすることのメリットの評価を含め，将来予測にわたる経営上の専門的判断にゆだねられていると解される。そして，この場合における株式取得の方法や価格についても，取締役において，株式の評価額のほか，取得の必要性，A社の財務上の負担，株式の取得を円滑に進める必要性の程度等をも総合考慮して決定することができ，その決定の過程，内容に著しく不合理な点がない限り，取締役としての善管注意義務に違反するものではないと解すべきである。

以上の見地からすると，A社がB社の株式を任意の合意に基づいて買い取ることは，円滑に株式取得を進める方法として合理性があるというべきであるし，その買取価額についても，B社の設立から5年が経過しているにすぎないことからすれば，払込金額である5万円を基準とすることには，一般的にみて相応の合理性がないわけではなく，A社以外のB社の株主にはA社が事業の遂行上重要であると考えていた加盟店等が含まれており，買取りを円満に進めてそれらの加盟店等との友好関係を維持することが今後におけるA社及びその傘下のグループ企業各社の事業遂行のために有益であったことや，非上場株式であるB社の株式の評価額には相当の幅があり，事業再編の効果によるB社の企業価値の増加も期待できたことからすれば，株式交換に備えて算定されたB社の株式の評価額や実際の交換比率が前記のようなものであったとしても，買取価額を1株当たり5万円と決定したことが著しく不合理であるとはいい難い。そして，本件決定に至る過程においては，A社及びその傘下のグループ企業各社の全般的な経営方針等を協議する機関である経営会議において検討され，弁護士の意見も聴取されるなどの手続が履践されているのであって，その決定過程にも，何ら不合理な点は見当たらない。」

(3) 検　討

　上記のとおり，最高裁は，取締役の経営判断について「決定の過程，内容に著しく不合理な点がない限り，取締役としての善管注意義務に違反するものではない」という基準を示したうえで，株式の買取価格を5万円とすることが著しく不合理であるとはいえないこと，経営会議等の全体の経営方針等を協議する機関において検討し，その際，弁護士の意見も聴取したことを考慮して，A社の取締役の責任を否定しました。

　設問(1)でも，買取価額の決定の根拠及び決定に至る過程について，著しく不合理な点がないか否かによって，取締役の善管注意義務違反の有無が判断されることになると考えられます。

　このように，取締役の経営判断については，決定内容の合理性はもちろんのこと，意思決定の前提となる情報の収集と分析，選択肢の検討，選択肢ごとの損益のシミュレート，外部専門家の意見取得，法令や社内規定に基づく手続の履践等に注意を払い，手続ごとに記録（議事録，資料，意見書等）を残しておくことが望ましいといえます*1。

2　設問(2)について

(1) 問題の所在

　例えば，全国に複数の支店や店舗を展開しているような企業においては，取締役が，個別の従業員の勤務時間等を把握しているとは考えにくく，また，実際に把握することは極めて困難であると考えられます。このようなケースにおける，従業員の長時間勤務による過労死について，当該会社のみならず，取締役も，当該従業員の家族に対して逸失利益等の損害賠償責任を負うことがあるか，損害賠償責任を負う場合，それはどのような根拠に基づくものかが問題となります。

(2) 大庄ほか事件

(a) 事案の概要

　設問(2)のようなケースにおいて，取締役の責任が争われた裁判例として，大庄ほか事件☆2があります。具体的な事案は，次のようなものでした。

株式会社大庄（設問(2)のD社を指します。以下「D社」といいます）は，大衆割烹店を全国展開している会社であり，EはD社の経営する大衆割烹店（以下「本件店舗」といいます）で調理担当の従業員として勤務していました。

D社の給与体系によれば，Eの給与としては，基本給のほか，あらかじめ給与に組み込まれていた固定時間外手当と固定深夜勤務手当として役割給が支払われることになっていましたが，役割給は，実際の時間外労働が80時間を満たない場合には不足分が控除されることになっており，実質，時間外手当といえるものでした。また，本件店舗の従業員の勤務時間を定めるワークスケジュールでは，自動的に1時間の休憩時間が入力され，また，月80時間の時間外労働を組み込んで作成されていました。また，同店の三六協定によれば，所定労働時間8時間のところ，1日3時間，1か月45時間，1年360時間の延長労働をすることができることを原則としつつ，特別の事情がある場合には，従業員代表と協議のうえ，1か月100時間，回数6回，1年750時間を限度として延長できるとされていました。そして，実際に，本件店舗では，従業員の毎月の各労働時間数が300時間を超えることがしばしばあり，Eも恒常的な長時間労働となっていました。

Eは，平成19年8月11日未明に，自宅において急性左心機能不全により死亡し，大津労働基準監督署長は，Eの死亡を業務災害であると認定しました。

そして，Eの遺族である原告らが，Eの死亡原因は，D社の長時間労働にあると主張して，D社に対しては不法行為又は債務不履行（安全配慮義務違反）に基づき，また，D社の代表取締役F及びその他取締役3名（G，H，I）に対しては不法行為又は会社法429条1項に基づき，損害賠償を求め，訴訟提起しました。

なお，G，H，Iは，それぞれ，D社の人事管理部の上部組織である管理本部長，店舗本部長，店舗本部の下部組織である第一支社長という地位にありました。

(b) **判示内容**

大阪高裁は，D社の安全配慮義務違反等とEの死亡との間の相当因果関係を肯定し，D社の不法行為責任を認めました。そして，Fらの責任について，「取締役は，会社に対する善管注意義務として，会社が使用者としての安全配慮義

務に反して，労働者の生命，健康を損なう事態を招くことのないよう注意する義務を負い，これを懈怠して労働者に損害を与えた場合には会社法429条1項の責任を負う」としたうえで，G，H，Iは，本件店舗における「労働者の労働状況を把握しうる組織上の役職者であって，現実の労働者の労働状況を認識することが十分に容易な立場にあったものであるし，その認識をもとに，担当業務を執行し，また，取締役会を構成する一員として取締役会での議論を通して，労働者の生命・健康を損なうことがないような体制を構築すべき義務を負っていたということができる。」とし，また，FもD社の「業務を執行する代表取締役として，同様の義務を負っていたものということができる。」とし，Fらは，本件店舗では長時間労働が恒常化していたことを「認識していたか，極めて容易に認識できた」のに，「長時間労働の抑制のための対策」を取っていなかったため，上記注意義務違反の任務懈怠が認められるとして会社法429条1項及び不法行為に基づき，損害賠償義務を負うと結論づけました。

同判決に対し，D社らは上告しましたが，最高裁はD社らの上告を棄却しました。

(3) 検　　討

上記のとおり，大阪高裁は，取締役は，会社に対する善管注意義務として，会社が使用者としての安全配慮義務に反して，労働者の生命，健康を損なう事態を招くことのないよう注意する義務を負い，これを懈怠して労働者に損害を与えた場合には会社法429条1項及び不法行為に基づく責任を負うとし，さらに，Fらは，労働者の生命・健康を損なうことがないような体制を構築すべき義務を負っていたと判示しました。

大会社（会社2条6号）及び委員会設置会社においては，取締役の職務の執行が法令・定款に適合することを確保するための体制その他取締役会の業務の適正を確保するために必要なリスク管理体制及び法令遵守体制（内部統制システム）を整備することが義務づけられており（会社348条4項・362条5項・416条1項1号ホ・2項），また，それ以外の会社であっても，会社の規模や事業内容によっては，内部統制システム構築が必要とされると考えられています。そして，業務執行を担当する代表取締役及び業務担当取締役は，担当する部門における内部統制システムを具体的に構築すべき義務を負い，その他の取締役は，

業務担当取締役らが大綱に沿った内部統制システムを具体的に構築する義務を尽くしているかどうかを監視する義務を負い，さらに，業務担当取締役らは，自らの担当する部門において，内部統制システムを適切に運用する義務を負っています☆3。

大庄ほか事件においては，G，H，Iは人事管理又は店舗管理を担当していること，また，Fは代表取締役であることから，内部統制システムの一つとして，「労働者の生命・健康を損なうことがないような体制を構築すべき義務」を負っていたものと考えられます。

設問(2)においても，まず，取締役が，その担当業務から，労働者の生命・健康を損なうことがないような体制を構築すべき義務を負うかが問題となります。また，当該取締役がこのような体制構築義務を直接負わない場合であっても，業務担当取締役らが体制構築義務を尽くしているかどうかを監視する義務を負うと考えられます。そして，当該取締役が，これらの義務を懈怠したといえる場合には，会社が使用者としての安全配慮義務に反して，労働者の生命，健康を損なう事態を招くことのないよう注意する義務を懈怠して労働者に損害を与えたといえ，会社法429条1項及び不法行為に基づく責任を負うと考えられます。

〔大下　良仁〕

■判　例■

☆1　最判平22・7・15裁判集民事234号225頁・判タ1332号50頁・判時2091号90頁。

☆2　(1審) 京都地判平22・5・25判タ1326号196頁・判時2081号144頁・労判1011号35頁，(控訴審) 大阪高判平23・5・25労判1033号24頁，(上告審) 最決平25・9・24判例集未登載 (不受理決定により確定)。

☆3　大阪地判平12・9・20判タ1047号86頁・判時1721号3頁・金判1101号3頁，最判平21・7・9裁判集民事231号241頁・判タ1307号117頁・判時2055号147頁，東京地判平21・10・22判タ1318号199頁・判時2064号139頁。

■注　記■

＊1　大塚和成ほか「判批」ビジネス法務10巻11号 (2010) 14頁。

第4章◇取締役会・代表取締役・業務執行取締役・社外取締役
第5節◇取締役責任の合理化に向けた取組み

42 取締役の金融商品取引法上の責任と裁判例・留意点

有価証券報告書の連結財務諸表に，本来は売上計上が認められない自社株式の売却益や子会社に対する架空売上が計上されていた等の不実記載があった場合，取締役はどのような責任を負いますか。また，取締役のうち技術部門担当であり，その不実記載を知らなかった者も責任を負うのでしょうか。

　重要な事項につき虚偽の有価証券報告書を提出した取締役は，民法の不法行為責任（民709条），会社法に定める役員等の第三者に対する責任（会社429条）のほか，金融商品取引法に定められた民事責任（金商24条の4・22条）を負いますが，この金融商品取引法上の責任は，取締役が，虚偽記載を知らず，かつ相当な注意を用いたにもかかわらず知ることができなかったときは免責されます。
　「相当な注意」の内容・範囲・程度は，役員の地位，担当職務の内容，当時認識していた事実等に応じて個別に検討されますが，技術担当部門の取締役であったことは，必ずしも注意義務の程度を軽減すべき事情には当たらず，不実記載を知らなかった技術担当の取締役であっても，不実記載に関連する情報を受領しており，質問や確認し得たのにこれを怠ったとして，免責を認めず責任を負うとした裁判例があります（ライブドア事件地裁判決[1]・同高裁判決[2]）。

☑キーワード
有価証券報告書，不実（虚偽）記載，取締役の責任，損害賠償，責任の免除，金融商品取引法，相当な注意

Q42◆取締役の金融商品取引法上の責任と裁判例・留意点

> 解　説

1　取締役の金融商品取引法上の責任

(1)　金融商品取引法上の責任

　重要な事項につき虚偽の記載がある有価証券報告書を提出した会社の提出時の取締役は，投資家に対して損害賠償責任を負います（金商24条の4・22条1項）。この定めは，一般不法行為（民709条）の特則として，投資家が，取締役の故意・過失を立証することを必要とせず，取締役が免責事由を立証した場合に責任を免れると定めており，過失の立証責任を転換している点で投資家にとって有利な規定となっています。取締役は，有価証券報告書に虚偽記載等が存在することを知らず，かつ相当な注意を用いても存在することを知らなかった場合には，損害賠償責任を免れることができますが（金商24条の4・22条2項・21条2項1号），取締役が免責されるためには，取締役において実際に「相当な注意」を尽くしたことを立証する必要があります。

(2)　相当な注意の内容

　取締役に求められる「相当な注意」の内容は，当該取締役が当該会社において占めている地位，相当職務の内容，当時認識していた事実等に応じて個別に検討すべきであるとされており，具体的には，粉飾決算についていえば，会社の経理や決算確定に直接関わる社長，専務，経理担当役員などと，決算書類に関わらない役員とでは，相当の注意の内容や範囲は異なるとされています。裁判例も同様の考え方を示したうえで，各役員の個別の事情をもとに詳細な検討がなされています。

2　裁判例

(1)　概　説

　取締役の「相当な注意」について検討している裁判例は，前掲（☆1）ライ

ブドア事件地裁判決，前掲（☆2）同事件高裁判決，アーバンコーポレーション事件地裁判決[3]，ニイウィスコー事件地裁判決[4]，シニアコミュニケーション事件地裁判決[5]などがあります。

(2) 「相当な注意」の判断の枠組み

それぞれの裁判例において，「相当な注意」の内容は，各取締役の役割や地位等に応じて，以下のような判断枠組みが示されています。

ライブドア事件の前掲（☆1）地裁・前掲（☆2）高裁判決では，「相当な注意」の内容は「各取締役が当該会社において占めている具体的な役割や地位に応じて検討されるべき」であり，「例えば，代表取締役や財務担当の取締役と比較すれば，技術担当の取締役は『相当の注意』を用いたと認められやすいということはできる」としています。しかしながら一方で，「いずれの取締役も会社の業務全般について協議，決定をし，これを監督すべき地位にあり，また，旧証取法は担当の如何を問わず全取締役に損害賠償責任を負わせて有価証券報告書の正確性を確保しようとしている」ことを理由に「技術担当であるとか，非常勤であるからといって，単に与えられた情報を基に有価証券報告書の正確性を判断すれば足りるものではないし，また，海外に滞在しているからといって，尽くすべき注意の程度が当然に軽減されるものではない」としています。このような判示の内容については，最低限の注意義務の水準は，非常勤であるとか担当部門の内容によって異なるものではないものの，最低限の注意義務に上乗せされる部分は，担当や役割，地位によって変わってくるということを述べているものであって，前半部分と後半部分は矛盾するものではないと解されています[*1]。

前掲（☆3）アーバン事件地裁判決でも，「相当な注意」の具体的内容は，「当該役員が当該会社において占めている地位，相当職務の内容，当時認識していた事実等に応じて個別に検討すべきである。」とされています。なお，前掲（☆4）ニイウィスコー事件地裁判決と前掲（☆5）シニアコミュニケーション事件地裁判決は事例判断で，このような一般論は述べられておりません。

学説においても，「相当な注意」の内容は，各取締役の職務内容や地位によって異なるという立場が通説となっています[*2]。

(3) 取締役ごとの具体的な判断

　裁判例では，以下のとおり，個別の取締役の役割や地位等に応じて「相当の注意」の具体的内容が検討されています。

　ライブドア事件の前掲（☆1）地裁・前掲（☆2）高裁判決では，代表取締役など会社の業務全般に関与していた取締役については，会計処理が適切かどうかの疑問をもち得たと認定し，財務担当者等に確認を取るべきであったのにこれを怠ったとして，免責を認めませんでした。また，国外に居住していた技術担当部門の非常勤取締役については，虚偽記載のある有価証券報告書を提出する以前はライブドアの取締役であったこと，虚偽の有価証券報告書の提出直前数か月間の同社取締役会は少人数の構成だったこと，同人以外の取締役全員が虚偽記載のある不正な会計処理に関与又は承知していたこと，各事業部を担当する執行役員もこれを知っていたこと，同人も取締役会に関する案件を含め重要事項については，メーリングリストで案件を検討する機会があり，その中には不正な会計処理に関わるM&Aの情報も含まれていて稟議書の決済を行っていたこと等の事実を認定したうえで，同人が疑問をもって取締役や執行役員に確認するだけで，不正な会計処理の事実を容易に知り得たとして，免責を認めませんでした。

　また，前掲（☆3）アーバン事件地裁判決では，虚偽記載の原因となった資金調達の準備に関与していた代表取締役，管理部門管掌の副社長，財務担当取締役，取締役経営企画部長（準備関与取締役）について，弁護士から問題点の指摘を受けながら，担当者等への確認を怠ったとして免責を認めず，準備に関与していないが資金調達を決定した取締役会に出席した取締役についても，虚偽記載の内容は取締役会の付議事項と密接に関連する事項で，かつ投資家にとって重要な情報であるため，審議を通じて監視を行うべきだったとして，免責を認めませんでした。他方，準備に関与せず取締役会も欠席した取締役については，準備関与取締役が，インサイダー情報管理の観点等から，非関与取締役に情報を与えない方針を取っていたため，虚偽記載があることの疑問をもつことは困難であり，また招集通知を受領してから取締役会までの間に独自に情報を収集して業務執行を監督することも現実には困難であったこと，取締役会の欠席の理由は無理からぬものであったとして，免責が認められました。

前掲（☆4）ニイウィスコー事件地裁判決では，虚偽記載の原因となった取引に関与していなかった人事担当の代表取締役について，大幅かつ急激な業績予想や売上げの見通し等の変化が頻繁に行われていたことや，その根拠となる取引に異常なものが含まれていることを認識することができたにもかかわらず，調査や確認を怠ったとして免責が認められませんでした。

前掲（☆5）シニアコミュニケーション事件地裁判決は，財務に直接関与していない実務担当取締役について，取締役会に毎回出席していたとしても，創業者取締役らが証憑を偽造して巧妙に虚偽記載が含まれることを判別できないようにしていたうえ，監査法人の無限定適正意見が付されたものであること，不正な会計処理をするにあたり同人を謀議から排除していたこと等から，相当な注意を用いたにもかかわらず知ることができなかったとして，免責が認められました。

3 留意点

虚偽記載に直接関与していた取締役の免責が認められることは難しく，裁判では，虚偽記載に直接関与していない取締役の免責が問題になることが多いようです。もっとも，虚偽記載に直接関与していないからといって，免責が簡単に認められるわけではなく，このような取締役に対しても，高い水準の義務を履行することが求められています。

裁判例では，虚偽記載の原因となった取引に関する情報や，虚偽記載のある開示書類の記載内容に疑問をもち得る情報を受領，認識していたと認定したうえで，当該情報をもとに担当役員等に記載内容について質問したり，確認したりしていれば，記載内容が不適切であることを知り得る状況にあったと認定され免責を認めない判断がなされており，裁判において，取締役が「相当な注意」を尽くしたか否かは，被告取締役が虚偽記載に関する情報を知っていた，又は知り得たか否か，かかる情報をもとに担当役員等に確認することによって虚偽記載があることを認識し得たか否か，という点が主要な争点になるものと思われます。もっとも，担当役員等に確認する内容としてどの程度のレベルが求められるのかといった点については，これまでの裁判例からは明らかではな

いため，今後の判断の集積が待たれるところです。

　学説では，代表取締役や，財務担当取締役に対して，記載内容が正確であるかを質問し，これに対して正確である旨の回答を得ただけでは，「相当な注意」を尽くしたとはいえないとされています。さらに，役員が病気であること，遠隔の地に居住していること，多忙であることや，開示書類の記載内容を理解する能力を有しないこと等も責任を免除する理由とはならないとされています[*3]。

　このように虚偽記載に直接関与していない取締役にも，開示書類の記載の正確性については，相当に注意し慎重に検討することが求められているといえます。

4　「相当な注意」と内部統制システム

　大会社（会社2条6号）である取締役会設置会社は，財務書類の作成に関し内部統制システムの整備が求められています（会社362条4項6号・5項，会社則100条，金商24条の4参照）。そのため開示書類の内容が問題となった場合，この作成を担当している取締役からの情報が，他の取締役の信頼に値すると評価されるためには，内部統制システムが整備され，有効に機能していることが前提になると考えられています[*4]。

　これまでの裁判例において，「相当な注意」の内容と内部統制システムとの関係が主要な争点になったものはありませんが，前掲（☆3）アーバン事件地裁判決では，会社法上の監視義務に言及し，「相当程度大規模な株式会社において，各取締役の担当する職務の分掌が定められている場合には，各取締役は，自分の関与しない職務については，特に疑うべき事情がない限り，これを信頼したからといって監視義務違反にはならないと解するのが相当」であるとしています。そのため，「相当な注意」の判断に際し信頼の原則が適用される場合には，裁判において，信頼の前提となる内部統制システムの整備状況として，合理的な内部統制システムの構築・運用がなされているか否か，といった点も争点になり得るものと思われます。

〔伊藤　菜々子〕

第4章◇取締役会・代表取締役・業務執行取締役・社外取締役
第5節◇取締役責任の合理化に向けた取組み

```
━━━ ■判　例■ ━━━
```

☆1　東京地判平21・5・21判タ1306号124頁・判時2047号36頁・金判1318号14頁。
☆2　東京高判平23・11・30判時2152号116頁・金判1389号36頁
☆3　東京地判平24・6・22金判1397号30頁・金法1968号87頁。
☆4　東京地判平26・10・21（平成21年（ワ）第2406号）ウェストロージャパン2014WLJPCA10218008。
☆5　東京地判平25・2・22判タ1406号306頁・金法1976号113頁。

```
━━━ ■注　記■ ━━━
```

＊1　黒沼悦郎「ライブドア株主損害賠償請求訴訟東京地裁判決の検討〔下〕」商事1872号（2009）18頁。
＊2　神崎克郎ほか『金融商品取引法』（青林書院，2012）553頁，岸田雅雄監修『注釈金融商品取引法(1)定義・情報開示』（金融財政事情研究会，2011）273頁，黒沼悦郎＝太田洋編『論点体系　金融商品取引法(1)定義，情報開示，公開買付け』（第一法規，2014）136頁。
＊3　神崎ほか・前掲（＊2）553頁。
＊4　野村修也「内部統制システム」会社法判例百選〈2版〉〔別冊ジュリ205号〕112頁，詳細は**Q60**参照。

43 取締役の会社に対する責任の免除

会社が十分な事業性調査や与信調査を行わずに新規事業への投融資を行い，多額の損失を計上してしまったことについて，当時の取締役に対して株主代表訴訟が提起されました。投融資に関与した役員の責任を免除するためには，どのような手続が必要ですか。

　取締役の株式会社に対する任務懈怠責任は，原則として，総株主の同意がなければ免除することができませんが（会社424条），取締役が職務を行うにつき善意・無過失であった場合は，一定の要件の下で，株主総会決議又は取締役の過半数の同意（取締役会決議）による賠償額の一部免除が認められています。また，業務執行取締役以外の取締役については，会社との間で，事前に責任限定契約を締結することにより，責任額を限定することが認められています。

☑キーワード

取締役の責任，株主代表訴訟，免除，株主総会の特別決議，業務執行取締役，最終完全親会社等，特定責任，責任限定契約，コーポレート・ガバナンス・システムの在り方に関する研究会，会社補償

第4章◇取締役会・代表取締役・業務執行取締役・社外取締役
第5節◇取締役責任の合理化に向けた取組み

> 解　説

1　取締役の会社に対する損害賠償責任の免除

(1)　全部免除

　取締役は，会社に対し，その任務を怠ったことにより生じた損害を賠償する責任（任務懈怠責任）を負います（会社423条1項）。この取締役の責任は，総株主の同意がなければ免除することができません（会社424条）。

(2)　一部免除・限定

　しかしながら，総株主の同意という免除要件が厳格すぎるという価値判断から，取締役が職務を行うにつき，善意・無過失であった場合には，一定の要件に基づき，取締役の会社に対する責任を一部免除又は限定するための手続が認められています（会社425条～427条）。

　これらの責任軽減制度には，①株主総会等の特別決議による責任の一部免除（会社425条），②定款の定めと取締役会決議等による責任の一部免除（会社426条），③定款の定めと責任限定契約による責任の限定（会社427条）の3つの方法があります。①は，任務懈怠責任の原因となった事実の発生後に，株主総会の特別決議により責任を軽減する方法，②は事前に定款の定めを置いたうえで，責任原因となった事実の発生後に，取締役会等の決議により責任を軽減する方法です。③は，業務執行取締役等（会社2条15号イ）以外の取締役について，責任原因となった事実の発生前に，定款の定めを置いたうえで会社と責任限定契約を締結することにより責任を軽減する方法です。

　以下では，それぞれの方法について説明します。

2　株主総会の特別決議による責任の一部免除

(1)　手　　続

　株主総会の特別決議（会社309条2項8号）により，一定の金額を限度として，

取締役の責任の一部を免除することができます。なお，会社に最終完全親会社等（会社847条の3第1項）があり，取締役の責任が特定責任（会社847条の3第4項）であるときは，免除するために最終完全親会社等の株主総会の特別決議も必要となります（会社425条1項括弧書）。

取締役の責任の一部免除の提案を株主総会に提出する場合，重要な業務執行に該当することから，取締役会決議による承認（又は取締役の過半数の同意）が必要になるとされています（会社362条4項7号・348条2項）。なお，責任の一部免除の対象となる取締役は，その決議につき特別利害関係人に該当するため，取締役会の議決に参加することはできません（会社369条2項）。

会社が，取締役又は執行役の責任の一部免除に関する議案を株主総会に提出する場合，監査役の全員の同意を得る必要があります（会社425条3項1号）。委員会設置会社においては監査委員の全員，監査等委員会設置会社においては監査等委員の全員の同意が必要となります（会社425条3項2号・3号）。

(2) 責任免除の額

取締役の責任の一部免除は，賠償責任を負う金額から，一定の金額（最低責任限度額）を控除した金額を限度とするものとされています（会社425条1項）。最低責任限度額は，取締役が，その在職中に会社から職務執行の対価として受け，又は受けるべき財産上の利益の1年間当たりの額に相当する額として法務省令で定める方法により算定される額に，代表取締役の場合は6，代表取締役以外の業務執行取締役の場合は4，業務執行取締役以外の取締役の場合は2を乗じて得た額と，取締役が新株予約権を引き受けた場合（会社法238条3項各号に掲げる場合に限る）における当該新株予約権に関する財産上の利益に相当する額として法務省令（会社則114条）で定める方法により算定される額の合計額により計算されます。

責任免除に関する株主総会決議があった後に，会社が免除を受けた取締役に対し，退職慰労金，使用人としての退職手当又はそれらの性質を有する財産上の利益を与えるときは，他の取締役に支給する退職慰労金等との総額を示すのでは足りず，当該取締役に支給する額を明らかにして株主総会（最終完全親会社の株主総会を含む）の承認を得なければならないとされています（会社425条4項前段，会社則84条の2・115条）。責任免除の決議の後に，当該取締役が，新株予約権

を行使，譲渡するときも同様に株主総会の承認を要するものとされています。

(3) 開　　示

取締役の任務懈怠責任を一部免除する株主総会の決議を行う場合，取締役は，①責任の原因となった事実及び賠償の責任を負う額，②責任を免除する限度額及びその算定の根拠，③責任を免除すべき理由及び責任免除額，を株主総会において開示することが必要となります（会社425条2項）。

3　定款の定めと取締役会決議等による責任の一部免除

(1) 手　　続

監査役設置会社（会社2条9号）であって，かつ取締役が2人以上いる会社においては，定款に定めのあるときは，取締役（責任を負う取締役を除く）の過半数の同意（取締役会の決議）によって，取締役の責任を免除することができます（会社426条1項）。定款には，任務懈怠に基づく会社に対する損害賠償責任について，職務を行うにつき取締役が善意・無重過失である場合において，責任の原因となった事実の内容，その役員等の職務の執行の状況その他の事情を勘案して特に必要と認めるときは，最低責任限度額を限度として免除することができる旨を定めることになります。

なお，この責任免除に関する定款の定めは，登記が必要です（会社911条3項24号）。

(2) 通知・公告

定款の定めに基づき，取締役（取締役会）が免除の決定をしたときは，取締役は，遅滞なく，①責任の原因となった事実及び賠償の責任を負う額，②免除額の限度及びその算定の根拠，③責任を免除すべき理由及び免除額及び免除に異議がある場合には一定の期間（1か月以上）内に述べるべき旨を公告し，又は株主に通知する必要があります（会社426条3項・4項）。会社に最終完全親会社等があり，免除の対象が特定責任であるときは，最終完全親会社等の株主に対する公告・通知も必要になります（同条5項・6項）。

総株主の議決権の100分の3以上を有する株主がその期間内に異議を述べた場合は，会社は定款の定めに基づく責任の免除をすることはできません（同条

7項）

4　定款の定めと責任限定契約による責任の限定

(1) 手　　続

　会社は，業務執行取締役（会社2条15号イ）以外の取締役について，定款に定めのあるときは，責任限定契約を締結し，取締役の責任を一部免除することができます（会社427条1項）。定款には，社外取締役等の任務懈怠から生ずる会社に対する損害賠償金について，①定款に定めた範囲内においてあらかじめ定める額と，②最低責任限度額とを比較して，いずれか高い額を限度とする旨の契約を締結することができる旨を定めることになります。①の下限は，○円以上というように具体的な金額を入れることも，0円とすることも可能です。②の最低責任限度額は，上記**2**(2)に定めるのと同様に算定されます。

　この定款規定を設ける定款変更議案を株主総会に提出する場合，監査役全員の同意（監査役会設置会社でも監査役会の決議は不要です），監査等委員会設置会社では各監査等委員，指名委員会等設置会社では各監査委員の同意が必要になります（会社427条3項・425条3項）。

　責任限定契約を締結した業務執行取締役以外の取締役が，その会社の業務執行取締役に就任した時は，その契約は，将来に向かって効力を失うことになります（会社427条2項）。

　なお，この責任限定契約に関する定款の定めは，登記が必要です（会社911条3項25号）。

(2) 開　　示

　責任限定契約を締結した会社が，当該契約をした取締役が任務を怠ったことにより損害を受けたことを知ったときは，その後最初に招集される株主総会（当該株式会社に最終完全親会社等がある場合において，当該損害が特定責任に係るものであるときにあっては，当該株式会社及び当該最終完全親会社当の株主総会）において，①責任の原因となった事実及び賠償責任額，②免除額の限度及びその算定の根拠，③責任限定契約の内容及びその契約を締結した理由，④任務懈怠により会社が受けた損害のうち，当該取締役が賠償する責任を負わないとされた額につ

いて，開示することが必要となります（会社427条4項・976条3号）。

取締役選任の際，責任限定契約を締結する予定がある場合には，株主総会参考書類にその概要を記載し（会社則74条1項4号），公開会社の事業報告においても，責任限定契約の概要を記載する必要があります（会社則121条3号）。

5　事例紹介——株主提案により取締役の責任を一部免除する議案が可決された例

(1)　株主提案の内容

昭和ホールディングス株式会社（委員会等設置会社）では，平成23年6月28日開催の定時株主総会において，いずれも株主総会による提案で，取締役の責任の一部を免除する2つの議案と関係役員から損害賠償金の回収を求める議案の計3つの議案が可決されました（いずれの議案も賛成の割合は約96%）。株主提案，会社提案を問わず，取締役の責任を一部免除する議案が付議され，可決されたのは，上場会社では初めてのケースとされています*1。

株主提案議案である第2号議案から第4号議案のうち，取締役の責任の一部を免除する議案は，それぞれ第2号議案に「子会社による輸入自動車販売取引の件」，第3号議案に「光ファイバー事業への投資の件」と括弧書が付されており，異なる責任の原因となる事実に基づく議案となっています。第4号議案は，「関係役員からの損害賠償金回収の件」という法定外の記載事項となっています。本来，株主総会では，会社法及び定款に定める事項に限り決議することができる，と定められているため（会社295条2項参照），本議案が成立しても無効と解されますが，株主総会で株主の意を問ういわゆる勧告的決議も行うことができるため（買収防衛策の議案も勧告的決議の一つと解されています），勧告的決議とみることもできるとされています*2。

(2)　参考書類の記載事項

株主総会で開示すべき内容（会社425条2項）として，株主総会参考書類では，上記3(2)①の(ア)責任の原因となる事実及び賠償の責任を負う額について，第2号議案では，子会社による輸入自動車に係る取引に関し計上した損失額，第3号議案では，光ファイバー関連事業への投融資に関し計上した損失額が記載されています。また，(イ)責任を免除する限度額及びその算定の根拠として，いず

れも会社法425条1項に定める最低責任限度額を控除して得た額全額を免除するものとしています。さらに (ウ) 責任を免除すべき理由については，提案の理由において回収可能性が低いことや会社への貢献等の事情が記載されています。

第4号議案では，第2号議案及び第3号議案に係る役員等の賠償責任につき，実現可能で最適な方法による回収を求めることが記載されています。

(3) 株主提案に対する取締役会の意見

株主提案があった場合，取締役会は株主提案に対する意見を記載することが多いですが (会社則93条1項2号参照)，本件では，いずれの議案についても株主提案が正当な株主権の行使であること，取締役会の構成員の中に利害関係人が含まれていることを理由として，取締役会において賛否を不表明としています。

なお，本件は，株主提案の事案であり各監査委員の同意の有無は問題とならないため，記載されていません。

6 会社補償の可否

会社補償とは，役員が損害賠償責任を追及された場合に，会社が当該損害賠償責任額や争訟費用を補償するものをいうとされています。会社補償について会社法に定めはないことから，役員と会社が締結している民法の委任契約の解釈から考えるものとされ，一定の範囲で一定の要件を満たせば認められると解されています。

この点，第三者や株主による責任追及訴訟において，取締役に過失がない場合は，受任者が委任事務を処理するため自己に過失なくして受けた損害として，会社が防御費用を負担するものと解されています (民650条3項，会社330条参照)。この場合は，取締役の報酬規制 (会社361条) に即して行う必要もなく，また利益相反取引としての株主総会や取締役会の承認も不要です (解釈指針第3. 3. 注21〔10頁〕) *3 *4。

他方，取締役に過失が認められるなど民法650条3項に基づき会社が補償しなくてよい場合，コーポレート・ガバナンス・システムの在り方に関する研究

会の解釈指針（第3．3(2)ア〔9頁〕）では，現行法下で適法に会社補償を行う手続の一例として，事前に会社と取締役との間で補償契約を締結する方法が挙げられています。補償契約の手続の際には，利益相反の観点から，取締役会決議と社外取締役の全員の同意や社外取締役の過半数を構成員とする任意の委員会の同意等，社外取締役が関与することが必要であるとされており，補償の要件としては，取締役が職務を行うにつき悪意又は重過失がないこと，補償の対象としては，第三者に対する損害賠償債務（会社に対する責任は，会社法424条ないし427条があるため対象としない），争訟費用が挙げられています。補償の実行については，補償契約で要件を満たした場合に補償しなければならないとする義務的補償と，要件を満たした場合に，補償契約を締結したのと同様の手続で別途補償するか否かの判断を行うといった任意的補償の方法のいずれかの方法によるものとされています。

　この方法は，解釈指針で会社補償が認められる一例として挙げられていますが，会社補償を考える際には，適法性及び合理性を担保する視点として，報酬のインセンティブとしての機能と，取締役が会社に対して実質的に求償する関係にあることから，決定手続において構造的に利益相反類似の関係にあることを考慮することが重要であるとされています（解釈指針第3．3(1)〔8頁〕）。

〔伊藤　菜々子〕

―■注　記■―

＊1　「トピックス　昭和ホールディングス　取締役の責任を一部免除する株主提案が可決された例」資料版商事328号（2011）56頁。
＊2　前掲（＊1）資料版商事57頁。
＊3　武井一浩ほか「〈座談会〉D&O保険をめぐる諸論点(上)―役員就任の整備」商事2032号（2014）14頁。
＊4　落合誠一編『会社法コンメンタール(8)機関(2)』（商事法務，2009）153頁。

44　株主代表訴訟制度

株主代表訴訟とは，どのような制度でしょうか。
　株主は，株主代表訴訟において，取締役と会社との間の契約に基づく取締役の会社に対する債務の履行を請求することはできますか。

　株主代表訴訟制度は，株式会社の役員等に対する責任追及については，役員等相互の関係から積極的な責任追及を期待できない場合もあることから，株主に対して，会社と株主の利益を守るため，株式会社のために役員等の責任を追及する訴訟の提起を認める制度です。
　株主代表訴訟においては，取締役の地位に基づく会社法上の責任のほか，取締役と会社との間の契約に基づく取締役の会社に対する債務のような，取引債務も対象とすることができます。

☑キーワード

株主代表訴訟，責任追及等の訴え，発起人等，役員等，継続保有要件，会社荒らし，提訴請求，馴れ合い訴訟，担保提供命令，蛇の目基準，不当訴訟要件，不法不当目的要件，全債務説，限定債務説，取引債務包含説

第4章◇取締役会・代表取締役・業務執行取締役・社外取締役
第5節◇取締役責任の合理化に向けた取組み

解説

1 株主代表訴訟制度とは

(1) 株主代表訴訟制度の意義，趣旨，判決の効力

　株主代表訴訟とは，株主が株式会社のためにする，株式会社に対する役員等の責任を追及する訴訟のことです。この点，役員等の責任は，本来は，株式会社が自ら追及すべきものです。しかし，実際には，責任を追及されるべき役員等と他の役員等との関係から，株式会社による積極的な責任追及が期待し得ない場合もあり，その結果，株式会社ひいては株主の利益が害されるおそれがあります。そこで，個々の株主が，株式会社の有する権利を株式会社のために行使して，役員等の責任を追及する方法を認め，もって株式会社の利益の回復ひいては株主の利益の確保を図るための制度が，株主代表訴訟制度です*1☆1。

　株主の提起できる代表訴訟には，以下の責任に関するものがあり，これらの責任追及の訴えを，会社法847条1項は「責任追及等の訴え」と定義しています。

① 発起人の責任（会社52条・52条の2・53条・103条）
② 取締役，会計参与，監査役，執行役及び会計監査人（会社法上，総称して「役員等」と定義されています）の任務懈怠責任（会社423条1項）
③ 清算人の責任（会社486条1項）
④ 株主の権利行使に関し利益供与を受けた者の責任（会社120条3項）
⑤ 不公正な払込金額で株式・新株予約権を引き受けた者の責任（会社212条1項・285条）*2

　代表訴訟は，株式会社の本店所在地を管轄する地方裁判所に専属管轄が認められており（会社848条），また，訴額は160万円とされているため（会社847条の4第1項），訴訟提起の手数料は一律1万3000円です（民訴費4条2項・3条1項・別表第1・1項）。

　そして，代表訴訟における株主は，実質上，株式会社の代表機関的地位に立

ちますが，法的には代表者ではなく，第三者である株主が当事者適格をもち，受けた判決の効力が権利主体である会社に及ぶ，いわゆる第三者の訴訟担当（法定訴訟担当）と考えられています*3。

株主代表訴訟の原告である株主が受ける勝訴ないし敗訴判決の効力は，株式会社にも同一の効力を及ぼし（民訴115条1項2号），その結果，他の株主にもその効力が及びます。

(2) 株主代表訴訟の原告適格

代表訴訟は，公開会社においては，6か月前（これを下回る期間を定款で定めた場合であっては，その期間）から引き続き株式を有する株主のみが提起することができます（会社847条1項）。この継続保有要件は，会社の株式を取得し，役員の不正等を追及することで会社や役員に金品を要求するいわゆる会社荒しを防止する趣旨に出た要件であるとされています*4。そして，この継続保有要件が，公開会社の代表訴訟における原告適格を規定するものであると解される以上，原告たる株主は，株主代表訴訟に着手する時，すなわち会社に対する提訴請求（後記(4)）の時点（提訴請求をしないで直ちに訴えを提起する場合〔会社847条5項〕は提

原告適格が問題となる株主	原告適格の有無
議決権のない株式のみを有する株主	○（株主代表訴訟は，会社の構成員であることを根拠に認められる共益権だから）*6
単元未満株主（ただし，代表訴訟の提起ができない旨の定款規定〔会社189条2項〕がない場合に限る）	○（同上）
責任原因事実の発生後に株式を取得した株主	○（総株主の利益のために提起されるものだから*7）
原告である株主が，訴訟終了までに株式の譲渡により株主たる地位を喪失した場合の譲渡人，譲受人	×（却下される*8。ただし，原告である株主は同一の株式を保有し続ける必要があるわけではない）
原告である株主が死亡・合併などにより消滅した場合の包括承継人	○（包括承継だから*9。株式の継続保有要件についても，被承継人の保有期間と包括承継人の保有期間を通算することができる*10）

起時点)の6か月前から訴訟終了の時まで、引き続いて株主であることを要すると解されます*5。他方、株式譲渡制限会社では、6か月前からの継続保有要件はありません（会社847条2項）。

その他、原告適格に関する論点については、前記の表のとおりです。

(3) 株主代表訴訟の被告適格

株主代表訴訟（責任追及等の訴え）の被告となる者は、上記(1)のとおり、発起人、役員等、清算人、株主の権利行使に関し利益供与を受けた者、不公正な払込金額で株式・新株予約権を引き受けた者です。役員等については、現在も役員等であることは要せず☆2、役員が死亡した場合には、相続人に対する責任追及も可能と解されています*11。なお、役員等の責任（会社423条1項）の時効は10年です☆3。

(4) 提訴請求

株主代表訴訟を提起する場合には、原則として、株主が訴訟提起をする前に、株式会社に対し、書面等により、責任追及等の訴えを提起するよう請求（提訴請求）することが求められています（会社847条1項）。この趣旨は、本来的な損害賠償請求権等の主体である株式会社に対し、訴訟を提起するかどうかの判断の機会を与える点にあります*12。株式会社が提訴請求を受けてから60日以内に責任追及等の訴えを提起しないときは、提訴請求をした株主は、株式会社のために責任追及等の訴えを提起することができます（会社847条3項）。

もっとも、60日間の経過によって株式会社に回復できない損害が生じるおそれがある場合（消滅時効が迫っている場合など）には、提訴請求は不要となります（会社847条5項本文）。

なお、会社は、提訴請求の日から60日以内に訴えを提起しない場合で、請求をした株主又は請求対象者である取締役から請求を受けたときは、その請求者に対し、遅滞なく、その訴えを提起しない理由を書面等で通知しなければならないとされています（会社847条4項）*13。

振替株式の株主が提訴請求をする場合には、あらかじめ株式会社に対し、個別株主通知（社債株式振替154条2項）をすることが必要です。

提訴請求の相手方は、本来、会社を代表して責任追及等の訴えを提起する権限を有する者であり、会社の機関設計ごとに、以下のとおりとなります。

責任追及の対象	提訴請求の相手方
監査役設置会社において，取締役の責任を追及する場合	監査役（会社386条2項1号）＊14＊15
監査役設置会社以外の会社（監査等委員会設置会社及び指名委員会等設置会社を除く）において，取締役の責任を追及する場合	代表取締役（会社349条4項）。ただし，株主総会ないし取締役会で当該訴えについて会社を代表する者を定めることができる（会社353条・364条）。
監査等委員会設置会社及び指名委員会等設置会社を除く株式会社において，取締役以外の役員等（監査役，会計参与，会計監査人）の責任を追及する場合	代表取締役（会社349条4項）
監査等委員会設置会社において取締役の責任を追及する場合	① 監査等委員が当該訴訟の当事者である場合：取締役会が定める者（会社397条の7第1項1号） ② ①以外の場合：監査等委員会が選定する監査等委員（同項2号）
指名委員会等設置会社において，取締役又は執行役の責任を追及する場合	① 監査委員が当該訴訟の当事者である場合：取締役会が定める者（会社408条1項1号） ② ①以外の場合：監査委員会が選定する監査委員（同項2号）

　提訴請求の書面等には，①被告となるべき役員等の氏名，②請求の趣旨及び請求を特定するのに必要な事実，③提訴請求の受領権限を有する名宛人についての記載が必要です（会社則217条参照）。ただし，訴状に請求原因として記載すべき責任原因事実が漏らさず記載されている必要はなく，いかなる事実・事項について責任の追及が求められているのかが判断できる程度まで特定されていれば足りると解されます☆4。

(5)　会社法847条1項ただし書による濫用訴訟の制限

　代表訴訟の提起が，当該株主もしくは第三者の不正な利益を図り，又は当該株式会社に損害を与えることを目的とする場合には，提訴請求は無効となり

(会社847条1項ただし書)、代表訴訟を提起しても却下されます。

また、役員等に対して損害を加える目的での提起など、同条項ただし書に当てはまらない場合であっても、一般的な訴権濫用の法理によって、訴えが却下されることはあり得ると解されています[*16]。

(6) 訴訟告知、公告・株主への通知、代表訴訟への会社又は株主の訴訟参加

株主又は株式会社は、馴れ合い訴訟の弊害を防止するため[*17]、共同訴訟人として、又は当事者の一方を補助するため、責任追及等の訴えに係る訴訟に参加（共同訴訟参加又は補助参加）することができます（会社849条）。ただし、株式会社が被告たる取締役、執行役及び清算人並びにこれらの者であった者を補助するために株主代表訴訟に参加する場合には、判断の適正を期するため[*18]、監査役設置会社においては監査役（監査役が2人以上ある場合にあっては、各監査役）、監査等委員会設置会社においては各監査等委員、指名委員会等設置会社においては各監査委員の同意を得なければなりません（会社849条3項）。

このような参加の機会を与えるため、株主は、責任追及等の訴訟を提起したときは、遅滞なく株式会社に対し、訴訟告知をしなければならず（会社849条4項）、株式会社は、訴訟告知を受けた場合には、遅滞なく、その旨を公告し、又は株主に通知しなければなりません（同条5項。なお、譲渡制限会社においては公告ではなく株主への通知を要します〔同条9項〕）。

(7) 担保提供命令

株主代表訴訟が「悪意」によるものであることが疎明された場合、裁判所は、株主に対して相当の担保を立てるべきことを命ずることができます（会社847条の4第2項・3項）。これは、株主代表訴訟の提起が、被告たる役員等に対する不法行為に当たる場合に備えて、被告たる役員等の原告たる株主に対する損害賠償請求権を担保し、代表訴訟の濫用を防止するための制度です[*19]。会社法847条1項ただし書が株式会社を保護するための制度であるのに対し、担保提供命令は被告たる役員等を保護するための制度です。

この「悪意」とは、いわゆる蛇の目基準☆5 [*20]が一般的な基準となっており、①(a)請求原因の重要な部分に主張自体失当の点があり、主張を大幅に補充あるいは変更しない限り請求が認容される可能性がない場合、(b)請求原因事実の立証の見込みが低いと予測すべき顕著な事由がある場合、あるいは(c)被告の

抗弁が成立して請求が棄却される蓋然性が高い場合等に，そうした事情を認識しつつあえて訴えを提起したものと認められるとき（「不当訴訟要件」），又は，②提訴者が代表訴訟を手段として不法不当な利益を得る目的を有する場合等，正当な株主権の行使と相容れない目的に基づくとき（「不法不当目的要件」）をいうと理解されています。

担保提供命令が出された場合の具体的な担保額としては，事案に応じて役員一人につき150万円☆6から1000万円☆7程度が一般的なようです。

(8) 裁判上の和解

株主代表訴訟において，原告たる株主は裁判上の和解をすることはできますが，株式会社が和解当事者でない場合には，株式会社の承認がある場合を除いて民事訴訟法267条の規定の適用はなく，株式会社や他の株主に裁判上の和解の効力は及びません（会社850条1項）。この株式会社の承認は，提訴請求の名宛人が行う必要があると解され*21，監査役設置会社の取締役の責任追及訴訟では，原則として監査役がこれに当たります。

もっとも，裁判所は，株式会社（提訴請求の名宛人*22）に対し，和解の内容を通知し，かつ，和解に異議があるときは2週間以内に異議を述べる旨を催告しなければならず（会社850条2項），株式会社がこの期間内に書面により異議を述べなかった場合には，和解をすることを承認したものとみなされます（同条3項）。

(9) 訴訟費用の請求

代表訴訟で原告である株主が勝訴（一部勝訴を含む）した場合には，当該株主は会社に対して，訴訟に関して支出した必要な費用（訴訟費用を除きます）を支出したときや，弁護士に報酬を支払うべきときは，当該費用や報酬の範囲内で，相当と認められる額の支払を請求することができます（会社852条1項）。勝訴的な裁判上の和解も同様に解されています☆8。必要な費用とは，調査費用，弁護士との打ち合わせに要した旅費・通信費等がこれに当たります*23。

他方で，被告である取締役が勝訴した場合，敗訴した株主は，悪意があった場合のみ，会社に対して，損害賠償責任を負います（会社852条2項）。ここでいう「悪意」とは，不適当な訴訟追行により敗訴し会社の権利を失わせる認識，及びいわれのない訴訟を提起することにより会社の信用失墜等の損害を与える

意図の双方を含むと解されます[*24]。

また，被告である取締役が勝訴した場合，弁護士報酬や調査費用，訴訟に対応するための旅費・交通費などのうち相当な額を，会社との委任契約に基づき，受任者たる取締役が委任事務を処理するために受けた損害として，民法650条3項により会社に請求できると解されています[*25]。

(10) 再審の訴え

会社が提起したか株主が提起したかを問わず，取締役の責任追及の訴えが提起された場合において，原告と被告取締役が共謀して，訴訟の目的である株式会社等の権利を害する目的をもって判決をさせたときは，共謀当事者でなかった会社又は株主は，確定した終局判決に対し，再審の訴えをもって，不服を申し立てることができるとされています（会社853条1項，民訴340条～348条）。これも馴れ合い訴訟を防止する趣旨に出た制度です。

2 株主代表訴訟における，取締役と会社との間の契約に基づく取締役の会社に対する債務の履行請求の可否

(1) はじめに——学説・裁判例の状況

株主代表訴訟によって追及できる役員等の責任の範囲をめぐっては，(a)会社の取締役に対する一切の責任が含まれるとする全債務説（多数説）と，(b)会社による責任免除が困難ないし不可能な責任のみ対象となるとする限定債務説（少数説）の対立があり，さらに最近では(c)取引上の債務を含むとする取引債務包含説も提唱されています。

(a)の全債務説は，①役員相互の特殊な関係により責任追及が懈怠されるおそれは，発生原因にかかわらず，一切の債務について存在すること，②平成17年改正前商法の下では，会社から金銭の貸付けを受けた取締役が弁済を怠った場合，会社を代表して当該貸付けをした代表取締役らの弁済責任（平成17年改正前商法266条1項3号）については代表訴訟が認められるのに，貸付けを受けた取締役の弁済義務については代表訴訟が認められないことになり均衡を失すること（なお，この問題は平成17年改正により現行法では解消されています）などを理由とするものです。

(b)の限定債務説は，現行の株主代表訴訟制度は，会社に責任追及についての

裁量権を認めていないため，請求するか，免除するか，分割弁済に応じるか，あるいは現物給付を求めるか，解除して金銭賠償を求めるかなどについて，会社に裁量が認められるべき債務については，代表訴訟の対象とすることはなじまないことなどを論拠としています。

また，裁判例も全債務説をとるものや取引債務包含説をとるもの☆9と，限定債務承認説をとるもの☆10とに判断が分かれていました。

(2) 最判平21・3・10

この点，前掲（☆1）最判平21・3・10（以下「本件判例」といいます）は，株主代表訴訟によって追及し得る取締役の責任の範囲について最高裁として初めての判断を下したものです。

事案は，A社の株主である原告が，A社の買い受けた土地について，A社の取締役である被告に対する所有権移転登記がされていると主張し，①主位的にA社の土地所有権に基づき，A社への真正な登記名義の回復を原因とする所有権移転登記手続を求め，②予備的に，A社は，土地の買受けにあたり，取締役である被告に対し，土地の所有名義を被告とする所有権移転登記手続を委託し，被告との間で期限の定めのない被告所有名義の借用契約を締結していたが，遅くとも本件訴状が被告に送達されたときまでには同契約は終了したとして，同契約の終了に基づき，A社への真正な登記名義の回復を原因とする所有権移転登記手続を求めた代表訴訟です。

本件判例は，

(ア) （株主代表訴訟の制度が，役員相互間の特殊な関係から，会社による取締役の責任追及が行われないおそれがあるため認められた制度である旨を判示したうえで）会社が取締役の責任追及を懈怠するおそれがあるのは，取締役の地位に基づく責任が追及される場合に限られないこと

(イ) 平成17年改正前商法266条1項3号の下では，株主代表訴訟の対象が取締役の地位に基づく責任に限られるとすると，会社を代表して取締役に貸付けをした取締役の責任は株主代表訴訟の対象となるが，同取締役の責任よりも重いというべき貸付けを受けた取締役の取引上の債務についての責任は株主代表訴訟の対象とならないことになり均衡を欠くこと

(ウ) 取締役は会社との取引によって負担することになった債務についても，

会社に対して忠実に履行すべき義務を負うと解されることの3点を理由として,「同法267条1項にいう『取締役ノ責任』には,取締役の地位に基づく責任のほか,取締役の会社に対する取引債務についての責任も含まれると解するのが相当である。」と判示し,①主位的請求(所有権に基づく所有権移転登記請求)については,取締役の地位に基づく責任を追及するものでも,取締役の会社に対する取引債務についての責任を追及するものでもないとして排斥し,②他方で予備的請求については,取締役の会社に対する取引債務についての責任追及であるとして,これを排斥した原審の判断には誤りがあるとして原審に差し戻しました。

本件判例は,「取締役の地位に基づく会社法上の責任」のほか,「取締役の会社に対する取引債務」も代表訴訟の対象となるとする一方で,少なくとも会社の物権的請求権に基づく責任は代表訴訟の対象外としており[26],(c)の取引債務包含説を採用したものです[27]。

(3) 検　　討

本件判例によって,「取締役の地位に基づく責任」と「取締役の会社に対する取引債務」については代表訴訟の対象とすることが認められ,「物権的請求権」については,対象外であるとの判断がなされたといえそうですが,さらにその他の請求権についてどこまで射程が及ぶかについては明確ではなく,なお議論の余地があります。本件判例の上記(ア)の理由を強調すればすべての債務を対象にしてもよさそうですが,上記(イ)の理由を強調すれば取引債務に限定されそうです[28]。この点,本件判例が「取締役の会社に対する取引債務」を代表訴訟の対象とし,「物権的請求権」を排除した理由について,調査官解説では,「『取締役の責任』の追及という代表訴訟の性格や『取締役の責任』という文言が表わす意味内容にも照らすと,取引上の債務の履行については忠実義務を負う取締役として当然なすべきことであるとして取締役の責任の問題と認めることができる」とされていますが[29],この理由づけから代表訴訟の対象を一義的に明確にすることは困難であり,なお個別の解釈に委ねられているといえます。

まず,「取締役の会社に対する取引債務」が代表訴訟の対象となる以上,その変形物や実質的に同一性を有する債務(取締役を解除した場合の原状回復義務や,

取引が無効だった場合の不当利得返還責任，債務不履行に基づく損害賠償責任など）については，代表訴訟の対象にしてよいと思われます[*30]。

次に，取締役が会社の財産を横領したり，会社所有の不動産を無断で自己名義で登記したようなケースの所有権に基づく返還請求や登記回復請求については，「物権的請求権」を代表訴訟の対象外とした本件判例からは，対象外になると思われます。もっとも，これら請求について代表訴訟を認めないことは合理性を欠くとして，本件判例の下でも，解釈論によってこれらに関する代表訴訟を認めるべきとの見解もあります[*31]。

さらに，被告たる取締役の従業員時代の雇用契約に基づく債務不履行責任については，「取締役ノ責任」とはいえないとして代表訴訟の対象外とした裁判例があります[☆11]。しかし，この裁判例は限定債務説に依拠したものであったため，本件判例後は再検討が必要です[*32]。もっとも調査官解説のように，代表訴訟の範囲を画するにあたって「取締役の責任」の追及という代表訴訟の性格や文言を強調すれば，取締役就任以前の責任についてまで代表訴訟の対象とすることは，制度趣旨を逸脱するとも思われます。

不法行為に基づく損害賠償請求が株主代表訴訟の対象になるかについては，本件判例の調査官解説では，取締役が職務遂行とは関係なく会社に対して行った不法行為に基づいて負うに至った債務などについては，取締役が取締役として負っている責任の範囲からは外れると解するのが自然であるとしています[*33]。取締役が休日に車を運転中，誤って，たまたま走っていた会社の営業車と交通事故を起こしたようなケースがこれに当たります。もっとも，取引的な不法行為に基づく損害賠償請求については，取引債務と区別する合理性はありませんので，代表訴訟の対象としてもよいものと解されます。

〔高谷　裕介〕

━━━■判　例■━━━

☆1　最判平21・3・10民集63巻3号361頁・判タ1295号179頁・判時2041号139頁。
☆2　東京地判平6・12・22判タ864号286頁・判時1518号3頁。
☆3　最判平20・1・28民集62巻1号128頁・判タ1262号56頁・判時1995号151頁。
☆4　東京地判平8・6・20判時1572号27頁・金判1000号39頁。

第4章◇取締役会・代表取締役・業務執行取締役・社外取締役
第5節◇取締役責任の合理化に向けた取組み

☆5　東京地決平6・7・22判タ867号126頁・判時1504号121頁，東京地決平6・7・22判タ867号126頁・判時1504号132頁。

☆6　東京地決平14・11・29判時1865号131頁。

☆7　東京高決平7・2・20判タ895号252頁・金判968号23頁等。

☆8　東京高判平12・4・27金判1095号21頁・金法1596号77頁。

☆9　大阪高判昭54・10・30高民32巻2号214頁・判タ401号153頁・判時954号89頁，大阪地判昭38・8・20下民14巻8号1585頁・判タ159号135頁・判時380号78頁，大阪地判平11・9・22判タ1046号216頁・判時1719号142頁など

☆10　東京地判昭31・10・19下民7巻10号2931頁・判時95号21頁，東京地判平10・12・7判時1701号161頁，東京地判平20・1・17判タ1269号260頁・判時2012号117頁など。

☆11　前掲（☆10）東京地判平10・12・7。

=■注　記■=

＊1　北沢正啓『会社法〔第6版〕』（青林書院,2001）446頁。

＊2　なお，金融商品取引法164条2項も，上場会社等の役員又は主要株主が短期売買差益の会社への提供義務を負うにもかかわらず，当該会社が任意に当該役員等に対して返還請求をしない場合には，当該会社の株主は一定の要件の下，会社に代わって会社のために，当該役員に対して短期売買差益の返還請求権を代位行使することを認めています。

＊3　東京地方裁判所商事研究会編『類型別会社訴訟Ⅰ〔第3版〕』（判例タイムズ社，2011）267頁。

＊4　上柳克郎ほか編『新版注釈会社法(6)株式会社の機関(2)』（有斐閣，1987）366頁〔北沢正啓〕。

＊5　大隅健一郎＝今井宏『会社法論（中）〔第3版〕』（有斐閣，1992）273頁，東京地方裁判所商事研究会編・前掲（＊3）270頁。

＊6　東京地方裁判所商事研究会編・前掲（＊3）271頁，上柳ほか編・前掲（＊4）367頁〔北沢〕。

＊7　北沢・前掲（＊1）450頁，大隅＝今井・前掲（＊5）273頁。

＊8　大隅＝今井・前掲（＊5）273頁。

＊9　東京地方裁判所商事研究会編・前掲（＊3）274頁，大隅＝今井・前掲（＊5）273頁。

＊10　北沢・前掲（＊1）451頁。

＊11　東京地方裁判所商事研究会編・前掲（＊3）294頁。

＊12　江頭・489頁。

＊13　その内容については，平成27年3月5日公益社団法人日本監査役協会株主代表訴訟制度問題研究会「株主代表訴訟への対応指針」32頁以下が参考になります。

＊14　ただし，定款により監査役の監査の範囲が会計に関するものに限定されている場

合（会社389条1項）には，監査役は株式会社を代表し得ないため（会社389条7項），代表取締役又は取締役が提訴請求の受領権限を有すると解されます（会社349条4項）。

* 15 東京地方裁判所商事研究会編・前掲（＊3）294頁。
* 16 相澤哲編著『一問一答 新・会社法〔改訂版〕』（商事法務，2009）243頁参照。
* 17 北沢・前掲（＊1）456頁。
* 18 太田誠一ほか「企業統治関係商法改正法Q&A」商事1623号（2002）4頁。
* 19 東京地方裁判所商事研究会編・前掲（＊3）298頁。
* 20 蛇の目事件判決☆5が判示した基準。
* 21 東京地方裁判所商事研究会編・前掲（＊3）298頁。
* 22 東京地方裁判所商事研究会編・前掲（＊3）308頁。
* 23 江頭・494頁。
* 24 江頭・494頁。
* 25 江頭・494頁。
* 26 吉原和志「株主代表訴訟によって追及し得る取締役等の責任の範囲」関俊彦先生古稀記念『変革期の企業法』（商事法務，2011）98頁。
* 27 高橋譲・最判解民平成21年度(上)194頁。
* 28 弥永真生「株主代表訴訟の対象となる取締役の責任の範囲」ジュリ1380号（2009）64頁。
* 29 高橋・前掲（＊27）196頁。
* 30 野村修也「株主代表訴訟を提起できる範囲」野村修也＝松井英樹編『実務に効くコーポレート・ガバナンス判例精選』〔ジュリ増刊〕（2013）194頁。
* 31 吉原・前掲（＊26）110頁，野村・前掲（＊30）194頁。
* 32 ただし，東京地方裁判所商事研究会編・前掲（＊3）294頁は，同裁判例は会社法847条1項の解釈としても同様に妥当し得るとします。
* 33 高橋・前掲（＊27）196頁。

第4章◇取締役会・代表取締役・業務執行取締役・社外取締役
第5節◇取締役責任の合理化に向けた取組み

45　D&O保険の概要と付保範囲

　役員賠償責任保険（以下「D&O保険」といいます）とは，どのような保険でしょうか。保険料は，会社が全額負担することができるでしょうか。
　会社役員が株主代表訴訟の被告となった場合，会社がD&O保険に加入していれば，当該役員が負う会社への損害賠償金や弁護士報酬等の争訟費用を含むすべての損害について，保険金の最高限度額の範囲内で保険金が支払われるのでしょうか。

　D&O保険とは，会社が保険契約者となり，当該会社や子会社の役員（会社役員）を被保険者とする賠償責任保険です。この保険では，被保険者である会社役員がその業務に関連する作為又は不作為に起因して保険期間中に損害賠償請求を受け損害賠償金又は争訟費用を負担したことで被った損害（負担額）を填補するため，当該役員に対し保険金が支払われます。
　D&O保険については，会社が保険契約者として保険料支払義務を負い，基本契約の保険料はこれを会社負担とすることが認められてきました。これに対し，株主代表訴訟において当該役員が敗訴して損賠賠償責任を負担する場合の損害を担保する株主代表訴訟担保特約に係る特約保険料は，会社負担とすることが会社法上認められないとされてきました。しかし，平成27年7月24日に公表されたコーポレート・ガバナンス・システムの在り方に関する研究会報告書「コーポレート・ガバナンスの実践―企業価値向上に向けたインセンティブと改革」（以下「実践報告書」といいます）において，会社が利益相反解消のための手続をとることを条件として，適法に負担することができる旨の解釈が示されています。
　D&O保険の付保範囲は，保険約款に定めるところによります。某保険会社の作成したD&O保険普通保険約款によると，基本契約においては，会社役員が会社又は第三者から損害賠償請求を受けた

ことで被る損害（損害賠償金・争訟費用）は付保範囲に含まれています。また、株主が提起した株主代表訴訟（責任追及の訴え〔会社847条〕）において役員が勝訴した場合の争訟費用も付保範囲に含まれているのが通常です。しかし、基本契約では、役員が株主代表訴訟を提起され、その結果、会社に対して法律上の損害賠償責任を負担する場合に被る損害は、付保範囲から除外されていますが、特約でこの損害をD&O保険の付保範囲に含めることは可能です（株主代表訴訟担保特約条項）。また、保険期間の始期より前に当該役員が行った行為やその行為に関連するその他の行為に起因する損害賠償請求から生ずる損害も、基本契約上は付保範囲から除外されていますが、これも特約で付保範囲に含めることは可能です（先行行為担保特約条項）。その他、基本契約で付保しない被保険者の損害等を当該保険でカバーするには、必要に応じて特約を追加する必要がありますが、実務上、D&O保険は、基本契約に一定の特約が付加されたパッケージ商品として販売するのが一般的です。

☑キーワード

役員賠償責任保険，保険契約者，被保険者，基本契約，特約，保険料，株主代表訴訟担保特約，記名子会社自動追加特約，先行行為担保特約，初期対応費用担保特約，訴訟対応費用担保特約，会社費用担保特約，基本契約保険料，株主代表訴訟担保特約保険料

解 説

1 D&O保険の意義と構造

(1) D&O保険の意義・構造

D&O保険は、会社が保険契約者となり、会社役員を被保険者とする責任保険です。D&O保険は、保険期間中における業務に関連する作為又は不作為に起因して会社役員が損害賠償責任を負担し賠償金の支払又は争訟費用の負担に

第4章◇取締役会・代表取締役・業務執行取締役・社外取締役
第5節◇取締役責任の合理化に向けた取組み

よって支出した金額を損害と捉えて、被保険者である当該会社役員の損害を填補するものです（第三者のためにする損害保険契約）*1。

　D&O保険は、会社役員がその業務につき行った行為（不作為を含みます）に起因して保険期間中に損害賠償請求を受けたことにより被る損害を保険金の支払により填補するものであるため、自動車損害賠償責任保険のように被保険者が損害賠償責任を負い賠償金の支払をしたことを保険事故とせず、損害賠償請求それ自体が保険事故とされています*2。したがって、被保険者である会社役員が損害賠償請求訴訟で勝訴したため、法律上の損害賠償責任を負担しない場合であっても、争訟費用を負担したときは、その費用相当の損害を、損害賠償請求を受けたことで被ったことになるため、当該費用についても保険金の支払を受けることができる仕組みとなっています*3。

　また、保険事故である損害賠償請求については、保険約款上、その主体を役員が所属する会社に限っていないため、第三者が役員に対し会社法429条1項もしくは2項、民法709条、金融商品取引法21条、22条、24条の4等に基づき損害賠償請求を行う場合も付保範囲に含まれます。しかし、会社が役員の会社に対する損害賠償責任を追及する場合は、なれあい訴訟を防ぐ趣旨から、約款上、免責事由とされています*4。そのため、役員が会社から損害賠償請求を受けたことで被る損害は、通常D&O保険の補償対象から除外されていることに留意が必要です。このほか、被保険者である役員間の訴訟も、内輪もめ訴訟にD&O保険が利用されることを避けるため、D&O保険の補償対象外から除外されています*5。

(2) 基本契約と特約

　D&O保険は、通常、基本契約と特約から構成されています。このうち基本契約では、会社役員が損害賠償請求を受けたことで被る損害（損害賠償金・争訟費用）が付保範囲に含まれており、株主が提起した株主代表訴訟（責任追及の訴え〔会社847条〕）において役員が勝訴した場合の争訟費用も付保対象とされています。

　しかし、第1に、役員が株主代表訴訟等（会社847条3項・5項・847条の2第4項・8項・847条の3第7項・9項）の提起を受けて会社に対する損害賠償を請求され、その結果、会社に対し法律上の損害賠償責任を負担したことによって被っ

た損害(賠償金・争訟費用)は,基本契約ではこれをD&O保険の付保対象から除外しているのが通常です[*6]。そのため,役員が株主代表訴訟等によって会社に対する損害賠償を請求され,法律上の損害賠償責任を負担した場合の賠償金相当分をD&O保険の補償範囲に含めるには,その旨の特約を付保することが必要となります。株主代表訴訟担保特約条項がこれに当たります。

これに対し,株主代表訴訟等により役員が損害賠償責任の追及を受けた場合であっても,原告敗訴に終わった場合に被告役員が争訟費用を負担したことで被った損害は,D&O保険の補償対象に含まれます。

第2に,D&O保険は保険期間が設定されているため,初年度契約の保険期間の開始前に行われた行為又はその行為に関連する他の行為に起因する一連の損害賠償請求によって役員が被る損害はこれを付保範囲に含めないのが原則です[*7]。また,親会社の締結するD&O保険の記名子会社が会社法上の子会社に該当しない間に当該記名子会社の役員がその業務につき行った行為又はこれに関連する他の行為に起因する損害賠償請求を当該記名子会社の役員が受けたことで被った損害等も,基本契約上はD&O保険の付保範囲から除外されるのが通常です[*8]。しかし,これらの損害についても,特約でD&O保険の付保範囲に含めることは可能であり,そのために用いられるのが,先行行為担保特約条項です。

このように,D&O保険は,基本契約に必要に応じて特約を追加するという仕組みとなっているものの,実際には,一定の特約が自動付帯して締結されるのが一般的です。ただ,現実にこの保険を利用する場合は,改めてD&O保険がどのような特約を含んでいるかを確認する必要があります。

2 保険料の会社負担の可否

(1) 基本契約保険料

D&O保険は,会社が保険契約者となり,その会社又は子会社の役員を被保険者として締結する損害保険契約です(第三者のためにする損害保険契約)。したがって,保険料の支払義務は,保険契約者である会社がこれを負担することになりますが(保険2条1号参照),当該保険のいわば主たる受益者が役員である

第4章◇取締役会・代表取締役・業務執行取締役・社外取締役
第5節◇取締役責任の合理化に向けた取組み

ため，D&O保険の保険料を会社が負担することについては，かつて利益相反の問題や報酬規制との関係で疑義が指摘されたことがありました。しかし，平成5年以後販売されているD&O保険は，会社に対する役員の損害賠償責任を免責対象とする等，この種の疑義を解消する措置が講じられていることに加え，D&O保険が会社経営上不可避といえる善管注意義務違反による役員の損害賠償責任の負担というリスクをカバーするものであるうえに，会社にとって有能な役員人材を獲得することにも役立つことから，会社がD&O保険の保険料を負担すること自体は適法・可能であるとされています[*9]。ただ，その場合，会社がD&O保険の保険料を負担するために会社法上どのような手続を踏む必要があるかをめぐっては，学説において議論がありますが，役員報酬の支給の場合に準じ定款又は株主総会の決議を経る必要があると解する説が有力とされています[*10]。

(2) 株主代表訴訟担保特約保険料

これに対し，株主代表訴訟担保特約に係る特約保険料については，役員が会社に対し損害賠償責任を負担する場合にまで会社の保険料負担により保険保護を受けられるとすることが，役員の責任免除の要件や役員報酬規制との関係で疑義をはらむことから，株主代表訴訟担保特約に係る特約保険料については，これを会社負担とせず，役員の個人負担とする取扱いが行われてきました[*11]。

しかし，平成27年7月24日に公表された実践報告書の解釈指針においては，会社が利益相反解消のための手続をとることを条件として，会社が株主代表訴訟担保特約の特約保険料についてもこれを適法に負担することができる旨の解釈が示されました[*12]。これによれば，会社が特約保険料を負担するにあたっては，利益相反回避のため，取締役会の承認を得ることに加えて，社外取締役が過半数の構成員である任意の委員会の同意又は社外取締役全員の同意を取得することを要するとされています[*13]。そのため，社外取締役を選任しておくことがこの点でも必要となるので，監査役・監査役会設置会社では，CGコードに従って2名以上の独立社外取締役を置くことが有用といえるでしょう。ともあれ，今後この解釈に従った実務運用が行われると，特約保険料についても会社がこれを負担し得ることになります。また，こうした動向を受けて，国税当局も，従来の取扱いを改め，上記利益相反回避措置が講じられている限り

は，当該特約保険料も会社から役員に対する経済的利益の供与に該当しないものとし，当該役員個人に対する給与課税を行わないものとする取扱いを公表しています[*14]。

3 D&O保険の付保範囲

(1) 基本契約の付保範囲

(a) 付保範囲

D&O保険の基本契約は，保険者が保険金を支払う場合を，「被保険者が会社の役員としての業務につき行った行為（不作為を含みます）に起因して保険期間中に被保険者に対し損害賠償請求がなされたことにより被保険者が被る損害に対し，約款に従い保険金を支払う」ものとし，そこにいう損害を，被保険者が法律上の損害賠償責任又は争訟費用を負担したことによって生じる損害と定義するのが通常です。したがって，D&O保険の付保範囲は，法律上の損害賠償責任の負担額又は争訟費用に限られますが，基本契約に適用される会社役員賠償責任保険普通保険約款では，被保険者である会社役員が法律上の損害賠償責任を負担した場合や争訟費用を負担した場合であっても，保険者が保険金を支払わない免責事由が規定されているため，結局，会社役員が法律上の損害賠償責任又は争訟費用を負担した場合のうちこれらの免責事由に該当しないケースが，D&O保険の付保範囲となります。

(b) 免責事由

そこで，免責事由を基本契約についてみると，被保険者の上記損害が以下のⅠ，Ⅱの請求のいずれかに起因する場合又はⅢ，Ⅳ，Ⅴの損害のいずれかに該当する場合が免責事由として定められています[*15]。

> Ⅰ) 法令違反行為等に起因する損害賠償請求
> ・被保険者が私的な利益又は便宜の供与を違法に得たことに起因する損害賠償請求
> ・被保険者の犯罪行為に起因する損害賠償請求
> ・被保険者が法令違反を認識しながら行った行為に起因する損害賠償請求
> ・被保険者に報酬・賞与その他の職務執行の対価が違法に支払われたことに

起因する損害賠償請求
- 被保険者がインサイダー取引を行ったことに起因する損害賠償請求
- 政治団体・公務員・取引先の役員・従業員その他利益供与をすることが違法とされる者に対する違法な利益供与に起因する損害賠償請求

Ⅱ）先行行為，天災，会社からの損害賠償請求請求その他
- 初年度契約の保険期間の初日より前に行われた行為又はその行為に関連する他の行為に起因する一連の損害賠償請求
- 初年度契約の初日より前に会社に対し提起されていた訴訟及び当該訴訟の中で申し立てられた事実又はその事実に関連する他の事実に起因する一連の損害賠償請求
- D&O保険の保険期間の初日において，被保険者に対する損害賠償請求がなされるおそれがある状況を保険契約者又はいずれかの被保険者が知っていた場合に，当該状況の原因となる行為又はその行為に関連する他の行為に起因する一連の損害賠償請求
- D&O保険の保険期間の初日より前に被保険者に対しなされていた損害賠償請求の中で申し立てられていた行為又はその行為に関連する他の行為に起因する一連の損害賠償請求
- 直接であるか間接であるかにかかわらず，地震・噴火・洪水・津波その他の天災，戦争・内乱・変乱・暴動・騒じょうその他の事変，汚染物質の排出・流出その他，放射能汚染，石綿又は石綿を含む製品の有害な特性に起因する損害賠償請求
- 身体の障害又は精神的苦痛，財物の滅失・破損・汚損・紛失又は盗難，誹謗・中傷・他人のプライバシー侵害による人格権侵害についての損害賠償請求
- 記名子会社が会社法上の子会社に該当しない間に行われた行為又はその行為に関連する他の行為に起因する記名子会社の役員に対する損害賠償請求，子会社が記名子会社として保険証券に記載された時より前に行われた行為又はその行為に関連する他の行為に起因する記名子会社の役員に対する損害賠償請求
- 他の被保険者又は記名法人（保険契約者である会社）又はその子会社からなされた損害賠償請求，又は，株主代表訴訟であるかどうかにかかわらず，被保険者又は記名法人もしくはその子会社が関与して記名法人又はその子会社の発行した有価証券の所有者によってなされた損害賠償請求
- 総株主の議決権のうち保険証券記載の割合以上の議決権を直接又は間接的に有する者からなされた損害賠償請求，大株主が関与して会社発行の証券所有者によってなされた損害賠償請求

Ⅲ） 株主代表訴訟
・被保険者に対し株主代表訴訟等による損害賠償請求がなされ，その結果，被保険者が会社に対し法律上の損害賠償責任を負担する場合に被る損害

Ⅳ） 合併等の効力発生後の行為に起因する損害賠償請求
・保険期間中に会社が第三者と合併した場合，会社がその資産のすべてを第三者に譲渡した場合，又は第三者が会社の総株主の議決権の過半数を直接又は間接的に取得した場合において，その効力発生日の後に行われた行為に起因する損害賠償請求がなされたことにより被保険者が被った損害（ただし，保険契約者又は被保険者が会社と第三者との合併等の事実を遅滞なく保険者に対し書面により通知し，保険者から書面により承認を得たときは，免責事由とならない）

Ⅴ） 米国法令の違反
・会社又は被保険者が米国の1974年従業員退職所得保障法，1970年事業への犯罪組織等の浸透の取締りに関する法律1961条以下，1934年証券取引所法16条ｂ項に違反したと主張する申立てに基づく損害賠償請求に起因する損害

このうち，Ⅰ及びⅢの免責事由は被保険者毎にその該当の有無を判断するのに対し，Ⅱ及びⅤはすべての被保険者に適用されるものとされています[*16]。

また，以上の免責事由との関係で，上記のとおり，基本契約では，被保険者である会社役員が会社から損害賠償請求を受けることで被った損害（法律上の損害賠償責任額及び争訟費用）と，株主代表訴訟等の提起を受けて法律上の損害賠償責任を負担することとなった会社役員が被った損害は，付保範囲から除外されているため，D&O保険の基本契約は，会社役員が会社又は株主以外の第三者から責任を追及される場合の損害賠償金及び争訟費用と株主代表訴訟で勝訴した会社役員の争訟費用負担分をカバーするものとなっています。しかし，株主代表訴訟で敗訴し法律上の損害賠償責任を負担した会社役員の損害については，株主代表訴訟担保特約が付保されているときは，当該特約によってD&O保険の付保範囲に含まれます[*17]。

ちなみに，記名法人又は子会社について破産手続開始決定や会社更生手続の開始決定があり，破産管財人や更生管財人が損害賠償請求をする場合が，約款所定の免責事由（記名法人又はその子会社からなされた損害賠償請求）に該当するか

第4章◇取締役会・代表取締役・業務執行取締役・社外取締役
第5節◇取締役責任の合理化に向けた取組み

どうかは、一つの問題です。破産管財人等が実質的には会社の損害賠償請求権を行使しているとみると、この場合も免責事由に該当すると解されることになりそうです。しかし、当該免責事由の趣旨が、上記のとおり、なれ合い訴訟の防止にあることから、当該免責事由に該当しないとする説が有力に唱えられています[*18]。

(2) 特約による付保範囲の変更等

会社役員がその業務につき行った行為に起因して保険期間中に損害賠償請求を受けたことで被った損害のうち、基本契約ではD&O保険の付保範囲から除外されているものであっても、一定の損害は各種特約を付することで、D&O保険の付保範囲に包摂することが可能です。前述した株主代表訴訟担保特約条項や先行行為担保特約条項がこれに当たります。

一方、特約でD&O保険の付保範囲を限定することもあります。例えば、過去に記名法人又は記名子会社の役員であった者からされた損害賠償請求、役員の配偶者等からされた損害賠償請求、記名法人・記名子会社の破産手続等の開始の申立てや清算、銀行取引停止処分が行われたことに関連して、記名法人又は記名子会社の債権者からなされた損害賠償請求に起因する被保険者の損害を付保範囲から除外する特定危険不担保特約条項は、その一例です。

このほか、D&O保険に付帯される特約には、被保険者である役員が損害賠償請求等に対し初期対応を行うため支出した争訟費用以外の社会通念上妥当な費用を補償する初期対応費用特約条項、被保険者である役員が損害賠償請求訴訟の提起又はその提訴請求に対応するために支出した争訟費用以外の社会通念上妥当な費用を付保範囲に含める訴訟対応費用担保特約条項があります。また、会社が第三者委員会の設置に伴い負担する費用等を補償する会社費用担保特約条項等もあります。

(3) 支払保険金額の算定方法と補償範囲

D&O保険により被保険者である役員がいくらの保険金を受けとることができるかは、やはり保険約款の定めるところによって決まります。某保険会社の販売するD&O保険の普通保険約款では、被保険者が免責事由に該当しない損害賠償請求を受けたことで被った損害の合計額から約款所定の計算式により算出した免責金額（保険証券記載の1請求当たりの免責金額の上限を、損害を被った被保険

者の人数で除して得た金額）を控除して得た金額に，保険証券記載の縮小支払割合を乗じて得た額とされています[19]。また，保険者がD&O保険に基づき支払う保険金の額は，すべての被保険者に対し支払う保険金の額を合算し，保険証券記載の保険期間中総支払限度額を上限とする旨が規定されています[20]。

さらに，D&O保険では，被保険者が負担した法律上の損害賠償金及び争訟費用のうち保険者が同意した損害のみが保険金支払の対象とされていること[21]に加え，保険契約者又は被保険者が正当理由なく約款所定の通知義務や損害防止軽減義務に違反したことで保険者が被った損害や発生・拡大を防止できなかった額については，保険者がこれを控除して保険金を支払う旨が定められています[22]。

こうしたことから，特定の被保険者がその業務に関して行った行為に起因して損害賠償請求を受けたことで争訟費用の負担等の損害を被った場合でも，その全部がD&O保険でカバーされるものでないことに，留意する必要があるでしょう。

〔中村　信男〕

■注　記■

* 1　山下友信編著『逐条D&O保険約款』（商事法務，2005）4～5頁〔山下友信〕。
* 2　山下編著・前掲（＊1）15～16頁〔洲崎博史〕。
* 3　山下編著・前掲（＊1）31頁〔洲崎〕。
* 4　山下編著・前掲（＊1）127頁〔洲崎〕，山下友信ほか「〈座談会〉役員責任の会社補償とD&O保険をめぐる諸論点〔下〕」商事2034号（2014）47頁〔武井一浩発言〕。約款の例としては，東京海上日動火災保険株式会社の会社役員賠償責任保険普通保険約款を参照。
* 5　山下編著・前掲（＊1）127頁〔洲崎〕，山下ほか・前掲（＊4）48頁〔増永淳一発言〕。東京海上日動火災保険株式会社・前掲（＊4）6条8号参照。
* 6　東京海上日動火災保険株式会社・前掲（＊4）7条1項参照。
* 7　東京海上日動火災保険株式会社・前掲（＊4）6条1号参照。
* 8　東京海上日動火災保険株式会社・前掲（＊4）6条7号参照。
* 9　山下編著・前掲（＊1）4頁〔山下〕。
* 10　江頭・484頁。これに対し，山下ほか・前掲（＊4）46頁〔山下友信発言〕は，株主総会等で定める等の手続的規制を課しても実質的なコントロールにならないのではないかとされ，むしろ開示規制で対応することを指摘しています。このほか，

第4章◇取締役会・代表取締役・業務執行取締役・社外取締役
第5節◇取締役責任の合理化に向けた取組み

    神田秀樹『会社法〔第18版〕』（弘文堂，2016）271頁も参照。
*11 山下編著・前掲（*1）276頁〔山本哲生〕。
*12 解釈指針11頁。
*13 解釈指針11～12頁。
*14 国税庁「新たな会社役員賠償責任保険の保険料の税務上の取扱いについて（情報）」https://www.nta.go.jp/shiraberu/zeiho-kaishaku/joho-zeikaishaku/shotoku/shinkoku/160218/index.htm
*15 東京海上日動火災保険株式会社・前掲（*4）5条～9条参照。
*16 東京海上日動火災保険株式会社・前掲（*4）5条柱書，7条2項，6条柱書，9条柱書参照。
*17 例えば，東京海上日動火災保険株式会社・前掲（*4）株主代表訴訟担保特約条項1条参照。
*18 山下編著・前掲（*1）129～130頁〔洲崎〕。
*19 東京海上日動火災保険株式会社・前掲（*4）10条1項・2項参照。
*20 東京海上日動火災保険株式会社・前掲（*4）10条4項。
*21 東京海上日動火災保険株式会社・前掲（*4）25条3項後段。
*22 東京海上日動火災保険株式会社・前掲（*4）24条参照。

第 5 章

監査役・監査役会

46 監査役・監査役会の職務と役割

監査役や監査役会は、どのような職務・役割を担っていますか。

監査役は、取締役の業務執行を監査する機関であり、会計に関する監査を含む会社の業務全般について監査を行い、事業年度ごとに監査報告を作成する義務を負っています。さらに、CGコードの策定過程で監査役・監査役会の役割・責務の重要性が繰返し強調され、監査役及び監査役会は実効的なコーポレート・ガバナンスの実現のために、その役割・責務を果たすことが期待されていることから、CGコード原則4-4及び補充原則4-4①は監査役及び監査役会の役割・職責について定めており、また、中間とりまとめ及び社外役員等ガイドラインも、実務上の観点から言及しています。監査役及び監査役会の具体的な職務及び権限は、後記**2**及び**3**のとおりです。

☑キーワード

監査役、監査、監査報告、調査権、違法行為差止請求権、株主代表訴訟、多重代表訴訟、責任追及等の訴え、提訴請求、取締役の責任一部免除議案に関する同意権、監査役選任議案に関する同意権、会計監査人選任議案の決定権

解　説

1　監査役・監査役会の責務・役割

(1)　会社法上の要請

　監査役は，株式会社において，事業に関する報告請求権，業務及び財産に関する調査権，子会社に対する調査権等の基本的な権限を有しており，これらの権限を取締役の職務執行の監査という監査役の職務のため適切に行使することが求められています。

　また，監査役会は，監査役会設置会社の監査役全員で組織され，監査の方針，会社の業務・財産の状況の調査の方法その他の監査役の職務の執行に関する事項を定めることができますが，監査役会においても監査役の独任制は維持され，監査役会には，各監査役の役割分担を容易にし，かつ，情報の共有を可能とすることで組織的・効率的な監査を実現する機能が求められています。

(2)　CGコード上の要請

　CGコード原則4－4は，監査役及び監査役会の役割・職責として，以下のものを挙げています。

① 　監査役及び監査役会は，取締役の職務の執行の監査，外部会計監査人の選解任や監査報酬に係る権限の行使などの役割・責務を果たすにあたって，株主に対する受託者責任をふまえ，独立した客観的な立場において適切な判断を行うこと

② 　監査役及び監査役会に期待される重要な役割・責務には，業務監査・会計監査をはじめとするいわば「守りの機能」があるが，こうした機能を含め，その役割・責務を十分に果たすためには，自らの守備範囲を過度に狭く捉えることは適切でなく，能動的・積極的に権限を行使し，取締役会においてあるいは経営陣に対して適切に意見を述べること

　このCGコードの原則は，有識者会議（第4回等）において監査役・監査役会の役割・責務の重要性が繰返し強調されたことをふまえたものであり，わが国

の上場企業の多くが監査役会設置会社であるという現状の下，監査役・監査役会に対して，実効的なコーポレート・ガバナンスの実現のためにその役割・責務を果たすことを強く期待するものであると位置づけられています[*1]。

また，CGコード補充原則4－4①は，監査役及び監査役会のより具体的な役割・職責として，以下のものを挙げています。

① 監査役会は，会社法により，その半数以上を社外監査役とすること及び常勤の監査役を置くことの双方が求められていることをふまえ，その役割・責務を十分に果たすとの観点から，前者に由来する強固な独立性と，後者が保有する高度な情報収集力とを有機的に組み合わせて実効性を高めるべきであること

② 監査役又は監査役会は，社外取締役が，その独立性に影響を受けることなく情報収集力の強化を図ることができるよう，社外取締役との連携を確保すべきであること

このCGコードの補充原則は，常勤監査役が保有する高度な情報収集能力等に鑑みて，当該補充原則で要求されている監査役・監査役会と社外取締役との連携によって，社外取締役への情報共有が適確に行われることが期待できるとの考え方が基礎となっています[*2]。

(3) 実務上の要請

まず，監査役等は，業務調査権限を有した非業務執行役員として，違法又は著しく不当な業務執行の有無を調査し，内部統制システムの整備運用状況その他業務執行役員の業務執行の状況を監査するとともに，会計監査人の独立性その他会計監査の実効性について監査することが求められます（社外役員等ガイドライン5．4．1〔9頁〕）。

次に，監査に必要な情報収集のあり方として，監査役は，企業の業務及び財産の状況に関して調査する権限を有しており（会社381条2項），取締役や会計監査人と意思疎通を図ることや，内部監査・内部統制部門との連携，現地調査をすることなどによって，監査のために必要な情報を収集することが要求されており，特に有事においては，不正の原因を徹底的に追及するために，会社と利害関係のない社外者と協力し，調査委員会を組織することも視野に対応することが求められます（中間とりまとめ4．2．3．①〔27～28頁〕，社外役員等ガイドライ

ン5.4.2〔9頁〕・5.4.3〔9頁〕)。

　また，取締役会などにおける意見陳述のあり方として，監査役は，取締役会に出席し，必要があると認められるときは，意見を述べなければならないとされており（会社383条1項），監査役が取締役の職務執行を適法性の観点からチェックを行い，意見を述べることが求められるのは当然であるところ，これには取締役の善管注意義務違反の有無のチェックも含まれ，いわゆる妥当性の観点からの意見・アドバイスを述べることも妨げられません。取締役会以外に，経営会議等の会社の重要会議に出席する場合にも，同様の役割が求められます（中間とりまとめ4.2.3.②〔30頁〕，社外役員等ガイドライン5.4.4〔9頁〕）。

　さらに，監査役には，監査の結果を示す監査報告において問題点を指摘すること，取締役に対する違法行為差止請求権を慎重に検討したうえで適確に行使することも求められます（中間とりまとめ4.2.3.③④〔31頁〕）。

　加えて，日本監査役協会が策定した監査役監査基準5条では，社外監査役の責務について以下のとおり定められています。

① 　監査体制の独立性及び中立性を一層高めるために法令上その選任が義務づけられていることを自覚し，積極的に監査に必要な情報の入手に心掛け，得られた情報を他の監査役と共有することに努めるとともに，他の監査役と協力して監査の環境の整備に努め，また，他の監査役と協力して内部監査部門等及び会計監査人との情報の共有に努めること

② 　社外取締役としての独立性，選任された理由等をふまえ，中立の立場から客観的に監査意見を表明することが特に期待されていることを認識し，代表取締役及び取締役会に対して忌憚のない質問をし又は意見を述べること

③ 　法令で定める一定の活動状況が事業報告における開示対象となることにも留意し，その職務を適切に遂行すること

④ 　独立役員に指定された社外監査役は，一般株主の利益ひいては会社の利益をふまえた公平で公正な経営の意思決定のために行動することが特に期待されていることを認識し，他の監査役と協力して一般株主との意見交換等を所管する部署と情報の交換を図り，必要があると認めたときは，上記

利益への配慮の観点から代表取締役及び取締役会に対して意見を述べること

2 監査役の具体的な職務及び権限

(1) 監　　査

　監査役は，取締役の業務執行を監査する機関であり（会社381条1項前段），その職務と権限は，会計に関する監査を含む会社の業務全般の監査に及びます。監査とは，業務執行の法令・定款違反又は著しい不当性の有無をチェックし指摘することであって，取締役の裁量的判断一般の当否をチェックすることは含まれません。ただ，監査役は取締役の善管注意義務（会社330条，民644条）違反の有無を監査することから，実際には取締役の業務執行の妥当性に関する事項についても監査権限を有するのとほとんど変わりません。監査役が複数名選任されている場合でも，各監査役が独立して監査権限を行使します（独任制）。

(2) 業務及び財産に関する調査権

　監査役は，取締役や使用人等に対して事業の報告を求め（報告請求権），また自ら会社の業務及び財産の調査をする権限を有します（調査権〔会社381条2項〕）。具体的には，監査役は，報告請求権により，取締役及び使用人に対して直接会社の営業全般に関する報告を求めることができ，実務的には監査役が各担当部門の部長等を招集して情報連絡会議のような会を常設することも報告請求権の一環として位置づけられます。また，監査役は，調査権により，会社におけるあらゆる書類について閲覧の請求をすることができるほか，実務的に多く見られる，監査役が代表取締役と定期的に会合をもつことも調査権の一環として捉えられます。

(3) 子会社に対する調査権

　加えて，監査役は，その職務を行うために必要があるときは，子会社に対して事業の報告を求め，又は子会社の業務及び財産の状況の調査を行うことができます（子会社調査権〔会社381条3項〕）。この権利の内容としては，監査役が親会社に対して有するのと同様の報告請求権及び調査権を子会社に対しても有しており，例えば子会社の帳簿や財産などに直接当たって情報を収集することが

できるほか，子会社の使用人や取引先に質問をすることができます。子会社は，親会社の監査役が子会社調査権を行使してきた場合，正当な理由があるときは報告請求及び調査を拒むことができます（会社381条4項）。この「正当な理由」としては，会社法が監査役に与えた権限を有名無実化させないように，親会社の監査役による報告請求がその職務に必要のない権利濫用に該当する場合や，報告と無関係に直接の調査を行う場合など，子会社調査権の行使が違法な場合に限られるとされています。

(4) 取締役会への出席

監査役は，取締役会への出席義務を負っており，必要があると認めるときは意見を述べなければなりません（会社383条1項）。

なお，監査役の取締役会における役割については，後記**Q48**において詳述します。

(5) 監査報告

監査役設置会社の監査役は，監査の結果を株主等に報告しなければならないことから，各事業年度ごとに監査報告を作成する義務を負い（会社381条1項後段），当該監査報告は株主，会社債権者及び親会社株主の閲覧に供されます（会社437条・442条）。監査役が複数名存在する場合には各自が監査報告を作成します。会計監査人設置会社における監査役の監査報告の対象は，計算書類（貸借対照表，損益計算書，株主資本等変動計算書及び個別注記表）（会社436条2項1号），事業報告及びその附属明細書（同項2号），連結計算書類（連結貸借対照表，連結損益計算書，連結株主資本等変動計算書及び連結注記表）です（会社444条4項）。

計算書類に関する監査報告においては，会計監査人の監査の方法又は結果を相当でないと認めたときはその旨及び理由（会社計算127条2号），重要な後発事象（同条3号），会計監査人の職務の遂行が適正に実施されることを確保するための体制に関する事項（同条4号）等を記載する必要があります。また，事業報告及びその附属明細書に関する監査報告においては，事業報告及びその附属明細書が法令又は定款に従い当該会社の状況を正しく示しているかどうかについての意見（会社則129条1項2号），当該会社の取締役の職務の遂行に関し，不正の行為又は法令もしくは定款に違反する重大な事実があったときは当該事実（同項3号）等について記載する必要があります。

(6) 違法行為差止請求権

監査役は，取締役が当該会社の目的の範囲外の行為その他法令もしくは定款に違反する行為をし，又はこれらの行為をするおそれがある場合において，当該行為によって当該会社に著しい損害が生ずるおそれがあるときは，当該取締役に対し，当該行為をやめることを請求することができます（会社385条1項）。

(7) 各種訴訟に関する権限

(a) 各種無効の訴えを提起する権限

監査役は，会社の設立，募集株式の発行，自己株式の処分，新株予約権の発行，減資，組織変更，合併，会社分割及び株式交換・株式移転の無効の訴え（会社828条1項各号・2項各号），株式等売渡請求に係る売渡株式等の取得の無効の訴え（会社846条の2第2項2号）並びに，株主総会決議取消の訴えを提起することができます（会社831条1項）。このように，監査役には，会社の業務執行に違法がある場合，それを訴え提起により是正する権限が認められています。

(b) 取締役等との訴訟における会社の代表権

監査役設置会社が取締役又は取締役であった者に対して訴えを提起する場合，及び，取締役又は取締役であった者が監査役設置会社に対して訴えを提起する場合，当該訴えについては，監査役が当該会社を代表します（会社386条1項1号）。監査役は，会社法386条1項1号に基づいて，監査役設置会社が訴訟を提起した場合に会社を代表する権限を有するのみならず，そもそも会社の利益の実現のため，会社を代表して取締役に対する訴訟を提起するか否かを決定する権限も有しています☆1。そのため，監査役は，会社として取締役を訴えるべきであると考えられる場合，善管注意義務の一環として訴えを提起する義務を負うことになります。

(c) 株主代表訴訟・多重代表訴訟における権限

監査役設置会社が株主から役員等の責任追及等の訴えの提起の請求（会社847条1項）を受けた場合において，当該請求の内容が取締役の責任を追及する訴えであるときは，監査役が会社を代表します（会社386条2項）。

株主は提訴請求の日から60日以内に会社が責任追及等の訴えを提起しないときは株主が株主代表訴訟を提起することができることになるため（会社847条3項），監査役は60日以内に提訴の是非を判断する必要があります。監査役は，

369

当該判断を行うために，株主から提訴請求を受領したときは，提訴請求記載の責任原因事実の有無，当該取締役の責任の存否，提訴請求を行った株主に係る提訴請求の資格の有無等について調査を行うことになります。監査役が当該調査の結果，不提訴が相当であると判断した場合において，提訴請求をした株主や提訴請求の対象となった役員から請求を受けたときは，監査役は不提訴理由を通知する必要があります（会社847条4項）。

監査役設置会社が株主代表訴訟の訴訟告知を受ける場合（会社849条4項）や，株主代表訴訟における和解の通知及び催告（会社850条2項）を受ける場合にも，監査役が会社を代表します（会社386条2項2号）。監査役設置会社が取締役を被参加人として株主代表訴訟に補助参加するには，監査役（監査役が複数名ある場合には各監査役）の同意を要します（会社849条3項1号）。

平成26年改正会社法では，株式交換，株式移転又はいわゆる三角合併の規定により会社の株式を失った者が当該株式交換等以前に所有していた株式に係る株式会社の役員の責任を追及する訴訟（会社847条の2），及び，最終完全親会社等の株主（議決権の100分の1又は発行済株式の100分の1以上を所有する株主に限る）が完全子会社の役員の責任を追及する訴訟（特定責任追及の訴え〔会社847条の3〕）の制度が新設されました。上記各訴訟に係る提訴請求を受領する権限は監査役にあり（会社386条2項1号），最終完全親会社等自身が完全子会社の株主として，完全子会社の役員の責任を追及する提訴請求を行う場合，最終完全親会社等の監査役が最終完全親会社等を代表します（会社386条1項3号）。

(8) 役員等の責任免除に関する同意権

監査役設置会社において，取締役は，以下の各場合に各監査役の同意を得る必要があります。

① 取締役の会社に対する責任の一部を免除する議案を株主総会に提出する場合（会社425条3項）

② 取締役に悪意重過失がない場合に，取締役の責任の一部を取締役会決議により免除することができる旨の定款の定めを設ける議案を株主総会に提出する場合（会社426条2項・425条3項）

③ 上記②の定款の定めに基づいて取締役の責任の免除についての議案を取締役会に提出する場合（会社426条2項・425条3項）

④ 社外取締役の会社に対する責任について，悪意重過失がない場合に，会社法の認める範囲内で責任を免除する責任限定契約を締結することができる旨の定款の定めを設ける議案を株主総会に提出する場合（会社427条3項・425条3項）

また，最終完全親会社等がある場合，取締役の責任の一部免除については完全子会社のみならず最終完全親会社等の株主総会決議を経る必要があるところ（会社425条1項），責任一部免除の議案を完全子会社及び最終完全親会社等がその株主総会に提出する際には，いずれの会社においても，各会社の監査役全員の同意を得る必要があります（会社425条3項1号）。

(9) 監査役の任免等に関する権限

監査役会設置会社においては，取締役が監査役選任議案を株主総会に提出するには，監査役の同意（監査役が複数存在する場合はその過半数の同意）を要し，監査役会設置会社においては，監査役会の同意を必要とします（会社343条1項・3項）。

また，監査役（監査役会設置会社においては監査役会）は，取締役に対して，監査役の選任を株主総会の目的とすること，又は，監査役選任議案を株主総会に提出することを請求することができます（会社343条2項・3項）。

このように，株主総会に提案される監査役選任議案が監査役の同意を得た内容とし，又は，監査役が積極的に推進する内容となることが会社法上担保されており，これにより，取締役が監査役の意向を無視して恣意的に監査役又は監査役会の構成を変更する事態が未然に防止されています。

(10) 会計監査人に関する権限

監査役設置会社においては，株主総会に提出する会計監査人の選任に関する議案の内容は，監査役（監査役が2名以上ある場合にあってはその過半数。監査役会設置会社の場合には監査役会）が決定します（会社344条1項～3項）。その反面，取締役会は，会計監査人の選解任等に関する議案の内容を決定したり，監査役又は監査役会が決定した当該議案の内容の取消しや変更をしたりすることはできず，また，監査役又は監査役会が当該議案の内容を決定した場合には，当該議案について決議するための株主総会の招集の決定を行うべきことになります[*3]。

第5章◇監査役・監査役会

(11) 株主総会における義務

監査役は，取締役が株主総会に提出しようとする議案及び書類等を調査し，法令もしくは定款に違反し，又は著しく不当な事項があると認めるときは，その調査の結果を株主総会に報告しなければなりません（会社384条）。

また，監査役は，株主総会において，監査報告を行い，また，株主からの質問に対して回答する義務を負います（会社314条）。監査役がこれらの義務を負うことから，監査役は株主総会に出席する義務を負い，正当な理由がない限り株主総会に出席する必要があります。

3 監査役会の構成・具体的な職務及び権限

監査等委員会設置会社及び指名委員会等設置会社以外の大会社は，監査役会を設置する必要があります（会社328条1項）。監査役会設置会社では，監査役は3名以上で，かつその半数以上が社外監査役である必要があります（会社335条3項）。監査役会は，すべての監査役で組織し（会社390条1項），①監査報告の作成，②常勤の監査役の選定及び解職，③監査の方針，監査役会設置会社の業務及び財産の状況の調査の方法その他の監査役の職務の執行に関する事項の決定等の業務を行います（同条2項）。監査役会は監査役の中から少なくとも1人は常勤の監査役を選定する必要があります（会社390条3項）。

監査役は，監査役会の求めがあるときは，いつでもその職務執行の状況について監査役会に報告する必要があります（会社390条4項）。監査役会は，原則として招集権者である各監査役が1週間前までに個々の監査役に通知して招集しますが，監査役全員が同意すれば招集手続なく開催することができます（会社392条1項・2項）。監査役会の決議については定足数の定めはなく，現実に出席している監査役の数のいかんにかかわりなく監査役全員の過半数をもって決議を行います（会社393条1項）。監査役会設置会社は，監査役会の議事に関する議事録を作成し，出席した監査役が署名又は記名押印をし（同条2項），10年間本店に備え置く必要があります（会社394条1項）。

平成26年改正会社法では，監査役設置会社では，株主総会に提出する会計監査人の選任に関する議案の内容は監査役（監査役が2名以上ある場合にあってはその

過半数。監査役会設置会社の場合は監査役会）が決定することとされました（会社344条）。

〔村松　頼信〕

―■判　例■―

☆1　最判平9・12・16裁判集民事186号625頁・判タ961号117頁・判時1627号149頁。

―■注　記■―

＊1　油布ほか・CGコード解説Ⅲ42頁。
＊2　油布ほか・CGコード解説Ⅲ42頁。
＊3　坂本一問一答136～137頁。

第5章◇監査役・監査役会

 47 社外監査役の役割と人選のあり方

　社外監査役の選任は，どのように行うことが望ましいでしょうか。また，その人選においては，どのような資質を重視すべきでしょうか。

　社外監査役の選任にあたっては，会社法2条16号所定の社外監査役の要件を充足する必要があるほか，他社役員との兼務状況が合理的な範囲にとどまる者であり，また，財務・会計に関する適切な知見を有する者を社外監査役に選任することが望ましいと考えられます。また，社外監査役を選任するにあたっては，会社の事業・財務・組織等に関する必要な知識を取得し，社外監査役に求められる役割と責務を十分に理解する機会を設けることが求められます。

　社外監査役の人選において重視すべき資質としては，正義感と倫理観をもち，バランス感覚があること，使命感をもって社外監査役としての職務をまっとうできること，状況の変化に応じて臨機応変に対応し社内外のリスクを把握して対応すること，問題点の改善などを広い視野と長い目をもって評価し実行できること，監査上必要となる情報を積極的に収集・処理し，必要な相手とコミュニケーションを取りつつ情報共有を図れること等の能力を備えることを重視すべきであると考えられます。

☑キーワード

　監査役，社外監査役，社外監査役の役割・責務，他の上場会社の役員の兼務，財務・会計に関する適切な知見，社外監査役の重視すべき資質，監査役監査基準

Q47◆社外監査役の役割と人選のあり方

解　説

1　社外監査役の選任にあたっての留意点

(1)　会社法上の社外監査役の資格

　会社法上，監査役会設置会社においては監査役の半数以上が社外監査役でなければならないため（会社335条3項），少なくとも2名以上の社外監査役を選任しなくてはなりませんが，社外監査役となる者は以下の要件を充足する必要があります（会社2条16号）。

① 　社外監査役に就任する前の10年間に，当該株式会社又はその子会社の取締役，会計参与もしくは執行役又は支配人その他の使用人であったことがないこと

② 　社外監査役に就任する前の10年間のいずれかの時点で当該株式会社又はその子会社の監査役であったことがある場合，当該監査役に就任する前の10年間に当該株式会社又はその子会社の取締役，会計参与もしくは執行役又はその他の支配人その他の使用人であったことがないこと

③ 　当該株式会社の自然人である親会社等，又は会社である親会社等の取締役，監査役もしくは執行役もしくは支配人その他の使用人ではないこと

④ 　当該株式会社の親会社等の子会社等（当該株式会社及びその子会社を除きます）の業務執行取締役等ではないこと

⑤ 　当該株式会社の取締役もしくは支配人その他の重要な使用人又は自然人である親会社等の配偶者又は二親等以内の親族でないこと

　さらに，社外監査役は，独立性基準を満たせば，東証上場規程で確保が義務づけられている「独立役員」にもなり得ます（独立役員について，詳細はQ33■1参照）。

　なお，平成26年改正前の会社法での社外監査役の要件は，当該株式会社又はその子会社の業務執行者（取締役，会計参与もしくは執行役又は支配人その他の使用人）ではなく，かつ，過去にも当該株式会社又はその子会社の業務執行者となったことがない者とされていました。これに対し，平成26年改正会社法では

第5章◇監査役・監査役会

要件が上記①～⑤のとおり変更され、平成26年改正会社法が施行された平成27年5月1日の時点で現に社外監査役を置く株式会社の社外監査役については同日以降最初に終了する事業年度に関する定時株主総会の終結の時まではなお従前の例とすると定められています（平成26年改正会社法附則4条）。そのため、例えば、事業年度の末日が3月31日の株式会社であり、かつ、平成27年5月1日の時点で社外監査役を置いていた場合、平成28年3月期の定時株主総会終結時以降は社外監査役の要件として上記①～⑤を満たす必要があります。

(2) CGコードにおいて要求される社外監査役の条件

(a) 他の上場会社の役員の兼務数を合理的な範囲にとどめること

CGコード補充原則4-11②では、監査役会の実効性確保のための前提条件として、社外監査役を始めとする監査役は、その役割・責務を適切に果たすために必要となる時間・労力を監査役の業務に振り向けるべきであり、こうした観点から、例えば、監査役が他の上場会社の役員を兼任する場合には、その数は合理的な範囲にとどめるべきであり、上場会社は、その兼任状況を毎年開示すべきことが要求されています（兼任状況の開示について、詳細は**Q34**参照）。この「合理的な範囲」の解釈については当該各社外監査役の良識に委ねられており*1、兼務の制限に関するルールを設けるか否かも含めて各社の合理的な裁量に委ねられています。兼務の制限に関するルールを設ける場合、社外監査役の兼務数の上限を定めることのほか、兼務先との競業関係がないこと、利益相反関係に立つ可能性がないこと、兼務につき取締役会の承認を得ることといった条件を付して兼務を認めることも考えられます。

そのため、社外監査役を選任するにあたっては、各社所定の兼務の制限に関するルールを遵守し、当該ルールがない場合でも、他社役員との兼務状況が合理的な範囲にとどまる者を社外監査役候補者とすることが求められます。

(b) 財務・会計に関する適切な知見を有している者が1名以上選任されること

CGコード原則4-11では、監査役会がその役割・責務を実効的に果たすことの前提条件として、「監査役には、財務・会計に関する適切な知見を有している者が1名以上選任されているべきである。」と定められています。当該条項は必ずしも社外監査役にのみ適用されるものではないものの、財務・会計に

関する知見は，監査役が会計監査人に監査を適切に実施させ，その監査の方法・結果の相当性を判断する際に役立つものとして要求されていることから[*2]，社外監査役候補者についてもこうした知見を有する者を指名することが望ましいと考えられます。

(c) **就任の際に会社の事業等の知識を取得する機会を設けること**

CGコード補充原則4-14①では，社外監査役を含む監査役が就任する際に，会社の事業・財務・組織等に関する必要な知識を取得し，監査役に求められる役割と責務を十分に理解する機会を得るべきであり，就任後も必要に応じてこれらを継続的に更新する機会を得ることが要求されていることから，社外監査役を選任するにあたり，こうした知識取得の機会を設けることが必要となります。

2 社外監査役の人選にあたり重視すべき資質

Q46 **1** で触れた社外監査役の責務を果たすためには，正義感と倫理観をもち，バランス感覚があること，使命感をもって社外監査役としての職務をまっとうできること，状況の変化に応じて臨機応変に対応し社内外のリスクを把握して対応すること，問題点の改善などを広い視野と長い目をもって評価し実行できること，監査上必要となる情報を積極的に収集・処理し，必要な相手とコミュニケーションを取りつつ情報共有を図れること等の能力が必要となります。

具体的な選任プロセスのあり方としては，監査役が取締役の職務執行に対する監査を職務とし，取締役からの独立性の確保が求められることに鑑み，監査役の人選手続においても，業務執行役員からの推薦とするのではなく，社外役員その他の非業務執行役員に候補者の選定を依頼することが考えられるほか，監査役に独立性のあるものが選任されることを確保するため，法令上の基準に加えて，監査役の独立性に関する具体的な基準を定めることも考えられます（中間とりまとめ5．2①〔34頁〕）。加えて，企業は，監査役の人選にあたって，監査役に期待する役割を監査役及び株主に対して明らかにすること，企業の経営戦略との関係で適切なモニタリング又は助言を行うことができる人材である

ことを選任基準とすること等が求められます（社外役員等ガイドライン5．2〔8頁〕）。

　また，社外監査役を選任するにあたっては，在任期間が長くなるほど馴れ合いが生じるおそれもあり，社外監査役の独立性を確保するため，監督の実効性と独立性のバランスを考慮して，最長在任期間の設定を検討することも求められます（社外役員等ガイドライン5．2〔8頁〕）。最長在任期間を設定するにあたっては，監査役の任期が選任後4年以内に終了する事業年度のうち最終のものに関する定時株主総会の終結の時までとされていること（会社336条1項）をふまえ，再任の回数の上限を設けるなどの方法が考えられます。

　なお，実務上，社外監査役には弁護士，公認会計士又は税理士等の専門家が選任されることが多い傾向にあります。これらの専門家には，専門的知識に基づいた意見又は助言が得られること，他の会社の経営や他の業界に関する知識及び経験に根差した意見又は助言が得られること，専門家であることから監査役報酬に依存せず強い独立性の確保を期待することができ，忌憚なく会社以外の視点からの意見が得られること，仮に当該弁護士，公認会計士又は税理士と当該株式会社とが顧問契約を締結していた場合，従前の顧問業務を通じて当該株式会社の事業内容や運営方法について理解しており，当該株式会社としても従来から信頼が培われた者を社外監査役とすることができること，といった理由から，社外監査役としての資質を備えているものと評価されていると考えられます。なお，顧問弁護士が監査役を兼務する場合，顧問弁護士としての職務の実体が業務執行機関に対し継続的従属性を有するときは，監査役の使用人兼務禁止（会社335条2項）に抵触するおそれがあることから[3]，留意が必要です。

　以上に加えて，社外監査役の人選に関しては，同じく社外役員である社外取締役の人選のあり方も参考になります（詳細は**Q33**参照）。

〔村松　頼信〕

■注　記■

[1]　油布ほか・CGコード解説Ⅳ50頁。
[2]　油布ほか・CGコード解説Ⅳ50頁。
[3]　江頭・515～516頁。

48 取締役会における監査役の役割と社外取締役との連携

取締役会において監査役は，どのような役割を担っていますか。また，監査役の社外取締役との連携を確保するためには，例えばどのような方法が考えられますか。

　監査役は，取締役会に出席して議論の状況を直接確認し，善管注意義務に違反するなどした違法な業務執行の意思決定がされていないか，取締役会の招集手続が法令に適合しているか，取締役会の議事が適正に運営されているかについて確認することが求められており，取締役会の書面決議の場合には，取締役の提案に反対であったり，当該提案について取締役会を実際に開催して議論すべき内容であると判断した場合には，異議を述べて書面決議の成立を阻むことが求められています。

　また，監査役と社外取締役の連携を確保する方法としては，社外取締役や社外監査役等の独立社外者のみを構成員とする会合を定期的に開催するなど，独立した客観的な立場に基づく情報交換・認識共有を図ることにより，独立社外取締役が取締役会における議論に積極的に貢献することに資するという方法が考えられます。その他，独立社外取締役の互選により筆頭独立社外取締役を決定することなどを通じて，監査役・監査役会や経営陣との連絡・調整に係る体制整備を図ることが考えられます。

☑キーワード

　監査役，取締役会，出席義務，善管注意義務，経営判断の原則，取締役会の招集通知，取締役会議事録，報告義務，取締役会の書面決議，独立社外者のみを構成員とする会合，筆頭独立社外取締役

第5章◇監査役・監査役会

解 説

1 監査役の取締役会における役割

(1) 監査役が実出席した取締役会における役割

　監査役は，取締役会に出席し，必要があると認めるときは意見を述べなければならず（会社383条1項），監査役は取締役会への出席義務を負っています。その反面，監査役は，取締役会に出席して議論の状況を直接確認することができ，ひいては善管注意義務に違反するなどした違法な業務執行の意思決定がされていないか確認することができます。裁判例上，取締役の善管注意義務違反の有無については経営判断の原則が適用されるところ，同原則においては，①経営判断の前提となる事実認識の過程（情報収集とその分析・検討）における不注意な誤りに起因する不合理の有無，②事実認識に基づく意思決定の推論過程及び内容の著しい不合理の存否の2点が審査の対象とされています。監査役が取締役会に出席するにあたっては，取締役会で配布された資料が上記①を満たすかどうかのチェックを行うとともに，必要に応じて取締役会の場で追加資料を請求したり補足説明を行うことを通じて，後日取締役に善管注意義務違反が認められる事態を未然に防止することが求められています。

　また，取締役会の報告事項に関しては，監査役は，取締役が把握できるのと同じ情報を把握することにより，経営上の重要な課題や業務執行の実態を把握するなど，種々の情報収集を図ることができます。

　さらに，監査役は取締役会の招集通知の対象ともなることから，取締役会の招集手続が法令に適合しているかを確認できるほか，特別利害関係人が審議や議決に参加する等の違法な手続が行われていないか，取締役会議事録に法定の記載事項が網羅されているかといった，取締役会の適正な運営を監視することも可能となります。

　加えて，監査役は，取締役が不正の行為をし，もしくは当該行為を行うおそれがあると認めるとき，又は法令もしくは定款に違反する事実もしくは著しく

不当な事実があると認めるときは、遅滞なく、その旨を取締役会に報告しなければなりません（会社382条）。当該報告義務の趣旨は、監査役が当該報告義務を履行することにより、取締役会で代表取締役を解職させるなど、個々の取締役が監督権限を適切に行使する契機となる情報を提供することにあります。そのため、監査役が報告する内容は、取締役会で議題となっている事項に限定されません。また、監査役は、当該報告義務を履行するために必要があるときは、取締役に対して取締役会を招集するよう請求することができ（会社383条2項）、当該請求から5日以内に2週間以内の日を取締役会の日とする取締役会の招集通知が発せられない場合は、当該請求をした監査役は自ら取締役会を招集することができます（同条3項）。監査役としては、社内の不正の端緒を把握した場合、取締役に直ちに報告することを試みるとともに、それがかなわないときは取締役会の招集の請求及び取締役会の招集を行うことが求められています。

　このように、監査役が取締役会への出席を義務づけられていることを通じて、取締役会の適法な運営や違法な決議の未然の防止を図ることが求められています。

(2)　書面による取締役会決議等における監査役の役割

　取締役会における決議（会社369条1項）を省略して書面決議を行う場合や、取締役会への報告（会社363条2項ほか）を省略する場合にも、監査役に一定の役割が求められています。すなわち、監査役設置会社において取締役会決議を省略し、書面決議を行う場合、当該取締役会決議事項について議決に加わることができる取締役全員が書面又は電磁的記録により提案について同意の意思表示をすることに加え、監査役が当該提案について異議を述べないことが必要となります（会社370条）。これにより、監査役としては、当該提案に反対であったり、当該提案について取締役会を実際に開催して議論すべき内容であると判断した場合には、異議を述べて書面決議の成立を阻むことができます。また、取締役会への報告を省略する場合についても、取締役のみならず、監査役全員に対して報告事項の通知を通知しない限り、取締役会への報告の省略は認められません（会社372条1項）。

2 監査役と社外取締役の連携の確保

(1) CGコード補充原則4-8①の定める措置

　CGコードの補充原則4-8①は，独立社外取締役に対して，取締役会における議論に積極的に貢献するとの観点から，例えば，独立社外者のみを構成員とする会合を定期的に開催するなど，独立した客観的な立場に基づく情報交換・認識共有を図ることを求めています。同様の措置は中間とりまとめにおいても要求されています（中間とりまとめ5．3．2①-2〔46～47頁〕）。CGコードの当該補充原則は，他の独立社外者との情報交換・認識共有を図ることによって，独立社外取締役管において率直かつ有益な意見の形成・共有（コンセンサス作り）がなされ，取締役会における議論に積極的に貢献できる可能性が高まることを期待する趣旨の規定であり，実際の情報共有の方法や頻度等は各独立社外取締役の合理的な判断に委ねられているとされています[*1]。そのため，当該規定を受けた実務上の対応としては，独立社外取締役の情報交換・認識共有を実質的に高めることが重要であるとの観点に立ち，形式にこだわらずに，取締役会の前後に社外取締役及び社外監査役のみが出席する非公式の会合を設けることや，社外取締役及び社外監査役と社長とのミーティングの機会を設けることなど，様々な取組みを行うことが考えられます。例えば，プラクティス集（第2．6．〔29頁〕）では，年2回，社外役員のみの会合があり，そこで人事評価を含め経営事項について様々な議論を行っている実例が紹介されています[*2]。

　また，任意に諮問委員会を設置している場合（CGコード原則4-10，補充原則4-10①）には，各種委員会における活動を通じて監査役及び社外取締役間の情報交換・認識共有を図ることも考えられます。例えば，プラクティス集（第2．6．〔28頁〕）では，指名委員会及び報酬委員会において社外取締役・社外監査役がメンバーになっていることから，事実上両者の連携を図ることができているとする実例が紹介されています[*3]。

　なお，こうした会合に，社内出身の監査役など社外監査役ではない監査役（以下，本設問において「社内監査役」といいます）が参加することの可否が問題とな

Q48◆取締役会における監査役の役割と社外取締役との連携

り得ます。CGコード補充原則4-8①の「独立社外者のみを構成員とする会合」とは、独立社外者による情報交換・認識共有のための自由闊達な議論の場を確保するという観点からの例示にすぎず、社内情報に精通した社内監査役その他の社内者からの情報収集は、情報交換・認識共有という会合の目的に沿うものであり、会合を開催する独立社外取締役の自主的な判断によって社内監査役その他の社内者に対し必要に応じて会合への参加や説明を求めることは許容されます[*4]。また取締役会のあり方に関する意見書では、取締役会において独立社外取締役が戦略的方向づけ等の議論に貢献できるようにする環境整備の一例として、独立社外取締役と会社の状況に通じた常勤監査役等との間で情報交換を行うことが挙げられています（Ⅱ.3.(4)〔6頁〕）。

(2) CGコード補充原則4-8②の定める措置

CGコード補充原則4-8②は、独立社外取締役に対して、互選により「筆頭独立社外取締役」を決定することなどにより、経営陣との連絡・調整や監査役又は監査役会との連携に係る体制整備を図ることを求めています。当該規定は、経営陣との調整や監査役との連携といったデリケートな業務について、まず第一次的にこれを担当する者を決定し、当該業務を適切に遂行することを求めることを趣旨とする規定です[*5]。プラクティス集（第2.7.〔29頁〕）では、こうした中心的な役割を果たすことが期待される社外取締役を確保するために、複数存在する社外取締役の交代のタイミングをずらすことで、在任期間が比較的長い社外取締役を確保している実例や、常に会社のことをよく理解している社外取締役が構成員の中に含まれるように就任と退任のタイミングを工夫している実例が紹介されています[*6]。

〔村松　頼信〕

■注　記■

*1　油布ほか・CGコード解説Ⅳ48頁。
*2　中原＝梶元〔上〕14頁。
*3　中原＝梶元〔上〕14頁。
*4　パブコメ回答№9（4頁）。
*5　油布ほか・CGコード解説Ⅳ48頁。
*6　中原＝梶元〔上〕14頁。

第5章◇監査役・監査役会

49 会社情報の把握・会計監査人との連携

　監査役は，どのような方法で会社情報を把握すればよいでしょうか。また，監査役と会計監査人との十分な連携を確保するためには，例えばどのような方法が考えられますか。

　　監査役は，①代表取締役との定期的会合，②社外取締役等との連携，③内部監査部門等との連携，④取締役会への出席，⑤重要な会議等への出席，⑥取締役及びその他の使用人からの報告の聴取並びに業務及び財産状況の調査，⑦重要書類の閲覧，⑧親会社及び子会社等に関する情報収集といった会社法で与えられている権限や監査役監査基準で求められている情報収集のための方法を活用して，会社情報を把握すべきです。
　　また，監査役は，会社法で与えられている会計監査人から報告を受ける権限及び会計監査人に報告を求める権限や金融商品取引法上の有価証券報告書制度，四半期報告制度，法令違反等事実の通知等を通じて，監査人（会社法における会計監査人と金融商品取引法における監査人の双方を指し，以下，同様とします）と十分に連携を図りながら，会社情報を把握すべきです。

☑キーワード
　監査役監査基準，会計監査人との連携，監査人との連携，会計監査人との連携に関する実務指針，不正リスク対応基準

解説

1 会社情報の把握方法

　監査役には，会社法によって，会社情報を把握するための各種の権限が与えられています。そして，権限が与えられている以上，その権限を適切に行使して，会社情報を把握することは，監査役の義務でもあります。

　監査役が会社情報を把握する方法については，会社法によって監査役に与えられている権限を理解するとともに，実務上は，公益社団法人日本監査役協会が公表している「監査役監査基準」（以下「監査役監査基準」といいます）を理解することも重要です。

　監査役監査基準は，監査役監査の実効性を高めるため，監査役の実務上のガイドラインとなるモデル的な手続（ベストプラクティス）を含むものとされていますので，会社情報を把握しようとする際に，監査役監査基準を参照することは非常に有益です。

　以下，監査役が会社情報を把握する方法について，詳述します。

(1) 代表取締役との定期的会合

　監査役監査基準において，監査役は，代表取締役と定期的に会合をもち，代表取締役の経営方針を確かめるとともに，会社が対処すべき課題，会社を取り巻くリスクのほか，監査役の職務を補助すべき使用人の確保及び監査役への報告体制その他の監査役監査の環境整備の状況，監査上の重要課題等について意見を交換し，代表取締役との相互認識と信頼関係を深めるよう努めるべきであるとされています（監査役監査基準15条）。

(2) 社外取締役等との連携

　監査役監査基準において，監査役は，社外取締役を含めた非業務執行役員と定期的に会合をもつなど，会社が対処すべき課題，会社を取り巻くリスクのほか，監査上の重要課題等について意見を交換し，非業務執行役員間での情報交換と認識共有を図り，信頼関係を深めるよう努めるべきであるとされています

第5章◇監査役・監査役会

（監査役監査基準16条3項）。

　また、CGコードにおいて、監査役の連携の相手方となる独立社外取締役も、取締役会における議論に積極的に貢献するとの観点から、独立社外者のみを構成員とする会合を定期的に開催するなど、独立した客観的な立場に基づく情報交換・認識共有を図るべきであるとされています（CGコード補充原則4-8①）。

(3) 内部監査部門等との連携

　監査役監査基準において、監査役は、会社の業務及び財産の状況の調査その他の監査職務の執行にあたり、内部監査部門その他内部統制システムにおけるモニタリング機能を所管する部署（以下「内部監査部門等」といいます）と緊密な連携を保ち、組織的かつ効率的な監査を実施するよう努め、また、内部監査部門等からその監査計画と監査結果について定期的に報告を受け、必要に応じて調査を求めるべきであるとされています（監査役監査基準37条1項・2項）。

　また、監査役監査基準において、監査役は、取締役のほか、コンプライアンス所管部門、リスク管理所管部門、経理部門、財務部門その他内部統制機能を所管する部署（内部統制部門）その他の監査役が必要と認める部署から内部統制システムの構築・運用の状況について定期的かつ随時に報告を受け、必要に応じて説明を求めるべきであるとされています（監査役監査基準37条3項）。

(4) 取締役会への出席

　会社法において、監査役は、取締役会に出席し、必要があるときは、意見を述べなければならないとされており、監査役監査基準でも同様のことが求められています（会社383条1項本文、監査役監査基準39条1項・41条1項）。また、監査役監査基準において、監査役は、取締役会の決議の目的である事項について法令の規定に従い当該決議が省略されようとしている場合（取締役会の書面決議が行われようとしている場合）、その内容（取締役会の決議を省略することを含みます）について検討し、必要があると認めたときは、異議を述べるべきであるとされています（監査役監査基準40条）。

(5) 重要な会議等への出席

　監査役監査基準において、監査役は、取締役会のほか、重要な意思決定の過程及び職務の執行状況を把握するため、経営会議、常務会、リスク管理委員会、コンプライアンス委員会その他の重要な会議又は委員会に出席し、必要が

あると認めたときは，意見を述べるべきであるとされています（監査役監査基準42条1項）。

(6) 取締役及びその他の使用人からの報告の聴取並びに業務及び財産状況の調査

会社法において，監査役は，いつでも，取締役及び会計参与並びに支配人その他の使用人に対して事業の報告を求め，又は会社の業務及び財産の状況の調査をすることができるとされており（会社381条2項），監査役監査基準においても，必要があると認めたときは，これらの権限を行使するべきであるとされています（監査役監査基準45条1項）。

そして，監査役監査基準は，これらの権限の行使の内容として，ヒアリング，往査その他の方法により調査を実施すること（監査役監査基準45条2項）並びに重要な会社財産の取得，保有及び処分の状況，会社の資産及び負債の管理状況等を含めた会社財産の現況及び実質価値の把握に努めること（監査役監査基準46条）を挙げています。

(7) 重要書類の閲覧

監査役監査基準において，監査役は，主要な稟議書その他業務執行に関する重要な書類を閲覧し，必要があると認めたときは，取締役又は使用人に対しその説明を求め，又は意見を述べるべきであるとされています（監査役監査基準43条1項）。

(8) 親会社及び子会社等に関する情報収集

会社法において，監査役は，職務を行うため必要があるときは，子会社に対して事業の報告を求め，又はその子会社の業務及び財産の状況の調査をすることができるとされており，監査役監査基準でも同様のことが求められています（会社381条3項，監査役監査基準38条3項）。

また，監査役監査基準において，監査役は，自社の取締役及び使用人等から，子会社の管理の状況について報告又は説明を受け，関係資料を閲覧するべきであるとされ（監査役監査基準38条1項），さらに，親会社及び子会社の監査役，内部監査部門等及び会計監査人等と積極的に意思疎通及び情報の交換を図るよう努めるべきであるとされるとともに（監査役監査基準38条2項），重要な関連会社がある場合には，当該関連会社の重要性に照らして，同様の監査を行うべ

きであるとされています（監査役監査基準38条4項）。

2 監査役と監査人との連携

(1) 連携の必要性

監査役と会計監査人との連携の必要性については，公益社団法人日本監査役協会が公表している「会計監査人との連携に関する実務指針」が，概要，以下のとおりに述べています。

① 監査役は，会計監査人と常に接触を保ち連携を深めることによって，会社法によって与えられている会計監査人に対する権限を適切に行使するための判断をしなければならない（会社344条1項・399条1項，監査役監査基準34条・35条）。

② コーポレート・ガバナンスの充実という要請に応えるためには，監査役と会計監査人は，相互の信頼関係を基礎としながら，緊張感のある協力関係の下で，双方向からの積極的な連携によって，監査の有効性及び効率性の向上に努めなければならない。

③ 会社法において，監査役は，会計監査人の監査の方法と結果の相当性を判断することを求められ，かつ，会計監査人の職務の遂行が適正に実施されることを確保するための体制に関する事項についても監査報告に記載しなければならない。そのためには，会計監査人が遵守すべき，監査基準，品質管理基準，監査実務指針，監査法人の内規などの準拠状況や会計基準改正などに関する情報について，常日頃から質問や意見交換を通して確認することが望ましい。

④ 監査役の会計監査における重要なテーマは，会計監査人の独立性保持を確認することであり，そのために，監査環境の状況を監視するとともに，会計監査人に対する質問などを通してその状況の把握に努め，必要に応じて取締役に改善を勧告しなければならない。

⑤ 会計監査人の任務懈怠に基づく会社に対する損害賠償責任は代表訴訟の対象とされており，また，監査役と会計監査人とは連帯して責任を負う（会社423条1項・429条1項・430条）。したがって，監査役としては，会計監査

人と適切な連携を図り，会計監査人に任務懈怠が生ずることのないよう配慮する必要がある。

(2) **連携の方法・根拠等**

監査役と監査人の連携の方法には，会合，口頭又は文書による情報交換や，監査役による会計監査人の監査現場への立会などがあり，連携の根拠等については以下のとおりです。

(a) **会社法における連携**

(ア) **会計監査人から報告を受ける権限** 会計監査人は，取締役の職務の執行に関し不正の行為又は法令もしくは定款に違反する重大な事実があることを発見したときは，遅滞なく，これを監査役に報告しなければなりません（会社397条1項）。

(イ) **会計監査人に報告を求める権限** 監査役は，取締役の職務執行に関する不正の行為又は法令・定款に違反する事実について，並びに会計監査人の監査の方法と結果の相当性判断に必要な情報について，積極的に会計監査人から報告を求める必要があります（会社397条2項）。

(ウ) **会計監査人の会計監査報告の内容の通知を受ける権限** 会計監査人は，会計監査報告の内容を特定監査役（通知を受ける監査役を定めた場合は当該監査役，定めなかった場合はすべての監査役〔会社計算130条5項〕）及び特定取締役（通知を受ける者を定めた場合はその者，定めなかった場合は，計算関係書類の作成に関する職務を行った取締役及び執行役〔会社計算130条4項〕）に通知しなければならないとされていますので（会社計算130条1項），監査役は，会計監査人の監査の方法と結果の相当性を判断するために，会計監査報告の内容を十分に聴取する必要があります。

(エ) **会計監査人の職務遂行に関する事項の通知を受ける権限** 会計監査人は，特定監査役に対する会計監査報告の内容の通知に際して，当該会計監査人についての次に掲げる事項を通知しなければなりません（会社計算131条）。

① 独立性に関する事項その他監査に関する法令及び規程の遵守に関する事項

② 監査，監査に準ずる業務及びこれらに関する業務の契約の受任及び継続の方針に関する事項

③　会計監査人の職務の遂行が適正に行われることを確保するための体制に関するその他の事項

　監査役は，これらの通知事項を参考にして，会計監査人の職務遂行の体制について監査報告にその内容を記載しなければならないので（会社計算127条2号・128条2項2号・129条1項2号），通知を受けたときは詳細に意見交換することが必要となります。

(b)　金融商品取引法における連携

(ｱ)　有価証券報告書制度，四半期報告書制度（金商24条・24条の4の7）　金融商品取引法の規定に基づく有価証券報告書及び四半期報告書の作成は，取締役の重要な職務執行の一つであることから，監査役は，（連結）財務諸表等についての監査人の意見を参考にしつつ，有価証券報告書及び四半期報告書に関連して取締役に法令違反（善管注意義務違反を含みます）がないかどうかについての判断をし，必要に応じて適切に対応しなければなりません。そのため，監査役は，監査人の監査報告書及び四半期レビュー報告書の記載内容について，監査人から説明を受けることなどが不可欠となります。

(ｲ)　法令違反等事実の通知　　監査人は，金融商品取引法の規定により提出することが必要となる財務計算に関する書類に対する監査証明を行うにあたって，当該書類の適正性の確保に影響を及ぼすおそれがある事実を発見したときは，遅滞なく監査役に書面で通知を行わなければならず（金商193条の3，財務諸表等の監査証明に関する内閣府令7条），監査人から当該通知を受けた場合，監査役は，原則として2週間以内に対応する必要があります（金商193条の3，財務諸表等の監査証明に関する内閣府令7条，金商令36条）。

(c)　その他の規定における連携

(ｱ)　監査役監査基準における連携　　監査役監査基準において，監査役は，会計監査人と定期的に会合をもち，必要に応じて監査役会への出席を求めるほか，会計監査人から監査に関する報告を適時かつ随時に受領し，積極的に意見及び情報の交換を行うべきであり（監査役監査基準47条1項），必要に応じて会計監査人の往査及び監査講評に立ち会うほか，会計監査人に対し監査の実施経過について，適宜報告を求めることができるとされています（監査役監査基準47条4項）。

Q49◆会社情報の把握・会計監査人との連携

(イ) 不正リスク対応基準における連携（不正リスク対応基準第二．17，18〔15頁〕）　監査における不正リスク対応基準（以下「不正リスク対応基準」といいます）において，監査人は，不正リスクの内容や程度に応じ，適切に監査役と協議する等，監査役との連携を図らなければならないとされているほか，不正による重要な虚偽の表示の疑義があると判断した場合には，速やかに監査役に報告するとともに，監査を完了するために必要となる監査手続の種類，時期及び範囲についても協議しなければならないとされています（不正リスク対応基準第二．17〔15頁〕）。さらに，監査人は，経営者の関与が疑われる不正を発見した場合には，監査役に報告し，協議のうえ，経営者に問題点の是正等適切な措置を求めるとともに，当該不正が財務諸表に与える影響を評価しなければならないとされています（不正リスク対応基準第二．18〔15頁〕）。

〔清野　訟一〕

第5章◇監査役・監査役会

 50 　監査役の法的義務と責任

　監査役は，会社に対してどのような義務を負いますか。監査役の義務を検討するにあたって，監査役監査基準はどのような意味がありますか。

　　監査役と会社との関係には民法の委任の規定が適用され，監査役は会社に対して善管注意義務を負います。会社法は，監査役に様々な権限を与えていますが，これを適切に行使して取締役の職務の執行を監査することは，監査役の義務でもあります。監査役がこれらの義務に違反した場合には，会社に対して，義務違反によって生じた損害を賠償する責任を負います。監査役監査基準は監査役としてのベストプラクティスを定めるものですが，これを自社の基準として採用した場合には，監査役としての責任の有無はこの基準に基づいて判断されることになります。

☑キーワード

監査役，監査役の義務，監査役の善管注意義務，監査役監査基準，大和銀行事件，ダスキン事件，大原町農業協同組合事件，セイクレスト事件

Q50◆監査役の法的義務と責任

> 解　説

1　監査役の義務

(1) 監査役の一般的職務

　監査役の職務は，取締役（会計参与設置会社にあっては，取締役及び会計参与）の職務の執行を監査することです（会社381条1項前段）。監査の結果は監査報告にまとめられ（同項後段），株主や会社債権者に開示されます（会社437条・442条）。

　株式会社と監査役との関係は準委任の関係にあり[*1]，民法643条から656条までの委任契約に関する規定が適用されます（会社330条）。監査役は，会社から，取締役の職務執行の監査を委託されて，受任者としてこれらの行為を行います。受任者たる監査役には，善良な管理者の注意をもって委任事務を処理する義務（善管注意義務〔民644条〕）が課せられ，善管注意義務に違反した場合には，会社に対して，義務違反によって生じた損害を賠償する責任を負います。

　会社法は，監査役が取締役の職務執行を監査するにあたって行うべき事項を規定し，監査役に具体的な義務を課しています。その一方で，会社法は，監査役が取締役の職務執行を実効的に監査するために，監査役に対して様々な権限を与えていますが，この権限を適切に行使することは監査役の義務でもあります。

(2) 監査役の調査権限

　取締役の職務の執行を監査するため，監査役は，いつでも，取締役や使用人等に対して事業の報告を求め，会社の業務や財産の状況を調査することができます（会社381条2項）。また，監査役の職務を行うために必要があるときは，子会社に対して事業の報告を求め，子会社の業務や財産の状況を調査することもできます（同条3項）。子会社に対する調査権が認められている理由としては，粉飾決算等，自己株式取得規制違反等の違法行為を行うにあたって子会社が利用される例が少なくないことや，会社が持株会社である場合には子会社側の情報が監査の遂行にあたって不可欠であることなどが挙げられています[*2]。

第5章◇監査役・監査役会

監査役が，これらの調査権限の行使を怠った場合，善管注意義務違反となることは明らかでしょう。また，監査役は，その職務を適切に遂行するため，会社や子会社の取締役や使用人その他の者との意思疎通を図り，情報の収集と監査の環境の整備に努めることが求められており（会社則105条2項），必要に応じて，会社の他の監査役，親会社や子会社の監査役との間でも，意思疎通と情報交換を図るよう努めることが求められています（同条4項）。

(3) 取締役への報告義務

監査役は，取締役が不正の行為をしているときや，そのおそれが認められるとき，法令や定款に違反する事実や著しく不当な事実があるときは，遅滞なく，その旨を取締役（取締役会設置会社にあっては，取締役会）に報告しなければなりません（会社382条）。

平成17年改正前商法275条ノ2では，監査役が報告すべき事項は，「会社ノ目的ノ範囲内ニ在ラザル行為其ノ他法令若シクハ定款ニ反スル行為」のみでしたが，会社法では，「不正の行為」と「著しく不当な事実」も報告の対象とされています。「不正の行為」については，例えば，取締役として対処すべき事項があるのに何もしないことが該当するとされており，「著しく不当な事実」とは，法令や定款には違反しないものの，そのことを決定することや行うことが妥当でないことと解されています[*3]。

(4) 取締役会への出席義務等

取締役による業務執行のうち重要なものは，取締役会において審議・決定されます（会社362条4項）。したがって，監査役が取締役に対する監査を適切に遂行するためには，取締役会に出席して審議・決定の過程を確認し，必要に応じて意見を述べることが必要です。そこで，監査役は，取締役会に出席し，必要があると認めるときは，意見を述べなければならないとされています（会社383条1項前段）。平成13年改正前商法260条ノ3は，監査役の取締役会出席権と意見陳述権という権限の形でこれを規定していましたが，監査機能の充実によるコーポレート・ガバナンスの確保を目的の一つとする同改正により，監査役の義務に改められました[*4]。

なお，社外役員の取締役会への出席状況や発言内容は，会社役員に関する事項として事業報告に記載しなければなりません（会社則124条1項4号）。

また、上述の監査役の取締役への報告義務（会社382条）を履行するため必要がある場合、監査役は、取締役に対して、取締役会の招集を請求することができます（会社383条2項）。さらに、取締役会の招集請求があった日から5日以内に、請求があった日から2週間以内の日を取締役会の日とする招集通知が発せられない場合には、監査役が自ら取締役会を招集することができます（同条3項）。監査役は、これらの権限を適切に行使して、取締役に対する監査を実効的に行うことが求められます。

(5) 株主総会に対する報告義務

監査役は、取締役が株主総会に提出しようとする議案、書類、電磁的記録その他の資料を調査しなければなりません（会社384条前段、会社則106条）。そして、調査の結果、法令・定款違反、又は著しく不当な事項があると認めるときは、その結果を株主総会に報告しなければならないとされています（会社384条後段）。株主提案の議案に関しては本条の対象ではありませんが、これらを調査して法令・定款違反、又は著しく不当な事項がある場合には、株主総会に報告すべきとの見解もあります[*5]。報告の形式は、書面でも、口頭でも、電磁的記録でもよいとされています[*6]。

(6) 監査役による取締役の行為の差止め

監査役は、取締役が監査役設置会社の目的の範囲外の行為その他法令・定款に違反する行為をし、又はこれらの行為をするおそれがある場合において、会社に著しい損害が生じるおそれがあるときは、その取締役に対して、その行為をやめることを請求することができるとされています（会社385条1項）。取締役への報告、取締役会における意見、株主総会への報告等では取締役による不当行為を防止できない場合に、いわば最終手段としてこの差止請求権が認められており、そのため、差止請求が許されるのは、「会社に著しい損害が生じるおそれがあるとき」に限定されています。

監査役による取締役に対する差止めは、必ずしも訴えによる必要はなく取締役に対して直接差止めを求めることも可能であり、株主代表訴訟のように取締役に対して差止めを請求する前に会社に対して差止めを請求する必要もないと解されています[*7]。

なお、会社法385条に規定される救済は、「行為をやめること」という不作為

であるため，本条に基づいて，取締役に対して積極的な作為を求めることはできません。

2 監査役の責任に関する裁判例

(1) 大和銀行事件[1]

監査役が米国財務省証券の残高確認方法の問題点を知り得たか否かが問題になった事例において，監査役一般については，十分な監査を行っており善管注意義務違反がないとして責任を否定する一方，ニューヨーク支店に往査した監査役についてのみ，会計監査人による財務省証券の残高確認方法が不適切であることを知り得たとして，善管注意義務違反を認めました（もっとも，任務懈怠と因果関係がある損害額が特定できないとして，損害賠償請求は認められませんでした）。

(2) ダスキン事件[2]

未承認添加物が混入した食品の販売を継続していた事実について，取締役らが「自ら積極的には公表しない」という方針を採用し，消費者やマスコミの反応をも視野に入れたうえでの積極的な損害回避の方策の検討を怠った点において，取締役としての善管注意義務違反があるとされた事案において，上記方策の検討に参加した監査役も，取締役らの明らかな任務懈怠に対する監査を怠った点において，善管注意義務違反があるとされました。

(3) 大原町農業協同組合事件[3]

農業協同組合の代表理事が補助金の交付の申請について理事会に虚偽の報告をするなどして，補助金の交付のないまま堆肥センター建設事業を推進して組合に損害を与えたという事例において，同組合の監事は，理事会における代表理事の説明が不十分で，事業が補助金の交付を受けることによって組合の資金的負担のない形で実行できるか否かについて疑義があったのだから，代表理事に対して，資料の提出を求め，資金の調達方法について調査，確認する義務があったにもかかわらず，これを怠ったとして監事の責任を認めました。

これは，農業協同組合の監事に関する裁判例ですが，農業協同組合法は機関に関する規定の大部分に会社法の規定を準用しているため，株式会社の監査役の責任についても参考になる事例です。

(4) セイクレスト事件[☆4]

代表取締役が，会社の資金を定められた使途に反して合理的な理由なく繰り返し不当に流出させていた事案において，監査役は，こうした代表取締役の不正行為を認識していた以上，単に行為の不適正を指摘するだけでなく，取締役会に対し，資金の不正流出に対処するための内部統制システムを構築するように助言又は勧告し，あるいは問題の代表取締役を解職するよう助言又は勧告すべきだったとして，監査役の善管注意義務違反を認めました。

3 監査役監査基準

社団法人日本監査役協会が公表している「監査役監査基準」は，監査役監査の実効性を高めるため，監査役の実務上のガイドラインとなるモデル的な手続（ベストプラクティス）を含むものとされています。これらのベストプラクティスは，監査役があまねく遵守すべき規範を定めたものではありませんので，監査役の監査活動がこのモデル的な手続に準拠していないことによって直ちに監査役の法的責任が問われるものではありません。しかし，この基準を自社の基準としてそのまま採択した場合や，この基準を参考にして自社の監査役監査基準として制定した場合は，その監査基準に従って監査を遂行する一定の義務を負うと解されます。

前掲注（☆4）セイクレスト事件判決においても，「会社が，日本監査役協会が定めた『監査役監査基準』や『内部統制システムに係る監査の実施基準』に準拠して本件監査役監査規程や本件内部統制システム監査の実施基準を定めていることからすると，監査役の義務違反の有無は，本件監査役監査規程や本件内部統制システム監査の実施基準に基づいて判断されるべきであるということができる。」と判示されています。

〔木川　和広〕

━━━■判　例■━━━

☆1　大阪地判平12・9・20判タ1047号86頁・判時1721号3頁・金判1101号3頁。
☆2　大阪高判平18・6・9判タ1214号115頁・判時1979号115頁。

☆3　最判平21・11・27裁判集民事232号393頁・判タ1314号132頁・判時2067号136頁。
☆4　大阪高判平27・5・21判時2279号96頁・金判1469号16頁・資料版商事378号114頁。

■注　記■

＊1　江頭・530頁。
＊2　江頭・529頁。
＊3　落合誠一編集『会社法コンメンタール(8) 機関［２］』（商事法務，2009）402頁。
＊4　落合編集・前掲（＊3）408頁。
＊5　落合編集・前掲（＊3）411頁。
＊6　落合編集・前掲（＊3）412頁。
＊7　落合編集・前掲（＊3）418頁。

第 6 章

指名委員会等設置会社・監査等委員会設置会社

第1節　指名委員会等設置会社

 51　指名委員会等設置会社の概要

指名委員会等設置会社とはどのような機関設計ですか。監査役会設置会社との違いやメリット・デメリットは何ですか。

　指名委員会等設置会社は、定款の定めにより、指名委員会、監査委員会、報酬委員会の三委員会を置く株式会社のことをいいます。
　指名委員会等設置会社においては、諸外国の上場会社等で採用されているモニタリング・モデルと呼ばれる機関構成が志向されており、取締役会が執行役に対して業務執行の決定を大幅に委任することで執行役による迅速・果敢な意思決定が可能となることや、外国人投資家の評価を得やすい機関設計であるという点がメリットですが、自己が事実上保有している人事権や報酬決定権を失うことに対する最高権力者の抵抗感が大きいという点がデメリットであり、指名委員会等設置会社の機関設計を採用している上場会社は、平成28年7月10日時点で、わずか70社にとどまっています。

☑キーワード

指名委員会等設置会社における機関設計、モニタリング・モデル、経営と監督の分離、執行役

第6章◇指名委員会等設置会社・監査等委員会設置会社
第1節◇指名委員会等設置会社

解　説

1　指名委員会等設置会社における機関設計

(1)　指名委員会等設置会社の概要

　指名委員会等設置会社とは，定款の定めにより，指名委員会，監査委員会，報酬委員会の三委員会（会社2条12号では総称して「指名委員会等」と定義されています）を置く株式会社のことをいいます（会社326条2項）。各会社は，公開会社（会社2条5号）かどうかや大会社（会社2条6号）かどうかを問わず，指名委員会等設置会社となることができます。なお，後記(3)(b)(ウ)のとおり，各委員会の委員の過半数は社外取締役であることを要するものの，委員の兼務は可能であるため，指名委員会等設置会社には最少2名の社外取締役を置く必要があります[*1]。

　指名委員会等設置会社は，平成26年会社法改正前は「委員会設置会社」と呼ばれていましたが，同改正で新たに導入された機関設計である監査等委員会設置会社と区別するため，名称が変更されました。

(2)　モニタリング・モデルの志向

　指名委員会等設置会社は，いわゆるモニタリング・モデル（詳細は**Q26**参照）を志向した機関設計であり，取締役会の主たる機能を経営者である執行役の監督に求めています。

　そこで，指名委員会等設置会社においては，執行役が機動的な意思決定を行うことができるよう，取締役会が執行役に対して業務執行の決定を大幅に委任することを可能とするとともに（会社418条1号），社外取締役が過半数を占める各委員会（会社400条3項）が強い権限をもち，取締役会が執行役に対する監督を実効的に行うことができるようになっています。

　もっとも，取締役会が執行役に対して業務執行の決定を委任することは義務ではなく，指名委員会等設置会社であっても，モニタリング・モデルを採用するか否かは取締役会の判断に委ねられています（執行役への委任の実態について

は，**Q53**参照）。

(3) 機関構成

(a) 取締役及び取締役会

指名委員会等設置会社における取締役の任期は1年であり（会社332条6項・1項），取締役は，その会社の支配人その他の使用人を兼ねることができません（会社331条4項）。

また，指名委員会等設置会社においては，取締役会の設置が強制されます（会社327条1項4号）。指名委員会等設置会社の取締役会は，①各委員会の委員の選定・解職（会社400条2項・401条1項），②執行役の選任・解任（会社402条2項・403条1項），及び③代表執行役の選定・解職（会社420条1項・2項）を行うほか，当該会社の業務執行の決定権限と，執行役等（執行役，取締役及び会計参与をいいます〔会社404条2項1号括弧書〕）の職務執行の監督権限を有します（詳細についてはQ53参照）。

取締役会による①から③の各権限に関しては，当該権限を定款の定めによって株主総会に付与することが可能かという解釈上の問題があり，学説は，これを肯定する見解[2]と，否定する見解[3]とに分かれています。同様の争いがあった代表取締役の選解任権限について，会社法の立案担当者は「代表取締役に対する内部的な監督機能の一つであるその選解任を，主として取締役会が行うのか，株主総会が行うのかも，各会社の実情に合わせて，定款で定めることとして差し支えないものと考えられる」と説明しており[4]，会社法制定前の登記実務は，これを株主総会の権限とすることは認められないとする見解によっていましたが，会社法の下ではこれを認める運用に変更されました[5]。しかし，指名委員会等設置会社に関しては，その理念ともかかわって，なお議論の余地があるとされています[6]。

この点に関して，指名委員会等設置会社がそれ以外の株式会社と区別される理由として，①所有と経営が分離している会社が前提となっていること，②その理念，及び③選択制度であり，理念型に純化することが妥当であると考えられることが指摘されており[7]，このうち指名委員会等設置会社の理念として，具体的には，指名委員会等設置会社が「株主総会の議決権行使書面などを通じて，経営者である代表執行役が株主総会を事実上リードできているということ

第6章◇指名委員会等設置会社・監査等委員会設置会社
第1節◇指名委員会等設置会社

に対して，三委員会制度を通じて社外取締役が人事等に影響力をもてるような制度という趣旨でつくられて」いることが挙げられています[*8]。

(b) 三委員会

(ア) 三委員会の権限　三委員会は，取締役会の内部機関又は下位機関として位置づけられ，主に以下の権限を有します（詳細については**Q52**参照）。

① 指名委員会：株主総会に提出する取締役の選任及び解任に関する議案の内容を決定する権限（会社404条1項）
② 監査委員会：執行役・取締役の職務の執行を監査する権限並びに会計監査人の選解任議案及び不再任議案の内容を決定する権限（会社404条2項）
③ 報酬委員会：執行役及び取締役の個人別の報酬等の内容を決定する権限（会社404条3項）

(イ) 三委員会の構成　各委員会は，それぞれ委員3名以上で組織され（会社400条1項），その委員は，取締役の中から取締役会の決議によって選定されます（同条2項）。このように，委員は取締役であることが前提となるため，委員が取締役の地位を失った場合には，委員としての地位も失うとされています。

また，定款の定めにより委員会の最低員数を引き上げることや，員数の上限を定めること，委員会ごとに員数につき異なる定めを置くことは妨げられません。委員の兼務についても，認められています。

(ウ) 委員の資格要件・兼任制限　各委員会の委員の過半数は社外取締役（会社2条15号）である必要がありますが（会社400条3項），社外取締役に該当するためには，その会社の執行役でないことが要件の一つとなっています（会社2条15号イ）。したがって，社外取締役である委員が執行役を兼ねることはできません。

また，監査委員会の委員（監査委員）については，社外取締役でない委員であっても，その会社もしくは子会社の執行役，業務執行取締役，又はその子会社の会計参与もしくは支配人その他の使用人を兼ねることはできません（会社400条4項）。これは，監査役設置会社における監査役の兼任禁止規定（会社335条2項）と同様，監査の公正性を確保するための規定とされています。

(c) **執行役**

　指名委員会等設置会社は，1人又は2人以上の執行役を設置しなければならず（会社402条1項），執行役が複数選任される場合に，会社が任意に執行役会を設置することは妨げられません。また，執行役は取締役を兼務することができ（会社402条6項），その場合，指名委員会及び報酬委員会の委員を兼ねることもできますが，前記(b)(ウ)のとおり，監査委員会の委員を兼ねることはできません（会社400条4項）。

　執行役は，取締役会から委任を受けた業務執行の決定と，業務の執行を行う権限を有します（会社418条。詳細については，**Q53**参照）。

　なお，一般に会社で置かれることが多い「執行役員」は，会社法上の機関ではなく，あくまで会社の重要な使用人（会社362条4項3号）と考えられており，会社法上の機関である執行役とは異なります。

(d) **その他の機関との関係**

　指名委員会等設置会社では，会計監査人の設置が強制されます（会社327条5項）。

　その理由は，三委員会（特に監査委員会）はいわゆる内部統制システムを利用して会社の業務執行に対する監督を行うことが予定されているところ，会計監査人が設置されないと，会社の財務報告の信頼性を確保する仕組みの構築が難しく，三委員会が十分機能しないからとされています[*9]。

　一方，指名委員会等設置会社においては，監査委員会が存在するため，監査役や監査等委員会を設置することはできません（監査役につき会社327条4項，監査等委員会につき会社327条6項）。

　また，指名委員会等設置会社において会計参与を設置することは禁止されていませんが，会計参与の制度は，税理士をこれに選任することによって，主に，会計監査人が設置されない中小企業の計算の適性化を図るための制度とされているため，会計監査人の設置義務を負う指名委員会等設置会社において，会計参与が置かれることは通常は考えられないとされています[*10]。

第6章◇指名委員会等設置会社・監査等委員会設置会社
第1節◇指名委員会等設置会社

2 指名委員会等設置会社と他の機関設計の関係

　会社法上，主な機関設計として，監査役会設置会社・監査等委員会設置会社・指名委員会等設置会社の3つが用意されていますが，どれを採用するかは各社の選択に委ねられており（会社326条2項），その中における優劣関係は想定されていません。この点について，「経営者支配に対する特効薬的な方策（機関形態）はないので，複数の制度を選択可能とすることにより『制度間競争』を生じさせ，競争の緊張を通じて機関の運用が改善されることを，法は期待している」との指摘もあります[*11]。

　また，CGコードも，「本コード（原案）は，もとよりいずれかの機関設計を慫慂するものではなく，いずれの機関設計を採用する会社にも当てはまる，コーポレートガバナンスにおける主要な原則を示すものであ」り，「監査役会設置会社を想定した幾つかの原則（監査役または監査役会について記述した原則）が置かれているが，こうした原則については，監査役会設置会社以外の上場会社は，自らの機関設計に応じて所要の読替えを行った上で適用を行うことが想定される。」とされていることから（CGコード原案序文14項），特定の機関設計の採用を推奨するものではありません。

　これに対して，実務上は，上述した3つの機関設計の中でも，指名委員会等設置会社は，効率性と公正性の最大化を正面から企図する「攻めのガバナンス」を効かせようとする機関設計であって，グローバルな競争での勝利を目指す企業が本来とるべき王道の選択肢であり，会社法が用意した3つの主な機関設計の中では，第一に選択が検討されるべき形態であるとの指摘もあります[*12]。

3 監査役会設置会社との違いやメリット・デメリット

(1) 監査役会設置会社との違い

　今般，CGコードにより，機関設計を問わず，基本的な経営戦略や経営計画をふまえた取締役会の監督機能の強化が求められており，監査役会設置会社も

例外ではありません（実践報告書第2.2〔3頁〕）。

　しかし，監査役会設置会社においては，重要な業務執行の決定を取締役会が自ら行うこととされているため（会社362条4項），そもそも，取締役会が業務執行者（取締役）の監督機関に徹することができない仕組みになっています。また，監査役が有する監査権限は適法性監査の権限に限定されると解されており，取締役を選任・解任する権限までは有していないため，監査役も不十分な権限しか行使できない仕組みとなっていると指摘されています。

　一方，指名委員会等設置会社は，上記**1**(2)のとおり，取締役会の経営者の監督機関としての役割を強化し，モニタリング・モデルを志向した機関設計です。そのため，指名委員会等設置会社においては，取締役会から執行役に対して業務執行の決定を大幅に委任することによって，いわゆる経営と監督の分離を実現し，取締役会が業務執行者（執行役）の監督に専念できるような仕組みとなっています。加えて，指名委員会等設置会社では，取締役会による監督の実効性を高めるため，社外取締役が過半数を占める指名委員会や報酬委員会が，それぞれ，株主総会に提出する取締役の選任・解任に関する議案の内容を決定する権限と，執行役や取締役の個人別の報酬等を決定する権限を有しています（なお，上記**1**(3)(a)のとおり，執行役の選解任権限を直接的に有しているのは取締役会ですが，社外取締役が過半数を占める指名委員会が，取締役会の構成員である取締役の選解任議案の内容の決定権限を有しているため，究極的には指名委員会が執行役に対する人事権も掌握していると理解されています。）。

(2)　**指名委員会等設置会社のメリット・デメリット**
　指名委員会等設置会社のメリット・デメリットは次のとおりです。

(a)　**メリット**
　まず，指名委員会等設置会社は，企業の国際競争力確保の方策として導入された制度でもあり，取締役会が執行役に対して業務執行の決定を大幅に委任することで，執行役による迅速・果敢な意思決定が可能となる[13]ことが大きなメリットであるといえます。
　さらに，指名委員会等設置会社が志向しているモニタリング・モデルは，諸外国の上場会社等が多く採用していることから，特に外国の証券取引所に上場しているような会社にとって，外国人投資家の評価を得やすい機関設計である

第6章◇指名委員会等設置会社・監査等委員会設置会社
第1節◇指名委員会等設置会社

と指摘されています。

(b) デメリット

しかし，指名委員会等設置会社を採用した場合，指名委員会や報酬委員会が設置されることによって，監査役会設置会社における経営陣の最高権力者（代表取締役社長等）は，それまで自己が事実上保有していた人事権や報酬決定権を失うことになるところ，そのことに対する最高権力者の抵抗感が大きいといわれており，そのために，上場会社で指名委員会等設置会社の機関設計を採用している企業は非常に少ないと指摘されています*14。このように，制度の利用が促進されないということ自体（現実的に見て利用しづらい機関設計であること）が指名委員会等設置会社のデメリットとして挙げられます*15。

この点に関して，近年におけるCGコードの制定や，監査等委員会設置会社制度の創設といったコーポレート・ガバナンスの大きな流れを受け，指名委員会等設置会社への移行を表明する上場会社も増えてきていると指摘されていますが，平成28年7月10日時点においても，指名委員会等設置会社の形態をとる上場会社は，わずか70社にとどまっています。

〔村松　亮〕

■注　記■

*1　各委員会を3名ずつとし，2名の社外取締役を三委員会すべての委員とすれば，社外取締役は2名で足ります。もっとも，指名委員・報酬委員の職務は，役員の資質を見極めて待遇を決めることであり，役員の職務執行を監査する職務とは性質的に異なります。そこで，監査委員が原則として指名委員・報酬委員を兼務することができない旨を内部規則で定めている会社もあると指摘されています（中島茂ほか「指名委員会等設置会社の実態調査」資料版商事387号（2016）11頁）。

*2　江頭・315頁，江頭憲治郎ほか編著『改正会社法セミナー（企業統治編）』（有斐閣，2006）245〜246頁〔江頭憲治郎発言・浜田道代発言〕。

*3　酒巻俊雄＝龍田節編集代表『逐条解説会社法(5)機関(2)』（中央経済社，2011）238頁〔河村賢治〕・337頁〔野田博〕，江頭ほか編著・前掲（*2）244〜245頁〔岩原紳作発言・森本滋発言〕，岩原紳作編『会社法コンメンタール(9)機関(3)』（商事法務，2014）207頁〔落合誠一〕。

*4　相澤哲＝細川充「株主総会等」商事1743号（2005）19頁注3。

*5　江頭・316頁注5，松井信憲『商業登記ハンドブック〔第3版〕』（商事法務，2015）69頁注。

*6 酒巻＝龍田編集代表・前掲（＊3）337頁〔野田博〕。
*7 江頭ほか編著・前掲（＊2）244頁〔森本発言〕。
*8 江頭ほか編著・前掲（＊2）244頁〔岩原発言〕，酒巻＝龍田編集代表・前掲（＊3）338頁〔野田〕。
*9 江頭・548頁注3。
*10 岩原編・前掲（＊3）93頁〔伊藤靖史〕。
*11 江頭・547頁。
*12 中村直人編著『取締役・執行役ハンドブック〔第2版〕』（商事法務，2015）172頁〔西本強ほか〕。
*13 始関正光編著『Q&A平成14年改正商法』（商事法務，2003）66頁。
*14 坂本一問一答18頁。
*15 この点に関して，取締役の過半数が社外取締役であることを前提として，全取締役を指名委員・報酬委員に選定することによって，指名委員会等設置会社を活用する方策などが提唱されています（吉川純「指名委員会等設置会社の再評価」資料版商事384号（2016）6頁）。

第6章◇指名委員会等設置会社・監査等委員会設置会社
第1節◇指名委員会等設置会社

 指名委員会・報酬委員会・監査委員会

三委員会は,それぞれどのような役割・職務を担っていますか。また,監査委員は,どのような権限や義務を有していますか。

> 指名委員会は,株主総会に提出する取締役の選任及び解任に関する議案の内容を決定する権限,監査委員会は,執行役及び取締役の職務の執行を監査する権限並びに会計監査人の選解任議案及び不再任議案の内容を決定する権限,報酬委員会は,執行役及び取締役の個人別の報酬等を決定する権限を有しています。
>
> また,監査委員は,主に取締役会への報告義務や執行役・取締役の違法行為等の差止請求権(差止義務)を有し,監査委員会において選定された監査委員は,主に,執行役,取締役及び使用人に対する報告徴収権や,指名委員会等設置会社及びその子会社の調査権を有しています。

☑キーワード

指名委員会の役割・職務,監査委員会の役割・職務,報酬委員会の役割・職務,適法性監査,妥当性監査,組織監査,監査委員の権限・義務,選定監査委員,指名監査委員

解説

1 指名委員会

(1) 指名委員会の役割・職務

指名委員会は、株主総会に提出する取締役（会計参与設置会社においては取締役及び会計参与）の選任及び解任に関する議案の内容を決定する権限を有します（会社404条1項）。その決定にあたって、現任取締役の業績等の評価や解任の原因となる事実関係の確認等を行うことも、指名委員会の職務といえます[*1]。

また、決定の恣意性を排除するためには何らかの基準を設けることが望ましいとされています[*2]。旬刊商事法務編集部が行ったアンケート調査によれば、内規（指名基準）を設けている指名委員会等設置会社が過半数を占めており、この内規（指名基準）では、取締役会の多様性、他の会社の取締役、執行役等の兼務制限、取締役としての就任期間等が考慮要素として挙げられています[*3]。

なお、指名委員会の委員である取締役は、自己を取締役として再任する議案や自己を解任する議案の内容の決定にあたり、「特別の利害関係を有する委員」（会社412条2項）に該当するかが問題となりますが、過半数の社外取締役である委員の存在等を理由に、いずれについても特別利害関係を有する委員に当たらないと解する見解が多数説です[*4]。

実務上は、指名委員会に法定事項以外の職務を行わせる例も多く見られ、その具体的内容としては、例えば、CEO又は社長の後継者の選定への関与、その他の執行役の選定への関与、グループ役員の人事への関与、取締役会の招集権者の選定、執行役員候補者の推薦、三委員会の委員選定案の策定等があります[*5][*6]。

(2) 指名委員会が取締役・会計参与の選解任議案の内容の決定権限を有する趣旨

指名委員会等設置会社において、指名委員会が取締役の選解任議案の内容の

決定権限を有する趣旨は，取締役の独立性を高め，取締役会の監督機能を強化することにあります。

すなわち，指名委員会等設置会社以外の株式会社において，取締役の選解任議案の内容は，取締役の過半数の決定又は取締役会の決議により決定されますが（会社298条1項5号・4項，会社則63条7号イ），その決定過程は不透明であり，実際には取締役社長等の最高権力者が議案の内容を実質的に決定することができることから，取締役会による最高権力者の監督が有名無実となるおそれもあります。そこで，指名委員会等設置会社においては，最高権力者が有する実質的な人事権を奪い，社外の目から見ても執行役等の監督を十分に行うことができる人材を取締役に選任する仕組みを構築しようとしています[7]。

これに対して，指名委員会が会計参与の選解任議案の内容の決定権限を有する趣旨は，取締役会の監督機能の強化という点から説明することはできず，会計参与の執行役からの独立性を確保するためとされています[8]。

(3) 指名委員会の決定に対する取締役会の関与

前記(2)の趣旨に照らし，取締役会が取締役の選考基準を定めて指名委員会を拘束することや，指名委員会で決定された取締役の選解任議案について取締役会が取消しや変更をすることはできないとされ，仮に，取締役会が，指名委員会の決定した内容の議案と異なる内容の議案を株主総会に提出し，それが承認された場合には，株主総会の決議取消事由（会社831条1項1号）となります[9]。

もっとも，執行役や指名委員会の委員以外の取締役が取締役候補者について原案を提示するなど，取締役の選解任議案の内容の決定について一定の関与をすることまでは禁止されません。

2 監査委員会

(1) 監査委員会の役割・職務

(a) 執行役等の職務執行の監査及び監査報告の作成

監査委員会の職務としては，まず，執行役等（執行役及び取締役をいい，会計参与設置会社においては執行役，取締役及び会計参与をいいます）の職務の執行の監査及び監査報告の作成があります（会社404条2項1号）。

監査委員は取締役会の構成員でもあるため，監査委員会は，執行役等の職務の執行が法令・定款に違反しないかどうかという観点だけでなく（適法性監査），執行役による業務執行の妥当性又は効率性という観点からも監査を行います（妥当性監査）[*10]。また，監査委員会による監査は，監査役会設置会社の監査役監査とは異なり，組織的に行われ（組織監査）[*11]，主に，内部統制システムが適切に構成・運営されているかを監視し，必要に応じて内部統制部門に具体的指示をすることが予定されています。

そのため，常勤の監査委員を置くことは会社法上要求されていませんが，実務上は設置されることも多く[*12]，具体的な制度設計次第では，監査委員会の運営を監査役会に近い形で行うことも可能です。

(b) **会計監査人の選解任議案・不再任議案の内容の決定**

さらに，監査委員会は，会計監査人の選解任議案及び不再任議案の内容の決定権限を有します（会社404条2項2号）。

これは，指名委員会等設置会社においては，監査委員が全員社外取締役であって常勤の監査委員を置かないこともあり得ることを考慮して，監査委員会と会計監査人が緊密な協力関係の下に実効的な監査を行う体制を確保する構築するために認められた権限であり，この権限を適切に行使することによって，監査委員会は，会計監査人の業務執行者からの独立性を確保する役割を担っています[*13]。

こうした趣旨に照らし，取締役会は，会計監査人の選解任議案の内容を独自に決定できず，監査委員会が決定した議案について取消しや内容の変更をすることもできません[*14]。

(c) **会計監査人の報酬等の決定についての同意**

会計監査人の報酬等は，取締役又は執行役が代表する会社と会計監査人との合意によって定められますが，会計監査人の報酬等の決定プロセスを取締役や執行役が支配することを防ぎ，会計監査人の独立性を強化するため[*15]，監査委員会は，取締役による会計監査人の報酬等の決定について同意権を有します（会社399条4項）。

なお，公開会社においては，監査委員会が同意した理由を事業報告に記載する必要があります（会社則126条2号）。

第6章◇指名委員会等設置会社・監査等委員会設置会社
第1節◇指名委員会等設置会社

　(d)　会計監査人の解任・一時会計監査人の選任
　監査委員会は，一定の事由が生じた場合に，監査委員の全員の同意により，会計監査人を解任することができ（会社340条6項・1項・2項），また，会計監査人が欠けた場合等において，遅滞なく会計監査人が選任されないときは，一時会計監査人の職務を行うべき者を選任しなければなりません（会社346条8項・4項）。

　(2)　監査委員の権限・義務
　(a)　すべての監査委員が有する権限・義務
　監査委員会から選定されたか否かにかかわらず，すべての監査委員は，主に以下の権限及び義務を有します。

　(ｱ)　取締役会に対する報告義務　　監査委員は，執行役・取締役が不正の行為をし，もしくは当該行為をするおそれがあるとき，又は法令・定款に違反する事実もしくは著しく不当な事実があると認めるときは，遅滞なく，その旨を取締役会に報告しなければなりません（会社406条）。

　(ｲ)　執行役・取締役の違法行為等の差止請求権（差止義務）　　監査委員は，執行役又は取締役が指名委員会等設置会社の目的の範囲外の行為その他法令もしくは定款に違反する行為をし，又はこれらの行為をするおそれがある場合において，当該行為によって当該指名委員会等設置会社に著しい損害が生じるおそれがあるときは，当該行為の差止めを請求することができます（会社407条1項）。かかる権限は，同時に義務でもあると解されています。

　(ｳ)　株主等からの提訴請求等を受ける権限　　監査委員は，株主・親会社株主から株主代表訴訟等の提起前の提訴請求を受ける権限，株主代表訴訟等の提起につき訴訟告知を受ける権限，株主代表委訴訟等の和解につき裁判所から通知・催告を受ける権限，株式交換等完全親会社・最終完全親会社等が通知を受ける権限を有します（会社408条5項各号）。

　(ｴ)　取締役・執行役の責任の一部免除等に関する同意権　　監査委員は，取締役が取締役（監査委員を除きます）及び執行役の責任の免除に関する議案を株主総会に提出する際における同意権を有します（会社425条3項・426条2項・427条3項）。

　(ｵ)　事業報告に意見を付記する権限　　監査委員は，監査報告の内容が当該

監査委員の意見と異なる場合には、その意見を付記することができます（会社則131条1項柱書後段、会社計算129条1項柱書後段）。

(b) **選定監査委員が有する権限・義務**

監査委員会が選定する監査委員（実務上は選定監査委員又は指名監査委員と呼ばれています。以下では「選定監査委員」といいます）は、主に以下の権限及び義務を有します。

(ア) **報告徴収権・業務調査権** 選定監査委員は、いつでも、執行役等及び使用人に対し、その職務の執行に関する事項の報告を求め、又は、会社の業務・財産の状況を調査することができます（会社405条1項）。

また、選定監査委員は、監査委員会の職務を遂行するため必要があるときは、指名委員会等設置会社の子会社に対して事業の報告を求め、又はその子会社の業務及び財産の調査をすることができます（会社405条2項）。

選定監査委員は、これらの報告徴収又は調査に関する事項についての監査委員会の決議があるときは、これに従わなければなりません（会社405条4項）。

(イ) **訴えの提起における指名委員会等設置会社の代表権** 選定監査委員は、指名委員会等設置会社を代表して執行役・取締役に対する訴えを提起する権限を有します（会社408条1項2号）。

また、選定監査委員は、指名委員会等設置会社を代表して、株主交換等完全子会社の旧株主による責任追及訴訟又は最終完全親会社等の株主による特定責任追及訴訟の対象となり得る訴訟を提起する権限を有します（会社408条3項・4項）。

(ウ) **会計監査人の解任理由等の報告義務** 監査委員会が会計監査人を解任した場合（会社340条1項）、選定監査委員は、その旨及び解任の理由を解任後最初に招集される株主総会で報告しなければなりません（会社340条6項・3項）。

(エ) **会計監査人に対する報告徴収権** 選定監査委員は、その職務を行うため必要があるときには、会計監査人に対し、その監査に関する報告を求めることができます（会社397条5項・2項）。

3 報酬委員会

(1) 報酬委員会の役割・職務

報酬委員会は，執行役等の個人別の報酬等及び使用人を兼ねる執行役の使用人分の報酬等（給与）を決定する権限を有します（会社404条3項）。

具体的には，まず，報酬委員会は，執行役等の個人別の報酬等の内容に係る決定に関する方針を定め（会社409条1項），その方針（方針の内容及びその開示に関しては，それぞれQ36・Q39参照）に従って（同条2項），個人別の報酬等の内容として所定の事項を決定します（同条3項）。報酬委員会は，その決定を代表執行役等に一任することはできません。

なお，報酬委員会の委員は，自らの取締役又は執行役としての報酬等を決定するに当たって，「特別の利害関係を有する委員」（会社412条2項）に該当し，報酬委員会の議決に加わることはできません[*16]。

(2) 報酬委員会が執行役等の個人別の報酬等を決定する趣旨

まず，報酬委員会が執行役の個人別の報酬等を決定することとされている趣旨は，報酬委員会が報酬コンサルタント等を利用して合理的な報酬スキームを確立し，それを開示することによって，執行役の業績の報酬への反映及び株主の利害との調整を図る点にあります[*17]。

これに対して，報酬委員会が取締役の個人別の報酬等を決定することとされている趣旨は，社外取締役が過半数を占める報酬委員会がこれを決定することによって，取締役の執行役からの独立性を確保し，取締役会による執行役への監督の実効性を確保する点にあります[*18]。また，会計参与の個人別の報酬等についても同様に，その独立性を確保することがねらいです[*19]。

(3) 報酬委員会の決定に対する取締役会等の関与

前記(2)の趣旨に照らし，報酬委員会が決定した個人別の報酬等の内容を取締役会が覆すことはできず，また，株主総会も，執行役等の報酬を決定する必要はないし（会社404条3項前段参照），報酬委員会の決定を覆すこともできないとされています[*20]。

また，定款や株主総会決議によって報酬委員会の報酬等の決定権限自体に制

限を加えることもできないとされています。

〔村松　亮〕

===■注　記■===

* 1　岩原紳作編『会社法コンメンタール(9)機関(3)』（商事法務，2014）93頁〔伊藤靖史〕，中村直人編著『取締役・執行役ハンドブック〔第2版〕』（商事法務，2015）208頁〔西本強＝久保利英明＝中川直政〕。
* 2　岩原編・前掲（＊1）93頁〔伊藤〕，酒巻俊雄＝龍田節編集代表『逐条解説会社法(5)機関(2)』（中央経済社，2011）256頁〔若林泰伸〕。
* 3　商事法務編集部「指名委員会等設置会社における委員会等の運営に関するアンケート調査結果〔Ⅲ・完〕」商事2071号（2015）53頁。
* 4　岩原編・前掲（＊1）156頁〔森本滋〕。
* 5　商事法務編集部・前掲（＊3）53頁。
* 6　具体的な委員の選定（会社400条2項）や執行役の選解任（会社402条2項・403条1項）等の取締役会の専決事項を指名委員会に委任することはできませんが，指名委員会がその決定プロセスに関与することは妨げられません（岩原編・前掲（＊1）92頁〔伊藤〕）。
* 7　岩原編・前掲（＊1）91頁〔伊藤〕。
* 8　岩原編・前掲（＊1）94頁〔伊藤〕。
* 9　岩原編・前掲（＊1）92頁〔伊藤〕，酒巻＝龍田編集代表・前掲（＊2）262頁〔若林〕。
* 10　岩原編・前掲（＊1）95頁〔伊藤〕。
* 11　岩原編・前掲（＊1）95頁〔伊藤〕。
* 12　商事法務編集部が実施したアンケート調査によれば，アンケートに回答した31社中23社で常勤の監査委員が選定されています（商事法務編集部「指名委員会等設置会社における委員会等の運営に関するアンケート調査結果〔Ⅱ〕」商事2070号（2015）34頁）。
* 13　岩原編・前掲（＊1）100頁〔伊藤〕。
* 14　岩原編・前掲（＊1）100頁〔伊藤〕。
* 15　岩原編・前掲（＊1）40頁〔田中亘〕。
* 16　岩原編・前掲（＊1）102頁〔伊藤〕。
* 17　森本滋「コーポレート・ガバナンス関連立法の最近の動向(下)」取締役の法務99号（2002）24頁，江頭566頁注1。
* 18　岩原編・前掲（＊1）102頁〔伊藤〕。
* 19　岩原編・前掲（＊1）106頁〔伊藤〕。
* 20　岩原編・前掲（＊1）103頁〔伊藤〕。

第6章◇指名委員会等設置会社・監査等委員会設置会社
第1節◇指名委員会等設置会社

 53　指名委員会等設置会社の取締役会，執行役

指名委員会等設置会社の取締役会はどのような役割・職務を担っていますか。また執行役はどのような役割・職務を担っていますか。

> 指名委員会等設置会社の取締役会は，当該会社の業務執行の決定権限と執行役等の職務執行の監督権限を有しています。また，取締役会の専決事項として限定列挙された事項を除き，執行役に対して業務執行の決定を委任することができます。
> 　執行役は，取締役会決議により業務執行の決定の委任がなされた場合における当該会社の業務執行の決定権限と，当該会社の業務執行権限を有しています。

☑キーワード

指名委員会等設置会社，取締役会の役割・職務（指名委員会等設置会社），取締役会の専決事項（指名委員会等設置会社），執行役の役割・職務

解　説

1　取締役会の役割・職務

(1)　業務執行の決定権限

(a)　指名委員会等設置会社の特徴と実態

指名委員会等設置会社の取締役会は，当該会社の業務執行すべてを決定する

権限を有しますが（会社416条1項1号），後記(b)のとおり，取締役会の専決事項が限定列挙されているため，業務執行の決定権限を大幅に執行役に委任することで，取締役会が決定すべき事項を大幅に減少させ，執行役が会社の経営を担い，取締役会は，執行役による経営のモニタリングに重点を置くことが可能です[*1]。

もっとも，**Q51**でも説明したとおり，取締役会が執行役に対してどの程度委任を行うかは各社の裁量次第であり，指名委員会等設置会社の取締役会について，経営戦略や経営計画などの大局的な議論を中心として行っている会社が多いものの，法律上，原則として委任が認められる事項をすべて執行役以下に委任している会社もあれば，具体的な案件についてもある程度は取締役会で決定することを想定している会社もあると指摘されています（プラクティス集第2，1(1)〔8頁〕）。

また，平成27年2月から4月にかけて，最終事業年度を通じて指名委員会等設置会社を選択していた上場会社57社に対して行われたアンケート調査（回答数31社）によれば，取締役会専決事項以外の業務執行の決定権限をすべて委譲しているとした会社は31社中8社にとどまり，「重要な規程の制定・改廃」や「重要な財産の処分・譲受け」を取締役会権限としている会社が多く見られます[*2]。

(b) **取締役会の専決事項**

指名委員会等設置会社において，取締役会がその決議により執行役に委任することのできない事項，すなわち取締役会の専決事項は，次のとおりです（会社416条2項・1項1号イ～ホ・4項ただし書）。

① 経営の基本方針（会社416条1項1号イ）
② 内部統制システムに関する事項（会社416条1項1号ロ・ホ，会社則112条）
③ 2人以上の執行役の職務の分掌及び指揮命令の関係その他の執行役相互の関係に関する事項（会社416条1項1号ハ）
④ 執行役から取締役会の招集請求を受ける取締役（会社416条1項1号ニ）
⑤ 譲渡制限株式の譲渡承認等（会社416条4項1号）
⑥ 自己株式の有償取得に係る事項（会社416条4項2号）
⑦ 譲渡制限新株予約権の譲渡承認（会社416条4項3号）

第6章◇指名委員会等設置会社・監査等委員会設置会社
第1節◇指名委員会等設置会社

⑧　株主総会招集事項（会社416条4項4号）

⑨　株主総会提出議案（ただし，取締役，会計参与及び会計監査人の選任・解任並びに会計監査人を再任しないことに関する議案を除く）の内容（会社416条4項5号）

⑩　競業取引・利益相反取引の承認（会社416条4項6号）

⑪　取締役会招集取締役の決定（会社416条4項7号）

⑫　各委員会の委員の選定・解職（会社416条4項8号）

⑬　執行役の選任・解任（会社416条4項9号）

⑭　監査委員と指名委員会等設置会社との間の訴訟における会社代表者の決定（会社416条4項10号）

⑮　代表執行役の選定・解職（会社416条4項11号）

⑯　定款の定めに基づく役員等の損害賠償責任の一部免除の決定（会社416条4項12号）

⑰　計算書類等の承認（会社416条4項13号）

⑱　中間配当の決定（会社416条4項14号）

⑲　事業譲渡，合併等の組織再編行為に係る事項の決定（株主総会の決議による承認を要しないものを除く）（会社416条4項15号～20号）

(c)　執行役に委任できる事項の具体例

　また，指名委員会等設置会社以外の会社では業務執行取締役に委任できないが，指名委員会等設置会社においては執行役に委任できる事項として，例えば，以下のものが挙げられます[3]。

①　重要な財産の処分及び譲受け（会社362条4項1号）

②　多額の借財（会社362条4項2号）

③　支配人その他の重要な使用人の選任及び解任（会社362条4項3号）

④　支店その他の重要な組織の設置・変更・廃止（会社362条4項4号）

⑤　会社法676条1号に掲げる事項その他の社債を引き受ける者の募集に関する重要な事項として法務省令で定める事項（会社362条4項5号，会社則99条）

⑥　定款の授権がある場合の種類株式の内容の決定（会社108条3項）

⑦　自己株式の取得価格等の決定・子会社からの自己株式の取得（会社157条3項・163条）

⑧ 取得条項付株式の取得の日や取得する株式の決定（会社168条・169条）
⑨ 株式分割・株式無償割当て（会社183条・185条）
⑩ 所在不明株主の株式の競売等（会社197条4項）
⑪ 公開会社における募集株式・新株予約権の募集事項の決定（会社201条1項・240条1項）
⑫ 株主総会の承認を要しない組織再編行為に係る事項の決定（会社784条1項・2項・796条1項・2項など）

(2) 執行役への業務執行の決定の委任

指名委員会等設置の取締役会は，前記(1)(b)の専決事項を除き，その決議によって，業務執行の決定を執行役に委任することができます（会社416条4項）。

取締役会の執行役に対する業務執行の決定権限の委任は，取締役会の決議をもって行われる必要がありますが，明示的なもののみならず，委任決議の趣旨を合理的に解釈して認められる，黙示的なものも含みます。もっとも，委任の際には，具体的に決定権限を行使する執行役等を明らかにしなければならず，単に執行役に委任するという漠然とした委任までは認められないとされています[*4]。

なお，取締役会は，業務執行の決定を執行役に委任した場合でも，当該委任事項について決定することが可能であり，その決定は執行役を拘束するとされています[*5]。

また，執行役が，取締役会から適法に委任を受けた事項について既に決定をした場合であっても，当該決定が対内的な業務執行の決定であるときや，対外的な業務執行の決定であっても決定に基づく対外的な業務執行（第三者との取引等）がされていないときは，取締役会はいつでも当該決定を撤回し，又は変更する決定ができますが，執行役が自己の決定に基づき，対外的な業務執行をしてしまったときは，たとえ取締役会がその決定を撤回・変更したとしても，既になされた対外的な行為の効果に影響を及ぼさないと解されます[*6]。

(3) 執行役等の職務執行の監督

指名委員会等設置会社の取締役会は，執行役等（執行役及び取締役をいい，会計参与設置会社においては執行役，取締役及び会計参与をいいます〔会社404条2項1号括弧書〕）の職務の執行を監督する権限を有します（会社416条1項2号）。

第6章◇指名委員会等設置会社・監査等委員会設置会社
第1節◇指名委員会等設置会社

　取締役会による職務執行の監督は妥当性及び適法性の両面に及び，執行役による業務執行を主な対象としますが，各取締役の取締役会の構成員としての職務や各委員会の委員としての職務執行も取締役会による監督の対象です*7。また，執行役等を補助する使用人についても，実質的に取締役会による監督の対象になるとされています*8。

2　執行役の役割・職務

(1)　取締役会から委任された業務執行の決定
　執行役は，会社法416条4項に基づいて，取締役会の決議により業務執行の決定の委任がなされた場合に，業務執行の決定を行う権限を有し（会社418条1号），当該決定権限を他の執行役に委任することも可能です*9。
　もっとも，前記1(2)で述べたとおり，取締役会が執行役に委任した事項について行った決定は執行役を拘束するため，執行役は当該決定に従って業務執行を行わねばならず，従わない場合は善管注意義務違反になるとされています*10。
　なお，取締役会の決議による業務執行の決定の委任がないにもかかわらず，執行役が当該事項につき業務執行の決定を行い，その決定に基づき業務執行をした場合の法的効果が問題となります。
　この点については，当該執行役が行った決定及びそれに基づく業務執行は原則として無効であるが，対外的な取引がなされた場合等は第三者保護の観点を考慮する必要があり，指名委員会等設置会社以外の会社において，代表取締役が取締役会の決議事項につきその決議を経ずに取引を行った場合と同様の問題であるとされています。すなわち，指名委員会等設置会社以外の会社に関して，判例は，個々の取引行為は原則として有効であるが，取締役会の決議がないことを相手方が知りまたは知り得べきときは無効となるとしており☆1，この考え方が指名委員会等設置会社の場合にも及ぶであろうと指摘されています*11。

(2)　業務の執行
　執行役は，指名委員会等設置会社の業務を執行する権限を有します（会社418

条2号)。

　具体的な業務執行権限の分配としては，指名委員会等設置会社は，1名又は2名以上の執行役を置かなければならないところ（会社402条1項），1名しか執行役を置かない場合は，その執行役が業務執行全般につき権限を有するとともに，当該執行役が代表執行役となります（会社420条1項後段）。また，2名以上の執行役を置く場合は，取締役会が決定した職務分掌（会社416条1項1号ハ）の範囲内において業務執行権限を有することになり，取締役会の決議により代表取締役執行役が選定されます（会社420条1項前段）。

　執行役が業務執行権限をさらに他の執行役や従業員に委任することは，当該業務執行の性質・内容，職務分掌の定め等により当該執行役が自ら権限行使しなければならないと判断される場合以外は可能であり，一般的には会社の規模が大きくなればなるほど肯定されやすくなるとされています[12]。

〔村松　亮〕

■判　例■

☆1　最判昭40・9・22民集19巻6号1656頁・判タ181号114頁・判時421号31頁。

■注　記■

*1　岩原紳作編『会社法コンメンタール(9)機関(3)』（商事法務，2014）183頁〔落合誠一〕。

*2　商事法務編集部「指名委員会等設置会社における委員会等の運営に関するアンケート調査結果〔Ⅰ〕」商事2069号（2015）28頁。

*3　相澤哲ほか編『論点解説　新・会社法』（商事法務，2006）429～430頁，岩原編・前掲（*1）184頁〔落合〕参照。

*4　江頭憲治郎＝中村直人編著『論点体系会社法(3)株式会社Ⅲ』（第一法規，2012）375頁〔石井裕介〕。

*5　岩原編・前掲（*1）184頁〔落合〕，奥島孝康ほか編『新基本法コンメンタール会社法2』（日本評論社，2010）302頁〔田中亘〕。

*6　奥島ほか編・前掲（*5）302頁〔田中〕，始関正光編著『Q&A平成14年改正商法』（商事法務，2003）84頁。

*7　江頭・553～554頁。

*8　岩原編・前掲（*1）176頁〔落合〕。

*9　岩原編・前掲（*1）193頁〔落合〕，奥島ほか編・前掲（*5）302頁〔田中〕。

第6章◇指名委員会等設置会社・監査等委員会設置会社
第1節◇指名委員会等設置会社

＊10　岩原編・前掲（＊1）184頁〔落合〕，奥島ほか編・前掲（＊5）302頁〔田中〕。
＊11　岩原編・前掲（＊1）194頁〔落合〕。
＊12　岩原編・前掲（＊1）195頁〔落合〕。

第2節　監査等委員会設置会社

54　監査等委員会設置会社の概要

監査等委員会設置会社とはどのような機関設計ですか。監査等委員会設置会社のメリット・デメリットは何ですか。

　　監査等委員会設置会社は，取締役会，監査等委員会，会計監査人を置くことが必要となり，また，監査等委員である取締役とそれ以外の取締役を別々に選任する必要があります。
　　監査等委員会設置会社は，監査役会設置会社と異なり，社外監査役に加えて社外取締役を選任する負担感・重複感の回避ができること，監査を担うのが取締役会で議決権を有する取締役となる点や重要な業務執行の決定の委任を取締役に委任することができること，他の機関設計にはない利益相反取引の任務懈怠の推定規定の適用除外規定があること等がメリットといえます。また，指名委員会や報酬委員会を置く必要がなく，指名委員会等設置会社よりも導入することに抵抗がない制度といえます。

☑キーワード

社外取締役，監査等委員会，監査等委員である取締役，監査等委員である取締役以外の取締役，モニタリング・モデル，監査，監督，利益相反取引の任務懈怠の推定規定の適用除外

第6章◇指名委員会等設置会社・監査等委員会設置会社
第2節◇監査等委員会設置会社

解　説

1　監査等委員会設置会社導入の経緯

(1)　社外取締役選任の必要性

　近時，日本企業の長期にわたるパフォーマンス・国際競争力の低下傾向が顕著になり，また，企業不祥事が続発していました。他方で，これまでは法改正により，取締役の職務執行を監査する監査役の権限強化が実施されてきました。しかしながら，監査役は，代表取締役等の選定・解職を含む取締役会の決議における議決権を有しないことから，その監査機能の強化に限界があるといわれていました。特に欧米では「監査役」という制度になじみがないことから，監査役を前提としたガバナンスのシステムが，海外の機関投資家から理解されにくいといった事情もありました。そのため，特に上場会社において，社外取締役の積極的な活用が叫ばれていました。社外取締役には，業務執行者から独立した立場で，業務執行全般を評価し，これに基づき，取締役会における業務執行社の選定又は解職の決定に関して議決権を行使すること等を通じて，業務執行者に対する監督を実効的に行うこと，株式会社と業務執行者又は業務執行者以外の利害関係者との間の監督を実効的に行うこと等を期待することができるためです[*1]。

(2)　従来の機関設計において社外取締役の選任が進んでこなかった理由

　しかしながら，これまで，社外取締役の導入は進んでいるとはいえない状況でした。

　従来，上場会社では，監査役会設置会社と指名委員会等設置会社（平成26年会社法改正前の委員会設置会社）の2つの機関設計の選択肢がありました（会社327条・328条）。

　監査役会設置会社は，上場会社のほとんどが採用している機関設計でしたが，監査役は3名以上で，その半数以上が社外監査役でなければなりません（会社335条2項）。そのため監査役会設置会社が自主的に社外取締役を導入する

場合には，社外監査役とあわせて3名以上（社外監査役2名＋社外取締役1名）の社外役員を採用しなければならず，社外監査役に加えて社外取締役を選任することについて重複感，負担感が叫ばれており，監査役会設置会社は，必ずしも利用しやすい機関設計になっていないとの指摘がなされていました。

他方で，指名委員会等設置会社は，指名委員会，報酬委員会，監査委員会が置かれ，いずれの委員会も過半数が社外取締役でなければならないとされています（会社400条3項）。したがって指名委員会等設置会社の機関設計を採用すれば，必然的に社外取締役を選任することができ，また，監査役が置かれることはないので上記の重複感・負担感の問題もありませんので，社外取締役の選任をするために適した機関設計ということはできます。ただ，そもそも指名委員会等設置会社（委員会設置会社）は平成26年7月24日時点で90社程度（非上場会社を含む。上場会社のみだと60社程度）にすぎず，かつ，指名委員会等設置会社（委員会設置会社）から監査役設置会社に移行した企業は63社に及んでいました*2。指名員会等設置会社は，株主総会に提出する取締役選任議案を指名委員会が決定し（会社404条1項），かつ，取締役及び執行役の個人別の報酬を報酬委員会が決定します（同条3項）。いずれの委員会も社外取締役が過半数を占めていることは上記のとおりであり，現在の会社実務で一般に行われているように，社長が後継者を指名することや各取締役の具体的報酬額を決定することができないこととなり，その点に強い抵抗があるため，指名委員会等設置会社が普及しなかったと考えられています。

このようなことから，社外取締役の選任が進んできませんでした。

(3) 第三の選択肢としての監査等委員会設置会社制度の導入

そこで，監査役会設置会社及び指名委員会等設置会社の難点を考慮し，特に上場会社において社外取締役の選任を促進してその起用を活用し，業務執行者に対する監督機能の強化を図るために，株式会社の選択肢を増やす趣旨で，第三の類型の機関設計として監査等委員会設置会社制度が導入されることとなりました。

監査等委員会設置会社制度は，取締役会の監督機能の充実という観点から，自ら業務執行をしない社外取締役を複数置くことで業務執行と監督の分離を図りつつ，そのような社外取締役が，監査を担うとともに，経営者の選定・解職

等の決定への関与を通じて監督機能を果たすことを意図するものであるといえます。

そして，監査等委員会設置会社制度導入の意義は，指名委員会等設置会社の導入が進んでいない中で，モニタリング・モデルへの移行を円滑にすることであると指摘されています[*3]。モニタリング・モデルとは，外国の上場会社等で多く見られる機関設計であり，株主により選任された取締役から成る取締役会は経営の基本方針の決定，業績評価，業務執行者の選任・解任しか行わず，かつ，取締役会の構成員の全部又は大多数は業務執行に関与しない形の機関構成のことです。指名委員会等設置会社は社外取締役が過半数を占める三委員会が強権を有し，業務執行は取締役会が選任・解任する執行役に委任される，一種のモニタリング・モデルに基づく機関設計といえます[*4]。監査等委員会設置会社では，監査等委員会が，単に監査，チェックをするだけではなく，それに基づいて経営者を動かし得るような存在にすることによって不完全かもしれないがモニタリング・モデルを導入し，社外取締役の効用を促進しようとするものであるといえるのです[*5]。

2　監査等委員会設置会社の概要

(1) 基本的な制度設計

(a) 構成，任期等

監査等委員会設置会社は，上記**1**(3)のとおり，主に上場会社の機関設計の選択肢を増やす意図で導入された制度ではありますが，大会社であるかどうか，また，公開会社であるかどうかにかかわらず移行することができます（会社326条2項）。監査等委員会設置会社へ移行する場合，取締役会及び会計監査人を置かなければなりません（会社327条1項3号・5項）。また，監査等委員会設置会社においては，監査等委員会が監査を担うため（会社399条の2第3項1号），監査役を置いてはならないものとされています（会社327条4項）。なお，任意で会計参与を置くことはできます（会社326条2項）。

また，監査等委員会設置会社では，代表取締役又は取締役会決議によって業務を執行する取締役として選定された者が，業務を執行します（会社363条1

項)。指名委員会等設置会社で認められている執行役や指名委員会等を設置することはできません。

監査等委員は，取締役が務めるものとし，監査等委員である取締役の選任は，それ以外の取締役と区別して株主総会の決議によって選任します（会社329条1項・2項）。監査等委員である取締役の任期は原則2年とされ（会社332条1項），かつ，その解任は株主総会特別決議事項とされています（会社309条2項7号）。他方監査等委員以外の取締役の任期は原則として1年とされ（会社332条3項），かつ，その解任は，普通決議事項とされています（会社309条1項）。

監査等委員会設置会社の取締役の報酬等についても，監査等委員である取締役とそれ以外の取締役を区別して定款又は株主総会決議によって定めることとなっており（会社361条2項），実務的には，株主総会決議によって総枠を定めたうえで，具体的金額は，監査等委員である取締役についてはその協議により，監査等委員以外の取締役については取締役会で定めることとなります。

なお，監査等委員会設置会社における上記のような選解任や報酬等の決定手続に鑑みれば，監査等委員会設置会社において，監査等委員会は，取締役会の内部機関としては位置づけられず，取締役会から一定程度独立したものとして位置づけられます。

(b) 監査等委員会・監査等委員の職務・権限

監査等委員会は取締役の職務執行の監査及び監査報告の作成を行います（会社399条の2第3項1号）。なお，監査等委員会設置会社制度は，監査役のような独任制を採用しておらず，各監査等委員は，各自単独ではなく，監査等委員会を通じて，権限を行使することが原則となります。また，監査等委員会は，監査役のように自ら監査を行うのではなく，内部統制部門を利用した監査を行うことが原則となります。これは指名委員会等設置会社における監査委員会と同様ということができます。

また，上記のとおり監査等委員は取締役が務めるため，取締役会で議決権を行使することができます（会社399条の2第2項）。

加えて，監査等委員会は，監査等委員である取締役以外の取締役の選解任及び報酬等について株主総会について意見を述べることができます（会社342条の2第4項・361条6項）。さらに，利益相反取引について取締役の任務懈怠を推定

する規定は，当該取引について監査等委員会の承認を受けたときは，適用しないものとされています（会社423条4項）。これらの権限については，監査等委員会が単に監査機能にとどまらず，監督機能も担っていることをあらわすものといえます。

(c) 監査等委員会設置会社の取締役会の職務・権限

上場会社で一般的に採用されている機関設計である監査役会設置会社においては，取締役会の職務として，業務執行の決定，取締役の職務の執行の監督，代表取締役の選定及び解職が挙げられており（会社362条2項），重要な業務執行の決定を取締役に委任することができないとされています（会社362条4項）。

他方で，監査等委員会設置会社の取締役会の職務も基本的には同じです。しかしながら，上記**1**(3)のとおり，監査等委員会設置会社制度が導入された意義は，業務執行者に対する監督強化のためモニタリング・モデルの導入を円滑に進めることにあり，社外取締役をはじめとする業務執行者を監督する者が個別の業務執行の決定に逐一関与するのではなく，業務執行者の監督により専念することができることが望ましいといえます[*6]。そこで，同じくモニタリング・モデルの機関設計である指名委員会等設置会社に倣って（会社416条1項1号イ），経営の基本方針を決定することも職務に含まれるものとされています（会社399条の13第1項1号イ）。また，監査等委員会設置会社の取締役会は，取締役の過半数が社外取締役である場合，又は定款で定めた場合には，一定の事項を除き，重要な業務執行の決定を取締役に委任することができるものとされています（会社399条の13第5項・6項）。なお，指名委員会等設置会社でも，取締役会は，一定の事項を除いて重要な業務執行の決定を執行役に委任することができ（会社416条4項），監査等委員会設置会社もこれに倣った規定ぶりとなっています。これにより，監査等委員会設置会社は，従来の監査役会設置会社における取締役会のような運用と，モニタリング・モデルを指向した運用の双方を選択できる機関設計といえます。

(2) 監査役会設置会社，指名委員会等設置会社との比較

(a) 位置づけ

監査等委員会社の基本的な制度設計は上記(1)のとおりですが，監査を行う監査等委員は取締役として取締役会で議決権を行使します。この点からして，監

査等委員会設置会社は，監査役会設置会社の監査役に議決権を与える制度に近いといえます。また，監査等委員会設置会社では，監査等委員会以外に法定の委員会があるわけではないので，指名委員会等設置会社における指名委員会・報酬委員会を除いた制度に近いといえます。こうしたことから，監査等委員会設置会社は，監査役会設置会社と指名委員会等設置会社の中間的な制度と位置づけることができます。

(b) 類似点と相違点

監査等委員会設置会社においては，上記(1)のとおり，役員の資格，任期，選解任や報酬等の規律については，おおむね監査役会設置会社とパラレルに考えることができます。なお，任期については，監査等委員である取締役及びそれ以外の取締役の任期がそれぞれ2年，1年とされており，監査役会設置会社の監査役及び取締役がそれぞれ4年，2年の任期であることに比べて短期となっています。

他方で，監査等委員会や取締役会の職務・権限に関する規律ついては，おおむね指名委員会等設置会社の監査委員会，取締役会とパラレルに考えることができます。ただし，監査等委員会については，常勤者を置くといった措置をとれば，監査役会設置者における監査役による監査と大きく変わらない体制とすることもできます。なお，監査等委員会は，監査等委員以外の取締役の選解任や報酬等について株主総会で意見を述べることができますので，この点が指名委員会等設置会社に指名委員会や報酬委員会の役割を部分的に担っているともいえ，この点においては，監査委員会よりも職務の範囲は広いといえます。

また，監査等委員会設置会社については，利益相反取引について取締役の任務懈怠を推定する規定の適用除外が定められていることは既に触れたとおりですが，制度導入促進のために設けられた規定であり，監査役会設置会社及び指名委員会等設置会社のいずれにもないものです。

3　監査等委員会設置会社のメリット・デメリット

以下では，主に上場会社の圧倒的多数が採用している機関設計である監査役会設置会社との比較を念頭に，監査等委員会設置会社のメリット・デメリット

第6章◇指名委員会等設置会社・監査等委員会設置会社
第2節◇監査等委員会設置会社

について説明します。
　(1)　メリット
　(a)　**社外取締役の選任と社外監査役との重複回避**
　　監査等委員会設置会社は，監査等委員である取締役として社外取締役を最低2名選任する必要がある機関設計ですので，自ずと社外取締役を選任することができます。これにより，社外取締役を選任しない場合の事業報告等での説明（会社327条の2，会社則74条の2・124条2項・3項参照）も不要になります。
　　他方で，監査役を置くことはないので，社外監査役2名に加えて社外取締役を選任する際の重複感や負担感というものは回避することができます。
　　この点，CGコードでは，独立社外取締役を2名以上選任すべきとされていることに鑑みれば（CGコード原則4－8），監査役会設置会社と比較して，負担感を回避するメリットは小さくないと考えられます。
　(b)　**監督機能の強化**
　　上記(a)と関連しますが，監査等委員会設置会社では，取締役会で議決権を有する社外取締役が2名以上選任されることになります。これにより，社外取締役が置かれない監査役会設置会社に比べて，取締役会の監督機能が強化されることが期待されます。
　(c)　**海外の機関投資家の理解を得やすい**
　　監査等委員会設置会社では，監査役を置くことはありません。また，社外取締役も最低2名は選任することになります。さらに監査を行う監査等委員が取締役として取締役会で議決権を行使することになります。
　　こうしたことからして，監査等委員会設置会社は，監査役会設置会社と比べて「監査役」制度になじみがなく，かつ，社外取締役の選任を求める海外の機関投資家の理解を得やすい機関設計といえます。
　(d)　**人事政策の機動性向上**
　　監査役の任期は原則4年であり（会社336条1項），監査等委員である取締役の任期は2年であり（会社332条1項・4項），監査役の4年の半分です。また，監査役会設置会社では常勤監査役の選定が必須ですが（会社390条3項），監査等委員会設置会社では，常勤の監査等委員を置くことは必須とはされていません。こうしたことから，監査役会設置会社と比較して，柔軟な人事政策をとること

ができます。

(e) **業務執行に関する機動性向上とモニタリング・モデルの実現**

上記**2**(1)(c)で触れたとおり，監査等委員会設置会社は，監査役会設置会社と同様に，重要な業務執行の決定を行う必要があるのが原則です。しかしながら，取締役の過半数が社外取締役である場合又は定款で定めた場合は，一定の事項を除いて重要な業務執行の決定を取締役に委任することができます。これにより，意思決定及び業務執行の機動性を高めることができると考えられます。

また，重要な業務執行の決定を取締役に委任することにより，取締役会は個別の業務執行の決定にかかわる機会が減り，より監督機能に特化していくことができるようになります。モニタリング・モデルを実現しやすくなるといえます。

(f) **監査役会設置会社のガバナンス形態から実質的な変更をせずに済む**

監査等委員会設置会社の取締役の構成や取締役の選解任，報酬等の手続については，監査役会設置会社の取締役及び監査役のそれとおおむね同様ということができます。

また，監査等委員会設置会社に移行すれば，重要な業務執行の決定を取締役に委任することにより，モニタリング・モデルへの移行もできますが，そのような形態にせずに，従来の監査役会設置会社と同様に重要な業務執行の決定を取締役会で決定する形態もとることができます。さらに，監査等委員会についても常勤者を置き監査役による監査と大きく変わらないような体制とすることもできます。

こうしたことから，監査役会設置会社から監査等委員会設置会社に移行にあたって，従来の監査役会設置会社における体制から大きな変更を伴うことなく，上記(a)から(d)のメリットを享受することもできます。

(g) **利益相反取引の任務懈怠の推定規定の適用廃除**

上記**2**(1)(b)で触れた監査等委員会設置会社における利益相反取引に関する任務懈怠の推定規定の適用除外（会社423条4項）は，監査等委員会設置会社への移行を促進するために導入された制度であり，監査役会設置会社にも指名委員会等設置会社にも同様の制度はありません。これは監査等委員会設置会社へ移

行するメリットの一つであることは説明するまでもありません。

(2) デメリット

監査等委員会設置会社のデメリットについては，制度化の過程で論じられていましたが，制度が適用開始されて以降，特段のデメリットはないという理解が一般的となっています*7。以下では実務的に問題となり得るデメリットについて説明します。

(a) **移行のコスト**

監査等委員会設置会社に特有の事象というわけではありませんが，現在の機関設計から監査等委員会に移行する場合には，移行のための定款その他社内規程の改定，株主総会の開催，社内組織の変更などが必要になります。ホームページ等の変更も必要になります。これにより，各種の費用や対応する役職員の労力を要することになります。

(b) **社外取締役2名以上の選任が必要になる**

監査等委員会設置会社のメリットと表裏の関係ではありますが，社外取締役2名の選任が必要になるため，それにふさわしい人材を確保する必要があります。社外監査役からスライドして社外取締役とすることが考えられますが，社外監査役として適格であっても社外取締役として適格かどうかは別問題ではあります。また，従来以上に社外取締役の独立性も求められてきます。ただ，社外取締役を選任するかわりに，社外監査役の選任は不要となります。また，CGコードでは独立社外取締役を2名選任すべきである旨が規定されていますので，これを遵守することを前提にすれば，大きなデメリットではないと考え得るところです。

(c) **監査の弱体化**

監査等委員会設置会社の監査は，指名委員会等設置会社と同じく内部統制システムを通じた監査を前提としており，常勤者を選定することは義務ではありません。しかしながら，特に監査役会設置会社では常勤監査役の選定が必須であるところ（会社390条3項），監査役会設置会社から監査等委員会設置会社へ移行する場合，特に常勤者を置かない場合は，内部統制をさらに充実させ，常勤者がいないことに対する手当てをしなければ，監査機能が弱体化することが懸念されます。

ただし、この点については、監査等委員会設置会社へ移行した会社の多くが常勤者を選定していますし、監査役会設置会社から移行するにあたって、適切な監査体制を構築することにより防ぐことのできるところではありますので、大きなデメリットではないと考え得るところではあります。

(d) 自己監査の問題

監査等委員は、取締役でもあることから、取締役会決議に参加することとなります。そのため、監査等委員として、取締役会の決議を監査する場合には、自己監査という側面が生じることとなります。しかしながら、監査の対象は、取締役会における意思決定の内容ではなく取締役の職務執行であり、また、監査等委員は、取締役会での意思決定に参加することで業務執行の決定を個別に審査し、実質的な監視を行っているともいえます。さらには、監査等委員会設置会社の取締役会は、指名委員会等設置会社と同様に、重要な業務執行の決定を広範に取締役に委任することもできます。したがって、自己監査の点を重く捉える必要はないと考えられます[8]。

4 監査等委員会設置会社の導入の状況と監査等委員の人選

(1) 導入状況

平成27年12月末時点で、279社が監査等委員会設置会社への移行を表明しており、さらに、平成28年4月の時点では移行を表明した会社は500社を超えていると指摘されており[9]、今後もさらに増加することが見込まれます[10]。他方で、指名委員会等設置会社は、平成27年12月時点で69社にすぎません[11]。このことから、監査等委員会設置会社は、既に指名委員会等設置会社よりも普及した制度といえます。上場会社の機関設計として、非常に有力な選択肢が増えたといえます。

(2) 監査等委員の人選

監査等委員会設置会社へ移行するに際して、頭を悩ますことになりそうなのが監査等委員の人選ではないかと思われます。日本監査役協会のアンケート結果[12]によれば、監査等委員の人選については、社外監査等委員については、公認会計士・税理士が27.1％、弁護士が19.5％を占めています。また、社内監

第６章◇指名委員会等設置会社・監査等委員会設置会社
第２節◇監査等委員会設置会社

査等委員については，監査役からスライドして就任している者が64.4％です。

〔水川　聡〕

■注　記■

* １　坂本一問一答18頁。
* ２　日本監査役協会「委員会設置会社リスト」（http://www.kansa.or.jp/support/iinkai-list1407.pdf）。
* ３　中東正文「会社法改正の要綱の概要」企業会計64巻11号（2012）20頁。
* ４　江頭・378頁。
* ５　岩原紳作「会社法制の見直しと監査役」監査役607号（2013）９頁。
* ６　坂本一問一答54頁・62頁。
* ７　菊地伸「本年定時株主総会に向けての留意点」商事2091号（2016）８頁。
* ８　前田雅弘「監査役会と三委員会と監査・監督委員会」江頭憲治郎編『株式会社法大系』（有斐閣，2013）272頁。
* ９　塚本英臣「監査等委員会設置会社の監査体制」商事2099号（2016）４頁。
* 10　菊地・前掲（＊７）７頁。
* 11　日本取締役協会「指名委員会等設置会社リスト（上場企業）」（http://www.jacd.jp/news/gov/jacd_iinkaisecchi.pdf）。
* 12　日本監査役協会「役員等の構成の変化などに関する第16回インターネット・アンケート集計結果（監査等委員会設置会社版）」（2015）（http://www.kansa.or.jp/support/enquet16_151215－3.pdf）。

55　監査等委員会・監査等委員の役割

　監査等委員会・監査等委員は、どのような役割・職務を担っていますか。また、監査役会・監査役、監査委員会・監査委員とはどのような点で異なるのでしょうか。

　　　監査等委員会・監査等委員は、妥当性監査権限を有し取締役の職務の監査を行うほか、監査役会・監査役、監査委員会・監査委員とおおむね同様の役割・職務を担います。
　　　監査等委員会の特徴的な役割として監査等委員以外の取締役の選解任等や報酬等に関する意見陳述権が認められており、また、監査等委員会が監査等委員以外の取締役の利益相反取引を事前に承認した場合に、任務懈怠の推定規定の適用除外が認められます。

☑ **キーワード**

監査等委員である取締役、常勤、内部統制システム、監査等委員会の意見陳述権、兼任禁止、違法性監査権限、妥当性監査権限、報告徴求・業務財産調査権、経営評価機能、利益相反取引の任務懈怠の推定規定の適用除外

第6章◇指名委員会等設置会社・監査等委員会設置会社
第2節◇監査等委員会設置会社

解　説

1　監査等委員会・監査等委員の構成等

(1) 構　成

　監査等委員は，取締役でなければなりません（会社399条の2第2項）。また，監査等委員である取締役は3名以上であり，かつ，そのうちの過半数が社外取締役でなければなりません（会社331条6項）。この点は，指名委員会等設置会社の監査委員会と同様です。なお，監査役会設置会社においては，社外監査役が必置となりますが，監査役の半数以上とされており（会社335条3項），この点は若干異なります。

　監査等委員会はすべての監査等委員で組織されます（会社399条の2）。なお，特に委員長を設置することは求められていませんが，実務上は設置することが多い状況です。この点に関し，独立社外取締役を委員長とすることは，監査等委員会の独立性・客観性を高めることに資する取組みといえる旨の指摘がなされていることが参考になります*1。

(2) 選解任・兼任禁止

　監査等委員である取締役は，それ以外の取締役とは区別して株主総会決議で選任・解任されることとしており（会社329条1項・2項），解任は株主総会の特別決議によることとされています（会社309条2項7号）。また，監査等委員会には，監査等委員である取締役の選任議案への同意権（会社344条の2第1項）や，監査等委員である取締役の選任の議案等の提案権が認められています（同条2項）。加えて，監査等委員である各取締役には，監査等委員である取締役の選解任及び辞任について株主総会における意見陳述権が認められています（会社342条の2第1項）。これらの点は，監査役と基本的に同様の規律であり，監査等委員である取締役の独立性の確保が図られているといえます。なお，監査等委員である取締役については，監査等委員としての地位と取締役としての地位は不可分であり，どちらか片方だけを辞任するといったことは認められません。

438

また、監査等委員である取締役は、監査等委員会設置会社・その子会社の業務執行者等を兼ねることはできません（会社331条3項）。監査の適正を図るために、監査する者とされる者が同一にならないようにしているのです。この点も監査役や監査委員と同様の規律となっています。

(3) 常勤者の有無

監査等委員会は、常勤の監査等委員を選定することは任意であることとされています。監査役会設置会社では、監査役は独任制とされており、実査を行うことが想定されていることもあり、常勤監査役を選定することは義務でした（会社390条3項）。他方で、監査等委員会は指名委員会等設置会社の監査委員会と同様に内部統制部門を通じて監査をすることが想定されているため、これに倣って常勤者を選定することは義務づけられていません。ただし、監査等委員会において常勤者が社内の情報の把握において重要な役割を果たすものと考えられることから、常勤者の選定の有無及びその理由については、事業報告の記載事項とされています（会社則121条10号イ）。

また、監査等委員会の監査の手法に鑑み、監査等委員会設置会社の取締役会は、大会社でなくとも、内部統制システムに関する事項や補助使用人に関する事項を決定することが義務づけられています（会社399条の13第1項1号ロ・ハ、会社則110条の4）。

指名委員会等設置会社においても常勤の監査委員を選定していることが多いですし、監査役会設置会社から移行する場合は特に監査役監査からの円滑な移行の観点からしても、常勤の監査等委員を選定しておくのが望ましいといえるかもしれません。実際に監査等委員会設置会社の多くが常勤の監査等委員を選定しています。逆に常勤の監査等委員を選定しない場合は、内部統制システムや内部統制部門の連携や監査等委員をサポートする体制を十分に整備しておく必要があると考えられます。

(4) 報酬等

監査等委員である取締役の報酬等については、監査等委員以外の取締役と区別して定款又は株主総会決議によって定めることになります（会社361条1項・2項）。典型的な実務では、定款ではなく、株主総会決議で、総枠を定める形になります。なお、監査等委員である取締役は、株主総会において、監査等委

員である取締役の報酬等について意見を述べることができます（会社361条5項）。

監査等委員である各取締役の報酬等について定款又は株主総会決議で定めがない場合は、当該報酬等は、定款又は株主総会決議（総枠）の範囲内で、監査等委員である取締役の協議により定めることとなります（会社361条3項）。

これらは基本的に監査役と同様の規律であり、監査等委員である取締役の独立性の確保が図られているといえます。

2 監査等委員会・監査等委員の職務・権限

(1) 監査役会・監査役、監査委員会・監査委員と共通する事項

(a) 監査関連

監査等委員会の職務として、まず、取締役の職務の執行の監査及び監査報告の作成が挙げられます（会社399条の2第3項1号）。このような職務内容は、監査役及び監査委員会と同様です。ただし、監査等委員は、取締役でもあることから、会社の業務執行の妥当性を監督する取締役会の構成員となりますので、違法性監査権限にとどまらず、妥当性監査権限を有するものと解されます。この点は監査役とは異なり、監査委員会と同様といえます。

また、監査等委員会は、監査役と異なり独任制の機関とはされておらず、会議体として組織的に監査を行うものとされ、内部統制システムを利用して監査を行うことが想定されています。内部統制システムが適切に構築・運営されているかを監視し、必要に応じて内部統制部門に対して具体的指示をなすことが監査等委員会の任務と考えられます[*2]。このように内部統制システムを利用して監査を行うことが想定されているため、監査等委員会設置会社の取締役会では、内部統制システムに関する決議を行うことが義務づけられています（会社399条の13第2項）。ただし、監査役監査のように監査等委員自らが実査することが認められないわけではなく、例えば、常勤の監査等委員が役職員に対してヒアリングをしたり、事業所に赴いて業務の状況を確認したりするといったこともあり得ます。

加えて、監査等委員会による監査が内部統制システムを利用したものであることから、内部監査部門との連携が非常に重要になります。この内部監査部門

の位置づけとして，社長直轄とする，監査等委員会直轄の組織とする，あるいはその両方の下にそれぞれ内部監査部門を設けるといったことが考えられます。それぞれの位置づけに応じて，監査等委員会が適切に必要な情報収集等ができるように留意する必要があります。また，監査等委員会による監査を実効的に行うために監査等委員会の職務を補助すべき取締役及び使用人（補助使用人等）を適宜置くことも検討する必要があります。実務的には補助使用人等として取締役を置くことはほとんどなく，使用人を置く事例が大勢ではありますが，その場合に監査等委員会の補助する専属の者とするか，内部監査部門の使用人と兼任させるかといった設計を検討する必要があります。

(b) 調査権限

監査等委員会が選定する監査等委員は，取締役等及びその子会社に対する報告徴求・業務財産調査をする権限や会計監査人に対し，その監査に関する報告を求める権限が認められています（会社399条の3第1項・2項，397条4項・2項）。なお，これらの権限を含め，監査等委員会に認められている権限の多くは，監査等委員会が選定する監査等委員が権限を行使することになります。これは，監査役と異なり，独任制が認められておらず，各種の権限行使も，基本的には監査等委員会の多数決によって，会議体としての権限行使を行うことになるためです。なお，監査等委員会における権限を行使する監査等委員の選定については，権限行使のつど選定することもできますし，特定の監査等委員に継続的に付与することもできるものとされています。また，すべての監査等委員をそれらの権限を行使する監査等委員として選定することもでき，この場合は，監査役による監査とほぼ同等の運営が可能になり得ます。

そのほかに，監査等委員会の要求があったときは，取締役及び会計参与は，監査等委員会に出席し，監査等委員会が求めた事項について説明しなければならないものとされています（会社399条の9第3項）。

(c) 是正権限

(ア) 取締役会の報告義務，違法行為差止請求権　各監査等委員は，取締役による不正行為等がある場合の取締役会への報告義務があります。この報告義務を履行できるようにするため，監査等委員会が選定する監査等委員は，取締役会の招集権者の定めがある場合であっても，取締役会を招集することができ

第6章◇指名委員会等設置会社・監査等委員会設置会社
第2節◇監査等委員会設置会社

ます（会社399条の14）。

　なお，指名委員会等設置会社における監査委員会と異なり監査等委員会では，監査等委員会の職務の執行の状況を取締役会へ報告する義務は規定されていません（会社417条3項参照）。監査等委員会の独立性を確保するためにそのような義務が規定されなかったのですが，これは，監査等委員会が取締役会の内部機関ではなく一定程度独立した存在であることを前提としているともいえます。

　また，各監査等委員は取締役が会社の目的の範囲外の行為や法令・定款違反行為をしようとしている場合等にその差止請求権が認められています（会社399条の6）。

　これらの権限は指名委員会等設置会社における監査委員と同様の規律となっています。

　なお，独任制が採用されていないにもかかわらず，こうした義務・権限が監査等委員会ではなく，各監査等委員に帰属しているのは，緊急性が高いと考えられるためです。

　㈦　訴訟の代表権　　監査等委員会が選定する監査等委員は，会社と取締役（元取締役を含みます）との間の訴訟について，現任の監査等委員が訴訟当事者である場合を除いて，会社を代表することになります（会社399条の7第1項2号）。そのほか，会社と取締役との間の訴訟に関連する事項について，監査委員会，監査役と同様の規律となっています（会社399条の7・849条3項）。

　㈧　責任限定契約等に関する各監査等委員の同意　　監査等委員以外の取締役の責任の一部免除の議案を株主総会へ提出する場合，監査等委員以外の取締役の責任免除に関する定款変更議案を株主総会に提出する場合及び当該定款規定に基づき責任を一部免除する議案を取締役会に提出する場合，並びに，責任限定契約を締結できる旨の定款変更議案を株主総会に提出する場合，各監査等委員の同意が必要になります（会社425条3項2号・426条2項・427条3項）。これらの権限については概ね監査委員会と同様の規律になっています。

　(d)　報告権限

　監査等委員会は，毎事業年度，監査報告を作成します（会社399条の2第3項1号・436条2項2号）。監査役会設置会社において各監査役の監査報告の作成が求

められているのと異なり（会社則129条，会社計算127条），各監査等委員が監査報告を作成することは求められていませんが，監査報告の内容が自らの意見と異なる場合はその意見を監査報告に付記できます（会社則130条の2第1項，会社計算128条の2第1項）。

また，監査等委員は，取締役が株主総会に提出する議案等について法令・定款違反等がある場合に株主総会に報告しなければならないものとされています（会社399条の5）。これは監査役と同様の規律になっていますが，監査委員会ないし監査委員にはない義務です。

(e) 会計監査人の選任・報酬関連

監査等委員会は，株主総会に提出する会計監査人の選任・解任・不再任の議案を決定する権限を有しています（会社399条の2第3項3号）。会計監査人の選解任に関しては，公開会社である会計監査人設置会社においては，事業報告に会計監査人の解任又は不再任の決定の方針の記載を要しますが（会社則126条4号），当該方針の決定は，監査等委員会が行うことになります。加えて，会計監査人が職務上の義務に違反したとき等は監査等委員全員の同意によって会計監査人を解任することもできます（会社340条1項・5項）。

また，監査等委員会は，会計監査人の報酬等についての同意権も有しています（会社399条1項・3項）。

(2) 監査等委員会の特徴的な権限

(a) 監査等委員以外の取締役の選解任等や報酬等に関する意見陳述権―経営評価権限　監査等委員会は，監査等委員である取締役以外の取締役の選解任・辞任や報酬等に関する株主総会で述べる意見を決定することが求められています（会社399条の2第3項3号）。そして，監査等委員会が選定する監査等委員は，株主総会において，これらの意見を述べることができるものとされています（会社342条の2第4項・361条6項）。そして，株主総会においてこれらの意見が述べられた場合には，当該意見の内容の概要を株主総会議事録に記載することになります（会社則72条3項3号ハ・ト）。

このような職務・権限は，監査役会設置会社における監査役や指名委員会等設置会社における監査委員会では規定されていません。これらについては，社外取締役に期待される経営評価機能（経営全般の評価に基づき，取締役会における経

営者の選定・解職の決定に関して議決権を行使すること等を通じて経営者を監督する機能）に鑑み盛り込まれたものです。監査等委員の独立性確保のための監査等委員の株主総会における選解任等や報酬等に関する議案の同意権や意見陳述等の例を超えて，監査等委員以外の取締役の選解任及び報酬等についての意見陳述権を与えることにより，これらに対する社外取締役が過半数を占める監査等委員会が影響を及ぼし得るように工夫したものです。指名委員会等設置会社の指名委員会や報酬委員会のような決定権までは有しないものの株主総会における意見陳述権等の形を通して，監査等委員会が，指名委員会や報酬委員会に準じる機能を有することを期待したものといえます。さらにこれらの監査等委員会の意見の内容の概要は取締役の選解任及び報酬等の議案に係る株主総会参考書類に記載されます（会社則74条1項3号・78条3号・82条1項5号）。そのため，これらの意見陳述は，株主による議決権行使に議決権行使に影響を与え，株主総会における業務執行者を含む取締役の選解任及び報酬等の決定を通じた株主による取締役に対する監督も実効的に行われることとなります[*3]。また，このような意見陳述権を認めることにより，監査等委員である取締役が取締役会における取締役の人事について主導的に関与することが可能になり，議決権行使等を通じた業務執行者に対する監督機能の強化が図られることにもなります[*4]。

　これらの意見陳述権を行使するのは「株主総会」と規定されているものの，どの株主総会かは明記されていませんし，取締役の選解任や報酬等に関する議案が上程されているかどうかというような限定もされていません。したがって，意見陳述を行うことができるのは定時株主総会に限定する必要はありませんし，上記のような議案の上程の有無にかかわらず意見を述べることができるものと解されます。他方で，監査等委員会による意見の決定と株主総会における意見陳述権の関係については，例えば取締役の選解任や報酬等に関する議案が上程されない臨時株主総会などに際しては，監査等委員会の意見の陳述のみならず意見の決定も必須ではないと考えられます。監査等委員会が陳述する意見を決定した場合は，株主総会における意見陳述を行う必要があるものとして意見の決定と意見陳述は一体として考えるとともに，個々の株主総会において法律上当然に意見の決定及び陳述の義務があるのではなく，株主総会における意見の決定・陳述の要否は，監査等委員会の善管注意義務の問題となるものと

解されます*5。このように考えていくと，通常は，監査等委員以外の取締役の任期が1年とされていること等からして，定時株主総会と，取締役の選解任や報酬等に関する議案が上程される臨時株主総会や監査等委員以外の取締役の辞任直後の臨時株主総会で意見の決定・陳述を検討することになるものと考えられます。

　意見陳述の対象は，特に株主総会に上程される議案に限られるわけではなく，監査等委員会が判断することになります。例えば，取締役の選任については，候補者の取締役としての適格性，知識・経験・能力，業績に対する貢献度や取締役会全体のバランス（構成や多様性，規模等）などについて意見することが考えられます。また，報酬等については，議案の内容（報酬議案の相当性）に関するほか，報酬制度の設計や水準の相当性，個人別の報酬等の額や報酬等の決定プロセスの適否などについて意見することが考えられます。

　そして，取締役の選解任等や報酬等に関する意見の内容としては，肯定的，否定的な意見があり得ます。肯定的な意見や否定的な意見については，業績の評価や，対象となる取締役の貢献度などを勘案して，「取締役としての適格性に欠ける」とか「報酬等の額は相当である」といった意見を述べることが考えられます。また，「意見がない」という意見も考え得るところではありますが，「意見がない」ということは本来あり得ないという指摘もなされているところです*6。しかしながら，監査等委員以外の取締役の選解任・報酬等について審議し，指摘等がある場合は代表取締役や取締役会に対して意見を述べて，議論・調整のうえで，「指摘すべき点はない」とか「株主総会において陳述するべき意見はない」といった意見形成に至ることも否定されないものと解され，その場合に，株主総会で陳述する意見はないと整理して，株主総会参考書類に記載せず，株主総会において意見陳述を行わないことも認められるものと解されます*7。

　監査等委員会の意見の決定は，通常経営陣の提案する取締役の選解任や報酬等の株主総会議案の原案が決まったのちに行われることが想定されます。そして，原案に否定的な意見が出ることも想定されるため，原案を修正等する必要が生じる場合もありますので，株主総会議案の決定のためのスケジュールには監査役会設置会社よりも余裕をみておいたほうがよいでしょう。

第6章◇指名委員会等設置会社・監査等委員会設置会社
第2節◇監査等委員会設置会社

　こうした意見陳述権は，監査等委員会の監督機能を具現化したものといえます。

　なお，CGコード補充原則4-10①において，任意の諮問委員会を設置することなどにより，指名・報酬などの特に重要な事項に関する検討にあたり独立社外取締役の適切な関与・助言を得るべきであるとされています。そして，監査等委員会設置会社では，上記の意見陳述権が認められている監査等委員会を活用することも認められますが（CGコード原案補充原則4-10①の背景説明），もちろん別途指名・報酬委員会を設置することもできます。ただし，監査等委員会とは別に指名・報酬委員会を設置する場合は，監査等委員会の有する上記の意見陳述権を制約しないような設計とするよう留意する必要があります。

(b)　**利益相反取引に関する承認による任務懈怠の推定規定の適用除外**

　監査等委員会設置会社では，監査等委員以外の取締役との利益相反取引について，監査等委員会が事前に承認した場合には，取締役の任務懈怠の推定規定（会社423条3項）を適用しないものとされています（会社423条4項）。

　このような規定は，監査役会設置会社や指名委員会等設置会社ではなく，監査等委員会設置会社にのみ認められているものです。これは，監査等委員会が監査等委員以外の取締役の選解任等や報酬等に対する意見陳述権を有し，業務執行者に対する監督機能を有しているのと異なり，監査役及び監査委員会は，そのような監督機能を有しておらず，監査機能しか有しない監査機関であるからとされています[*8]。一方で，実質的には，監査等委員会設置会社制度の利用促進という政策的な観点から，事前に承認のあった場合に推定規定の適用除外を認めることとしたものとも指摘されています。

　この点，会社法の規定上は「事前に」との文言はありませんが，「第356条第1項第2号又は第3号に掲げる場合」とは，取締役等が利益相反取引を「しようとするとき」であるから，会社法423条4項は，監査等委員会が事前に承認した場合の規律とされています[*9]。

　監査等委員会が，この規定に基づき，利益相反取引を事前に承認した場合，任務懈怠の推定規定が適用されなくなるのは，会社法423条3項各号に掲げられたすべての取締役であり，利益相反取引の承認を求めた取締役に限られるわけではないものと解されます。したがって，承認を求めるのが会社を代表して

446

取引を行う取締役であるか，利益相反取締役であるかは問題となりません。しかしながら，利益相反取締役が監査等委員である取締役である場合，任務懈怠の推定規定の適用除外の制度を利用できないので，それ以外の同号に掲げられている取締役はいずれも，この制度を利用できないことになりますので留意が必要です[*10]。

また，監査等委員会で利益相反取引の承認を得たとしても別途取締役会でも承認が必要になります。

利益相反取引を行う場合に，監査等委員会の承認を得ることは義務とはされていません。しかしながら，このような恩典ともいうべき規定がある以上は，通常であれば，利益相反取引を行おうとする場合には，取締役会の承認のほかに監査等委員会の承認を得るはずと考えられます。逆に，あえて監査等委員会の承認を得ないのは不合理であるとも考えられるところです。社外取締役が過半数を占める監査等委員会に期待される監督機能に鑑みれば，少なくとも社内規程等において，利益相反取引については，事前に取締役会のほか，監査等委員会の承認を得るべき旨を規定しておくべきでしょう。

〔水川　聡〕

■注記

* [*1] 取締役会のあり方に関する意見書Ⅱ．2．(4)〔5頁〕。
* [*2] 江頭・561頁。
* [*3] 坂本一問一答43頁。
* [*4] 岩原紳作「『会社法制の見直しに関する要綱案』の解説〔Ⅰ〕」商事1975号（2012）8頁。
* [*5] 太子堂厚子『Q&A監査等委員会設置会社の実務』（商事法務，2016）116頁。
* [*6] 岩原紳作ほか「〈座談会〉改正会社法の意義と今後の課題(上)」商事2040号（2014）22頁〔岩原紳作発言〕。
* [*7] 太子堂・前掲（*5）117頁。
* [*8] 坂本一問一答45頁。
* [*9] 坂本一問一答45頁。
* [*10] 塚本英巨『監査等委員会導入の実務』（商事法務，2015）242頁。

第6章◇指名委員会等設置会社・監査等委員会設置会社
第2節◇監査等委員会設置会社

 56　監査等委員会設置会社の取締役会

監査等委員会設置会社の取締役会はどのような役割・職務を担っていますか。

A
> 監査等委員会設置会社の取締役会は，経営の基本方針や内部統制システムに関する事項を含む業務執行の決定や取締役の職務の執行の監督及び代表取締役の選定・解職を行う必要があり，原則として重要な業務執行の決定の委任はできません。ただし，業務執行者に対する監督機能の強化の視点から，監査等委員会設置会社の取締役会が，取締役の過半数を社外取締役が占める場合，又は定款で定めた場合は，重要な業務執行の決定の委任ができることになり，よりモニタリング・モデルを指向した役割を果たすことができます。

 キーワード

アドバイザリー・モデル，モニタリング・モデル，経営の基本方針，内部統制システム，重要な業務執行の決定，特別取締役

解　説

1　監査等委員会設置会社の取締役会の職務・権限

(1)　原則的な職務・権限

監査等委員会設置会社の取締役会は，以下の職務を行うものとされています

(会社399条の13第1項)。

「一 次に掲げる事項その他監査等委員会設置会社の業務執行の決定
　　イ 経営の基本方針
　　ロ 監査等委員会の職務の執行のため必要なものとして法務省令で定める事項
　　ハ 取締役の職務の執行が法令及び定款に適合することを確保するための体制その他株式会社の業務並びに当該株式会社及びその子会社からなる企業集団の業務の適正を確保するために必要なものとして法務省令で定める体制の整備
　二 取締役の職務の執行の監督
　三 代表取締役の選定及び解職」

　そして，監査等委員会設置会社の取締役会は上記1号イないしハまでに掲げる事項を決定しなければならないものとされています（会社399条の13第2項）。監査等委員会設置会社が指名委員会等設置会社と同じくモニタリング・モデルを目指した制度であることから，指名委員会等設置会社の取締役会の規定ぶりに倣ったものとされています。

　しかしながら，指名委員会等設置会社と異なり，原則として重要な業務執行の決定の委任はできないものとされています（会社399条の13第4項）。指名員会等設置会社の指名委員会や報酬委員会に相当する機関がなく，企業統治のレベルが指名委員会等設置会社よりも一段低いと考えられることに起因しています。

(2) **委任事項の拡大**

(a) **委任事項の拡大が認められる場合**

　監査等委員会設置会社制度の趣旨は，業務執行者に対する監督機能の強化にあるところ，これをより実効性のあるものとするためには，社外取締役をはじめとする業務執行者を監督する者が，個別の業務執行の決定に逐一関与するのではなく，業務執行者の監督により専念することができるようにすることが望ましいと考えられます。そこで，監査等委員会設置会社では，以下の2つの場合には，取締役会決議により，重要な業務執行の決定を大幅に取締役に委任することができることとされています。

第6章◇指名委員会等設置会社・監査等委員会設置会社
第2節◇監査等委員会設置会社

　なお，委任ができない事項は，指名員会等設置会社において，執行役に委任できない事項と基本的に同様です（会社399条の13第5項・416条4項）。そのほかに，経営の基本方針・内部統制システムの決定，取締役の職務の執行の監督，代表取締役の選定・解職（会社399条の13第1項各号）についても取締役会の専権事項であり，取締役に委任することができません。さらに，業務担当取締役の選定（会社363条1項2号），重要な業務執行の決定を取締役に委任する決定，分配特則規定（会社459条1項各号）に基づく剰余金の配当等の決定，特別支配株主の株式売渡請求の承認（会社179条の3第3項）・株式等売渡請求の撤回の承認（会社179条の6第2項）については解釈上取締役への委任を認められないと指摘されている事項です*1。

　(ｱ)　取締役の過半数が社外取締役である場合　まず，一つ目は，取締役の過半数を社外取締役が占める場合です（会社399条の13第5項）。この場合は，指名委員会及び報酬委員会がなくとも，取締役会の業務執行者からの独立性がその構成上担保されているということができることから重要な業務執行の委任が認められるに至っています。

　ただし，この要件により委任事項を拡大する場合，事後的に取締役の過半数が社外取締役であるという要件を欠いたときには，当該決議による取締役への委任は，将来に向かって効力を失うことになります。したがって，補欠の社外取締役の選任（会社329条3項）等，欠員を生じない措置を講じておく必要があります。

　(ｲ)　定款で定める場合　次に，監査等委員会設置会社は，取締役会の決議によって重要な業務執行の全部又は一部の決定を取締役に委任することができる旨を定款で定めることができます。

　経営の監督という観点から，社外取締役を含む監査等委員会設置会社の取締役全員で決定すべき業務執行の範囲（モニタリング・モデルをより強く指向するかどうか）については，各社の状況によって様々であり得るため，その点をふまえた株主の判断に委ねるものとすることが考えられます。他方で，監査等委員会設置会社においては，監査等委員会の業務執行者の独立性が制度的に担保され，業務執行者に対する監督機能が強化されているため，社外取締役が過半数を占めていなくとも，重要な業務執行の決定の取締役への委任を認めるための

制度的な基礎は整っていると考えられます。そこで、変更のために株主総会の特別決議を要する「定款に定めること」とすることにより委任事項の拡大が許容されたのです[*2]。

この点、重要な業務執行の決定の取締役への委任について定款で定め、実際に取締役会で委任を決議した場合でも、当該事項について取締役会がさらに決定することは可能であると解され、代表取締役等が委任に基づき業務執行の決定を行った後に、取締役会が当該決定と異なる決定をした場合は、取締役会の決定が優先することになります[*3]。

また、定款に委任に関する定めがあるとしても、それだけで、委任自体がなされたことにはならず、定款規定に基づき、別途取締役会決議により、重要な業務執行の決定を委任する必要があることにも留意する必要があります。

これまでは、監査等委員会設置会社の大半がこの定款の定めを置いています。また、定款の規定内容は、包括的に重要な業務執行の全部又は一部を取締役に委任することができる旨の包括的な規定を設けることのほか、重要な財産の処分など個別具体的な項目について委任できる旨を規定することも考えられますが、包括的な規定を設けるのが現在の実務です[*4]。

(3) 実務上の考慮要素

上記(1)及び(2)のとおり、監査等委員会設置会社の取締役会は、原則として重要な業務執行の決定の委任ができないものの、社外取締役が過半数を占めるか、定款で定めることにより、重要な業務執行の決定を委任できる設計となっています。

これは、機関設計としては、従来の監査役会設置会社における取締役会のようにいわゆるオペレーション型の形態とすることもできますし、監督機能に特化することを指向するモニタリング・モデルの形態とすることもできます。

どのような形態とするかは、自社が、監査等委員会設置会社に移行する目的(単に社外取締役と社外監査役を併せて選任する重複感・負担感を避けるためか、機動的な意思決定を実現できるようにするためか等)に照らして決定する必要があります。

そして、具体的に検討事項となるのが、委任する範囲と、委任する先と考えられます。

委任する範囲としては、上記(2)(a)で触れた委任できない事項を除外するほ

第6章◇指名委員会等設置会社・監査等委員会設置会社
第2節◇監査等委員会設置会社

か，例えば社外取締役の利益相反監督機能を重視して，親会社や支配株主との取引等の決定，買収防衛策の決定・更新・変更に関する決定など，類型的に利益相反が発生し得る問題について，社外取締役が存する取締役会の審議対象とすることが考えられます[*5]。また，株主にとって重要性・関心の高い株主還元に関する事項である自己株式の取得，決算短信・有価証券報告書の承認などについても，取締役会に権限を留保することが考えられます[*6]。そのほかに，取締役に委任する範囲を画するために，例えば重要な財産の処分等の個別の項目について金額基準を決める際に，監査役会設置会社で取決めていた金額基準よりも大きな金額を取締役に委任することができるようにすることが考えられます。

　また，委任する先として，社長その他業務担当取締役に委任するほか，経営会議等取締役を構成員とする会議体に委任することも考えられます。

　委任の方法としては，個別に取締役会決議で委任を決定していくことも考えられますが，権限分掌に関する社内規程（取締役会規則の付議基準，職務権限規程等）の改定により，委任事項を定めていくことが考えられます。

　なお，ここで，取締役会決議が必要な「重要な業務執行の決定」に関しては，解釈指針において，取締役会の役割として意思決定機能ではなく主として監督機能を果たす場合は，基本的に具体的な業務執行の決定は含まず，経営戦略や経営計画の策定やこれらに準ずる程度に「重要な」ものに限られるとしています（第1．2．(2)〔3頁〕）。この点を考慮すると，そもそも「重要な業務執行の決定」の範囲を限定的に捉えることができるため，上記の委任事項の拡大ができることは監査等委員会設置会社のメリットとして大きくないとも考え得るところかもしれません。しかしながら，解釈指針では，法律上「重要な業務執行の決定」の上程が強制されていることから，監査役会設置会社が，監督機能の強化を指向することには限界があるものことが指摘されています。また，監査役会設置会社でこのような解釈をとり得るかどうかの考慮要素はとして，任意の指名委員会・報酬委員会の設置，社外取締役の選任，内部統制システムの構築・運用により個別の業務執行に関するリスクの適切な管理の有無といった点が挙げられており，これらを勘案して「重要」性を判断しなければならないとされています（第1．3．〔4～5頁〕）。こうしたことからすると，やはり，

明確に重要な業務執行の決定を委任できることは監査等委員会設置会社のメリットとして小さくないように思われます。

2 特別取締役制度

　監査等委員会設置会社の取締役会も原則として，重要な業務執行の決定を取締役に委任することができないことは上記**1**(1)のとおりです。そして，重要な財産の処分及び譲受け並びに多額の借財について，機動的な取締役会の決議を必要とするという趣旨は，監査等委員会設置会社の取締役会にも妥当します。そのため，監査等委員会設置会社でも特別取締役の制度が認められます（会社373条1項）。

　ただし，上記**1**(2)の重要な業務執行の決定の取締役への委任が認められる場合は，特別取締役による取締役会決議の制度を認める必要性が乏しいことから，当該制度を利用することはできないこととされています[7]（会社373条1項）。

〔水川　聡〕

■注　記

* 1　太子堂厚子『Q&A監査等委員会設置会社の実務』（商事法務，2016）167頁，森本滋『取締役会の法と実務』（商事法務，2015）72頁，岩原紳作ほか「〈座談会〉改正会社法の意義と今後の課題(下)」商事2042号（2014）14頁〔坂本三郎発言〕，伊藤靖史「平成26年会社法改正―親子会社関係(1)」日本取引所金融商品取引法研究4号（2015）74頁〔伊藤靖史発言〕。
* 2　坂本一問一答65頁。
* 3　法務省法制審議会会社法制部会第21回議事録17頁〔塚本関係官発言〕。
* 4　塚本英巨ほか『監査等委員会設置会社移行会社の事例分析』〔別冊商事399号〕（2015）29頁。
* 5　澤口実＝太子堂厚子「取締役会規則における付議基準の見直し―社外取締役の選任，会社法改正その他近時のコーポレート・ガバナンスの動向を踏まえて」資料版商事362号（2014）15頁。
* 6　太子堂・前掲（＊1）171頁。
* 7　坂本一問一答60頁。

第 7 章

実効性評価

Q57◆取締役会の実効性評価と開示

 取締役会の実効性評価と開示

取締役会の実効性評価と開示は，何をどのように行うのでしょうか。

A
　上場会社は，CGコードで「取締役会の実効性評価と開示」が要求されます。取締役会の実効性評価とは，取締役会・委員会・各取締役が機関設計で期待された役割を果たしていること，並びに現状分析と課題抽出から改善措置に至るPDCAの管理サイクルが永続的に回っていることを自己評価又は第三者評価することをいいます。開示では，評価手法，評価結果，対応方針等を，CG報告書等で公開します。

キーワード

CGコード補充原則4－11③，Board Evaluation，取締役会のあり方の追求，ステークホルダーへの情報提供，機関設計で期待された役割，改善のPDCAサイクル，評価手法，評価結果，対応方針，自己評価票（質問書）

解　説

1　取締役会の実効性評価と開示の概要

(1)　趣　旨

　CGコードでは，取締役会は毎年，各取締役の自己評価なども参考にしつつ，取締役会全体の実効性について分析・評価を行い，その結果の概要を開示すべ

き（補充原則4－11③）と提言されています。これは欧米でBoard Evaluationと呼ばれる評価・報告慣行に相当します。その目的は，自社が直面する経営課題の把握，戦略の実行に最も適した取締役会のあり方を追求すると同時に，株主・投資家（特に機関投資家）その他のステークホルダーに対話の基礎となる情報を提供することにあります。

株主は取締役会に経営を託していますので，取締役会が有効に機能しているか否かは，株主・投資家にとって重要な判断材料です。特に，スチュワードシップ・コードを受け入れ，受益者に代って投資先の経営をモニタリングし，かつ対話・提案・是正要求を通じて企業の持続的成長を促す立場にある機関投資家にとっては，もっとも重要な情報の一つです。したがって，取締役会は，ステークホルダーに対する受託責任の一環として，厳密かつ公正に分析・評価して，その結果と課題への対応方針を誠実に開示する責務を負います。

取締役会の「実効性」とは，取締役会議長，代表取締役，業務執行取締役，非業務執行取締役，監査役，会計監査人等の各機関に適任の人材がバランスよく配置され，協力と牽制の両面において効果的に連動し，取締役会全体及び個々の機関が機関設計で期待された役割を果たしていること，並びに現状分析と課題抽出から改善措置に至るPDCA（Plan－Do－Check－Action）の管理サイクルが永続的に回っていることをいいます。社外取締役の出席率が良い，出席者の発言も活発だから実効性があるという単純な話ではありません。

この実効性評価を有効に活用する企業は，組織内部での改善だけでなく，誰が何をどのような手法で評価したか（評価手法），どのような取締役会の課題が抽出されたか（評価結果），いつまでにどのように対応するか（対応方針），といった詳細な情報を開示し，株主・投資家その他のステークホルダーとの対話につなげる創意工夫や地道な努力を重ねています。社外取締役の人数，女性役員の比率，頻度・所要時間，発言回数などの形式的な情報の開示だけでは十分といえません。

(2) **評価項目**

実効性評価の項目は，「実効性」を多面的に評価し，設計や戦略とのギャップをあぶり出し，取締役会の設計・運用の改善につながりそうな要素で構成します。しかし，一律のルールは現時点では存在せず，各社で独自に設定する必

要があります。取締役会の役割設定や情報開示の方針は，それが法令・規則の範囲内であれば，事業・組織・株主構成等に応じて考えてかまいません。

そうはいっても他社との比較ができなければ，株主・投資家にとって情報の価値は激減してしまいます。現時点では，評価・報告に関する統一の基準はなく，事実上の指導基準になっている英国FRC（財務報告評議会）のコーポレート・ガバナンス・コードや付属文書「取締役会の実効性に関するガイダンス」等[*1]を参考に，支援サービスを提供する民間事業者や専門NGOによって一定の枠組みが形成されつつあります。評価の項目と基準，報告の枠組みの共通化は，わが国では今後の課題であると筆者は考えます。

(3) 評価・開示作業の流れ

実効性評価は，取締役による自己評価と第三者による他者評価の2種類があります。自己評価が基本ですが，3年に1回程度は他者評価を併用することが望ましいでしょう[*2]。

筆者が一般的と考える自己評価・開示の流れは次のとおりです。こうした作業の支援・助言が必要な際は，専門コンサルタントに依頼するのも方法の一つです。

Step. 1　機関設計に関する最小限の理解の共通化
- 会社法による株式会社の機関設計やGCコードに代表される上場会社のルールの背景と意味を正確に理解している取締役・監査役は極めて少数です。取締役会の実効性評価に着手する前に，すべての取締役・監査役が理解を共有しておきませんと，以降の作業で同床異夢の会話が続いて失敗に陥ります。講師は，機関設計に詳しい弁護士・研究者・コンサルタントに依頼するとよいでしょう。

Step. 2　各機関の役割の明確化
- 関連規程や過去の運用事実に基づき，自社の機関設計における各機関の役割・責任範囲・期待行動を明確にします。特に，取締役会の主たる機能，取締役会と業務執行会議体の上程事項の違い，社外役員の関与の深さと期待行動などが整理のポイントになります。

Step. 3　内容と方法の設定
- 評価対象，評価項目，評価指標，評価者，評価手法，回答方法を設定し

ます*3。この評価プロセス自体も開示の対象に含まれますので，なぜこの内容と方法を妥当と考えたのか，合理的に説明できるように準備しておきます。筆者が作成・使用している自己評価票（質問書）の作り方を後記 **2**(3)で説明しますので，是非参考にしてください。

Step. 4　各取締役・監査役による自己評価

- 設定した評価を実施します。特別な事情がなければ，数週間で書面回答やヒアリングを完了します。取締役会の実効性の解釈と自社の目標を回答者が理解していませんと，ピントの外れた回答になりますので，事前の工夫が必要です。ヒアリングは，聴取と確認の2回に分けて実施すると正確な情報が入手できます。書面回答の回収・利用・保管においては機密保持の配慮が必要です。

Step. 5　課題抽出と対応方針の決定

- 担当取締役，社外役員，外部専門家などが中心となって自己評価の結果を分析して，取締役会全体及び個々の取締役・監査役の課題を抽出します。その課題について，今後の対応方針を取締役会で決定します。株主への姿勢，取締役会の設計・運営，経営の課題など，自社の経営基盤に迫る本質的な検討が求められます。

Step. 6　実効性評価と対応の開示

- 評価の内容と方法，評価結果から抽出された課題，これまでの改善と積み残し課題，今後の対応方針などを株主・投資家その他のステークホルダーに開示します。一般的には，CGコードへの対応状況と一緒に，コーポレート・ガバナンス報告書や自社の公式Webサイトで開示します。数年間分は容易にアクセス可能な状態におくべきでしょう。

2　評価の項目と視点

(1)　参考にすべき国際標準

「取締役会の実効性」の構成要素は何か，どのような評価項目を設定すべきか，考え方は千差万別です。実務では，広く社会で了解されている枠組みや実施例をふまえながら，自社の事業や組織にふさわしい自己評価を設定します。

事実上の国際標準の一つである英国FRCのコーポレート・ガバナンス・コード（第B章実効性）では，取締役会の実効性の構成要素を次のとおり説明します。
- 取締役会と各委員会は，スキル，経験，会社からの独立性，会社の知識に関して適正なバランスを保持し，その義務と職責を効果的に果たしている
- 新たな取締役の任命について，正式で厳格かつ透明性ある手続が定められている
- すべての取締役は，その職責を有効に果たすのに十分な時間を会社のために割くことが可能である
- すべての取締役は，取締役会に加わる際に就任ガイダンスを受けている，また，スキルと知識を随時更新・アップデートしている
- 取締役会は，その職責を果たすのにふさわしい形式と品質の情報を，タイムリーに提供されている
- 取締役会は，取締役会，各委員会，個々の取締役について，正式で厳格な年次評価を実施している
- すべての取締役は，継続して良好な実績を残していることを条件に，定期的に再任手続に付されている

上記の事項については，英国FRCから付属文書「取締役会の実効性に関するガイダンス」が発行され，補足説明が詳細になされています。Company Secretary（会社書記役）の役割など，わが国には存在しない機関設計も登場しますが，同付属文書での説明は，GCコードの解釈においても参考になります。

(2) 日本企業に多く見られる弱点

日本企業では，法律の機関設計と現実の構築・運用とに大きな隔りがあり，諸外国の株主には理解できない「未熟な慣行」とも呼ぶべき設計・運用が珍しくありません。筆者のコンサルティング業務では多くの場合，次のような認識や慣行が助言・是正の対象となります。
- 取締役会と業務執行会議体の役割や付議事項が区別できていない
- 実質的な経営判断は経営会議や常務会で行っている
- 取締役会は会社法上の義務なので形式的に開催しているにすぎない
- 3年間の数値目標はあるが，中長期のビジョン・方針・戦略はない

- 取締役会議長は「議事進行係」の役割で，社長が務めている
- いつも発言する取締役は事実上，2〜3名に限られている
- 社外役員は，取締役会に出席して，参考意見を述べてくれればよい
- 議題資料は当日配布し，出席者にはその場で説明し，理解してもらっている
- 取締役会は予定の時間内に終わらせることを重視して議事運営している
- 役員は，功労に報いる「あがりのポスト」で，能力や性格は二の次である
- 役員の評価や人事は事実上，社長や会長に一任している
- 役員は人格・見識が備わっている前提なので特別な研修や訓練は設けていない
- うるさい社外取締役や監査役はすぐに交替させる

このような運営が法律上許されないわけではありませんが，上場会社として機関投資家に対して取締役会の実効性を説明しようとすれば，大きな障害となるのは間違いないでしょう。本稿ではあえてベストプラクティスを説明していますので，日本企業はこの域に達していないという感想が多いかも知れません。しかし，上場会社を選択する以上，ローカル・ルールのまま放置することは，競争に負け，信頼低下のリスクを伴います。本稿の説明は上場会社が今後進むべき方向性と受け止めて，ステップ・バイ・ステップで実現することをお勧めします（**Q1 2**(6)参照）。

(3) 自己評価票（質問書）の作り方

前記**1**(3) Step.3及びStep.4で触れた自己評価票（質問書）の作り方を説明します。

筆者は，表形式の左列に「○○はできている」の文体で設問を記載し，その右隣に3〜5段階評価のチェックボックス（選択式，番号が大きいほど高評価）を，さらに右隣に「できていること」を記述する欄と「できていないこと」を記述する欄を設けています。

設問	段階評価 (選択式)	できていること (記述式)	できていないこと (記述式)
○○はできている	5 4 3 2 1 □ □ □ □ □	………	………

　添付の別紙は，諸外国のガイダンス等をふまえて筆者が独自に整理し，コンサルティング業務で利用している設問素材集です。国際標準の取締役会を目指す上場会社において，ベストプラクティスにどこまで近づけられるかという観点で，会社の事情や特性に合わせてご活用ください。なお，読者の皆様が仕事に利用されることは構いませんが，特段の通用性や有効性を保証するものではありません。実効性評価のポイントを理解するための参考資料と考えてください。

(4) 開示する際の注意点

　実効性評価の開示は，評価手法，評価結果，対応方針の概要をCG報告書等で公開します。

　取締役会の実効性評価は，業績低迷，過少な利益還元，企業不祥事など，ステークホルダーが会社の経営に不信感を抱いた際に，ネガティブに作用し得る性質の情報です。また，取締役の善管注意義務が問題となる裁判などでは不利に働く可能性もあります。会社関係者の間では，開示の必要性に疑問を呈する意見があるのも事実です。

　しかし，今後，上場会社規制の方向性として開示の充実が進展するであろうことを考えれば，できるだけ早く，誠実な開示行為によって株主・投資家その他ステークホルダーとの接点を強化し始めるのが，経営判断として合理的でしょう。

　日本企業に多く見られる開示の失敗は，一般論や精神論にとどまり，具体性や論理性に欠けることです。例えば，社長が取締役議長を兼ねることについて，「以前からの慣行であり，特段の支障はない」とか「社外取締役を導入していなので適任者がいない」と述べたとしますと，「理解していない」，「逃げている」といった印象を与えてしまいます。「取締役会における役割と行動規準を全般的に見直すなかで，○年後を目途に改良を加える予定である」など，

第7章◇実効性評価

明確に述べるのが望ましいでしょう。

　取締役と監査役が株主・投資家その他のステークホルダーに対する受託責任を認識していること，取締役会の実効性の向上に向けた仕組みを構築していること，不断の努力でその適正な運用に努めていること等を，株主・投資家をはじめとするステークホルダーに明確に理解してもらうことが開示のポイントと考えてください。

〔笹本　雄司郎〕

■注　記■

＊1　英国FRCのコーポレート・ガバナンス・コードでは自己評価に加えて，少なくとも3年に1回は外部評価を利用することがコードで要求されています（B.6.2）。
＊2　Audit Committee Institute（Sponsored by KPMG）が公表するAssessment of the BoardのSelf-Assessment Questionnaireは参考になります。
＊3　評価対象・評価者・評価手法・回答方法の選択肢は，次のとおりです。
　①　評価対象の選択肢は，取締役会・監査役会・各取締役，各監査役
　②　評価者の選択肢は，取締役・監査役・執行役員・幹部社員・運営事務局・外部諮問委員・外部専門家
　③　評価手法の選択肢は，質問書への回答（無記名又は記名式，書面送付），対面ヒアリング（担当取締役，社外役員，外部専門家）
　④　回答方法の選択肢は，3～5段階評価，記述式，ヒアリング

Q57◆取締役会の実効性評価と開示

■ （別紙） 自己評価票（質問書）の設問素材集

〔取締役会及び各委員会の役割と責任〕
- 役割と責任が明確に文書化されている
- 業務執行会議体（常務会，経営会議）との役割上の区別が明確になっている
- 取締役会メンバーの過半数が独立社外取締役で構成されている
- 取締役会は，下部機関として適切な委員会を設置している
- 各委員会の役割，委員長の職責は，的確かつ公正に設定・運用されている
- 取締役会は，各委員会の活動内容，検討結果，抽出課題を適切に把握している

【設問例】
□ 取締役会及び下部機関の委員会の役割・構成・責任は，明確かつ具体的な文書によって共有されているか？

〔取締役会の姿勢と能力〕
- 企業のビジョン策定，中長期計画の決定，目標達成管理を牽引している
- 健全かつ効率的な組織文化，価値観，行動様式を育むプログラムを開発・促進している
- 会社を取り巻く環境の変化に敏感に対応している
- チームワークを発揮し，一つのチームとして機能している
- リーダーシップ，チャレンジ精神，注意深さを兼ね備えている
- リスクの識別力と対応能力を備えている
- 多様性に富むメンバーで構成され，多角的に分析・判断している
- 業務執行の促進と牽制のバランスに配慮している
- メンバーは，十分な技能，経験，時間及びその他のリソースをもっている
- メンバーは，最高レベルの高潔性，倫理性，誠実さを実践している
- メンバーは，何を期待されているかを理解している
- メンバーは，事業の組織や業界を理解している

【設問例】
□ 取締役会は，事業の基本方針や中長期計画を牽引し，会社全体にリーダーシップを発揮しているか？

〔取締役会及び各委員会の付議事項〕
- 付議事項の基準が明確に文書化されている
- 付議事項の基準は，常にアップデートされ，定期的に見直されている。
- 議題は，すべての取締役会のメンバーから集められている
- 重要な規則変更や緊急対応を要するリスクが現場で滞留しない仕掛が組み込まれている

第7章◇実効性評価

- ・付議事項が漏れていないかどうかを確認するプロセスを設けている
- ・議長や社長が意図的に上程を回避できない風土や牽制機能が備わっている
- ・時間の相当部分は，中長期のビジョン・方針・戦略に関する諸課題に費やされている
- ・時間の相当部分は，将来において組織に影響を与える課題の意思決定に費やされている

【設問例】
　□　取締役会に上程される決議事項と報告事項，業務執行への委任事項との振り分けに関しては，明確な基準が設けられ，厳密に遵守されているか？

〔取締役会の運用〕
- ・頻度・開催時期・開催場所は，実効性に配慮して決められている
- ・メンバーは，実効性を追求する重要性を理解している
- ・議題，概要，ポイントがメンバーへ事前に伝達され，よく理解する時間が確保されている
- ・明確な方針・計画と十分な情報に基づき，高い品質の意思決定と監督が行われている
- ・重要な議題については十分な審議時間を費やしている
- ・取締役会の仕事量は，効率的かつ有効に消化されている（滞留していない）
- ・取締役会の資料は，適切かつ十分な品質と情報量を保っている
- ・率直な発言や建設的な討論が推奨されている
- ・配慮ある建設的な緊張感の中で審議が進められている
- ・審議時間が足りないときは，無理に結論を出さず，継続審議としている
- ・取締役会が指摘・要求した処置は，適切にフォローアップされている
- ・取締役会の議事録は，具体的，正確，タイムリーに作成されている

【設問例】
　□　取締役会の年間スケジュールと開催頻度，議案の量と審議時間，提出される資料の分量・網羅性・わかりやすさ，資料の事前説明などは適切か？

〔取締役会議長〕
- ・代表取締役の立場・役割との区別が明確になされている
- ・代表取締役と別の人物が業務執行から独立して議長を務めている
- ・議事の進行役にとどまらず，取締役会を主導・牽引する役割を果たしている
- ・リーダーシップを発揮し，経営者の良き手本を示している
- ・メンバー間の建設的な関係性を築き，メンバーの能力を引き出している
- ・職責を果たすことに十分な時間を費やしている
- ・望ましい価値観や討議スタイルを組織に吹き込んでいる

- 戦略，価値創出，説明責任に焦点を当てた議題をリードしている
- 反対意見にも適切に対処し，的確かつ公正な討議や決定をリードしている
- コンセンサス形成に向けて，取締役会以外にも建設的に動いている
- 意思決定に使用する経営情報の質の向上を図っている
- 各委員会の組成・役割・人員構成の改善を促進している
- 取締役のトレーニングを促進している
- 実効性評価を牽引している

【設問例】
□ 取締役会議長は，業務執行に対する監督を牽引する立場としての客観性・独立性を備え，取締役会の手直し，議題の選定，審議の準備，円滑な議事を牽引しているか？

〔代表取締役（社長，CEO）〕
- 取締役会議長や社外取締役と良好な人間関係を構築し，意見に耳を傾けている
- 業務執行上の問題点やリスクを率直に取締役会に開示して評価・指示を受けている
- 戦略や事業の課題への対処を取締役会に提案している
- 取締役会で決定された戦略や要求事項を適切に具体化して組織内へ展開している
- 組織化や内部統制を通じて，戦略や施策を効率的かつ健全に展開している
- 自分のパフォーマンスの評価を取締役会議長と社外取締役に委ねている

【設問例】
□ 代表取締役は，事業上の問題や課題を取締役会に正しく認識させ，適切な対応を提案するとともに，取締役会で決定された方針・戦略・計画を組織に展開する役割を果たしているか？

〔業務執行取締役〕
- 会社及びグループ全体の決定・監督に主体的に関与している
- 担当領域外，勤務拠点外，非上程案件であっても，建設的な意見を述べている
- 取締役会のチームやメンバーへの協力を惜しまず，主体的に貢献している
- 社外役員にも胸襟を開いて接し，自分から意見や助言を求めている
- 専門分野以外にも，役割にふさわしい有効な情報や能力向上の機会を確保している
- 他社の経営幹部や外部専門家とのネットワークを強化して経営感覚を磨いている

【設問例】
□ 業務執行取締役は，担当業務の課題を正確に報告し，他の取締役の意見を

聞き入れるとともに，担当以外の経営事項にも建設的な意見を述べ，業務執行上の協力を惜しまないか？

〔筆頭独立取締役〕
- 取締役会議長，代表取締役，社外取締役間の橋渡し役を果たしている
- 社外取締役の関係性の強化と意見の集約に努めている
- 取締役会議長と業務執行取締役に対する支援と評価に努めている
- 取締役会議長や業務執行取締役による不適切な判断・行動には介入して解決している
- 職責を果たすことに十分な時間を費やしている

【設問例】
☐ 筆頭社外取締役は，代表取締役と社外取締役との橋渡し役，公正な評価の牽引役を果たしているか？

〔社外取締役（非業務執行取締役）〕
- 会社の情報，従業員の言葉，株主や他のステークホルダーの意見に十分触れている
- 組織上及び事業上の問題やリスクを正しく理解している
- 会社の事業環境・計画目標・運用実態を十分理解している
- 重要な議題は事前に説明を受け論点を整理してから審議に参加している
- 取締役会では，審議に積極的に貢献している
- 職責を果たすことに十分な時間を費やしている

【設問例】
☐ 社外取締役は，情報や認識の共有をはかって事業を正しく理解し，建設的な意見を述べ，意思決定や監督に貢献しているか？
☐ 社外取締役（指名・評価委員会）は，取締役の評価，候補者の指名，後継候補者の評価，重要な体制やシステムの整備等の公正と妥当性を担保する役割を果たしているか？

〔取締役会運営のサポート〕
- 取締役会運営の事務局機能が設置されている
- 事務局機能によって，付議事項の整理，情報の品質維持，社外取締役への事前説明，情報提供依頼への対応，議事録の作成などのサポートが迅速かつ正確に提供されている
- メンバーの要望通りのサポートが迅速かつ正確に提供されている
- 法律・会計など専門家による助言をメンバーが希望するときは，会社の費用負担で適切に提供されている

【設問例】
☐ 取締役会の有効な運営を明確かつ公正に補助する部署やスタッフが設けられているか？

〔戦略とリスク〕
- 取締役会による十分な検討に基づき，中長期のビジョン，方針，戦略が作られている
- 中長期のビジョン，方針，戦略が組織内のあらゆる階層に明確に伝達されている
- 取締役会は，会社のパフォーマンスを左右する主要な要因を把握している
- 取締役会は，業務の効率性の内部統制整備と監督・是正を適正に行っている
- 取締役会は，コンプライアンスの内部統制整備と監督・是正を適正に行っている
- 取締役会は，リスク管理/事業継続の内部統制整備と監督・是正を適正に行っている
- 取締役会は，財務情報の内部統制整備と監督・是正を適正に行っている
- 取締役会は，経営情報の保存・管理の内部統制整備と監督・是正を適正に行っている

【設問例】
☐ 取締役会は，中長期のビジョン，方針，戦略を綿密に検討するとともに，コンプライアンス，リスク管理，内部統制システムの方針決定と運用の監視・是正を適切に行っているか？

〔意思決定〕
- 公正・妥当な意思決定を確保する意思決定の方針とプロセスが明確に文書化されている
- 組織の目的，ビジョン，戦略目標が反映されている
- 客観的で質の高い情報に基づいて判断している
- リスクを直視して判断している
- 高い倫理観に基づいて判断している
- 背景，必要性，目標，メリット/デメリットを明確に共有して判断している
- 業務執行上の情報や専門家の意見を含め，多様な情報を集めて多角的に判断している
- 十分な時間を費やして判断している
- ステークホルダーに対して合理的な説明が可能か否かを重視して判断している
- 過信や集団思考を排除して判断している
- 賛成意見の根拠を検証して判断している
- 反対意見を洗い出して判断している

【設問例】

第7章◇実効性評価

　　□　取締役会は，重要な意思決定に際して，情報の信頼性，専門家の意見，十分な時間，リスクの直視，高い倫理観，思込みや偏りの点検など，誤判断リスクの排除に注意が払われているか？

〔受託責任〕
- 取締役会は，組織に影響を与え得る大きなリスクを包括的に把握している
- 取締役会は，業務執行の内部統制システムを理解している
- 取締役個人と会社の利益相反に関する方針が明確に文書化されている
- メンバーは，受託責任をよく理解し，かつ誠実に実践している
- メンバーは，自分と会社とで利益相反するリスクがあれば，取締役会議長に報告している

【設問例】
　　□　取締役会は，攻めと守りのバランスに注意し，注意を尽くした質の高い決定・監督を行っているか？

〔取締役会の構成〕
- 人的特質・分野・経歴・性別の多様性に関する方針が明確に文書化されている
- 取締役会は，メンバーの技量・経験・知識のバランスが図られている
- 取締役会は，客観的かつ透明性のある指名・選任プロセスを設けている
- メンバーは，十分な技能，経験，時間及びリソースをもっている
- メンバーは，多様性の重要性を理解し，他の取締役の意見を尊重している

【設問例】
　　□　業務執行取締役，社外取締役，監査役の各々の員数，就任期間，多様性（知識・経験・能力・性別・年代等）は適切か？

〔後継者育成計画〕
- 中長期の経営計画等に基づき必要な経営者の人材像と人材要件が明確になっている
- 候補者となり得る人材の経歴・能力・評価が把握され，その育成計画を策定されている
- 候補者人材を外部にも求め，必要な人材は可能な限り早い段階で確保している
- メンタリング，報酬，インセンティブを通じて，他組織への転出を防止している
- 取締役会は，対象の人材，育成計画の進捗状況，多面評価の結果等を把握している

【設問例】
　　□　取締役会は，取締役候補者の選出・育成について適切に監督を行っているか？

〔能力開発〕
・　新たなメンバーには，役割，受任事項，最低活動時間，組織の概要，戦略目標などを含む，適切な導入プログラムが提供されている
・　メンバーは，会社の理解や専門能力を向上する打合わせ，情報交換，研修，セミナーなどに参加する機会を取締役会から提供されている
・　メンバーは，会社を取り巻くビジネス環境について，最新情報にアップデートする機会を取締役会から提供されている

【設問例】
□　業務執行取締役・社外取締役・監査役は，取締役の役割・職務・責任並びに事業・組織・財務等を正しく理解する機会を提供されているか？

〔パフォーマンスの評価〕
・取締役会，委員会，各取締役のパフォーマンス評価のプロセスが合理的に設計されている
・　取締役会，委員会，各取締役のパフォーマンスは，毎年，公正かつ厳密に評価されている
・　取締役会，委員会。各取締役のパフォーマンスは，正確にフィードバックされている
・　パフォーマンスの評価基準は，広さも深さも適正に設定されている
・　パフォーマンスの評価基準は，組織の戦略目標との関係が明確になっている
・　パフォーマンスの評価基準は，指標となる他社と比較可能な形で設定されている
・　パフォーマンスの評価が実効性の改善につながっている
・　パフォーマンスの評価項目，評価方法，開示方法は，必要に応じて改善されている

【設問例】
□　取締役会と各取締役のパフォーマンスを，監視・評価してフィードバックする仕組みが機能しているか？

〔価値の創出〕
・　取締役会は，主要なステークホルダーとおのおのが求める価値を特定している
・　取締役会は，意思決定の際に，主要なステークホルダーの要求に配慮している
・　取締役会は，主要なステークホルダーの要求に応えているか否かを分析・評価している
・　取締役会は，主要なステークホルダーとコミュニケーションする適切な仕組みをもっている

471

- 会社は，主要なステークホルダーが求める価値を創出している

【設問例】
- □ 取締役会は，短期の業績追求に偏ることなく，多様なステークホルダーの声に耳を傾けて，持続可能な成長を推し進める雰囲気になっているか？

〔業務執行に対する監督〕
- 取締役会は，業務執行の職務権限規則を把握している
- 取締役会は，CEO及び幹部の後継者育成計画に適切に関与している
- 非業務執行取締役は，業務執行の幹部社員の話を聴く機会を設けている
- 業務執行上の悪いニュースは，発生とほぼ同時に取締役会へ伝わっている
- 代表取締役及び業務執行役員は，取締役会から建設的なサポートを受けている

【設問例】
- □ 各取締役・監査役は，適切な判断や監視のために，取締役会以外でも追加情報を要求したり，調査権限を行使したりしているか？

〔取締役の報酬〕
- 取締役会又は委員会は，各取締役の報酬を公正かつ合理的に決定するプロセスを設けている
- 取締役会又は委員会のメンバーは，取締役及び監査役の報酬及びストックオプションの支給基準を理解している
- 取締役会又は委員会は，各取締役の報酬及びストックオプションの額を，社長一任とせず，完全に又は事実上決定している
- 取締役と監査役の報酬は，指標となる他社と比較可能な形で設定されている
- 報酬の設定理由は，本人にフィードバックされ，次期以降の改善につながっている

【設問例】
- □ 取締役会は，業務執行取締役の評価・報酬・ストックオプション付与を公正に監督しているか？

〔株主・投資家との関係〕
- 取締役会は，株主とのコミュニケーション（例．年次報告書の発行，定時株主総会，主要株主との継続的な対話）を通じて，株主・投資家の顕在・潜在の期待・要求を把握している
- 取締役会は，株主・投資家の期待・要求にどのように応えるかを討議している
- 必要な情報は，わかりやすい内容，伝わりやすい方法で頻繁に伝達している
- 株主とのコミュニケーションは，ガバナンスの質・構造・プロセスの改善

につながっている

【設問例】
□ 取締役会は，報告書の発行，定時株主総会，主要株主との継続的な対話を通じて，ガバナンスの構造・プロセス・品質の改良につなげているか？

第7章◇実効性評価

 取締役と監査役のトレーニング

会社は，取締役と監査役がその職責を適切に果たせるようにするため，どのようにトレーニングを進めるべきですか。

　取締役や監査役のトレーニングの狙いは，取締役会の有効性（**Q57**参照）を確保すること，並びに経営の不適切な判断や対応のリスクを低減することにあります。取締役や監査役の職務に必要な知識は，就任時だけでなく，継続的にアップデートする必要があります。上場会社は，CGコードで「取締役・監査役のトレーニング」が要求され，投資家に対して「トレーニングの方針」を開示すべきとされています。

☑**キーワード**

取締役会の有効性，職務上保持すべき情報を修得する機会や必要な費用の提供，就任時のトレーニング・プログラム，在任中のトレーニング・プログラム，トレーニング方針の開示，CGコード原則4－14

解　説

1　取締役と監査役のトレーニングの意味と必要性

⑴　取締役と監査役のトレーニングとは
　コーポレート・ガバナンスにおける「取締役と監査役のトレーニング」と

は，会社の長期的な成功に共同して責任を負う取締役会の構成員としての職責を果たすため，並びに取締役・監査役固有の役割と責任を果たすため，職務上保持すべき情報を修得する機会や必要な費用を，取締役会もしくは業務執行体制が取締役・監査役に提供することをいいます。

　会社法上の義務ではありませんが，上場会社には，CGコード原則4－14で「取締役・監査役のトレーニング」が要求され，補充原則4－14②により投資家に対して「トレーニングの方針」を開示すべきとされています。

　トレーニングのねらいは，取締役会の有効性を確保すること，並びに経営の不適切な判断や対応のリスクを低減することにあります。技術・市場・顧客・製品・サービス，事業に適用される諸規制，影響が及ぶ範囲など，リスクの構成要素は刻々と変化します。したがって，取締役・監査役の職務に必要な知識は，就任時だけでなく，継続的にアップデートする必要があります。

　こうした考え方は，国際標準のコーポレート・ガバナンスに共通しており，ガバナンス・ルールを牽引する英国FRC（財務報告評議会）のコーポレート・ガバナンス・コード（2012年版）でも，取締役の研鑽〔development〕が明示されています[1]。

　監査役設置会社における監査役のトレーニングは，(ⅰ)提供する情報が取締役と共通で，かつ(ⅱ)監査役の独立性に支障がなければ，取締役のトレーニングと一緒に会社から提供するのが現実的かつ一般的でしょう。一方，監査役に固有のトレーニングであれば，監査役会もしくは監査役が準備・実行し，そのために必要な費用負担等を会社が受け入れる形になります。監査役会や監査役が希望するトレーニングは，著しく不合理なものでない限り，会社は拒否すべきではありません。

(2)　CGコードの要請

　取締役・監査役のトレーニングに関して，CGコードでは次の主旨の要求事項が挙げられています。

① 　取締役・監査役は，その役割・責務に係る理解を深め，必要な知識の習得や適切な更新等の研鑽に努めるべきこと（原則4－14「取締役・監査役のトレーニング」）

② 　上場会社は，個々の取締役・監査役に適合したトレーニングの機会の提

供・斡旋や費用の支援を行い，取締役会はその対応状況を監督すること（原則4－14「取締役・監査役のトレーニング」）

③　社外取締役・社外監査役を含む取締役・監査役は，就任の際に，会社の事業・財務・組織等の知識，求められる役割と責務を十分に理解する機会を得るべきこと，就任後においても，これらを継続的に更新する機会を得るべきこと（原則4－14「取締役・監査役のトレーニング」の補充原則①）

④　上場会社は，取締役・監査役に対するトレーニングの方針について開示を行うべきこと（原則4－14「取締役・監査役のトレーニング」の補充原則②）

特に，会社がモニタリング・モデルの取締役会を指向する場合，社外取締役（非業務執行取締役）に対して職務に関する情報が十分に提供されなければ，経営への有益な貢献が望めません。英国コーポレート・ガバナンス・コードの諸原則に適合するために英国FRC（財務報告評議会）が発行する付属文書「取締役会の有効性に関するガイダンス」においても，非業務執行取締役は，就任プログラム，知識やスキルの取得などにふさわしい時間を費やすべきである旨が明示されており，わが国のコードの解釈にも参考になります[*2]。

2　取締役と監査役トレーニング・プログラムの考え方

(1)　基本的な考え方

取締役・監査役に対するトレーニングの目的は，取締役会の有効性，すなわち取締役会における討議と連係を支える知的共通基盤の形成ですから，既に就任している取締役・監査役にも提供されるべき性質の情報です。すべての取締役・監査役は，就任中はできるだけ均一な情報の保持し，効率的で質の高い討議と連係を実現する責務を負います。

(2)　就任時のトレーニング・プログラム

(a)　盛り込むべき事項

就任時のプログラムでは，次のような基本事項について共通の理解を確保します。筆者が就任時のトレーニング・プログラムの企画・講師を受任した際に提案する代表的な事項を挙げます。実際には，内部出身の取締役と外部出身の取締役の違い，対象者の知識・経験・役割等に応じて，内容を取捨選択します。

① 会社の概要・沿革，事業内容，組織，事業の利益循環の構造，役員プロフィール
② 会社の財務報告，内部統制評価，重大なリスク
③ ガバナンス機関，関連規程，年間スケジュール，開示済み情報
④ 経営（取締役会）と業務執行との違い，取締役会の上程・報告事項
⑤ 取締役の職務と善管注意義務（会社330条，民644条）
・取締役会には，やむを得ない事情がない限り，万事に優先して出席する
・判断の前提に置く情報と解釈が合理的であることを点検・確認する
・判断の決定手続と決定内容が合理的であることを点検・確認する
・議題及びそれ以外の事項について会社に価値を生む意見があれば提案する
・リスクを含む議案や報告は，適宜質問して，理解に曖昧さを残さない
・異議があれば反対して再考を促す（議事録に異議をとどめず捺印すれば同意したものと扱われる）
・会社に著しい損害を及ぼすおそれのある事実を発見したときは，監査役に報告しなければならない（会社357条）
・重大なリスクを探知したら，取締役会を自ら招集するか，招集を請求することができる（会社366条）
⑥ 監視義務の対象範囲
・取締役会に上程されない事項，海外拠点勤務のため把握していない国内事案，欠席した会議の議題・報告も，監視しなければならない
・他の取締役の職務執行も監視義務の対象となる（取締役の善管注意義務違反は，他の取締役・使用人に対する監視義務違反で問題となるケースが多い）
・取締役会の出席率や発言頻度が低いと，監督機能を果たしていないと評価される
・監視義務の実効性を確保するために，3か月に1回以上，取締役会で会社の職務執行状況を報告することが義務づけられている（会社363条）
⑦ 忠実義務（会社355条）の内容
・会社と競業する職務に就いたり，会社と利益が相反する取引を行ったりする場合は，原則として取締役会の承諾を得る

- 法律違反といえなくても，周囲に公私混同と映る行動は極力避ける，もしくは誤解を与えないよう周囲に説明してから実行する

⑧ 監査役の職務
- 監査役は取締役の職務執行の全般を監査し，監査報告書を作成する
- 取締役会・監査役会の出席率や発言頻度が低いと，監督機能を果たしていないと評価される
- いつでも事業の報告を求め，業務・財産を調査できるし（会社381条2項），必要に応じて子会社も調査できる（同条3項）
- 取締役の不正行為，法令・定款違反の事実，著しく不当な事実があると認めるときは遅滞なく取締役会に報告しなければならない（会社382条）
- 取締役会に出席し，必要に応じて意見を述べなければならない（会社383条）
- 取締役の目的外行為や違法行為によって会社に著しい損害が及ぶときは当該行為の中止を請求できる（会社385条1項）

⑨ 取締役会の有効性
- 取締役会は，スキル，経験，業務執行からの独立，事業・組織・社会の知識に関して適正なバランスを保持し，各役割が連携して義務と責任を果たす
- 取締役は，その責務を有効に果たすにあたり十分な時間を会社のために割く（社外取締役・監査役の想定職務時間や兼務制限を設ける会社もある）
- 取締役は，職務上の義務と責任を果たすために必要なスキルと情報をタイムリーに入手し，継続的にアップデートする
- 取締役会は，取締役会及び個々の取締役について年次評価を行い，体制・運用・施策を改善する
- 取締役は，継続して良好な成果をあげていることを条件に，定期的に再任手続に付される

⑩ 取締役・監査役の個人責任と役員責任賠償保険
- 会社に対する損害賠償責任（不実情報開示，違法配当，カルテル，賄賂，内部統制不備，任務懈怠など）
- 第三者に対する損害賠償責任（倒産に伴う会社債権者への賠償など）

・責任賠償保険の適用範囲と適用条件
・刑事責任，民事責任
(b) 実施の方法

役員トレーニングは，資料を提供するだけでなく，十分な時間を費やして，対面で説明すべきです。社内説明役（担当の役員，部門長，スタッフ）もしくは外部講師（弁護士，公認会計士，コンサルタント）による説明と質疑応答，事業拠点の視察が一般的な方法です。

なお，注意義務の実践・履行に関する諸ルールは専門家以外には難解ですので，具体的な場面を設定して理解してもらうのが有効です。例えば，筆者は次のような事例を挙げて，望ましい行動を示しながら要点を解説します。

《例1》業務執行の経営会議で異議を述べなかった社長案件の議題について，取締役会で改めて社長の説明を聞いて若干のリスクを覚えたとき，どのように行動すべきか。

《例2》海外出張で欠席した取締役会の議事録が届いたので目を通したら，自分がまったく知らない案件が上程・可決されていたとき，どのように行動すべきか。

《例3》他の取締役が担当する事業部門で重大な法令違反が以前から放置され続けているとの噂を部下から耳にしたとき，どのように行動すべきか。

(3) 在任時のトレーニング・プログラム
(a) 盛り込むべき事項

在任時のプログラムは，取締役会の有効性の向上とリスクの低減に向けて，テーマを絞り込み，就任時のプログラムよりも実践的で踏み込んだ内容で構成すべきでしょう。業態や規模によって異なりますが，事業や組織，経営の諸施策に関するトレーニングが一般的です。取締役会は時間の制約があって議題審議が中心になりますので，経営状況や周辺情報を共有する機会を別途作ることに価値があります。筆者が在任時のトレーニング・プログラムの企画・講師を受任した際に提案する代表的な事項を挙げます。

① 事業活動の現場・現物・現実の把握
・主要な事業拠点・子会社・取引先の訪問

- ・現地責任者，中間管理者，ラインとの対話や情報交換
② 他の取締役とのパートナーシップの強化
- ・事業の現状と将来計画に関する担当役員からの個別ブリーフィング及び質疑
- ・社長との定期的な懇談
③ 会社が直面するリスクと機会の説明
- ・主要な取引先，協力会社の責任者，顧問弁護士，会計監査人との対話
- ・地球環境リスク，人口動態，技術・市場の変化予測と影響
④ 他社とのギャップ把握，参考情報の収集
- ・外部講習会への参加，研鑽・交流組織への加入
- ・他社の取締役・監査役との情報交換
⑤ ガバナンス態勢整備の品質向上
- ・第三者によるガバナンス態勢評価結果の分析
- ・内部統制システム，透明性，説明責任に関する理解の深堀り
⑥ 取締役会の有効性を向上する諸施策
- ・取締役会評価結果の分析
- ・主要株主の意見や要望の分析
⑦ 未着手の経営手法（一般論）の研究（見逃し・不作為の解消）
- ・資本効率を改善するための方法論（構造・プロセスの抜本的変更，M&A）
- ・優秀な人材や労働力を確保するための組織風土，人事制度，インセンティブ
⑧ 問題発生リスクの低減
- ・過去の誤判断・失敗の分析
- ・他社不祥事を題材とした自主点検ポイントの抽出

(b) **実施の方法**

　定時株主総会や取締役会の開催後に役員全員が参加して行うケースと必要に応じて個々の役員単位で行うケースがあり，方法に合わせて内容を選択します。

　役員のトレーニングの趣旨は，取締役会の有効性を確保すること，並びに不適切な判断や対応のリスクを低減することにありますので，テーマの選定に際

しては，一般教養ではなく，会社の経営課題をふまえた，応用可能な内容を優先すべきであると筆者は考えます。講師には，他社の取組みに詳しい社内外の専門家を選定するとよいでしょう。取締役会とは違う形態でのチーム討議なども有効です。

また，その仕事をいずれの拠点で誰がどのように行っているか，現場を見て把握しておくと，その後の判断や決定の質が格段と向上します。こうした拠点訪問や現地での対話も，トレーニングの位置づけで計画に組み込むべきです。取締役や監査役が広く現場を歩き，一つの提案を事実に即し，複数の眼，多様な見方で討議する環境を整えることは，ガバナンス上の有効な投資といえます。

(4) トレーニング方針の開示

CGコード原則4-14補充原則②で，「上場会社は，取締役・監査役に対するトレーニングの方針について開示を行うべきである」と定められています。このトレーニング方針の開示は，事業，地域，人的構成などから，そのトレーニングがいかにして取締役会の有効性やリスクの低減に貢献するか，その結び付きを合理的にわかりやすく説明するのが望ましいといえます。多くの開示は，事業内容や職務に即した，就任時の研修，勉強会の定期開催，外部団体への加入などを列挙するにとどまりますが，それが取締役会の有効性などにどのように寄与するのか説明を加えれば，さらに充実した開示となるでしょう。

〔笹本　雄司郎〕

■注　記■

＊1　取締役会の実効性〔efficiency〕に関する第4章において「B-4 取締役の研鑽〔development〕：すべての取締役は，取締役会に加わるにあたって就任ガイダンス〔induction〕を受けるべきであり，また，そのスキルと知識を随時更新・アップデートすべきである。」とされています。

＊2　非業務執行取締役は，その職務において，取締役会の会議室以外を含む包括的，公式，準備された就任プログラムに時間を費やすべきこと（1.18)，非業務執行取締役は，取締役会に積極的な貢献を確実にするために，コミュニケーションを含むところの知識やスキルの取得や磨き上げに時間を費やすべきこと（1.19）が記述されています。

第 8 章

コーポレート・ガバナンスと内部統制

59 内部統制の概念とコーポレート・ガバナンスとの関係

内部統制とは、どのような概念ですか。内部統制とコーポレート・ガバナンスとは、どのような関係に立ちますか。

　内部統制とは，internal controlという英文の和訳であり，多義的な概念ですが，COSO報告書によれば，「事業体の取締役会，経営者およびその他の構成員によって実行され，業務，報告およびコンプライアンスに関連する目的の達成に関して合理的な保証を提供するために整備された一つのプロセスである」と定義されており，業務目的，報告目的及びコンプライアンス目的という3つの目的をもち，統制環境，リスク評価，統制活動，情報と伝達，モニタリング活動という5つの構成要素から成るとされています。これらをふまえて，内部統制とは，事業体による「リスク管理」とほぼ同義と考えておくと，より理解しやすいでしょう。

　内部統制とコーポレート・ガバナンスとの関係についても，双方とも多義的な概念ではありますが，内部統制は社長による規律，コーポレート・ガバナンスは社長に対する規律と整理しておくと，より理解しやすいでしょう。

　内部統制と取締役会・監査役会等との関係は，取締役会・監査役会等が内部統制の有効性を監督・監査するという関係になります。

☑キーワード

内部統制，COSO，COSO-ERM，業務目的，報告目的，コンプライアンス目的，統制環境，リスク評価，統制活動，情報と伝達，モニタリング活動，コーポレート・ガバナンス

第8章◇コーポレート・ガバナンスと内部統制

解説

1　内部統制概念の進展

　内部統制という言葉は，使う人や使う場面によって意味合いが異なるような，多義的な概念です。ここでは，内部統制の概念が過去からどのように進展してきたかを概観します。

　1951年に通商産業省産業合理化審議会は，内部統制の意義について，「内部統制とは，企業の最高方策にもとづいて経営者が，企業の全体的観点から執行活動を計画し，その実施を調整しかつ実績を評価することであり，これらを計算的統制の方法によって行うものである。それは経営管理の一形態であるが，経営活動の執行について直接的になされる工程管理や品質管理などとは異なり，計算的数値にもとづいて行われる間接的統制である点に特徴がある。従ってこの内部統制は，企業方策を決定したり，それを実施したり，または企業の有する資産を保管したりすること自体ではない」としました。ここでは，内部統制は「経営者による執行としての経営管理」と位置づけられています。

　1970年に日本会計研究学会会計監査特別委員会は，内部統制の意義について，「内部統制とは，企業の資産を保全し，会計記録の正確性と信頼性を確保し，かつ，経営活動を総合的に計画し，調整し，評定するために，経営者が設定した制度・組織・方法および手続を総称するものである」としました。

　1992年にアメリカのトレッドウェイ委員会支援組織委員会（Committee of Sponsoring Organizations of the Tredway Commission：COSO）は，「内部統制—統合的フレームワーク（Internal Control-Integrated Framework）」を公表し，その後の内部統制概念の進展に大きな影響を与えました。

　このCOSO報告書では，内部統制を，以下の3つの目的の達成に関して合理的な保証を提供することを意図したプロセスと定義し，以下のとおり整理しました。

　　主体：事業体の取締役会，経営者，その他の構成員

目的：①業務の有効性と効率性
　　　②財務報告の信頼性
　　　③コンプライアンス
要素：①統制環境（Control Environment）
　　　②リスク評価（Risk Assessment）
　　　③統制活動（Control Activities）
　　　④情報と伝達（Information & Communication）
　　　⑤モニタリング活動（Monitoring Activities）
単位：全社レベル，部門，業務単位，機能

　2004年にCOSOは，「全社的リスクマネジメント—統合的フレームワーク（Enterprise Risk Management-Integrated Framework：COSO-ERM）」を公表し，内部統制の目的に「戦略策定」を，内部統制の要素に「目標設定」「事象識別」「リスク対応」を加えるなどして，事業戦略達成のためのリスク管理という側面を強化しました。

　2013年にCOSOは，1992年のCOSO報告書の改訂版を公表し，内部統制の5つの構成要素に関連する17の原則を追加して，以下のとおり整理しました[1]。

主体：事業体の取締役会，経営者，その他の構成員
目的：①業務目的（事業体の業務の有効性と効率性）
　　　②報告目的（内部及び外部の財務及び非財務の報告に関する信頼性，適時性，透明性）
　　　③コンプライアンス目的（事業体による法律及び規則の遵守）
要素：①統制環境（Control Environment）
　　　1．組織は，誠実性と倫理観に対するコミットメントを表明する。
　　　2．取締役会は，経営者から独立していることを表明し，かつ，内部統制の整備及び運用状況について監督を行う。
　　　3．経営者は，取締役会の監督の下，内部統制の目的を達成するにあたり，組織構造，報告経路及び適切な権限と責任を確立する。
　　　4．組織は，内部統制の目的に合わせて，有能な人材を惹きつけ，育成し，かつ，維持することに対するコミットメントを表

明する。

5．組織は，内部統制の目的を達成するにあたり，内部統制に対する責任を個々人にもたせる。

② リスク評価（Risk Assessment）

6．組織は，内部統制の目的に関連するリスクの識別と評価ができるように，十分な明確さを備えた内部統制の目的を明示する。

7．組織は，自らの目的の達成に関連する事業体全体にわたるリスクを識別し，当該リスクの管理の仕方を決定するための基礎としてリスクを分析する。

8．組織は，内部統制の目的の達成に対するリスクの評価において，不正の可能性について検討する。

9．組織は，内部統制システムに重大な影響を及ぼし得る変化を識別し，評価する。

③ 統制活動（Control Activities）

10．組織は，内部統制の目的に対するリスクを許容可能な水準まで低減するのに役立つ統制活動を選択し，整備する。

11．組織は，内部統制の目的の達成を支援するテクノロジーに関する全般的統制活動を選択し，整備する。

12．組織は，期待されていることを明確にした方針及び方針を実行するための手続を通じて，統制活動を展開する。

④ 情報と伝達（Information & Communication）

13．組織は，内部統制が機能することを支援する，関連性のある質の高い情報を入手又は作成して利用する。

14．組織は，内部統制が機能することを支援するために必要な，内部統制の目的と内部統制に対する責任を含む情報を組織内部に伝達する。

15．組織は，内部統制が機能することに影響を及ぼす事項に関して，外部の関係者との間での情報伝達を行う。

⑤ モニタリング活動（Monitoring Activities）

16．組織は，内部統制の構成要素が存在し，機能していることを

Q59◆内部統制の概念とコーポレート・ガバナンスとの関係

確かめるために，日常的評価及び／又は独立的評価を選択し，整備及び適用する。
17. 組織は，適時に内部統制の不備を評価し，必要に応じて，それを適時に上級経営者及び取締役会を含む，是正措置を講じる責任を負う者に対して伝達する。

単位：全社レベル，部門，業務単位，機能

以上のように，内部統制の概念はCOSO報告書を中心に進展を遂げており，実務対応を進めていくうえで参考になります。COSO報告書では，事業体がリスクを評価して統制することが内部統制の中核とされており，内部統制とは事業体による「リスク管理」とほぼ同義であると考えておくと，より理解しやすいでしょう。

2 内部統制とコーポレート・ガバナンスとの関係

内部統制という言葉と同様，コーポレート・ガバナンスという言葉も，使う人や使う場面によって意味合いが異なるような，極めて多義的な概念です。両

■図1 内部統制と全社的リスクマネジメントとガバナンスの関係

第8章◇コーポレート・ガバナンスと内部統制

者の関係についても，定説はないと思われます。

　COSO報告書の改訂版は，内部統制とガバナンス，全社的リスクマネジメントの関係について，内部統制は全社的リスクマネジメントに不可欠な一部分であり，全社的リスクマネジメントはガバナンスプロセス全体の一部分であると述べて，前頁掲載■図1　内部統制と全社的リスクマネジメントとガバナンスの関係のとおり整理しています*2。

　筆者は，実務対応を進める際により理解しやすいように，■図2　ガバナンス・マネジメント・モデルを使って，内部統制は"社長による規律"，コーポレート・ガバナンスは"社長に対する規律"と整理してみます*3。

　監査役会設置会社を例にとって説明します。

　下側の正三角形は，株式会社の業務執行機関を指します。代表取締役社長が頂点に位置し，代表取締役社長に最終的に帰属する業務執行権限を，業務執行取締役へ，そして執行役員，管理職，社員へと順次委譲していきます。内部統

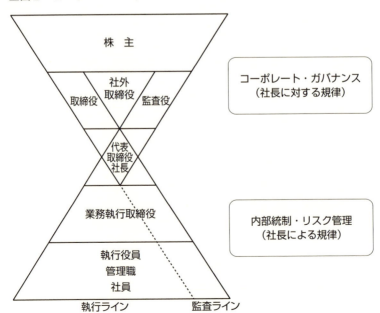

■図2　ガバナンス・マネジメント・モデル

制の主宰者は社長であり，ここでは"社長による規律"が働きます。リスクを評価して統制するという「内部統制」「リスク管理」業務も，業務執行機関による業務執行の一環と位置づけられます。経営者による無効化が内部統制の限界といわれるのも，この文脈において理解されます。

これに対し，上側の逆三角形は，株式会社のガバナンス構造を指します。最高意思決定機関である株主総会の決議により，取締役と監査役を選任し，解任もできます。取締役と監査役が出席する取締役会の決議により，代表取締役を選定し，解職もできます。このガバナンス構造のなかでは，株主が最上位であり，代表取締役社長は最下位に位置づけられます。そして，業務執行機関の頂点に立ち内部統制の主宰者である"社長に対する規律"を働かせるのが，コーポレート・ガバナンスの機能と整理されます。

内部統制とコーポレート・ガバナンスの関係をこのように整理することで，社員が法令違反やハラスメントを働かないようにするといったコンプライアンスの問題や，災害リスクや信用リスクなどにより事業活動に支障を来たさないようにするといったリスク管理の問題は内部統制の問題，これに対し，ROE向上や社外取締役増員といった問題はコーポレート・ガバナンスの問題，というように明確に区分できるようになり，実務対応を進める際により理解しやすいのではないか思います。

3　内部統制と取締役会・監査役会等との関係

取締役会という監督機関や，監査役会設置会社における監査役会，監査等委員会設置会社における監査等委員会，指名委員会等設置会社における監査委員会といった監査機関と，内部統制との関係についても，ここで整理しておきます。

これらの監督・監査機関は，業務執行機関が行う内部統制が有効であるかどうか（有効性）について，監督・監査することになります。つまり，監督・監査機関は監督・監査の主体，内部統制は監督・監査の対象となります。

特に，監査等委員会設置会社及び指名委員会等設置会社では，内部統制システムを活用した監査を行うとされており，内部統制の有効性は，そのまま監査

第8章◇コーポレート・ガバナンスと内部統制

の有効性に影響することになるので,内部統制の有効性の監査はより重要になります。

〔竹内　朗〕

■注　記■

* 1　八田進二＝箱田順哉監訳『内部統制の統合的フレームワーク・フレームワーク篇』(日本公認会計士協会出版局,2014) 8頁以下。
* 2　八田＝箱田監訳・前掲(＊1) 215頁。
* 3　初出は,竹内朗「企業価値を高めるコンプライアンス―コンプライアンス体制整備のためのいくつかの視点」月刊監査役547号(2008) 14頁。

会社法が求める内部統制と内部統制システム構築に求められる水準

会社法は内部統制について何を求めていますか。内部統制システム構築に求められる水準はどのようなものですか。現在の判例法理では、どのように扱われていますか。

会社法は、取締役会に対し、内部統制システムの体制整備の基本方針を決議するよう求めています。取締役に対しては、善管注意義務の一環として、内部統制システム構築義務を課しています。内部統制システム構築に求められる水準は、「通常想定されるリスクを防止し得る程度」というのが現在の判例法理です。

キーワード

内部統制、内部統制システム、リスク管理体制、決議義務、善管注意義務、内部統制システム構築義務

解　説

1　会社法が求める内部統制

会社法は、「内部統制」「内部統制システム」という言葉を使っていませんが、「株式会社の業務の適正を確保するために必要な体制」（会社362条4項6号）という言葉を使っており、実務上あるいは講学上、この体制のことを「内部統

制システム」と呼んでいます。「リスク管理体制」というのとほぼ同義と理解されます。

　会社法が取締役会に対して求めるのは，内部統制システムの整備は重要な業務執行の決議に当たるので，取締役に委任してはならず取締役会で「決議」せよ（会社362条4項6号），大会社では内部統制システムの整備について必ず取締役会で「決議」せよ（同条5項）という，取締役会の決議義務です。そして，取締役会で決議するのは，内部統制システムの詳細な内容ではなく，体制整備についての基本方針で足りると解釈されています。

　取締役会の構成員である個々の取締役は，会社に対して善管注意義務を負っています（会社330条）。そして，ある一定水準の内部統制システムを構築していなかった場合には，個々の取締役が善管注意義務違反に問われる可能性があることから，取締役には「内部統制システム構築義務」があるといわれています。

　また，内部統制システムは，一度構築すれば足りるというものではなく，構築した内部統制システムが適正に運用されていることも大事になります。内部統制の整備について取締役会の決定があるときは，その体制の運用状況の概要を事業報告に記載することが求められているのも（会社則118条2号），運用状況が大事なことを示しています。CGコード補充原則4−3②も，取締役会は，内部統制やリスク管理体制の適切な構築や，その運用が有効に行われているか否かの監督に重点を置くべきであると述べています。

2　会社法が取締役会決議を求める内部統制システムの18項目

　平成27年5月1日に施行された改正会社法により，内部統制システムについて取締役会で決議すべき事項は18項目となりました。その具体的内容は，以下のとおりです。

Q60◆会社法が求める内部統制と内部統制システム構築に求められる水準

■表　会社法が取締役会決議を求める内部統制システムの18項目

株式会社単体		
1	取締役の職務の執行が法令及び定款に適合することを確保するための体制	会社362条4項6号
2	取締役の職務の執行に係る情報の保存及び管理に関する体制	会社則100条1項1号
3	損失の危険の管理に関する規程その他の体制	会社則100条1項2号
4	取締役の職務の執行が効率的に行われることを確保するための体制	会社則100条1項3号
5	使用人の職務の執行が法令及び定款に適合することを確保するための体制	会社則100条1項4号
親会社及び子会社から成る企業集団		
6	当該株式会社並びにその親会社及び子会社から成る企業集団における業務の適正を確保するための体制	会社則100条1項5号柱書
7	子会社の取締役等の職務の執行に係る事項の当該株式会社への報告に関する体制	会社則100条1項5号イ
8	子会社の損失の危険の管理に関する規程その他の体制	会社則100条1項5号ロ
9	子会社の取締役等の職務の執行が効率的に行われることを確保するための体制	会社則100条1項5号ハ
10	子会社の取締役等及び使用人の職務の執行が法令及び定款に適合することを確保するための体制	会社則100条1項5号ニ
監査役設置会社		
11	監査役がその職務を補助すべき使用人を置くことを求めた場合における当該使用人に関する事項	会社則100条3項1号
12	前号の使用人の取締役からの独立性に関する事項	会社則100条3項2号
13	監査役の第1号の使用人に対する指示の実効性の確保に関する事項	会社則100条3項3号
14	取締役及び会計参与並びに使用人が監査役に報告をするための体制	会社則100条3項4号イ
15	子会社の取締役等が監査役に報告をするための体制	会社則100条3項4号ロ

16	前号の報告をした者が当該報告をしたことを理由として不利な取扱いを受けないことを確保するための体制	会社則100条3項5号
17	監査役の職務の執行について生ずる費用の前払又は償還の手続その他の当該職務の執行について生ずる費用又は債務の処理に係る方針に関する事項	会社則100条3項6号
18	その他監査役の監査が実効的に行われることを確保するための体制	会社則100条3項7号

　このように，株式会社単体と企業集団に対して求める項目については，重なり合っています。監査役設置会社に対して求める項目は，監査役の独立性を高めて監査の実効性をあげるためのものが置かれています。

　なお，監査等委員会設置会社又は指名委員会等設置会社に対して求める項目は，「監査役」を「監査等委員会」「監査等委員」又は「監査委員会」「監査委員」に言い換える以外は，監査役設置会社に対して求める項目と共通します。

3　内部統制システム構築に求められる水準

(1)　大和銀行事件

　リーディングケースである大和銀行事件は，大和銀行ニューヨーク支店で行員が昭和59年から平成7年まで無断かつ簿外で米国財務省証券の取引を行い約11億ドルの損失を出し，この損失を隠ぺいするために米国財務省証券を無断かつ簿外で売却して大和銀行に約11億ドルの損害を与えたという事件です。

　大阪地判[*1]では，まず，「健全な会社経営を行うためには，目的とする事業の種類，性質等に応じて生じる各種のリスク，例えば，信用リスク，市場リスク，流動性リスク，事務リスク，システムリスク等の状況を正確に把握し，適切に制御すること，すなわちリスク管理が欠かせず，会社が営む事業の規模，特性等に応じたリスク管理体制（いわゆる内部統制システム）を整備することを要する。」と判示し，リスク管理体制と内部統制システムを同義としました。

　次に，「会社経営の根幹に係わるリスク管理体制の大綱については，取締役会で決定することを要し，業務執行を担当する代表取締役及び業務担当取締役

は，大綱を踏まえ，担当する部門におけるリスク管理体制を具体的に決定するべき職務を負〔う〕」「取締役は，取締役会の構成員として，また，代表取締役又は業務担当取締役として，リスク管理体制を構築すべき義務を負い，さらに，代表取締役及び業務担当取締役がリスク管理体制を構築すべき義務を履行しているか否かを監視する義務を負うのであり，これもまた，取締役としての善管注意義務及び忠実義務の内容をなす」と判示し，リスク管理体制構築義務を取締役の善管注意義務の一内容としました。

さらに，「整備すべきリスク管理体制の内容は，リスクが現実化して惹起する様々な事件事故の経験の蓄積とリスク管理に関する研究の進展により，充実していくものである。」「どのような内容のリスク管理体制を整備すべきかは経営判断の問題であり，会社経営の専門家である取締役に，広い裁量が与えられている」と判示し，取締役に広い裁量を認めました。

もっとも，「大和銀行本部（検査部），ニューヨーク支店及び会計監査人が行っていた財務省証券の保管残高の確認は，その方法において，著しく適切さを欠いていた」「財務省証券の保管残高の確認は，カストディ業務に内在する事務リスクを適切に管理するため，最も基本的かつ効果的であり，欠くことのできない仕組みである。」「それにもかかわらず，ニューヨーク支店では，……検査対象であるニューヨーク支店あるいはカストディ係にバンカーズ・トラストから財務省証券の保管残高明細書を入手させ，その保管残高明細書と同支店の帳簿とを照合するという確認方法を採用していた。」「大和銀行のリスク管理体制は，この点で，実質的に機能していなかった」と判示し，リスク管理体制の不備を認めました。

そして，「検査部の担当取締役」「ニューヨーク支店長を務めている取締役」「米州企画室の担当取締役」については，「業務担当取締役あるいは使用人兼務取締役として，財務省証券の保管残高の確認方法が適切さを欠いていたことにつき，任務懈怠の責を負う。」と判示し，一部役員についてリスク管理体制構築義務違反の責任を認めました。

(2) ヤクルト本社事件

会社の資金運用の一環としてデリバティブ取引が行われて533億円余の損失が発生したヤクルト本社事件で，東京高判☆2は，「事業会社が，本業とは別

に，このような投機性の高いデリバティブ取引を行うについては，市場動向の見通し等について可能な限り情報収集をし，それを分析，検討して適切な判断をするように務める必要があるほか，このようなデリバティブ取引により発生する損失によって会社の存立にまで影響が及ぶような事態が生ずることを避ける目的で，損失が生じた場合の影響を一定の限度に抑えられるよう，リスク管理の方針を立て，これを適切に管理する体制を構築する必要が生ずる」「もっとも，デリバティブ取引から生ずるリスク管理の方針及び管理体制をどのようなものにするかについては，当該会社の規模，経営状態，事業内容，デリバティブ取引による資金運用の目的，投入される資金の性質，量等の諸般の事情に左右されるもので，その内容は一義的に定まるようなものではないのであり，そこには幅広い裁量がある」と判示したうえで，「会社の業務執行を全般的に統括する責務を負う代表取締役や個別取引報告書を確認し事後チェックの任務を有する経理担当の取締役については，デリバティブ取引が会社の定めたリスク管理の方針，管理体制に沿って実施されているかどうか等を監視する責務を負うものであるが，ヤクルト本社ほどの規模の事業会社の役員は，広範な職掌事務を有しており，かつ，必ずしも金融取引の専門家でもないのであるから，自らが，個別取引の詳細を一から精査することまでは求められておらず，下部組織等（資金運用チーム・監査室，監査法人等）が適正に職務を遂行していることを前提とし，そこから挙がってくる報告に明らかに不備，不足があり，これに依拠することに躊躇を覚えるというような特段の事情のない限り，その報告等を基に調査，確認すれば，その注意義務を尽くしたものというべきである。」「その他の取締役については，相応のリスク管理体制に基づいて職務執行に対する監視が行われている以上，特に担当取締役の職務執行が違法であることを疑わせる特段の事情が存在しない限り，担当取締役の職務執行が適法であると信頼することには正当性が認められるのであり，このような特段の事情のない限り，監視義務を内容とする善管注意義務違反に問われることはないというべきである」と判示し，いわゆる信頼の原則による免責を認めました。

そして，「ヤクルト本社は，デリバティブ取引の内容を開示させた上，リスクの程度に応じてリスク管理体制を順次整備し，資金運用チーム，監査室，経理等担当取締役，常勤監査役，経営政策審議会，常務会，代表取締役，取締役

Q60◆会社法が求める内部統制と内部統制システム構築に求められる水準

会,監査法人等が互いに不足部分を補い合って有機的に連携し,想定元本額,計算上の含み損を指標として,デリバティブ取引を実施する被控訴人一色に対して,本件制約,本件常務会決定などの制約を課すなどして,デリバティブ取引のリスクを管理していたということができる。そして,当時のヤクルト本社の財務状況に照らせば,制限に係る想定元本額が不合理といわれるほど巨額であったということもできない。また,デリバティブ取引に係るリスク管理の方法が模索されていた当時の状況においてみると,このようなリスク管理体制は,確かに金融機関を対象に,大蔵省金融検査部が平成6年11月に発表した『デリバティブのリスク管理体制の主なチェック項目』や日銀が平成7年2月に発表した『金融派生商品の管理に関するガイドライン』には劣るものの,他の事業会社において採られていたリスク管理体制に劣るようなものではなかった」「当時のデリバティブ取引についての知見を前提にすると,ヤクルト本社においては,相応のリスク管理体制が構築されていた」と判示し,リスク管理体制の不備は認められないとしました。

さらに,「被控訴人一色の想定元本の限度額規制の潜脱は,隠れレバレッジなどのレバレッジを掛けて,表面上想定元本の限度額規制を遵守したかのように装って,実質的にこれを潜脱するという手法で行われたものであり,監査室からも,本件監査法人からも特段の指摘がなかったのであるから(なお,そこから挙がってくる報告に明らかに不備,不足があり,これに依拠することに躊躇を覚えるというような特段の事情があったとは認め難い。),金融取引の専門家でもない被控訴人六田や被控訴人八代がこれを発見できなかったとしてもやむを得ないというべきで,被控訴人一色の想定元本の限度額規制違反を発見できなかったことをもって善管注意義務違反があったとはいえない。」と判示し,経理担当取締役と監査役の責任を否定しました。

(3) 日本システム技術事件

株式会社の従業員が営業成績を上げる目的で架空の売上げを計上した日本システム技術事件では,原審判決は,大要,「本件不正行為当時,C事業部は幅広い業務を分掌し,BM課及びCR部が同事業部に直属しているなど,上告人の組織体制及び本件事務手続にはBらが企図すれば容易に本件不正行為を行い得るリスクが内在していたにもかかわらず,上告人の代表取締役であるAは,

上記リスクが現実化する可能性を予見せず，組織体制や本件事務手続を改変するなどの対策を講じなかった。また，財務部は，長期間未回収となっている売掛金債権について，販売会社に直接売掛金債権の存在や遅延理由を確認すべきであったのにこれを怠り，本件不正行為の発覚の遅れを招いたもので，このことは，Aが財務部によるリスク管理体制を機能させていなかったことを意味する。したがって，Aには，上告人の代表取締役として適切なリスク管理体制を構築すべき義務を怠った過失がある。」と判示し，会社法350条に基づく代表取締役の損害賠償責任を認めました。

しかし，最高裁判決☆3はこれを覆し，「本件不正行為当時，上告人は，①職務分掌規定等を定めて事業部門と財務部門を分離し，②C事業部について，営業部とは別に注文書や検収書の形式面の確認を担当するBM課及びソフトの稼働確認を担当するCR部を設置し，それらのチェックを経て財務部に売上報告がされる体制を整え，③監査法人との間で監査契約を締結し，当該監査法人及び上告人の財務部が，それぞれ定期的に，販売会社あてに売掛金残高確認書の用紙を郵送し，その返送を受ける方法で売掛金残高を確認することとしていたというのであるから，上告人は，通常想定される架空売上げの計上等の不正行為を防止し得る程度の管理体制は整えていた」「本件不正行為は，C事業部の部長がその部下である営業担当者数名と共謀して，販売会社の偽造印を用いて注文書等を偽造し，BM課の担当者を欺いて財務部に架空の売上報告をさせたというもので，営業社員らが言葉巧みに販売会社の担当者を欺いて，監査法人及び財務部が販売会社あてに郵送した売掛金残高確認書の用紙を未開封のまま回収し，金額を記入して偽造印を押捺した同用紙を監査法人又は財務部に送付し，見掛け上は上告人の売掛金額と販売会社の買掛金額が一致するように巧妙に偽装するという，通常容易に想定し難い方法によるものであった」「本件以前に同様の手法による不正行為が行われたことがあったなど，上告人の代表取締役であるAにおいて本件不正行為の発生を予見すべきであったという特別な事情も見当たらない。」「売掛金債権の回収遅延につきBらが挙げていた理由は合理的なもので，販売会社との間で過去に紛争が生じたことがなく，監査法人も上告人の財務諸表につき適正であるとの意見を表明していたというのであるから，財務部が，Bらによる巧妙な偽装工作の結果，販売会社から適正な売掛

金残高確認書を受領しているものと認識し,直接販売会社に売掛金債権の存在等を確認しなかったとしても,財務部におけるリスク管理体制が機能していなかったということはできない。」「以上によれば,上告人の代表取締役であるAに,Bらによる本件不正行為を防止するためのリスク管理体制を構築すべき義務に違反した過失があるということはできない。」と判示し,代表取締役の損害賠償責任を否定しました。

この最判は,取締役の内部統制システム構築義務のあるべき水準を示す唯一の最高裁判決であり,今後の実務に大きな影響を与えるものです。注目されるその判断枠組みは,

① 通常想定される不正行為を防止し得る程度の管理体制を整えていたか? → Yes
② 本件不正行為は通常容易に想定しがたい方法によるものだったか? → Yes
③ 本件不正行為の発見を予見すべきであったという特別な事情があるか? → No

という3つのチェックポイントを設けており,特に①において「通常想定されるリスクを防止し得る程度の内部統制システムを構築しなさい」というあるべき水準を示しています。

(4) 小　　括

上記の判決をまとめると,会社が営む事業の規模,特性等に応じて,どのような内容のリスク管理体制を整備すべきかは経営判断の問題であり,取締役に広い裁量が与えられます。もっとも,会社が営む事業の規模,特性等に応じて,「通常想定されるリスクを防止し得る程度」の内部統制システムを構築すべき義務が取締役には課されており,これを怠った場合には善管注意義務違反が認められるということになります。

これをふまえた実務対応としては,自社が営む事業の規模,特性等に応じて,何が「通常想定されるリスクなのか」というリスク抽出を行い,抽出されたリスクに対し,「リスクを防止し得る程度の内部統制システム」になるよう,リスク評価と統制活動を行い,その運用状況をモニタリング活動することが,具体的な対応になると考えられます。

第8章◇コーポレート・ガバナンスと内部統制

〔竹内　朗〕

■判　決■

☆1　大阪地判平12・9・20判タ1047号86頁・判時1721号3頁・金判1101号3頁。
☆2　東京高判平20・5・21判タ1281号274頁・金判1293号12頁
☆3　最判平21・7・9裁判集民事231号241頁・判タ1307号117頁・判時2055号147頁。

Q61 実効性ある内部統制システムの構築と内部通報制度

実効性のある内部統制システムを構築するためには，どのような点に留意する必要がありますか。また，内部通報制度はどのように組み込んだらよいでしょうか。

　COSO報告書改訂版における内部統制の5つの構成要素に沿って，実効性のある内部統制システムを構築するための実務上の留意点を挙げると，①統制環境では，経営者による企業風土の醸成やCROを中心とした組織作り，②リスク評価では，RCMの作成と定期的な見直し，③統制活動では，リスク管理委員会を中心としたプロアクティブな統制活動や予防統制と車の両輪をなす発見統制，④情報と伝達では，職制上のレポーティングライン（メインライン）と内部通報制度（サブライン）を併用したリスク情報の伝達，⑤モニタリング活動では，3線ディフェンスに基づく2線の有効性に対する3線のモニタリング，などが重要となります。

☑キーワード

統制環境，企業風土，社風，CRO，RO，リスク評価，リスク・アプローチ，RCM，統制活動，未然防止，予防統制，早期発見，発見統制，情報と伝達，内部通報制度，モニタリング活動，3線ディフェンス

第8章◇コーポレート・ガバナンスと内部統制

> **解　説**

1　内部統制システムの構築手順

　平成27年5月1日に施行された改正会社法は，内部統制システムについて取締役会で決議すべき事項として18項目を定めています（**Q60**を参照）。この18項目の決議に伴いどのような内部統制システムを構築するかについては，限られた紙幅で網羅的に解説することは難しいので，類書を参照していただければ幸いです[*1]。

　2013年に公表されたCOSO報告書改訂版は，内部統制の5つの構成要素に関連する17の原則を示しています（**Q59**を参照）。この5つの構成要素と17の原則を参考にして内部統制システム構築に取り組む方法も考えられます。

　内部統制システムの構築手順を大まかに整理すると，①経営トップのコミットメント，②担当役員及び担当部署の決定，③リスクの抽出と評価，④評価したリスクに対する統制活動，⑤統制活動の有効性に対するモニタリング活動，⑥モニタリング活動をふまえた提言と改善，というPDCAサイクルを継続的に回していくことが考えられます。

　多くの会社では，内部統制システムがまったく構築されていないということはなく，既に何らかの内部統制システムが構築されているのが通常と思われます。そこで，次項では，既に構築されている内部統制システムを実効性あるものにするための実務上の留意点を，内部統制の5つの構成要素に沿って解説します。

2　実効性ある内部統制システムにするための留意点

(1)　統制環境（Control Environment）

　統制環境とは，企業風土ないし社風と言い換えることができますが，これを醸成するのは，社長をはじめとする経営者です。内部統制システムは経営者が

主宰する仕組みないし装置であり，経営者がこれに真剣に取り組むかどうかは，内部統制システムの実効性に決定的に影響します。"経営者による無効化が内部統制の限界である"とか，"内部統制システムのコンセントを差し込むことができるのは経営者だけである"などといわれるのも，こうした文脈において理解されます。

内部統制システムとして機能する組織作りも，経営者の仕事になります。COSO報告書改訂版の原則3も，「取締役会の監視下における経営者による組織構造，報告経路及び適切な権限・責任の構築」を挙げており，取締役会で基本方針を決議する際にも，どのような組織構造にするかは決める必要があります。

ここで留意すべきは，従来は，労務リスクは人事部門，信用リスクは財務部門，製品事故リスクは品質管理部門，法令違反リスクは法務部門，災害リスクは総務部門などとして，個々のリスク事象に応じてリスク管理を各部署に分属させることが多かったことです。今後は，会社が抱えているあらゆるリスクを全社的に見渡して統合的にリスク管理をする担当役員（Chief Risk-management Officer：CRO）を選任し，CROの下にリスク管理部門を組織していくことが有効です。

さらに，管理すべきリスクはリスク管理部門のなかにあるのではなく，各現場における業務執行の中に潜在しています。それゆえ，リスクに近い各現場にリスク管理責任者（Risk-management Officer：RO）を配置し，各現場のリスク管理を担ってもらうとともに，各現場のリスク情報をCROに適時適切に伝達する機能も果たしてもらうことが有効です。各現場には，自分こそがリスクオーナーだという意識をもってもらうこと，リスク管理は他人事ではなく我が事だと理解してもらうことが出発点となります。

(2) リスク評価（Risk Assessment）

リスク評価は，リスクの高い箇所にリソースを集中して効率的にリスク管理を行う「リスク・アプローチ」の手法を実践するために必要になります。

会社が抱えているあらゆるリスクを全社的に見渡して，リスクを網羅的に抽出して評価する「リスク・コントロール・マトリクス」（RCM）と呼ばれる一覧表を作成し，定期的に見直すことが有効です。リスク評価の際は，個々のリ

スク事象が保有する本来リスクをまず評価し，これに対する統制活動の効果をふまえて残存リスクを評価します。そして，残存リスクが高い箇所に優先的に統制活動を行い，全社的な残存リスクを低減させていきます。社会情勢や規制環境の変化，システム技術の進展などにより，外部リスクは変動しますので（例えばサイバー攻撃リスクや反社会的勢力リスクは，ここ数年で大きく変動しました），定期的に本来リスクを評価し直し，統制活動の有効性を検証する必要があります。

(3) 統制活動 (Control Activities)

日常的に統制活動を実施するのは，CRO及びROから組織されるリスク管理ラインになります。個別のリスクを統制する各種の社内規程を作成・周知し，実施状況を監視し，不適合があれば発見して是正することまでが統制活動に含まれます。

リスク管理委員会（名称としては，内部統制委員会，コンプライアンス委員会などもあります）を設置し，CROが委員長となり，ROを招集して，定期的に（月1回，四半期に1回，半期に1回，年1回など）開催します。多くの会社では，前回以降のリスク事象やコンプライアンス問題，クレーム対応，内部通報への対応などについて事後的に定期報告を受けるという運営をしているのではないかと思います。これも必要な活動ではありますが，あくまで発生したリスク事象に対する事後的な「リアクティブ」な活動にとどまっています。

リスク管理の実効性をより高めるためには，定期的にRCMを改定し，最も残存リスクの高いテーマを選び出し，四半期ないし半期で集中的に統制活動を行い，次回の委員会までに残存リスクを低減させるという「プロアクティブ」な活動を繰り返していく，こうしたPDCAサイクルを回しながら，リスク管理の水準を継続的に高めていくことが考えられます。

また，統制活動というと，リスクを発現させる何らかの不祥事の「未然防止」のための統制活動（＝予防統制）に偏りがちになりますが，"不祥事をゼロにすることはできない"という現実を直視すれば，不祥事の「早期発見」のための統制活動（＝発見統制）も同じぐらい重要になります。

製品事故を例にとれば，不良品をそれと気づかずに大量に出荷すればするほど，後日発覚したときの市場対応に莫大な費用がかかります。不良品を出荷し

Q61◆実効性ある内部統制システムの構築と内部通報制度

ないための「予防統制」も重要ですが、不良品であることを早期に（できれば自らの手で）発見し、早期に出荷を停止して市場対応を講じられるような「発見統制」も同じぐらい重要になります。

(4) 情報と伝達（Information & Communication）

前述した「発見統制」を機能させるためには、リスクが発現した現場から、そのリスク情報がROを通じてCROに早急に伝達される仕組みが必要になります。ROを各現場に配置することの最大の目的は、このリスク情報の伝達にあります。ROを各現場に配置していない会社では、各現場を管理する中間管理職にこの機能を担ってもらう必要があります。ROや中間管理職に対するリスク情報伝達のための教育研修は、発見統制を強化するためのカギになります。

内部通報制度も、現場のリスク情報をCROに伝達するためのツールです。CGコード原則2－5も内部通報制度に言及しています。

もっとも、現場のリスク情報は、職制上の報告・連絡・相談というメインのレポーティングラインを経由して伝達されるのが本来です。内部通報制度はあくまでサブラインであり、メインラインが目詰まりしたときのバイパスラインでしかありません（人事労務上の問題が寄せられることが多いのもこのためです）。

したがって、内部通報制度の強化に力を注ぐことも大事ではありますが、職制上のレポーティングラインを強化するためにROや中間管理職に対する教育研修を強化する方が、発見統制の強化にはより有効と考えられます。

(5) モニタリング活動（Monitoring Activities）

モニタリング活動として何をモニタリングするかを理解する必要があります。COSO報告書改訂版の原則16が、「内部統制の構成要素が実在し機能していることを確認するための日常的評価・独立的評価の選択・適用・実施」と述べているように、モニタリングの対象は、内部統制システムの有効性です。

COSO報告書改訂版は、「3線ディフェンス」についても言及しています[2]。リスクオーナーである現業部門が行う統制活動を「1線」、リスク管理部門が運用する内部統制システムを「2線」、そして内部監査部門が行うモニタリング活動を「3線」と位置づけ、2線は1線が行う統制活動の有効性を管理し、3線は2線が運用する内部統制システムの有効性をモニタリングするという役割分担です。

第8章◇コーポレート・ガバナンスと内部統制

　実務上よく目にすることがあるのは,「予防統制は2線,発見統制は3線」,つまり,ルールを策定して周知するのはリスク管理部門で,ルール違反を発見するのは内部監査部門という理解です。しかし,これは誤解だと考えます。予防統制も発見統制も統制活動の両輪として,いずれも2線が担わなければなりません。3線は,2線の予防統制と発見統制が有効かどうかをモニタリングし,必要があれば改善を提言して見届けることになります。

〔竹内　朗〕

━━━■注　記■━━━

＊1　大塚和成＝柿﨑環＝中村信男編著『内部統制システムの法的展開と実務対応』（青林書院，2015）182頁以下。
＊2　八田進二＝箱田順哉監訳『内部統制の統合的フレームワーク・フレームワーク篇』（日本公認会計士協会出版局，2014）183頁以下。

第 9 章

グループ会社

62 子会社を含めた企業集団におけるグループ内部統制システム

子会社を含めた企業集団におけるグループ内部統制システムを構築する必要がありますか。グループ内部統制システムを構築するには，どのような留意点がありますか。

　　会社法改正や最近の判例などの状況変化をふまえると，実務対応としては，内部統制システムを構築するよう取り組んでいく必要性があると考えられます。グループ内部統制システムを構築するには，株主権の行使による間接的な統制，3線ディフェンスによる連携，グループ内での発見統制の強化，子会社のリスク評価の要素，海外子会社に特有のリスク，サプライチェーンにおけるリスク管理などに留意する必要があります。

☑キーワード

　企業集団，グループ内部統制システム，野村證券事件，福岡魚市場事件，3線ディフェンス，発見統制，海外子会社，カルテル，外国公務員贈賄，サプライチェーン，事業継続計画，BCP，CSR調達

解　説

1　グループ内部統制システムに関する取締役会の決議

平成27年5月1日に施行された改正会社法により，内部統制システムについ

511

て取締役会で決議すべきとされた事項のうち、親会社及び子会社から成る企業集団に関するものは、以下の5項目となっています。

■表1　会社法が取締役会決議を求めるグループ内部統制システムの5項目

親会社及び子会社から成る企業集団		
1	当該株式会社並びにその親会社及び子会社から成る企業集団における業務の適正を確保するための体制	会社則100条1項5号柱書
2	子会社の取締役等の職務の執行に係る事項の当該株式会社への報告に関する体制	会社則100条1項5号イ
3	子会社の損失の危険の管理に関する規程その他の体制	会社則100条1項5号ロ
4	子会社の取締役等の職務の執行が効率的に行われることを確保するための体制	会社則100条1項5号ハ
5	子会社の取締役等及び使用人の職務の執行が法令及び定款に適合することを確保するための体制	会社則100条1項5号ニ

2　グループ内部統制システム構築の必要性

　以前の判例では、孫会社で発生した法令違反行為に関する親会社の取締役の責任について、「親会社と子会社（孫会社も含む）は別個独立の法人であって、子会社（孫会社）について法人格否認の法理を適用すべき場合の他は、財産の帰属関係も別異に観念され、それぞれ独自の業務執行機関と監査機関も存することから、子会社の経営についての決定、業務執行は子会社の取締役（親会社の取締役が子会社の取締役を兼ねている場合は勿論その者も含めて）が行うものであり、親会社の取締役は、特段の事情のない限り、子会社の取締役の業務執行の結果子会社に損害が生じ、さらに親会社に損害を与えた場合であっても、直ちに親会社に対し任務懈怠の責任を負うものではない。」「もっとも、親会社と子会社の特殊な資本関係に鑑み、親会社の取締役が子会社に指図をするなど、実質的に子会社の意思決定を支配したと評価しうる場合であって、かつ、親会社の取締役の右指示が親会社に対する善管注意義務や法令に違反するような場合には、右特段の事情があるとして、親会社について生じた損害につ

いて，親会社の取締役に損害賠償責任が肯定される」と判示し，親会社の取締役の責任を原則として否定していました☆1。

しかし，平成27年5月1日に施行された改正会社法では，企業集団における内部統制システムについて法務省令ではなく法律で規定することとされました。そして，その審議過程では，「会社の資産である子会社の株式の価値を維持するために必要・適切な手段を講じることが親会社取締役の善管注意義務から要求されており，株主である親会社として，取ることのできる手段を適切に用いて対処するというのも，当然その内容に含まれ得る」との意見が有力に主張され，「親会社取締役会による子会社の監督の職務についても，監督の職務の範囲の不明確性への御懸念などから，新たな明文の規定を設けることにこそ至りませんでしたが，そのような監督の職務があることについての解釈上の疑義は，相当程度払拭されたのではないかと思われます」という形で議論が整理されています*1。

また，最近の裁判例では，子会社がグルグル回し取引によって不良在庫を抱えて経営が破綻した事案について，「親会社である福岡魚市場の元役員であり，非常勤ではあるものの，子会社のフクショクの役員でもあった控訴人らは，平成15年末ないし平成16年3月ころ，フクショクには非正常な不良在庫が異常に多いなどの報告を受け，本件調査委員会を立ち上げて調査したのであるから，その不良在庫の発生に至る真の原因等を探求して，それに基づいて対処すべきであった。そして，その正確な原因の究明は困難でなかったことは，その取引実態に起因する前記徴表等から明らかであった。それにもかかわらず，控訴人らは，子会社であるフクショクの不良在庫問題の実態を解明しないまま，親会社である福岡魚市場の取締役として安易にフクショクの再建を口実に，むしろその真実の経営状況を外部に隠蔽したままにしておくために，業績に回復の具体的目処もなく，経済的に行き詰まって破綻間近となっていたことが明らかなフクショクに対して，貸金の回収は当初から望めなかったのに，平成16年6月29日から同年12月29日にかけて合計19億1000万円の本件貸付けを実行してフクショクの会計上の損害を事実上補填したが，当然効果は見られず，平成17年2月24日には，そのうち15億5000万円の本件債権放棄を行わざるを得なくなったのに，さらに，同年4月4日から同年5月30日にかけて合計3億

3000万円の本件新規貸付けを行ったものである。前記経緯からすると、その経営判断には、原判決が説示するとおり、取締役の忠実義務ないし善管注意義務違反があったことは明らかである。」と判示し、親会社の取締役の責任を認めました☆2。

こうした一連の状況変化をふまえると、実務対応としては、少なくとも完全子会社や持株会社傘下の中核事業会社については、自社の一部門に準じて内部統制システムを構築する高度の必要性があり、その他の子会社全般についても、内部統制システムを構築するよう取り組んでいく必要性があると考えられます。

3 グループ内部統制システムを構築する際の留意点

(1) 株主権の行使による間接的な統制

親会社からみて子会社はあくまで別の法人格ですので、子会社における内部統制システムの構築に対し、親会社が直接の指揮命令権を行使することはできません。子会社における内部統制システムの構築及び運用状況を大株主の立場からモニタリングし、必要に応じて株主権を行使することにより間接的に統制を及ぼすことができるにすぎません。

(2) 3線ディフェンスによる連携

親会社の現業部門（1線）は、子会社の現業部門（1線）と連携し、事業戦略、事業計画、業績数値などの情報を共有し、グループ全体の事業戦略と子会社の事業戦略とが整合して相互にシナジーが働くように働きかけます。

親会社のリスク管理部門（2線）は、子会社のリスク管理部門（2線）と連携し、親会社が実用している各種リスク管理ツール（社内規程、書式例、対応マニュアルなど）を共有し、経営資源に乏しい子会社におけるリスク管理の水準が向上するよう必要な支援を与えます。親会社が実用している内部通報窓口を子会社にも提供し、子会社から親会社の内部通報窓口に通報できる仕組みを設置することも考えられます。

親会社の監査役や内部監査部門（3線）は、子会社の監査役や内部監査部門（3線）と連携し、定期的に情報交換するなどして、経営資源に乏しい子会社に

おける内部監査の水準が向上するよう必要な支援を与えます。

もっとも、こうした親子間の連携は、親会社が一方的に押し付ければ成り立つものではなく、子会社側の理解と共感に基づく真摯な合意があって初めて成り立つものです。そのため、親会社は連携の内容を合理的かつ効率的なものとし、子会社の企業価値向上にもつながるものとするよう留意することが求められます。

また、上場子会社は最たるものですが、非上場であっても少数株主が存在する子会社に対しては、親会社のグループ内部統制システムに組み込まれることが、子会社の企業価値の向上に資することを、合理的な根拠をもって説明する必要があります。

(3) グループ内での発見統制の強化

グループ内部統制システムにおいて重要なのは、やはり予防統制に加えて発見統制であり、子会社で生じたリスク情報を適時適切に親会社に伝達するための仕組み作りです。

自社の一部門で起きた不祥事でさえ、当該部門の「部門最適」が優先されて伝達が阻止されるという「社内隠ぺい」が往々にして起こります。ましてや、子会社からみれば、子会社で起きた不祥事は親会社に隠したいという動機が容易に働き、「子会社最適」を優先させた「グループ内隠ぺい」が起こる可能性は高いといえます。

しかし、グループ内で発見統制が機能せず、子会社において不祥事が延々と継続され、後日発覚したときには、子会社のみならずグループ全体の財務基盤やレピュテーションを大きく毀損する事態を招きかねません。

親会社は、こうしたグループ全体のリスク管理における発見統制の重要性をよく理解し、子会社でリスク事象が発生したときは、何でも親会社に相談できて必要な支援を得ることができるという体制を作っておくことが求められます。

(4) 子会社のリスク評価の要素

多くの子会社を抱えている親会社は、自社の一部門に対してそうするように、個々の子会社をリスク評価して、グループRCMを作成し、定期的に更新することが考えられます。その際、次の表のような評価要素が参考になると思

われます[*2]。

■表2　グループRCMの評価要請

評価要素	リスク低 ⇔	リスク高
本社からの距離	近い	遠い
所在地	国内	国外
事業の種類	コア事業	ノンコア事業
業態の類似性	類似	非類似
資本比率	100％	20％
子会社役員	親会社と兼務	プロパー
人事ローテーション	頻繁	なし
上場の有無	上場	非上場
子会社化の経緯	親会社から分社	子会社の買収

(5)　海外子会社に特有のリスク

　海外子会社についても，多くのリスク要因について国内子会社と共通するといえますが，リスクの質及び量において決定的に異なるのは，「カルテルリスク」と「外国公務員贈賄リスク」です。

　「カルテルリスク」については，欧米の規制当局の強い摘発姿勢，摘発された際の巨額な課徴金，役職員の収監，その後待ち構える民事訴訟におけるディスカバリ手続，損害賠償金支払，弁護士費用の負担など，重大なリスクが波状的に降りかかってくることになります。

　「外国公務員贈賄リスク」については，国内ではおよそ公務員から贈賄を要求されることは非現実ですが，海外の新興国では日常茶飯事です。そのうえ，欧米の規制当局の強い摘発姿勢（米国FCPA，英国BA），摘発された際の巨額な課徴金，役職員の収監など，重大なリスクが波状的に降りかかってくることになります。

　この2つのリスク要因については，厳重なるリスク管理が求められます。

(6)　サプライチェーンにおけるリスク管理

　企業集団を考えるときに，一つは資本関係で結ばれた連結グループを想起しますが，もう一つ忘れてはならないのは，資本関係で結ばれていないものの，

一つの製品を製造して販売するための「サプライチェーン」を構成する一連の企業群です。

東日本大震災の時には，生産活動における事業継続計画（BCP）が問題になりました。たった1つの部品を作る部品工場で生産が止まっただけで，完成車のライン全体を止めなければならなくなるように，サプライチェーンの一部がその機能を損なうと，サプライチェーン全体の機能が大きく損なわれ，大きなダメージを被ることが明らかになっています。

また，ある外食チェーンの海外の生産工場における食材の不適切な取扱いが報道されたことで，当該チェーンの販売が大きく落ち込み業績が急悪化したケースも記憶に新しいところです。

こうした観点に加え，新たな潮流となりつつあるのが「CSR調達」です。一例を挙げれば，2016年1月29日に公益財団法人東京オリンピック・パラリンピック競技大会組織委員会が公表した「持続可能性に配慮した調達コード基本原則」は，組織委員会が調達するすべての物品・サービス及びライセンス製品を対象として，そのサプライヤー及びライセンシーに対し，自社のみならず，それらのサプライチェーンが調達コードを遵守するよう求めるとして，人権の尊重，適正な労務管理と労働環境への配慮，公正な取引，適正な環境保全への配慮といったCSRの観点に根差した調達コードを策定しています。

すなわち，東京オリンピック・パラリンピックのサプライヤー及びライセンシーになりたい会社は，そのサプライチェーンのなかに1社でもCSR違反（例えば新興国における過重労働，公務員贈賄，環境破壊など）が存在すれば，ビジネスから排除されることになります。

企業集団のリスク管理を考えるとき，今後はサプライチェーンにおけるリスク管理も重要なポイントとなり，しっかりと実務対応をしていく必要があります。

〔竹内　朗〕

■判　例

☆1　東京地判平13・1・25判時1760号144頁・金判1141号57頁〔野村證券事件〕。

☆2　福岡高判平24・4・13金判1399号24頁・資料版商事378号114頁〔福岡魚市場事

第9章◇グループ会社

件]。

■注　記■

* 1　坂本三郎編著『一問一答　平成26年改正会社法』（商事法務，2014）220頁。
* 2　日本CSR普及協会2013年度第3回研修セミナー「グループ内部統制に関する諸問題と実務対応」配付資料から抜粋してアレンジ。

親会社の役員のグループ会社に対する管理責任

親会社の役員は，子会社が不祥事を起こした場合，子会社の管理や子会社における内部統制システムの構築について，どのような責任を負いますか。

　　親会社役員の子会社管理責任を正面から認めた判例や裁判例は存在しませんが，親会社役員が子会社での不祥事の発生を知りつつ放置していたようなケースや，親会社が定めたグループ内部統制システムの基本方針に沿った内部統制システムが構築されていなかったり，機能していなかった場合には，子会社の不祥事について，親会社役員が善管注意義務違反を問われる可能性があります。

☑キーワード
　親会社の子会社管理責任，株主権の縮減，多重代表訴訟，野村證券事件，東京都観光汽船事件，福岡魚市場事件，ユーシン事件

解　説

1　親会社の子会社管理責任に関する従来の議論と野村證券事件

　取締役が，自社のみならず，その子会社から成る企業集団（グループ企業）に対する直接的な管理責任を負うかについては，伝統的には子会社が別法人であ

ることなどを理由として，親会社の取締役が子会社に影響力を行使した結果，子会社に損害が発生したようなケースでない限り，これを否定的に捉えるのが学説の一般的な傾向でした＊1。

　すなわち，親会社と子会社は，あくまで別法人である以上，一般に，親会社の取締役は，法人格否認の法理を適用し得る場合は別として，子会社の業務の決定について職責を負わないのが原則です。法人格を分けているにもかかわらず，子会社の内部統制システムの構築・運用のすべてが親会社の管理・統制によるものであるというのであれば，親会社の一部門にとどまることと何ら異ならなくなってしまうからです。そのため，子会社における内部統制システムの整備については，基本的には子会社の経営者が実施し，親会社は適切な内部統制システムの構築・運用がなされているかをモニターし，株主権の行使を通じて管理を行うのが基本といえます。

　この点，従前の親会社取締役の子会社管理責任に関する代表的な裁判例としては，野村證券事件☆1が挙げられます。この裁判例は，野村證券株式会社（以下「野村證券」といいます）の100％孫会社が，ニューヨーク証券取引所から，平成2年及び平成7年，証券取引委員会規則違反を理由とした課徴金を課せられたことについて，野村證券の株主が，株主代表訴訟により同社取締役の任務懈怠責任を追及した事案についてのものです。

　裁判所は，「親会社と子会社（孫会社も含む）は別個独立の法人であって，子会社（孫会社）について法人格否認の法理を適用すべき場合の他は，財産の帰属関係も別異に観念され，それぞれ独自の業務執行機関と監査機関も存することから，子会社の経営についての決定，業務執行は子会社の取締役（親会社の取締役が子会社の取締役を兼ねている場合は勿論その者も含めて）が行うものであり，親会社の取締役は，特段の事情のない限り，子会社の取締役の業務執行の結果子会社に損害が生じ，さらに親会社に損害を与えた場合であっても，直ちに親会社に対し任務懈怠の責任を負うものではない。もっとも，親会社と子会社の特殊な資本関係に鑑み，親会社の取締役が子会社に指図をするなど，実質的に子会社の意思決定を支配したと評価しうる場合であって，かつ，親会社の取締役の右指図が親会社に対する善管注意義務や法令に違反するような場合には，右特段の事情があるとして，親会社について生じた損害について，親会社の取

締役に損害賠償責任が肯定されると解される。」と判示したうえで、親会社である野村證券の取締役の任務懈怠責任を否定しました。

この裁判例は、親会社取締役の子会社管理責任を非常に限定的に捉え、上記のとおり、

① 親会社の取締役が子会社に指図をするなど、実質的に子会社の意思決定を支配したと評価し得る場合であること
② 親会社の取締役の上記指図が、親会社に対する善管注意義務や法令に違反するような場合であること

という2つの要件を充足した場合にのみ、例外的に親会社取締役の子会社管理責任が発生すると判示しました。この要件によると、親会社の取締役の子会社管理責任を問われる場面は、非常に限定されることになります。

また、同じく親会社取締役の子会社管理責任を限定的に解した裁判例としては、子会社による貸付けについて、親会社取締役の任務懈怠責任が問われた東京都観光汽船事件☆2があります。裁判所は、当該貸付けが親会社の指示と計算によってなされたとは認められないことを根拠に、親会社取締役の責任を否定しました。

2 平成9年独占禁止法改正による持株会社の解禁による、株主権の縮減の問題

もっとも、平成9年の独占禁止法の改正による持株会社の解禁による、持株会社形態の急増後、子会社経営の効率性及び適法性の重要度が増すこととなり、いわゆる親会社株主について、株主権の縮減が問題とされるようになりました。

すなわち、純粋持株会社の解禁によって、株主は、その利益と損失の源泉となるはずの事業子会社について、役員選解任権、M&Aの決定権、情報開示請求権などが認められていない結果、子会社の経営・事業に対して、ほとんどコントロールすることができない状態に置かれることになります。純粋持株会社の株主は、純粋持株会社の取締役に対して、子会社への不適切な影響の行使や、不適切な子会社取締役を解任しなかったことなど、子会社管理が適切でなかったことを理由とする善管注意義務違反を問うことは理論的に考えられま

す。しかし，前掲（☆1）の野村證券事件などのとおり，親会社の子会社管理が不適切であったことを理由として，親会社の役員責任を追及することは，容易ではありません。

そのため，このような持株会社解禁による株主権の縮減という事態に対応するため，親会社株主による子会社取締役に対する責任追及制度である，多重代表訴訟などの対策を導入すべきではないかといった議論がなされるようになりました[*2]。

3　平成26年会社法改正における会社法制部会における議論

平成9年の純粋持株会社解禁後の議論をふまえ，平成26年会社法改正の立法過程における，法制審議会会社法制部会（以下「会社法制部会」といいます）での議論の中でも，親会社取締役の子会社管理責任に関する明文規定を設けるか否かについて議論がなされ，多重代表訴訟に関する会社法制の見直しに関する中間試案B案[*3]では，多重代表訴訟は創設しないものとするかわりに，親会社株主の保護という観点から親子会社に関する規律を見直すことについて，「ア　取締役会は，その職務として，株式会社の子会社の取締役の職務の執行の監督を行う旨の明文の規定を設けるものとする」，「イ　株式会社の子会社の取締役等の責任の原因である事実によって当該株式会社に損害が生じた場合において，当該株式会社が当該責任を追及するための必要な措置をとらないときは，当該株式会社の取締役は，その任務を怠ったものと推定するものとする。」などの規律を設けることが例示されました。

最終的に，経済界の強い反対を受け，多重代表訴訟が導入される代わりに，このような親会社取締役の子会社管理責任の明文化は見送られましたが，この議論の過程において「子会社は，株を持っている親会社の資産の一部であり，その資産を持っている目的に従った管理をする義務が親会社の取締役にあることは恐らく当然である」[*4]とか，前掲（☆1）野村証券事件判決について「持株会社化が進んだ今日の会社法の下では，平成13年東京地裁判決のような解釈論は，もう生きてはいない」[*5]などと，親会社取締役の子会社管理責任を認める意見が多く出され，最終回では岩原部会長から「当部会では，親会社取締

役会による子会社の監督の職務についても，活発に御議論をいただきました。監督の職務の範囲の不明確性への御懸念などから，新たな明文の規定を設けることにこそ至りませんでしたが，当部会における御議論を通じて，そのような監督職務があることについての解釈上の疑義は，相当程度払拭されたのではないかと思われます。」*6との総括がなされました。

そして，平成26年の会社法改正では，内部統制システムの整備についても，株式会社とその子会社から成る企業集団の業務の適正を確保するための体制の整備について，会社法施行規則から，会社法に格上げされています（改正会社348条3項4号・362条4項6号・416条1項1号ホ）。また，会社法施行規則に従前から定められていたグループ内部統制システムの例示についても，より詳細化されました（改正会社則98条・100条・112条）。もっとも，このような内部統制システムを整備する義務は，あくまで基本方針・大綱・要綱を決定・決議する義務にとどまり，子会社の内部統制システムの構築を親会社に直接義務づけるものではない点に注意を要します*7。

4 平成9年独占禁止法改正後の裁判例

平成9年の独占禁止法改正後も，親会社の子会社管理責任を正面から認めた判例・裁判例は存在していませんが，下記のように，親会社取締役の子会社管理を一定の範囲で認めたとも評価し得る裁判例が存在しています。

(1) 福岡魚市場事件☆3

この事件は，親会社である株式会社福岡魚市場（以下「福岡魚市場」といいます）の代表取締役らが，子会社である株式会社フナショク（以下「フナショク」といいます）において，循環取引に類似する「ダム取引」（フナショクが，資金の豊富な仕入業者に対し，一定の預かり期間に売却できなければ，期間満了時に買い取る旨約束したうえで，魚を輸入してもらう取引のこと）や「グルグル回し取引」（「ダム取引」の発展形で，ダム取引の預かり期間満了時に，仕入業者から，同期間内に売却できなかった在庫商品をいったん買い取り，そのうえで，当該仕入業者又は他の仕入業者に対し，一定の預かり期間に売却できなければ期間満了時に買い取る旨約束して，当該商品を買い取ってもらい，その後，同期間満了時に，同期間内に売却できなかった場合には，同じことを繰り返す

という取引のこと）による不明瞭な多額の在庫があるとの報告を受け，その後も在庫や借入金が急速に増加し状況が一向に改善しない等の状況を認識していながら，何らの有効な措置を講じないまま経営破綻の事態が差し迫った状況になった後に，支援と称して貸付け等を行ったことにより福岡魚市場が損害を被ったとして，福岡魚市場の取締役のうち，フナショクの非常勤役員を兼務していた3名について，任務懈怠による損害賠償の支払を求めた株主代表訴訟の事案です。

　第1審は取締役3名のフナショクへの融資に関する18億8000万円の任務懈怠責任を認め，控訴審も，取締役3名（控訴人ら）の責任を認めました。

　控訴審は，「グルグル回し取引等は，実質的には商品を担保とする借入れと返済を繰り返す取引であるのに，商品売買として売上げないし利益が帳簿上計上され，不良在庫が処分された形式を採るものであるから，その財務状況が帳簿上正確に反映されず，むしろ実体の伴わない売上げないし利益が積み重ねられて巨額の架空売上げないし利益が計上されるため，その<u>関係会社における粉飾決算の原因とならざるを得ないもの</u>であった。」「ダム取引ないしグルグル回し取引は……例外的な場合に限って行われたものでない限り，<u>会社経営上において違法，不当なものであることは明らかである。</u>」としたうえで，「平成14年春ころから，フクショクと福岡魚市場との間で5億円の限度でグルグル回し取引が開始されたものであるが，非正常な取引自体がなされていたことは，在庫状況や借入金の増加，及び帳簿上の商品単価，数量等の徴表を総合すると経営判断上明らかであった。そのためフクショクの取締役会においても，不良在庫等に関する問題として度々取り上げられるようになっていた。このような状況下で，親会社である福岡魚市場の元役員であり，非常勤ではあるものの，子会社のフクショクの役員でもあった控訴人らは，平成15年末ないし平成16年3月ころ，<u>フクショクには非正常な不良在庫が異常に多いなどの報告を受け，本件調査委員会を立ち上げて調査したのであるから，その不良在庫の発生に至る真の原因等を探求して，それに基づいて対処すべきであった。</u>そして，その正確な原因の究明は困難でなかったことは，その取引実態に起因する前記徴表等から明らかであった。それにもかかわらず，控訴人らは，<u>子会社であるフクショクの不良在庫問題の実態を解明しないまま，親会社である福岡魚市場の取締役</u>

Q63◆親会社の役員のグループ会社に対する管理責任

として安易にフクショクの再建を口実に,むしろその真実の経営状況を外部に隠蔽したままにしておくために,業績に回復の具体的目処もなく,経済的に行き詰まって破綻間近となっていたことが明らかなフクショクに対して,貸金の回収は当初から望めなかったのに,平成16年6月29日から同年12月29日にかけて合計19億1000万円の本件貸付けを実行してフクショクの会計上の損害を事実上補填したが,当然効果は見られず,平成17年2月24日には,そのうち15億5000万円の本件債権放棄を行わざるを得なくなったのに,さらに,同年4月4日から同年5月30日にかけて合計3億3000万円の本件新規貸付けを行ったものである。前記経緯からすると,その経営判断には,原判決が説示するとおり,取締役の忠実義務ないし善管注意義務違反があったことは明らかである。」(下線は筆者による。以下同じ)と判示しました。

本裁判例は,親会社取締役の子会社管理の懈怠による善管注意義務違反を認めたものといえますが,親会社である福岡魚市場の取締役のうち,子会社であるフナショクの取締役を兼務していた取締役3名についてのみ責任を認めたものであるため,そのような兼務がなかった場合にも,同様に責任が認められたかは明らかではありません。

もっとも,これら親会社取締役の責任を認めるにあたり,子会社取締役を兼務していたことは直接の理由には含まれておらず,親会社取締役の責任が認められたのは,違法・異常な子会社の状況を認識しつつ,これを放置し,さらには回収可能性のない融資を実行した点にあります。これは,内部統制システム構築義務違反の関する裁判例で,取締役の責任が認められる一つの典型である,違法性やリスクの認識後,それを放置した事案と整理することができます[8]。ただし,本件で取締役の責任が認められたのは,あくまで親会社から子会社への融資という,親会社における積極的な経営判断についてであり,単純に親会社取締役が子会社の管理・監督を怠った不作為の責任が問われたわけではない点に注意を要します。

(2) ユーシン事件[4]

東証一部上場企業である株式会社ユーシン(以下「ユーシン」といいます)の完全子会社だった株式会社ユーシン広島(以下「ユーシン広島」といいます)において,工場等の用に供するための重要な不動産を購入した後に,前主と広島県等

との合意に基づく騒音規制が発覚し，工場の稼働を断念せざるを得なくなったことに関し，ユーシンが当時の代表取締役Aらに対し，当該不動産の購入に先立つ調査及び当該騒音規制が発覚した後の対応に善管注意義務違反があるとして，損害賠償の支払を求めた事案です。

判旨は，上場会社である親会社の代表取締役が子会社の行う数々の取引について逐一調査する義務を負うことはないとの元代表取締役の主張について，「本件不動産の取得の是非がユーシンの取締役会に付議されていたこと，A自身が現地視察を行ったり，取締役会において自ら作成した資料を用いて本件不動産を取得する必要性や財務上の負担について説明するなどして積極的に本件不動産の取得に係る意思形成に関与していたことからすると，<u>本件不動産において工場を稼働させることがユーシン広島のみならずユーシングループ全体に大きな利害関係があると認められ，Aに関しても，ユーシンの完全子会社であるユーシン広島が契約主体となった本件不動産の購入に先立つ調査について善管注意義務違反が問題となり得るというべきである。</u>」として排斥しました。もっとも，Aの不動産購入の前提となる調査の必要性及び程度についての判断に著しく不合理な点は認められないとして，その責任を否定しました。

この裁判例は，完全子会社における不動産購入において，親会社取締役による一般的な調査義務を認めたものではなく，親会社取締役が不動産購入に積極的に関与し，当該不動産購入による工場稼働がグループ全体に大きな利害関係があったことを根拠に，親会社代表取締役において，当該不動産購入に先立つ調査について親会社に対する善管注意義務が問題になり得ると判示したものです。親会社取締役が子会社の取引行為に積極的に関与していた場合の親会社取締役の善管注意義務に関する裁判例として参考になると思われます。

5 近時の親会社取締役の子会社管理責任に関する議論や裁判例をふまえた留意点

持株会社解禁時の株主権の減縮の問題意識や，平成26年会社法改正における法制審議会の議論の経緯，同改正によるグループ内部統制の会社法への格上げ等によって，今後，裁判になった場合に，親会社取締役の子会社管理責任がより厳格に解される可能性があります。

そのため、現時点においては、親会社役員の子会社管理責任を正面から認めた判例や裁判例は存在しませんが、野村証券事件と同様の親会社の子会社管理責任を限定的に捉える判断枠組みが今後も維持される可能性が高いとはいえないと考えられます。合理的なグループ内部統制システムが構築されている場合には、いわゆる信頼の原則が働くものと解されますが*9、親会社役員が子会社での不祥事の発生を知りつつ放置していたようなケースや、親会社が定めたグループ内部統制システムの基本方針に沿った内部統制システムが構築されていなかったり、機能していなかったケースでは、親会社役員の善管注意義務違反が問われる可能性があることに注意を要します*10。

〔高谷　裕介〕

■判　例■

☆1　東京地判平13・1・25判時1760号144頁・金判1141号57頁。
☆2　東京高判平8・12・11金判1105号23頁・資料版商事161号167頁。
☆3　（第1審）福岡地判平23・1・26金判1367号41頁・資料版商事327号51頁、（控訴審）福岡高判平24・4・13金判1399号24頁・資料版商事360号44頁、（上告審）最判平26・1・30裁判集民事246号69頁・判タ1398号87頁・判時2213号123頁。
☆4　東京地判平23・11・24判タ1402号132頁・判時2153号109頁。

■注　記■

*1　志谷匡史「親子会社と取締役の責任」小林秀之＝近藤光男編『株主代表訴訟大系〔新版〕』（弘文堂，2002）85頁、柴田和史「子会社管理における親会社の責任〔下〕」商事1465号（1997）68頁等。
*2　浜田道代「持株会社と株主の地位」資本市場法制研究会編『持株会社の法的諸問題―資本市場法制研究会報告』（資本市場法制研究会，1995）57頁、森田滋「純粋持ち株会社と会社法」曹時47巻12号（1995）3048頁、前田雅弘「持株会社の法的諸問題(2)」資本市場119号（1995）58頁、黒沼悦郎「持株会社の法的諸問題(3)」資本市場120号（1995）74頁等。
*3　会社法制の見直しに関する中間試案第2部第1．1（12頁）。
*4　法務省法制審議会会社法制部会第17回会議議事録28頁〔岩原紳作部会長発言〕。
*5　法務省法制審議会会社法制部会第20回会議議事録26頁〔藤田友敬幹事発言〕。
*6　法務省法制審議会会社法制部会第24回会議議事録9頁〔岩原紳作部会長発言〕。
*7　相澤哲ほか編著『論点解説 新・会社法』（商事法務，2006）333頁。
*8　大塚和成ほか編著『内部統制システムの法的展開と実務対応』（青林書院，

2015）144頁〔高谷裕介〕。
* 9 　山下友信「持株会社システムにおける取締役の民事責任」金融法務研究会編『金融持株会社グループにおけるコーポレート・ガバナンス』（金融法務研究会事務局，2006）28頁，岩原紳作「金融持株会社による子会社管理に関する銀行法と会社法の交錯」同上書73頁参照。
* 10 　なお，子会社管理の強弱に関する親会社取締役の裁量について，齊藤真紀「企業集団内部統制」神田秀樹編『論点詳解平成26年改正会社法』（商事法務，2015）119頁以下。

多重代表訴訟制度

A社の子会社又は孫会社の取締役に善管注意義務違反があった場合，A社の株主は，A社の子会社や孫会社の取締役を被告として代表訴訟を提起することができますか。

いわゆる多重代表訴訟制度により，A社の株主が一定の株式保有要件を満たしている場合，重要な完全子会社や完全孫会社の取締役の責任について，提訴請求をしたうえで，代表訴訟を提起することができます。

☑キーワード

多重代表訴訟，特定責任追及の訴え，発起人等，最終完全親会社等，完全親会社等，完全子会社，特定責任，特定完全子会社，損害要件，個別株主通知

解 説

1 多重代表訴訟制度の意義と趣旨

多重代表訴訟制度とは，企業グループの頂点に位置する株式会社（最終完全親会社等）の株主が，その子会社（孫会社も含みます）の「発起人等」の責任について，代表訴訟を提起することができる制度をいいます（会社847条の3）[*1]。

第9章◇グループ会社

平成26年会社法改正で新たに認められた制度です。

「発起人等」とは、発起人、設立時取締役、設立時監査役、取締役、会計参与、監査役、執行役、会計監査人又は清算人をいいます（会社847条の3第1項・4項）。

平成9年の独占禁止法の改正によって持株会社が解禁され、また、平成11年の商法改正によって株式交換・株式移転の制度が創設されたことによって、持株会社形態や完全親子会社関係にある企業グループが多数形成されるようになりました。そして、親会社が純粋持株会社の場合、親会社の株主は、実質的には実際の事業を行う子会社の株式を保有し、利益や損失の源泉は、この事業子会社にあることになります。

それにもかかわらず、平成26年会社法改正前は、子会社の取締役等が子会社に対して責任を負っている場合であっても、親会社の株主は原則として直接、子会社の取締役等の責任を追及することができず、また、子会社の取締役等と親会社の取締役との人的関係や仲間意識から、親会社が子会社の株主として代表訴訟を提起するなどして子会社の取締役等の責任を追及することを懈怠するおそれが類型的かつ構造的に存在していました。

そこで、平成26年改正会社法では、親会社株主を保護するため、親会社の株主が、子会社に対して責任を負う子会社取締役等を被告として、代表訴訟を提起することを認める、いわゆる多重代表訴訟制度を創設したものです[*2]。

2 多重代表訴訟の要件

特定責任追及の訴えを提起するための要件は、以下のとおりです。
(1) 原告が最終完全親会社等の株主であること
(2) 原告が最終完全親会社等の総株主の議決権の100分の1（これを下回る割合を定款で定めた場合には、その割合）以上の議決権、又は発行済株式（自己株式を除く）の100分の1（同じくこれを下回る割合を定款で定めた場合には、その割合）以上の株式を、6か月前から引き続き保有していること（6か月の継続保有要件は、公開会社の場合のみ）
(3) 一定の重要な完全子会社の発起人等の責任を追及すること

(4) 提訴請求の手続をとること
(5) 訴権の濫用に当たらないこと

以下では，それぞれの要件と，(6)個別株主通知の要否について解説します。

(1) 最終完全親会社等の株主であること

特定責任追及の訴えを提起することができるのは，「最終完全親会社等」の株主です。

この「最終完全親会社等」とは，(a)株式会社の「完全親会社等」であって，(b)その完全親会社等がないものをいいます。

また，上記「完全親会社等」とは，以下のいずれかに該当する株式会社をいいます（会社847条の3第2項）。

① 「完全親会社」，すなわち，特定の株式会社の発行済株式の全部を有する株式会社その他これと同等のものとして法務省令で定める株式会社（会社847条の2第1項）
② 株式会社の発行済株式の全部を(i)他の株式会社及びその完全子会社等（株式会社がその株式又は持ち分の全部を有する法人をいいます）又は(ii)他の株式会社の完全子会社等が有する場合における当該他の株式会社（完全親会社を除きます）

①と②の違いは，完全親会社等Aが，その子法人Bによる保有分（完全親会社等AのBを通じた間接保有分）と合わせて，子会社Cの発行済株式の全部を保有する場合において，当該中間子法人Bが，株式会社に限られる場合が①，合同会社などの株式会社以外の法人が含まれる場合が②となります。

(a)「完全親会社等」であることが，特定責任追及の訴えの要件とされたのは，子会社に少数株主がいる場合には，当該少数株主が発起人等の責任を追及することが期待できますが，完全親会社以外に株主がいない場合には，子会社の発起人等の責任追及が懈怠されるおそれがあるためです。

また，(b)その完全親会社等がない「最終」完全親会社等Aの株主であることが要件とされたのは，対象となる子会社Cの株主である中間子法人Bに特定責任追及の訴えの提起を請求する権利を認めても，当該中間子法人Bは最終完全親会社等Aに支配されている以上，当該権利を行使することは期待できないからです。

第9章◇グループ会社

■図1　最終完全親会社等の概念

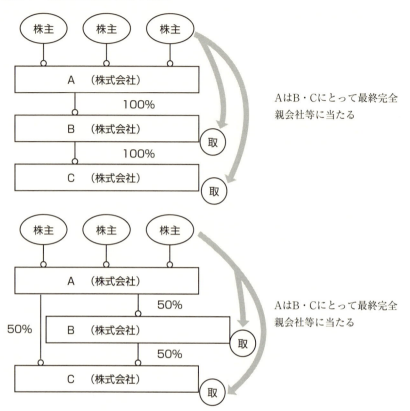

(2) 保有割合要件及び継続保有要件——総株主の議決権の100分の1以上の議決権，又は発行済株式の100分の1以上の株式を，6か月前から引き続き保有していること（公開会社の場合）

通常の代表訴訟は，1株しか有さない株主でも提起が可能であり，単独株主権であるとされています（会社847条1項）。

しかし，多重代表訴訟は，原告となる最終完全親会社等の株主と，責任追及される子会社の発起人等との関係が，より間接的なものとなるため，利害関係を強く有する場合にのみ，多重代表訴訟の提起権を認めるのが適切であると考えられます。他方，持株要件をことさら過重なものとすると，親会社株主保護

Q64◆多重代表訴訟制度

の制度趣旨に照らして，適切ではありません。そこで，多重代表訴訟は，少数株主権において要求される，もっとも小さい持株割合であった，<u>総株主の議決権又は発行済株式の100分の1</u>（これを下回る割合を定款で定めた場合にあっては，その割合）以上を有することを保有要件としました（会社847条の3第1項）。なお，他の株主が有する議決権又は株式とあわせて上記保有要件を満たせば，当該他の株主と共同して提訴請求をすることができます*3。

また，公開会社の場合には，通常の代表訴訟制度と同じく，権利濫用の防止のため，継続保有要件があります。具体的には，提訴請求（提訴請求が不要な場合には訴訟提起時）の<u>6か月</u>（これを下回る期間を定款で定めた場合にあっては，その期間）前から引き続き最終完全親会社等の株式を有する株主に限り，特定責任の訴えの提起の請求を認めています（会社847条の3第1項・6項）*4。

(3) 重要性の基準──一定の重要な完全子会社の発起人等の責任を追及すること

多重代表訴訟を提起できる対象は，発起人等の責任の原因となった事実が生じた日において，最終完全親会社等及びその完全子会社等における<u>株式会社（特定責任の訴えの請求の対象となる子会社）の株式の帳簿価額が，当該最終完全親会社等の総資産額の5分の1</u>（これを下回る割合を定款で定めた場合にあっては，その割合）を超える場合における当該発起人等の責任（特定責任）に限定されています（会社847条の3第4項）。

このように，多重代表訴訟の対象を特定責任に限定した趣旨は，次のようなものです*5。最終完全親会社等を有する株式会社においては，取締役であっても，実質的には最終完全親会社等の事業部門の長である従業員にとどまる者も存在します。そのような者については，その損害賠償責任の追及が懈怠される可能性が高いということはできず，また，そのような者の損害賠償責任まで最終完全親会社等の株主による追及の対象とすることは，役員等のみを対象とする通常の代表訴訟制度との均衡を失うことになります。他方，最終完全親会社等が形成する企業グループの中で，重要な地位を占める完全子会社の発起人等については，最終完全親会社等の発起人と実質的に同程度，その責任追及が懈怠されるおそれが高いといえることから，多重代表訴訟は，重要な完全子会社の発起人等の責任（特定責任）に限定されることとなりました。

なお，「発起人等の責任の原因となった事実が生じた日」にこの要件を満た

せばたり，その後，提訴請求をする時点や，訴訟提起時点で，この要件を満たす必要はありません。

　この点，完全子会社Cの発起人等の責任の原因事実が生じた日において，CにBという最終完全親会社等が存在したところ，その後，BがAの完全子会社等になった場合，Cの最終完全親会社等はAになります。このケースで，Aの株主が完全子会社Cの発起人等の特定責任を追及しようとしても，AはCの「発起人等の責任の原因となった事実が生じた日」には，最終完全親会社等ではなかったため，Aの株主はCの発起人等の特定責任を追及することができないことになります。このような不都合を解消するため，この場合には，BをCの最終完全親会社等とみなして，特定責任の要件（完全子会社の規模要件）を満たすか否かの判定をすることとしています（会社847条の3第5項）。

　また，特定責任の訴えの被告は，発起人等，すなわち，完全子会社の発起人，設立時取締役，設立時監査役，取締役，会計参与，監査役，執行役，会計監査人又は清算人です（会社847条の3第1項・4項）。外国会社は，会社法の「株式会社」に含まれないため（会社2条1号・2号），完全子会社である外国会社の発起人等の責任を追及することはできません[*6]。

　このような多重代表訴訟の対象となる完全子会社を調査するための情報を提供する趣旨から，会社法施行規則では，事業報告において，多重代表訴訟の対象となる完全子会社が存在する場合には，その名称等を開示することとされました[*7]。

　具体的には，株式会社（事業年度の末日において完全親会社等があるものを除きます）に「特定完全子会社」がある場合には，①その名称及び住所，②当該株式会社及びその完全子会社等（会社法847条の3第3項の規定により完全子会社等とみなされるものを含む。以下同じ）における，当該特定完全子会社の株式の事業年度末日における帳簿価額の合計額，③当該株式会社の当該事業年度に係る貸借対照表の資産の部に計上した額の合計額を事業報告に開示させることとしました（会社則118条4号）。この「特定完全子会社」とは，事業年度末日において，親会社A及びその完全子会社等Bにおける，親会社Aの完全子会社等C（株式会社に限る）の株式の帳簿価額が，親会社Aの当該事業年度に係る貸借対照表の資産の部に計上した額の合計額の5分の1（会社法847条の3第4項の規定により5分

の1を下回る割合を定款で定めた場合にあっては、その割合)を超える場合における、この完全子会社等Cをいいます。

(4) 提訴請求の手続をとること

特定責任の訴えを提起するためには、通常の代表訴訟と同じく、まず、最終完全親会社等の株主は、完全子会社（その名宛人は通常の株主代表訴訟と同じです。**Q44**参照）に対し、特定責任追及の訴え提起を請求し（提訴請求）、当該請求の日から60日以内に完全子会社が特定責任の訴えを提起しない場合に、はじめて特定責任の訴えを提起することができます（会社847条の3第7項）。特定責任追及の訴えの本来の主体である完全子会社に対し、訴訟を提起するかどうかの判断の機会を与える趣旨です。

ただし、60日の経過により、完全子会社に回復することができない損害が生ずるおそれがある場合には（消滅時効が迫っている場合など）、最終完全親会社等の株主は、提訴請求を経ずに、直ちに特定責任の訴えを提起することができます（会社847条の3第9項）。

そして、通常の代表訴訟制度と同様に、提訴請求を受けた完全子会社は、提訴請求から60日以内に特定責任追及の訴えを提起しない場合において、当該請求をした最終完全親会社等の株主又は当該請求に係る特定責任追及の訴えの被

■図2　多重代表訴訟の要件のまとめ

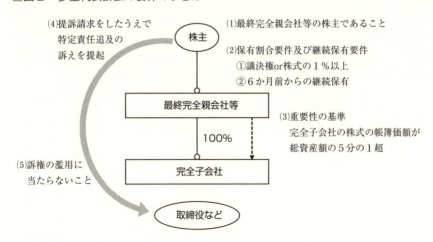

告となる発起人等から請求を受けたときは，当該請求をした者に対し，遅滞なく，特定責任追及の訴えを提起しない理由を書面等により通知しなければなりません（会社847条の3第8項）。

(5) 訴権の濫用（会社847条の3第1項1号）

特定責任の訴え提起の請求は，以下の場合には認められず，無効となり，それに続く代表訴訟も却下されます（会社847条の3第1項1号・2号）。これらは，実際の代表訴訟で被告側が主張・立証する必要があります。

① 株主もしくは第三者の不正な利益を図ることを目的とする場合
② 完全子会社に損害を加えることを目的とする場合
③ 最終完全親会社等に損害を加えることを目的とする場合
④ 特定責任の原因となった事実によって最終完全親会社等に損害が生じていない場合

この点，①②は，通常の代表訴訟でも認められるものですが（会社847条1項ただし書），特定責任の訴えについては，③④が追加されています。

④のいわゆる損害要件が追加されたのは，例えば，最終完全親会社等が，問題となっている役員等の行為によって完全子会社から利益を得た場合や，完全子会社から最終完全親会社等の他の完全子会社に利益が移転したケースなどでは，最終完全親会社等の株式価値に変動は生じておらず，そのような最終完全親会社等の株主は完全子会社における損害発生に利害関係を有さないため，代表訴訟を認める必要がないためです[*8]。この損害要件については，最終完全親会社等の完全子会社から完全子会社ではない子会社に利益が移転した場合に充足が認められるか等の論点があります[*9]。

(6) 個別株主通知の要否

振替株式の株主が通常の代表訴訟の提起請求をする場合には，個別株主通知が必要となりますが（社債株式振替154条2項），多重代表訴訟の提起にあたっては，個別株主通知は不要と解されています。これは，特定責任の訴えの提訴請求は，完全子会社等に対して行うもので株主の地位に基づき発行会社に行われるものではなく，実際上も完全子会社に個別株主通知がなされるわけではなく，意味がないためと説明されています[*10]。

なお，最終完全親会社等の株主は，自己の口座が開設されている口座管理機

関から口座の記載事項の証明書の交付を受けることで（社債株式振替277条，ここには株式数，株式の増減日の記載があります〔社債株式振替129条3項3号・6号〕），自己の継続保有要件の立証をすることができます*11。

3 多重代表訴訟制度の適用時期

　特定責任追及の訴えへの予期せぬ対応を迫ることで生じる混乱を避けるため*12，平成26年5月1日の平成26年改正会社法の施行日前にその原因となった事実が生じた特定責任については，新設された会社法847条の3の規定は適用しないこととされています（改正法附則21条3項）。

〔髙谷　裕介〕

■注　記■

*1　坂本一問一答174頁。
*2　坂本一問一答174頁。
*3　坂本一問一答181頁。
*4　坂本一問一答180頁。
*5　坂本一問一答186頁。
*6　坂本一問一答189頁。
*7　坂本三郎「会社法制に関する今後の動向」商事2055号（2015）48頁。
*8　坂本一問一答184頁。
*9　加藤貴仁「多重代表訴訟等の手続に関する諸問題」商事2063号（2015）4頁以下。
*10　坂本一問一答182頁。
*11　加藤・前掲（＊9）8頁。
*12　坂本一問一答234頁。

キーワード索引

あ

アドバイザリー・モデル Q26, Q56
アパマンショップホールディングス
　株主代表訴訟事件 Q41
安全配慮義務 Q41
意思決定や監督のプロセスと結果の
　透明性 Q1
委任状勧誘 Q7
違法行為差止請求権 Q46
違法性監査権限 Q55
インサイダー情報 Q11
インセンティブ Q36, Q37
ウェブ開示 Q9
エクスプレイン Q4, Q35
エンゲージメント Q11, Q20
大原町農業協同組合事件 Q50
オペレーション・モデル Q26
親会社
　――との取引 Q17
　――の子会社管理責任 Q63

か

海外子会社 Q62
会計監査人 Q5, Q25
　――との連携 Q49
　――の選定基準 Q25
　――の独立性・専門性 Q25
　――の評価基準 Q25
会計監査人監査の実効性確保 Q25
会計監査人選任議案の決定権 Q46
会計監査人との連携に関する実務指
　針 Q49
外国公務員贈賄 Q62
会社費用担保特約（D&O保険） Q45
会社法 Q3
会社補償 Q43
ガイドライン・指針 Q3
外部会計監査人 Q25
カストディ Q10
価値創造の最大化 Q1
ガバナンスガイドライン（基本方針）
　 ...... Q23
株価対策 Q12
株　式
　――の中長期保有 Q12
　――の持合い Q14
株式公開買付け Q15
株式交付信託 Q37
株式報酬 Q36, Q37
　――型ストック・オプション Q37
株　主
　――との対話 Q7, Q11
株主権の縮減 Q63
株主総会
　――の開催日 Q9
　――の基準日 Q9
　――の特別決議 Q43
　相当数の反対票 Q7
株主総会参考書類 Q22
株主総会招集通知 Q9, Q19, Q22

539

キーワード索引

――の英訳 ･･････････････････････ **Q10**
――の発送前開示 ･･････････････ **Q 9**
電磁的方法による提供 ･･････････ **Q 9**
株主代表訴訟 ･･････････ **Q43**，**Q44**，**Q46**
株主代表訴訟担保特約（D&O保険）
　　････････････････････････････････ **Q45**
――保険料 ････････････････････ **Q45**
株主平等原則 ･･････････････ **Q 8**，**Q12**
株主優待（制度） ･･････････ **Q12**，**Q 8**
カルテル ･････････････････････････ **Q62**
環境分析（内部環境，外部環境） ････ **Q19**
監　査 ････････････････････ **Q46**，**Q54**
監査委員会 ･･･････････････････････ **Q 2**
――の役割・職務 ･･････････････ **Q52**
監査委員の権限・義務 ････････････ **Q52**
監査時間の確保 ･･･････････････････ **Q25**
監査等委員会 ････････ **Q 2**，**Q36**，**Q54**
――の意見陳述権 ･･････････････ **Q55**
監査等委員会設置会社 ･･････ **Q 2**，**Q 5**
監査等委員である取締役 ････ **Q54**，**Q55**
――以外の取締役 ･･････････････ **Q54**
兼任禁止 ････････････････････ **Q55**
監査人との連携 ･･････････････････ **Q49**
監査報告 ･････････････････････････ **Q46**
監査役 ････････ **Q 2**，**Q 5**，**Q46**，**Q47**，
　　　　　　　　　　　　　　Q48，**Q50**
――の義務 ････････････････････ **Q50**
――の善管注意義務 ････････････ **Q50**
――の調査権 ････････････････ **Q46**
――の取締役会への出席義務 ････ **Q48**
監査役会 ･･････････････････ **Q 2**，**Q 5**
監査役監査基準 ････････ **Q47**，**Q49**，**Q50**
監査役選任議案に関する同意権 ･････ **Q46**
完全親会社等 ････････････････････ **Q64**
完全子会社 ･･････････････････････ **Q64**
関連会社 ････････････････････････ **Q17**
関連当事者間の取引 ･･････････････ **Q17**
関連当事者の開示に関する会計基準
　　････････････････････････････････ **Q17**
機関投資家 ･･････････････････････ **Q10**
――の受託責任 ････････････････ **Q 1**
企業価値 ････････････ **Q15**，**Q20**，**Q21**
――の向上 ････････････････････ **Q18**
企業価値・株主共同の利益の確保・
　向上の原則 ･･････････････････････ **Q15**
企業価値・株主共同の利益の確保又
　は向上のための買収防衛策に関す
　る指針 ･･････････････････････････ **Q15**
企業価値の向上及び公正な手続確保
　のための経営者による企業買収
　（MBO）に関する指針 ･･･････････ **Q16**
企業行動規範 ･･･････････････････ **Q16**
企業集団 ････････････････････････ **Q62**
企業風土 ････････････････････････ **Q61**
議決権
――の代理行使 ････････････････ **Q10**
――の電子行使 ････････････････ **Q10**
――の不統一行使 ･･････････････ **Q10**
議決権行使基準 ･････････････････ **Q 7**
議決権電子行使プラットフォーム ･･･ **Q10**
気候変動 ････････････････････････ **Q20**
基準日株主 ･･････････････････････ **Q 9**
議長（取締役会） ････････････････ **Q29**
基本契約保険料（D&O保険） ･･････ **Q45**
記名子会社自動追加特約（D&O保
　険） ････････････････････････････ **Q45**
共益権 ･･････････････････････････ **Q 6**
競業避止義務 ･･････････････････ **Q40**
業績連動報酬 ･･･････････ **Q36**，**Q37**
業務担当取締役 ･････････････････ **Q 2**
業務執行取締役 ･･････ **Q27**，**Q30**，**Q43**
業　務
――の執行 ････････････ **Q30**，**Q32**
――目的 ･･････････････････････ **Q59**
業務の適正を確保するための体制 ･･･ **Q24**
金融商品取引法 ･････････ **Q 3**，**Q42**

キーワード索引

グループ内部統制システム……… Q62
クローバック……………………… Q37
グローバルコンパクト…………… Q20
経営計画………………… Q11, Q19
経営者の独断・怠慢・私物化…… Q 1
経営陣……………………………… Q40
経営戦術…………………………… Q19
経営戦略………………… Q11, Q19
経営の監督と執行の分離… Q29, Q51
経営の基本方針…………………… Q56
経営判断の原則………… Q28, Q40, Q41, Q48
経営評価機能……………………… Q55
経営理念…………………………… Q19
継続保有要件……………………… Q44
決算短信…………………………… Q22
原則主義………………… Q 4, Q23
限定債務説………………………… Q44
現物配当…………………………… Q 8
後継者計画………………………… Q31
　　──の進め方………………… Q31
　　候補者決定プロセスの客観性・透明性………………………… Q31
　　人材要件……………………… Q31
　　選任・指名の方針・手続等の開示………………………… Q31
　　属性要件……………………… Q31
合理的な内部統制システムの構築・運用………………………… Q 1
子会社との取引…………………… Q17
個別株主通知……………………… Q64
コーポレート・ガバナンス… Q20, Q59
　　──の取組み………………… Q23
　　構造・プロセス・手続……… Q 1
コーポレートガバナンス・コード
（CGコード）…………… Q 3, Q15
　　──基本原則………………… Q 4
　　──原則……………………… Q 4

　　──補充原則………………… Q 4
　　──における開示必須11項目… Q22
コーポレート・ガバナンス・システムの在り方に関する研究会…… Q43
コーポレート・ガバナンスに関する
報告書（CG報告書）…… Q22, Q33Q36
　　──参照方式………………… Q23
コンプライ・オア・エクスプレイン
………………………… Q 4, Q22

さ

債権者……………………………… Q18
最終完全親会社等………… Q43, Q64
財務・会計に関する適切な知見… Q47
財務報告に係る内部統制………… Q24
サステナビリティ………………… Q18
　　──をめぐる課題…………… Q20
サプライチェーン………… Q20, Q62
3線ディフェンス（グループ内部統制システム）……………… Q61, Q62
三様監査…………………………… Q25
自益権……………………………… Q 6
事業継続計画……………………… Q62
事業報告…………………………… Q22
自己株式の取得…………………… Q12
自己資本比率……………………… Q13
自己評価票（質問書）…………… Q57
自社株取得目的報酬……………… Q37
事前開示・株主意思の原則……… Q15
事前警告型買収防衛策…………… Q15
持続的な成長……………………… Q11
執行役…………………… Q 2, Q51
　　──の役割・職務…………… Q53
執行役員…………………………… Q17
実質株主…………………………… Q10
支配株主
　　──との取引………………… Q17

541

キーワード索引

——の異動 ……………………… **Q16**
資本政策 ………………………… **Q13**
　　——の基本的な方針 ………… **Q13**
指名委員会 ………… **Q2**，**Q27**，**Q31**
　　——の役割・職務 …………… **Q52**
指名委員会等設置会社 …………… **Q2**，
　　　　　　　　　　　　Q5，**Q53**
　　——における機関設計 ……… **Q51**
指名監査委員 …………………… **Q52**
社外監査役 …………… **Q2**，**Q5**，**Q47**
　　——の重視すべき資質 ……… **Q47**
　　——の役割・責務 …………… **Q47**
社会的責任（CSR） …………… **Q18**
社外取締役 ………… **Q2**，**Q5**，**Q32**，
　　　　　　　　　　Q34，**Q35**，**Q54**
　　——に対する情報提供 ……… **Q34**
　　——の監督機能 ……… **Q32**，**Q54**
　　——の支援体制 …………… **Q34**
　　——の助言機能 …………… **Q32**
　　——の選任義務 …………… **Q35**
　　——の役割・責務 ………… **Q32**
社外取締役を置くことが相当でない
　　理由 …………………………… **Q35**
社外役員の兼任 ……………… **Q34**，**Q47**
　　——の開示 …………………… **Q34**
蛇の目基準 ……………………… **Q44**
社　風 …………………………… **Q61**
重要な業務執行の決定 ……… **Q28**，**Q56**
受託者責任 ……………………… **Q40**
主要株主 ………………………… **Q17**
主要目的ルール ………………… **Q16**
種類株式 ………………………… **Q12**
少数株主権 ……………………… **Q6**，**Q7**
譲渡制限付株式 ………………… **Q37**
情報と伝達 …………………… **Q59**，**Q61**
賞　与 …………………………… **Q37**
初期対応費用担保特約（D&O保険）
　　　　　　　　　　　　　…… **Q45**

職務上保持すべき情報を修得する機
　　会や必要な費用の提供 ……… **Q58**
女性活躍推進 …………………… **Q21**
所有と経営の分離 …………… **Q1**，**Q26**
新株予約権 ……………………… **Q15**
人　事 …………………………… **Q21**
信託型ライツ・プラン ………… **Q15**
スチュワードシップ・コード …… **Q3**
ステークホルダー …………… **Q18**，**Q40**
　　——との協働 ………………… **Q18**
　　——への情報提供 ………… **Q57**
ストック・オプション ………… **Q37**
セイクレスト事件 ……………… **Q50**
政策保有株式 …………………… **Q14**
政策保有株式の保有方針 ……… **Q14**
責任限定契約 …………………… **Q43**
責任追及等の訴え …………… **Q44**，**Q46**
善管注意義務 ……… **Q40**，**Q48**，**Q60**
先行行為担保特約（D&O保険）… **Q45**
全債務説 ………………………… **Q44**
選定監査委員 …………………… **Q52**
「相当な注意」 ………………… **Q42**
組織監査 ………………………… **Q52**
組織文化・価値観・リーダーシップ
　　　　　　　　　　　　……… **Q1**
訴訟対応費用担保特約（D&O保険）
　　　　　　　　　　　　　…… **Q45**
ソフトロー ………………………… **Q3**
損害要件（特定責任追及の訴え）… **Q64**
第三者割当増資の取扱いに関する指
　　針 …………………………… **Q16**
大庄ほか事件 …………………… **Q41**

た

退職慰労金 …………………… **Q37**，**Q38**
退職金税制 ……………………… **Q38**
ダイバーシティ ……… **Q18**，**Q21**，**Q27**

キーワード索引

代表取締役 ………………… **Q2**，**Q30**
大和銀行事件 ……………………… **Q50**
多重代表訴訟 ………… **Q46**，**Q63**，**Q64**
ダスキン事件 ……………………… **Q50**
妥当性監査（権限） ………… **Q52**，**Q55**
単元株 ……………………………… **Q12**
単独株主権 ………………………… **Q6**
担保提供命令 ……………………… **Q44**
忠実義務 …………………………… **Q40**
中長期的な企業価値の向上 ……… **Q11**
中長期保有株主 …………………… **Q12**
提訴請求 ……………………… **Q44**，**Q46**
適時開示体制 ……………………… **Q24**
適法性監査 ………………………… **Q52**
電子投票制度 ……………………… **Q10**
統合報告 …………………………… **Q20**
投資価値の向上 …………………… **Q1**
投資家フォーラム ………………… **Q23**
統制活動 ……………………… **Q59**，**Q61**
統制環境 ……………………… **Q59**，**Q61**
特定完全子会社 …………………… **Q64**
特定責任 ……………………… **Q43**，**Q64**
　　──追及の訴え …………… **Q64**
特別取締役 ………………………… **Q56**
独立社外者のみを構成員とする会合
　　…………………………………… **Q48**
独立社外取締役 ………… **Q2**，**Q27**，
　　　　　　Q32，**Q33**，**Q35**，**Q36**
　　──に求められる資質 ……… **Q33**
　　──の人選 …………………… **Q33**
独立性基準 ………………………… **Q33**
独立性判断基準 …………………… **Q33**
独立役員 …………………………… **Q33**
取締役
　　──選任 ……………………… **Q22**
　　──の監視・監督義務 ……… **Q40**
　　──の責任 …………… **Q42**，**Q43**
　　──の責任免除 ……… **Q42**，**Q43**

　　──の善管注意義務 ………… **Q41**
取締役会 ……………… **Q2**，**Q29**，**Q48**
　　──議事録 …………………… **Q48**
　　──に対する説明責任 ……… **Q1**
　　──のあり方の追求 ………… **Q57**
　　──の運営 …………………… **Q28**
　　──の監督機能 ……… **Q28**，**Q54**
　　──の議長 …………………… **Q29**
　　──の決議義務 ……………… **Q60**
　　──の招集通知 ……………… **Q48**
　　──の書面決議 ……………… **Q48**
　　──の専決事項 ……………… **Q53**
　　──の報告義務 ……………… **Q48**
　　──の役割・職務 …………… **Q53**
　　──の有効性 ………………… **Q58**
取締役会の実効性の評価 ………… **Q57**
　　評価結果 ……………………… **Q57**
　　評価手法 ……………………… **Q57**
　　対応方針 ……………………… **Q57**
取締役の責任一部免除議案に関する
　　同意権 ………………………… **Q46**
取引債務包含説 …………………… **Q44**
取引推奨規制 ……………………… **Q11**
トレーニング・プログラム ……… **Q58**
トレーニング方針の開示 ………… **Q58**

な

内部監査部門 ……………………… **Q17**
内部通報制度 ……………………… **Q61**
内部統制 ……………………… **Q59**，**Q60**
内部統制の目的
　　業務目的 ……………………… **Q59**
　　コンプライアンス目的 ……… **Q59**
　　報告目的 ……………………… **Q59**
内部統制の構成要素
　　情報と伝達 …………………… **Q59**
　　統制活動 ……………………… **Q59**

543

キーワード索引

統制環境 …………………………… Q59
モニタリング活動 ………………… Q59
リスク評価 ………………………… Q59
内部統制監査 ……………………… Q24
内部統制システム ……… Q24, Q55,
　　　　　　　　　　　Q56, Q60
　――構築義務 ……… Q40, Q41, Q60
　合理的な―― …………………… Q 1
内部統制報告制度 ………………… Q24
馴れ合い訴訟 ……………………… Q44
日本取締役協会ベストプラクティス
　…………………………………… Q23
任意の委員会（指名委員会，報酬委
　員会，諮問委員会）……… Q17, Q27,
　　　　　　　　　Q31, Q32, Q36
任務懈怠責任 ……………………… Q40
ノミニー …………………………… Q10
野村證券事件 ……………… Q62, Q63

は

ハードロー ………………………… Q 3
買収防衛策 ………………………… Q15
配当規制 …………………………… Q 8
発見統制 …………………… Q61, Q62
パフォーマンス・シェア ………… Q37
パフォーマンス・ユニット ……… Q37
非業務執行性 ……………………… Q32
非業務執行取締役 ………………… Q27
非財務情報 ……… Q 9, Q11, Q20
筆頭独立社外取締役 ……… Q34, Q48
必要性・相当性確保の原則 ……… Q15
表見代表取締役 …………………… Q30
ファントム・ストック …………… Q37
フェアトレード …………………… Q20
福岡魚市場事件 …………… Q62, Q63
複数議決権 ………………………… Q12
不祥事の未然防止 ………………… Q61

不正リスク対応基準 ……………… Q49
不当訴訟要件 ……………………… Q44
不法不当目的要件 ………………… Q44
プリンシプルベース・アプローチ … Q 4
ブルドックソース事件 …………… Q15
俸　給 ……………………………… Q37
報告徴求・業務財産調査権 ……… Q55
報酬（等）………… Q36, Q37, Q39
　――の開示 ……………… Q22, Q39
　――の決定手続 ………………… Q39
　――の決定方針 ………… Q36, Q39
報酬委員会 ………………… Q 2, Q36
　――の役割・職務 ……………… Q52
報酬水準 …………………………… Q36
報酬等 ……………………………… Q39
　――の開示 ……………………… Q39
報酬ポリシー ……………………… Q39
保険料（D&O保険）……………… Q45
募集株式
　――の発行 ……………………… Q16
　――の不公正発行 ……………… Q16
　――の有利発行 ………………… Q16
発起人等 …………………… Q44, Q64

ま

マイナスの影響の軽減 …………… Q 1
東京都観光汽船事件 ……………… Q63
名義株主 …………………………… Q10
モニタリング活動 ………… Q59, Q61
モニタリング・モデル …… Q26, Q51,
　　　　　　　　　　　Q54, Q56

や

役員（等）………………… Q17, Q44
役員賠償責任保険（D&O保険）… Q45
有価証券報告書 ……… Q19, Q22, Q42

キーワード索引

──の早期提出	Q9	
不実（虚偽）記載	Q42	
有償ストック・オプション	Q37	
ユーシン事件	Q63	
予防統制	Q61	

ら

利益供与 ········· Q8
利益相反 ········· Q17
利益相反取引 ········· Q40
　──の任務懈怠の推定規定の適用
　　除外 ········· Q54, Q55
利益連動給与 ········· Q37
リスク・アプローチ ········· Q61
リスク管理体制 ········· Q60
リスク評価 ········· Q59, Q61
リスクの早期発見 ········· Q61
リストリクテッド・ストック ········· Q37
レピュテーションリスク ········· Q20
労働者の生命・健康を損なうことが
　ないような体制を構築すべき義務
　········· Q41

A～Z

AA型種類株式（トヨタ自動車株式
　会社） ········· Q12
BCP ········· Q20, Q62
Board Evaluation ········· Q57
CDP ········· Q20
CEO ········· Q29, Q30
CFO ········· Q30
COO ········· Q30
COSO ········· Q59
COSO-ERM ········· Q59
COSOフレームワーク ········· Q24
CRO ········· Q61

CSR ········· Q20, Q62
D&O保険 ········· Q45
ESG ········· Q1, Q18, Q20
GPIF ········· Q20
GRI ········· Q20
IIRC ········· Q20
MBO ········· Q16
OECDガバナンス原則 ········· Q23
PDCAサイクル ········· Q57
PRI ········· Q20
RCM ········· Q61
RO ········· Q61
ROE ········· Q13, Q19
S.A.R ········· Q37
SWOT分析 ········· Q19

CGコード

基本原則1 ········· Q4, Q6, Q10, Q18
基本原則2 ········· Q4, Q12, Q18
基本原則3 ········· Q4, Q9, Q11
基本原則4 ········· Q4, Q12, Q26, Q27, Q36
基本原則5 ········· Q3, Q4, Q11, Q12
原則1-1 ········· Q7
原則1-3 ········· Q13
原則1-4 ········· Q12～Q14, Q22
原則1-5 ········· Q15
原則1-6 ········· Q13, Q16
原則1-7 ········· Q17, Q22
原則2-1 ········· Q12, Q18, Q19
原則2-2 ········· Q18, Q19
原則2-3 ········· Q18, Q20
原則2-4 ········· Q18, Q21
原則2-5 ········· Q61
原則3-1 ········· Q4, Q9, Q11, Q19, Q22, Q23, Q31, Q33, Q36, Q39, Q40

545

キーワード索引

原則3－2 ……………… **Q22**, **Q25**	補充原則2－3① …………… **Q20**
原則4－1 ………… **Q26**, **Q28**, **Q31**	補充原則3－1① …… **Q9**, **Q23**
原則4－2 …… **Q12**, **Q22**, **Q26**, **Q28**	補充原則3－1② ……………… **Q4**
原則4－3 ………… **Q22**, **Q26**, **Q31**	補充原則3－2① …………… **Q25**
原則4－4 ……………… **Q22**, **Q46**	補充原則3－2② …… **Q25**, **Q30**
原則4－5 ……………………… **Q40**	補充原則4－1① …………… **Q22**
原則4－6 ……………… **Q27**, **Q32**	補充原則4－1③ …… **Q27**, **Q31**
原則4－7 …… **Q12**, **Q22**, **Q28**, **Q32**, **Q33**	補充原則4－2① … **Q4**, **Q12**, **Q37**
	補充原則4－3① …………… **Q31**
原則4－8 … **Q2**〜**Q5**, **Q12**, **Q21**, **Q22**, **Q27**, **Q33**, **Q35**	補充原則4－3② …………… **Q60**
	補充原則4－4① …………… **Q46**
原則4－9 …………… **Q2**, **Q22**, **Q33**	補充原則4－8① …… **Q21**, **Q34**, **Q48**, **Q49**
原則4－10 …… **Q22**, **Q27**, **Q31**, **Q48**	
原則4－11 …… **Q21**, **Q22**, **Q27**, **Q31**, **Q33**, **Q47**	補充原則4－8② …… **Q21**, **Q34**, **Q48**
	補充原則4－10① … **Q4**, **Q22**, **Q31**, **Q33**, **Q36**, **Q48**, **Q55**
原則4－12 ……………………… **Q27**	
原則4－13 ……………………… **Q34**	補充原則4－11① …… **Q21**, **Q22**, **Q27**
原則4－14 ……………… **Q28**, **Q58**	補充原則4－11② … **Q21**, **Q22**, **Q27**, **Q34**, **Q47**
原則5－1 …………… **Q11**, **Q12**, **Q22**	
原則5－2 …………… **Q11**, **Q13**, **Q19**	補充原則4－11③ …… **Q4**, **Q21**, **Q22**, **Q57**
補充原則1－1① ………………… **Q7**	
補充原則1－1② ……………… **Q7**, **Q22**	補充原則4－12① …………… **Q28**
補充原則1－1③ ……………… **Q7**, **Q22**	補充原則4－13① …………… **Q34**
補充原則1－2① ………………… **Q9**	補充原則4－13② …………… **Q34**
補充原則1－2② ………………… **Q9**	補充原則4－13③ …………… **Q34**
補充原則1－2③ ………………… **Q9**	補充原則4－14① …… **Q47**, **Q58**
補充原則1－2④ ……………… **Q4**, **Q10**	補充原則4－14② …… **Q22**, **Q58**
補充原則1－2⑤ ……………… **Q10**	補充原則5－1① …………… **Q11**
補充原則1－5① ……………… **Q15**	補充原則5－1② …………… **Q11**

判例索引

■最高裁判所

最判昭31・10・5裁判集民事23号409頁 …………………………………………	Q36
最判昭39・12・11民集18巻10号2143頁・判タ173号131頁・判時401号61頁 …………	Q36
最判昭40・9・22民集19巻6号1656頁・判タ181号114頁・判時421号31頁 ……… Q28,	Q53
最判昭43・11・1民集22巻12号2402頁・判タ229号154頁・判時542号76頁 ………	Q10
最大判昭45・6・24民集24巻6号625頁・判タ249号116頁・判時596号3頁 ………	Q40
最判昭45・11・24民集24巻12号1963頁・判タ256号127頁・判時616号97頁 ……	Q8
最判昭48・5・22民集27巻5号655頁・判タ297号218頁・判時707号92頁 ………	Q40
最判昭51・12・24民集30巻11号1076頁・判タ345号195頁・判時841号96頁 ………	Q10
最判昭55・3・18裁判集民事129号331頁・判タ420号87頁・判時971号101頁 ………	Q40
最判昭60・3・26裁判集民事144号247頁・判タ557号124頁・判時1159号150頁 ………	Q36
最判平6・1・20民集48巻1号1頁・判タ842号127頁・判時1489号155頁 ………	Q28
最判平9・12・16裁判集民事186号625頁・判タ961号117頁・判時1627号149頁 ………	Q46
最決平19・8・7民集61巻5号2215頁・判タ1252号125頁・金判1273号2頁 ………	Q15
最判平20・1・28民集62巻1号128頁・判タ1262号56頁・判時1995号151頁 ………	Q44
最判平21・3・10民集63巻3号361頁・判タ1295号179頁・判時2041号139頁 ………	Q44
最判平21・7・9裁判集民事231号241頁・判タ1307号117頁・判時2055号147頁 ……………………………………………………………………………… Q40, Q41,	Q60
最判平21・11・27裁判集民事232号393頁・判タ1314号132頁・判時2067号136頁 ………	Q50
最判平22・7・15裁判集民事234号225頁・判タ1332号50頁・判時2091号90頁 ………	Q41
最決平25・9・24判例集未登載 ………………………………………………………	Q41
最判平26・1・30裁判集民事246号69頁・判タ1398号87頁・判時2213号123頁 ………	Q63

■高等裁判所

大阪高判昭54・10・30高民32巻2号214頁・判タ401号153頁・判時954号89頁 ………	Q44
東京高決平7・2・20判タ895号252頁・金判968号23頁 ………………………………	Q44
東京高判平8・12・11金判1105号23頁・資料版商事161号167頁 ………………………	Q63
東京高判平12・4・27金判1095号21頁・金法1596号77頁 ………………………………	Q44
大阪高判平16・2・12金判1190号38頁 ………………………………………………	Q38

判例索引

大阪高判平18・6・9判タ1214号115頁・判時1979号115頁	Q50
東京高判平20・5・21判タ1281号274頁・金判1293号12頁	Q60
大阪高判平23・5・25労判1033号24頁	Q41
東京高判平23・11・30判時2152号116頁・金判1389号36頁	Q42
福岡高判平24・4・13金判1399号24頁・資料版商事360号44頁	Q62, Q63
大阪高判平27・5・21判時2279号96頁・金判1469号16頁・資料版商事378号114頁	Q3, Q50

■地方裁判所

東京地判昭31・10・19下民7巻10号2931頁・判時95号21頁	Q44
大阪地判昭32・11・16下民8巻11号2139頁	Q36
大阪地判昭38・8・20下民14巻8号1585頁・判タ159号135頁・判時380号78頁	Q44
東京地判昭44・6・16金判175号16頁	Q36
高知地判平2・3・28金判849号35頁	Q8
東京地決平6・7・22判タ867号126頁・判時1504号121頁	Q44
東京地決平6・7・22判タ867号126頁・判時1504号132頁	Q44
東京地判平6・12・22判タ864号286頁・判時1518号3頁	Q44
東京地判平8・6・20判判1572号27頁・金判1000号39頁	Q44
東京地判平10・12・7判時1701号161頁	Q44
大阪地判平11・9・22判タ1046号216頁・判時1719号142頁	Q44
大阪地判平12・9・20判タ1047号86頁・判時1721号3頁・金判1101号3頁	Q40, Q41, Q50, Q60
東京地判平13・1・25判時1760号144頁・金判1141号57頁	Q62, Q63
東京地決平14・11・29判時1865号131頁	Q44
東京地判平20・1・17判タ1269号260頁・判時2012号117頁	Q44
東京地判平21・5・21判タ1306号124頁・判時2047号36頁・金判1318号14頁	Q42
東京地判平21・10・22判タ1318号199頁・判時2064号139頁	Q40, Q41
京都地判平22・5・25判タ1326号196頁・判時2081号144頁・労判1011号35頁	Q41
福岡地判平23・1・26金判1367号41頁・資料版商事327号51頁	Q63
東京地判平23・11・24判タ1402号132頁・判時2153号109頁	Q63
東京地判平24・6・22金判1397号30頁・金法1968号87頁	Q42
東京地判平25・2・22判タ1406号306頁・金法1976号113頁	Q42
東京地判平26・10・21（平成21年（ワ）第2406号）WLJ	Q42

コーポレートガバナンス・コード
(平成27年6月1日)

第1章　株主の権利・平等性の確保

【基本原則1】　上場会社は、株主の権利が実質的に確保されるよう適切な対応を行うとともに、株主がその権利を適切に行使することができる環境の整備を行うべきである。
　また、上場会社は、株主の実質的な平等性を確保すべきである。
　少数株主や外国人株主については、株主の権利の実質的な確保、権利行使に係る環境や実質的な平等性の確保に課題や懸念が生じやすい面があることから、十分に配慮を行うべきである。

【原則1－1．株主の権利の確保】　上場会社は、株主総会における議決権をはじめとする株主の権利が実質的に確保されるよう、適切な対応を行うべきである。
［補充原則1－1①］　取締役会は、株主総会において可決には至ったものの相当数の反対票が投じられた会社提案議案があったと認めるときは、反対の理由や反対票が多くなった原因の分析を行い、株主との対話その他の対応の要否について検討を行うべきである。
［補充原則1－1②］　上場会社は、総会決議事項の一部を取締役会に委任するよう株主総会に提案するに当たっては、自らの取締役会においてコーポレートガバナンスに関する役割・責務を十分に果たし得るような体制が整っているか否かを考慮すべきである。他方で、上場会社において、そうした体制がしっかりと整っていると判断する場合には、上記の提案を行うことが、経営判断の機動性・専門性の確保の観点から望ましい場合があることを考慮に入れるべきである。
［補充原則1－1③］　上場会社は、株主の権利の重要性を踏まえ、その権利行使を事実上妨げることのないよう配慮すべきである。とりわけ、少数株主にも認められている上場会社及びその役員に対する特別な権利（違法行為の差止めや代表訴訟提起に係る権利等）については、その権利行使の確保に課題や懸念が生じやすい面があることから、十分に配慮を行うべきである。

【原則1－2．株主総会における権利行使】　上場会社は、株主総会が株主との建設的な対話の場であることを認識し、株主の視点に立って、株主総会における権利行使に係る適切な環境整備を行うべきである。

［補充原則1－2①］　上場会社は、株主総会において株主が適切な判断を行うことに資すると考えられる情報については、必要に応じ適確に提供すべきである。
［補充原則1－2②］　上場会社は、株主が総会議案の十分な検討期間を確保することができるよう、招集通知に記載する情報の正確性を担保しつつその早期発送に努めるべきであり、また、招集通知に記載する情報は、株主総会の招集に係る取締役会決議から招集通知を発送するまでの間に、TDnetや自社のウェブサイトにより電子的に公表すべきである。
［補充原則1－2③］　上場会社は、株主との建設的な対話の充実や、そのための正確な情報提供等の観点を考慮し、株主総会開催日をはじめとする株主総会関連の日程の適切な設定を行うべきである。
［補充原則1－2④］　上場会社は、自社の株主における機関投資家や海外投資家の比率等も踏まえ、議決権の電子行使を可能とするための環境作り（議決権電子行使プラットフォームの利用等）や招集通知の英訳を進めるべきである。
［補充原則1－2⑤］　信託銀行等の名義で株式を保有する機関投資家等が、株主総会において、信託銀行等に代わって自ら議決権の行使を行うことをあらかじめ希望する場合に対応するため、上場会社は、信託銀行等と協議しつつ検討を行うべきである。

【原則1－3．資本政策の基本的な方針】　上場会社は、資本政策の動向が株主の利益に重要な影響を与え得ることを踏まえ、資本政策の基本的な方針について説明を行うべきである。

【原則1－4．いわゆる政策保有株式】　上場会社がいわゆる政策保有株式として上場株式を保有する場合には、政策保有に関する方針を開示すべきである。また、毎年、取締役会で主要な政策保有についてそのリターンとリスクなどを踏まえた中長期的な経済合理性や将来の見通しを検証し、これを反映した保有のねらい・合理性について具体的な説明を行うべきである。
　上場会社は、政策保有株式に係る議決権の行使について、適切な対応を確保するための基準を策定・開示すべきである。

【原則1－5．いわゆる買収防衛策】　買収防衛の効果をもたらすことを企図してとられる方策は、経営陣・取締役会の保身を目的とするものであってはならな

コーポレートガバナンス・コード

い。その導入・運用については、取締役会・監査役は、株主に対する受託者責任を全うする観点から、その必要性・合理性をしっかりと検討し、適正な手続を確保するとともに、株主に十分な説明を行うべきである。

［補充原則1－5①］　上場会社は、自社の株式が公開買付けに付された場合には、取締役会としての考え方（対抗提案があればその内容を含む）を明確に説明すべきであり、また、株主が公開買付けに応じて株式を手放す権利を不当に妨げる措置を講じるべきではない。

【原則1－6．株主の利益を害する可能性のある資本政策】　支配権の変動や大規模な希釈化をもたらす資本政策（増資、MBO等を含む）については、既存株主を不当に害することのないよう、取締役会・監査役は、株主に対する受託者責任を全うする観点から、その必要性・合理性をしっかりと検討し、適正な手続を確保するとともに、株主に十分な説明を行うべきである。

【原則1－7．関連当事者間の取引】　上場会社がその役員や主要株主等との取引（関連当事者間の取引）を行う場合には、そうした取引が会社や株主共同の利益を害することのないよう、また、そうした懸念を惹起することのないよう、取締役会は、あらかじめ、取引の重要性やその性質に応じた適切な手続を定めてその枠組みを開示するとともに、その手続を踏まえた監視（取引の承認を含む）を行うべきである。

第2章　株主以外のステークホルダーとの適切な協働

【基本原則2】　上場会社は、会社の持続的な成長と中長期的な企業価値の創出は、従業員、顧客、取引先、債権者、地域社会をはじめとする様々なステークホルダーによるリソースの提供や貢献の結果であることを十分に認識し、これらのステークホルダーとの適切な協働に努めるべきである。

取締役会・経営陣は、これらのステークホルダーの権利・立場や健全な事業活動倫理を尊重する企業文化・風土の醸成に向けてリーダーシップを発揮すべきである。

【原則2－1．中長期的な企業価値向上の基礎となる経営理念の策定】　上場会社は、自らが担う社会的な責務についての考え方を踏まえ、様々なステークホルダーへの価値創造に配慮した経営を行いつつ中長期的な企業価値向上を図るべきであり、こうした活動の基礎となる経営理念を策定すべきである。

【原則2－2．会社の行動準則の策定・実践】　上場会社は、ステークホルダーとの適切な協働やその利益の尊重、健全な事業活動倫理などについて、会社としての価値観を示しその構成員が従うべき行動準則を定め、実践すべきである。取締役会は、行動準則の策定・改訂の責務を担い、これが国内外の事業活動の第一線にまで広く浸透し、遵守されるようにすべきである。

［補充原則2－2①］　取締役会は、行動準則が広く実践されているか否かについて、適宜または定期的にレビューを行うべきである。その際には、実質的に行動準則の趣旨・精神を尊重する企業文化・風土が存在するか否かに重点を置くべきであり、形式的な遵守確認に終始すべきではない。

【原則2－3．社会・環境問題をはじめとするサステナビリティーを巡る課題】　上場会社は、社会・環境問題をはじめとするサステナビリティー（持続可能性）を巡る課題について、適切な対応を行うべきである。

［補充原則2－3①］　取締役会は、サステナビリティー（持続可能性）を巡る課題への対応は重要なリスク管理の一部であると認識し、適確に対処するとともに、近時、こうした課題に対する要請・関心が大きく高まりつつあることを勘案し、これらの課題に積極的・能動的に取り組むよう検討すべきである。

【原則2－4．女性の活躍促進を含む社内の多様性の確保】　上場会社は、社内に異なる経験・技能・属性を反映した多様な視点や価値観が存在することは、会社の持続的な成長を確保する上での強みとなり得る、との認識に立ち、社内における女性の活躍促進を含む多様性の確保を推進すべきである。

【原則2－5．内部通報】　上場会社は、その従業員等が、不利益を被る危険を懸念することなく、違法または不適切な行為・情報開示に関する真摯な疑念を伝えることができるよう、また、伝えられた情報や疑念が客観的に検証され適切に活用されるよう、内部通報に係る適切な体制整備を行うべきである。取締役会は、こうした体制整備を実現する責務を負うとともに、その運用状況を監督すべきである。

［補充原則2－5①］　上場会社は、内部通報に係る体制整備の一環として、経営陣から独立した窓口の設置（例えば、社外取締役と監査役による合議体を窓口とする等）を行うべきであり、また、情報提供者の秘匿と不利益取扱の禁止に関する規律を整備すべきである。

第3章　適切な情報開示と透明性の確保

【基本原則3】　上場会社は、会社の財政状態・経営成績等の財務情報や、経営戦略・経営課題、リスクやガバナンスに係る情報等の非財務情報について、法令に基づく開示を適切に行うとともに、法令に基づく開示以外の情報提供にも主体的に取り組むべきである。

その際、取締役会は、開示・提供される情報が株主との間で建設的な対話を行う上での基盤となることも踏まえ、そうした情報（とりわけ非財務情報）が、正

確で利用者にとって分かりやすく，情報として有用性の高いものとなるようにすべきである。

【原則3−1．情報開示の充実】 上場会社は，法令に基づく開示を適切に行うことに加え，会社の意思決定の透明性・公正性を確保し，実効的なコーポレートガバナンスを実現するとの観点から，（本コード（原案）の各原則において開示を求めている事項のほか，）以下の事項について開示し，主体的な情報発信を行うべきである。
(i) 会社の目指すところ（経営理念等）や経営戦略，経営計画
(ii) 本コード（原案）のそれぞれの原則を踏まえた，コーポレートガバナンスに関する基本的な考え方と基本方針
(iii) 取締役会が経営陣幹部・取締役の報酬を決定するに当たっての方針と手続
(iv) 取締役会が経営陣幹部の選任と取締役・監査役候補の指名を行うに当たっての方針と手続
(v) 取締役会が上記(iv)を踏まえて経営陣幹部の選任と取締役・監査役候補の指名を行う際の，個々の選任・指名についての説明

［補充原則3−1①］ 上記の情報の開示に当たっても，取締役会は，ひな型的な記述や具体性を欠く記述を避け，利用者にとって付加価値の高い記載となるようにすべきである。

［補充原則3−1②］ 上場会社は，自社の株主における海外投資家等の比率も踏まえ，合理的な範囲において，英語での情報の開示・提供を進めるべきである。

【原則3−2．外部会計監査人】 外部会計監査人及び上場会社は，外部会計監査人が株主・投資家に対して責務を負っていることを認識し，適正な監査の確保に向けて適切な対応を行うべきである。

［補充原則3−2①］ 監査役会は，少なくとも下記の対応を行うべきである。
(i) 外部会計監査人候補を適切に選定し外部会計監査人を適切に評価するための基準の策定
(ii) 外部会計監査人に求められる独立性と専門性を有しているか否かについての確認

［補充原則3−2②］ 取締役会及び監査役会は，少なくとも下記の対応を行うべきである。
(i) 高品質な監査を可能とする十分な監査時間の確保
(ii) 外部会計監査人からCEO・CFO等の経営陣幹部へのアクセス（面談等）の確保
(iii) 外部会計監査人と監査役（監査役会への出席を含む），内部監査部門や社外取締役との十分な連携の確保
(iv) 外部会計監査人が不正を発見し適切な対応を求めた場合や，不備・問題点を指摘した場合の会社側の対応体制の確立

第4章 取締役会等の責務

【基本原則4】 上場会社の取締役会は，株主に対する受託者責任・説明責任を踏まえ，会社の持続的成長と中長期的な企業価値の向上を促し，収益力・資本効率等の改善を図るべく，
(1) 企業戦略等の大きな方向性を示すこと
(2) 経営陣幹部による適切なリスクテイクを支える環境整備を行うこと
(3) 独立した客観的な立場から，経営陣（執行役及びいわゆる執行役員を含む）・取締役に対する実効性の高い監督を行うこと
をはじめとする役割・責務を適切に果たすべきである。
こうした役割・責務は，監査役会設置会社（その役割・責務の一部は監査役及び監査役会が担うこととなる），指名委員会等設置会社，監査等委員会設置会社など，いずれの機関設計を採用する場合にも，等しく適切に果たされるべきである。

【原則4−1．取締役会の役割・責務(1)】 取締役会は，会社の目指すところ（経営理念等）を確立し，戦略的な方向付けを行うことを主要な役割・責務の一つと捉え，具体的な経営戦略や経営計画等について建設的な議論を行うべきであり，重要な業務執行の決定を行う場合には，上記の戦略的な方向付けを踏まえるべきである。

［補充原則4−1①］ 取締役会は，取締役会自身として何を判断・決定し，何を経営陣に委ねるのかに関連して，経営陣に対する委任の範囲を明確に定め，その概要を開示すべきである。

［補充原則4−1②］ 取締役会・経営陣幹部は，中期経営計画も株主に対するコミットメントの一つであるとの認識に立ち，その実現に向けて最善の努力を行うべきである。仮に，中期経営計画が目標未達に終わった場合には，その原因や自社が行った対応の内容を十分に分析し，株主に説明を行うとともに，その分析を次期以降の計画に反映させるべきである。

［補充原則4−1③］ 取締役会は，会社の目指すところ（経営理念等）や具体的な経営戦略を踏まえ，最高経営責任者等の後継者の計画（プランニング）について適切に監督を行うべきである。

【原則4−2．取締役会の役割・責務(2)】 取締役会は，経営陣幹部による適切なリスクテイクを支える環境整備を行うことを主要な役割・責務の一つと捉え，経営陣からの健全な企業家精神に基づく提案を歓迎しつつ，説明責任の確保に向けて，そうした提案について独立した客観的な立場において多角的かつ十分な検討を行うとともに，承認した提案が実行される際には，経営陣幹部の迅速・果断な意思決定を支援すべきである。
また，経営陣の報酬については，中長期的な会社の業績や潜在的リスクを反映させ，健全な企業家精神の

コーポレートガバナンス・コード

発揮に資するようなインセンティブ付けを行うべきである。

［補充原則４－２①］ 経営陣の報酬は，持続的な成長に向けた健全なインセンティブの一つとして機能するよう，中長期的な業績と連動する報酬の割合や，現金報酬と自社株報酬との割合を適切に設定すべきである。

【原則４－３．取締役会の役割・責務(3)】 取締役会は，独立した客観的な立場から，経営陣・取締役に対する実効性の高い監督を行うことを主要な役割・責務の一つと捉え，適切に会社の業績等の評価を行い，その評価を経営陣幹部の人事に適切に反映すべきである。

また，取締役会は，適時かつ正確な情報開示が行われるよう監督を行うとともに，内部統制やリスク管理体制を適切に整備すべきである。

更に，取締役会は，経営陣・支配株主等の関連当事者と会社との間に生じ得る利益相反を適切に管理すべきである。

［補充原則４－３①］ 取締役会は，経営陣幹部の選任や解任について，会社の業績等の評価を踏まえ，公正かつ透明性の高い手続に従い，適切に実行すべきである。

［補充原則４－３②］ コンプライアンスや財務報告に係る内部統制や先を見越したリスク管理体制の整備は，適切なリスクテイクの裏付けとなり得るものであるが，取締役会は，これらの体制の適切な構築や，その運用が有効に行われているか否かの監督に重点を置くべきであり，個別の業務執行に係るコンプライアンスの審査に終始すべきではない。

【原則４－４．監査役及び監査役会の役割・責務】 監査役及び監査役会は，取締役の職務の執行の監査，外部会計監査人の選解任や監査報酬に係る権限の行使などの役割・責務を果たすに当たって，株主に対する受託者責任を踏まえ，独立した客観的な立場において適切な判断を行うべきである。

また，監査役及び監査役会に期待される重要な役割・責務には，業務監査・会計監査をはじめとするいわば「守りの機能」があるが，こうした機能を含め，その役割・責務を十分に果たすためには，自らの守備範囲を過度に狭く捉えることは適切でなく，能動的・積極的に権限を行使し，取締役会においてあるいは経営陣に対して適切に意見を述べるべきである。

［補充原則４－４①］ 監査役会は，会社法により，その半数以上を社外監査役とすること及び常勤の監査役を置くことの双方が求められていることを踏まえ，その役割・責務を十分に果たすとの観点から，前者に由来する強固な独立性と，後者が保有する高度な情報収集力とを有機的に組み合わせて実効性を高めるべきである。また，監査役または監査役会は，社外取締役が，その独立性に影響を受けることなく情報収集力の強化を図ることができるよう，社外取締役との連携を確保すべきである。

【原則４－５．取締役・監査役等の受託者責任】 上場会社の取締役・監査役及び経営陣は，それぞれの株主に対する受託者責任を認識し，ステークホルダーとの適切な協働を確保しつつ，会社や株主共同の利益のために行動すべきである。

【原則４－６．経営の監督と執行】 上場会社は，取締役会による独立かつ客観的な経営の監督の実効性を確保すべく，業務の執行には携わらない，業務の執行と一定の距離を置く取締役の活用について検討すべきである。

【原則４－７．独立社外取締役の役割・責務】 上場会社は，独立社外取締役には，特に以下の役割・責務を果たすことが期待されることに留意しつつ，その有効な活用を図るべきである。
(i) 経営の方針や経営改善について，自らの知見に基づき，会社の持続的な成長を促し中長期的な企業価値の向上を図る，との観点からの助言を行うこと
(ii) 経営陣幹部の選解任その他の取締役会の重要な意思決定を通じ，経営の監督を行うこと
(iii) 会社と経営陣・支配株主等との間の利益相反を監督すること
(iv) 経営陣・支配株主から独立した立場で，少数株主をはじめとするステークホルダーの意見を取締役会に適切に反映させること

【原則４－８．独立社外取締役の有効な活用】 独立社外取締役は会社の持続的な成長と中長期的な企業価値の向上に寄与するように役割・責務を果たすべきであり，上場会社はそのような資質を十分に備えた独立社外取締役を少なくとも２名以上選任すべきである。

また，業種・規模・事業特性・機関設計・会社をとりまく環境等を総合的に勘案して，自主的な判断により，少なくとも３分の１以上の独立社外取締役を選任することが必要と考える上場会社は，上記にかかわらず，そのための取組み方針を開示すべきである。

［補充原則４－８①］ 独立社外取締役は，取締役会における議論に積極的に貢献するとの観点から，例えば，独立社外者のみを構成員とする会合を定期的に開催するなど，独立した客観的な立場に基づく情報交換・認識共有を図るべきである。

［補充原則４－８②］ 独立社外取締役は，例えば，互選により「筆頭独立社外取締役」を決定することなどにより，経営陣との連絡・調整や監査役または監査役会との連携に係る体制整備を図るべきである。

【原則４－９．独立社外取締役の独立性判断基準及び資質】 取締役会は，金融商品取引所が定める独立性基準を踏まえ，独立社外取締役となる者の独立性をその実質面において担保することに主眼を置いた独立性判断基準を策定・開示すべきである。また，取締役会は，取締役会における率直・活発で建設的な検討への貢献が期待できる人物を独立社外取締役の候補者として選定するよう努めるべきである。

【原則４－10．任意の仕組みの活用】　上場会社は，会社法が定める会社の機関設計のうち会社の特性に応じて最も適切な形態を採用するに当たり，必要に応じて任意の仕組みを活用することにより，統治機能の更なる充実を図るべきである。

［補充原則４－10①］　上場会社が監査役会設置会社または監査等委員会設置会社であって，独立社外取締役が取締役会の過半数に達していない場合には，経営陣幹部・取締役の指名・報酬などに係る取締役会の機能の独立性・客観性と説明責任を強化するため，例えば，取締役会の下に独立社外取締役を主要な構成員とする任意の諮問委員会を設置することなどにより，指名・報酬などの特に重要な事項に関する検討に当たり独立社外取締役の適切な関与・助言を得るべきである。

【原則４－11．取締役会・監査役会の実効性確保のための前提条件】　取締役会は，その役割・責務を実効的に果たすための知識・経験・能力を全体としてバランス良く備え，多様性と適正規模を両立させる形で構成されるべきである。また，監査役には，財務・会計に関する適切な知見を有している者が１名以上選任されるべきである。

取締役会は，取締役会全体としての実効性に関する分析・評価を行うことなどにより，その機能の向上を図るべきである。

［補充原則４－11①］　取締役会は，取締役会の全体としての知識・経験・能力のバランス，多様性及び規模に関する考え方を定め，取締役の選任に関する方針・手続と併せて開示すべきである。

［補充原則４－11②］　社外取締役・社外監査役をはじめ，取締役・監査役は，その役割・責務を適切に果たすために必要となる時間・労力を取締役・監査役の業務に振り向けるべきである。こうした観点から，例えば，取締役・監査役が他の上場会社の役員を兼任する場合には，その数は合理的な範囲にとどめるべきであり，上場会社は，その兼任状況を毎年開示すべきである。

［補充原則４－11③］　取締役会は，毎年，各取締役の自己評価なども参考にしつつ，取締役会全体の実効性について分析・評価を行い，その結果の概要を開示すべきである。

【原則４－12．取締役会における審議の活性化】　取締役会は，社外取締役による問題提起を含め自由闊達で建設的な議論・意見交換を尊ぶ気風の醸成に努めるべきである。

［補充原則４－12①］　取締役会は，会議運営に関する下記の取扱いを確保しつつ，その審議の活性化を図るべきである。
(ⅰ)　取締役会の資料が，会日に十分に先立って配布されるようにすること
(ⅱ)　取締役会の資料以外にも，必要に応じ，会社から取締役に対して十分な情報が（適切な場合には，要点を把握しやすいように整理・分析された形で）提供されるようにすること
(ⅲ)　年間の取締役会開催スケジュールや予想される審議事項について決定しておくこと
(ⅳ)　審議項目数や開催頻度を適切に設定すること
(ⅴ)　審議時間を十分に確保すること

【原則４－13．情報入手と支援体制】　取締役・監査役は，その役割・責務を実効的に果たすために，能動的に情報を入手すべきであり，必要に応じ，会社に対して追加の情報提供を求めるべきである。

また，上場会社は，人員面を含む取締役・監査役の支援体制を整えるべきである。取締役会・監査役会は，各取締役・監査役が求める情報の円滑な提供が確保されているかどうかを確認すべきである。

［補充原則４－13①］　社外取締役を含む取締役は，透明・公正かつ迅速・果断な会社の意思決定に資するとの観点から，必要と考える場合には，会社に対して追加の情報提供を求めるべきである。また，社外監査役を含む監査役は，法令に基づく調査権限を行使することを含め，適切に情報入手を行うべきである。

［補充原則４－13②］　取締役・監査役は，必要と考える場合には，会社の費用において外部の専門家の助言を得ることも考慮すべきである。

［補充原則４－13③］　上場会社は，内部監査部門と取締役・監査役との連携を確保すべきである。また，上場会社は，外部取締役・社外監査役の指示を受けて会社の情報を適確に提供できるよう社内との連絡・調整にあたる者の選任など，社外取締役や社外監査役に必要な情報を適確に提供するための工夫を行うべきである。

【原則４－14．取締役・監査役のトレーニング】　新任者をはじめとする取締役・監査役は，上場会社の重要な統治機関の一翼を担う者として期待される役割・責務を適切に果たすため，その役割・責務に係る理解を深めるとともに，必要な知識の習得や適切な更新等の研鑽に努めるべきである。このため，上場会社は，個々の取締役・監査役に適合したトレーニングの機会の提供・斡旋やその費用の支援を行うべきであり，取締役会は，こうした対応が適切にとられているか否かを確認すべきである。

［補充原則４－14①］　社外取締役・社外監査役を含む取締役・監査役は，就任の際には，会社の事業・財務・組織等に関する必要な知識を取得し，取締役・監査役に求められる役割と責務（法的責任を含む）を十分に理解する機会を得るべきであり，就任後においても，必要に応じ，これらを継続的に更新する機会を得るべきである。

［補充原則４－14②］　上場会社は，取締役・監査役に対するトレーニングの方針について開示を行うべきである。

コーポレートガバナンス・コード

第5章　株主との対話

【基本原則5】　上場会社は，その持続的な成長と中長期的な企業価値の向上に資するため，株主総会の場以外においても，株主との間で建設的な対話を行うべきである。

　経営陣幹部・取締役（社外取締役を含む）は，こうした対話を通じて株主の声に耳を傾け，その関心・懸念に正当な関心を払うとともに，自らの経営方針を株主に分かりやすい形で明確に説明しその理解を得る努力を行い，株主を含むステークホルダーの立場に関するバランスのとれた理解と，そうした理解を踏まえた適切な対応に努めるべきである。

【原則5－1．株主との建設的な対話に関する方針】
上場会社は，株主からの対話（面談）の申込みに対しては，会社の持続的な成長と中長期的な企業価値の向上に資するよう，合理的な範囲で前向きに対応すべきである。取締役会は，株主との建設的な対話を促進するための体制整備・取組みに関する方針を検討・承認し，開示すべきである。
［補充原則5－1①］　株主との実際の対話（面談）の対応者については，株主の希望と面談の主な関心事項も踏まえた上で，合理的な範囲で，経営陣幹部または取締役（社外取締役を含む）が面談に臨むことを基本とすべきである。
［補充原則5－1②］　株主との建設的な対話を促進するための方針には，少なくとも以下の点を記載すべきである。
(i)　株主との対話全般について，下記(ii)～(v)に記載する事項を含めその統括を行い，建設的な対話が実現するように目配りを行う経営陣または取締役の指定
(ii)　対話を補助する社内のIR担当，経営企画，総務，財務，経理，法務部門等の有機的な連携のための方策
(iii)　個別面談以外の対話の手段（例えば，投資家説明会やIR活動）の充実に関する取組み
(iv)　対話において把握された株主の意見・懸念の経営陣幹部や取締役会に対する適切かつ効果的なフィードバックのための方策
(v)　対話に際してのインサイダー情報の管理に関する方策
［補充原則5－1③］上場会社は，必要に応じ，自らの株主構造の把握に努めるべきであり，株主も，こうした把握作業にできる限り協力することが望ましい。

【原則5－2．経営戦略や経営計画の策定・公表】　経営戦略や経営計画の策定・公表に当たっては，収益計画や資本政策の基本的な方針を示すとともに，収益力・資本効率等に関する目標を提示し，その実現のために，経営資源の配分等に関し具体的に何を実行するのかについて，株主に分かりやすい言葉・論理で明確に説明を行うべきである。

〔編著者紹介〕

　竹　内　　朗（弁護士，プロアクト法律事務所）

　中　村　信　男（早稲田大学商学学術院教授）

　江　口　真理恵（弁護士，祝田法律事務所）

　水　川　　聡（弁護士，祝田法律事務所）

コーポレート・ガバナンスの法律相談　　最新青林法律相談⑬

2016年 9 月10日　初版第 1 刷印刷
2016年10月 5 日　初版第 1 刷発行

廃検	ⓒ編著者	竹　内　　朗
止印		中　村　信　男
		江　口　真理恵
		水　川　　聡
	発行者	逸　見　慎　一

発行所　東京都文京区　株式　青林書院
　　　　本郷 6 丁目 4 の 7　会社
　　　　振替口座　00110-9-16920／電話03(3815)5897〜8／郵便番号113-0033

印刷・藤原印刷㈱／落丁・乱丁本はお取り替え致します。
Printed in Japan　　ISBN978-4-417-01692-2

|JCOPY|　〈㈳出版者著作権管理機構　委託出版物〉
本書の無断複写は著作権法上での例外を除き禁じられています。複写される場合は，そのつど事前に，㈳出版者著作権管理機構（電話 03-3513-6969，FAX 03-3513-6979，e-mail；info@jcopy.or.jp）の許諾を得てください。